BIBLIOTECA DE DERECHO CONSTITUCIONAL

Domingo García Belaúnde
(**Director**)

Carlos Antonio Agurto Gonzáles
Sonia Lidia Quequejana Mamani
María-Pia Guadalupe Díaz Díaz
Benigno Choque Cuenca
(**Coordinadores Generales**)

Allan R. Brewer-Carías
Profesor emérito de la Universidad Central de Venezuela

Justicia constitucional
Estudios

Edición al cuidado de
Carlos Antonio Agurto Gonzáles
Sonia Lidia Quequejana Mamani
Benigno Choque Cuenca

editorial jurídica venezolana
Ediciones Olejnik

Título: Justicia constitucional. Estudios

© Allan R. Brewer-Carías

© Ediciones Olejnik
Huérfanos 611, Santiago - Chile
E-mail: contacto@edicionesolejnik.com
Web site: http://www.edicionesolejnik.com

Primera edición en Ediciones Olejnik: 2021

ISBN: 978-956-392-938-6

Diseño de Carátula: Ena Zuñiga
Diagramación: Luis A. Sierra Cárdenas

La edición de Ed. Olejnik fue impresa en Argentina (2021)

La reimpresión en coedición entre Ediciones Olejnik y Editorial Jurídica Venezolana fue impresa por Lightning Source, an Ingram Company, para Editorial Jurídica International Inc., 2021

ÍNDICE

NOTA DEL AUTOR

La justicia constitucional, es decir, la posibilidad de control judicial de la constitucionalidad de las leyes y demás actos estadales, deriva de la idea misma de la Constitución como norma fundamental y suprema, que debe prevalecer sobre toda otra norma o acto estatal.

La justicia constitucional, por tanto, como lo visualizó Hans Kelsen hace casi cien años, es la garantía del principio de la supremacía constitucional,[1] de donde emana el poder de los jueces o de ciertos órganos constitucionales en ejercicio de funciones jurisdiccionales de controlar la constitucionalidad de los actos estatales, incluidas las leyes, pudiendo incluso declararlos nulos cuando sean contrarios a la Constitución.

Ello fue, en realidad, uno de los grandes aportes de la Revolución Norteamericana al constitucionalismo moderno, y su desarrollo progresivo ha sido el fundamento de los sistemas de justicia constitucional en el mundo contemporáneo, bajo la premisa de que el sometimiento de todos los órganos del Estado a la Constitución se refiere no solo a lo dispuesto expresamente en las normas de su texto que son de obligatoria y directa aplicación, sino de todos los principios y valores fundamentales que están a su base, y que, al mismo tiempo, pueden inferirse de dichas normas. Por ello, precisamente, uno de los roles fundamentales del juez constitucional es la identificación y aplicación de los dichos principios y valores, en su contexto histórico y en su adaptación a través de los tiempos.

Sobre el tema de la justicia constitucional me he ocupado extensamente en muchas obras y durante muchos años, estando conformada mi obra en la materia por varios miles de páginas, de las cuales he seleccionado aquí algunos estudios con el objeto de dar un panorama breve del tema.

Debo recordar que mis trabajos sobre el tema los inicié hacia los años setenta del siglo pasado, a raíz de mi trabajo de investigación en el Instituto de Derecho Público de la Universidad Central de Venezuela, como de mi actividad

---

1 *V.*, Hans Kelsen, «La garantie juridictionnelle de la Constitution (La Justice constitutionnelle)», *Revue du Droit Public et de la Science Politique en France et á l'étranger*, París, Vol. XLV, 1928, p. 214. *V.*, además, Allan R. Brewer-Carías, «La Justicia Constitucional», *Revista Jurídica del Perú*, N° 3, 1995, Trujillo, Perú, pp. 121 a 160; Allan R. Brewer-Carías, Control de la constitucionalidad. La justicia constitucional» en *El Derecho Público de finales de Siglo. Una perspectiva iberoamericana*, Fundación BBV, Editorial Civitas, Madrid 1996, pp. 517-570; y Allan R. Brewer-Carías, *Instituciones Políticas y Constitucionales*, T. VI: *La Justicia Constitucional*, Universidad Católica del Táchira-Editorial Jurídica Venezolana, Caracas, San Cristóbal, 1996, 21 y ss.

docente en la preparación de conferencias y varios cursos universitarios que me correspondió dictar en la materia. Destaco, en particular, mis primeras investigaciones que dieron origen a los libros: *El control de la constitucionalidad de los actos estatales*, Colección Estudios Jurídicos, N° 2, Editorial Jurídica Venezolana, Caracas 1977, 219 pp.; y *El control concentrado de la constitucionalidad de las leyes. Estudio de derecho comparado,* Cuadernos de la Cátedra Allan R. Brewer Carías de Derecho Público, N° 2, Universidad Católica del Táchira, Editorial Jurídica Venezolana, Caracas-San Cristóbal 1994, 179 pp.

En cuanto al trabajo resultado de la preparación de cursos, debo destacar, ante todo, el intensísimo trabajo que me correspondió realizar en la preparación del curso que dicté, como titular de la Cátedra *Simon Bolivar Profesor* de la Universidad de Cambridge, Inglaterra durante el año en 1985-1986, en Master en Derecho (LLM) de la *School of Law* de dicha Universidad, sobre *Judicial Review in Comparative Law,* el cual resultó en la publicación del libro *Judicial Review in Comparative Law* (Prólogo de J. A. Jolowicz), Cambridge Studies in International and Comparative Law. New Series, Cambridge University Press, Cambridge 1989, 406 pp. Una versión no editada de dicho curso se publicó íntegra en mi libro *Études de Droit Public Comparé,* Académie International de Droit Comparé, Bruylant, Bruxelles 2001, pp. 525-934; y en mi libro: *Judicial Review. Comparative Constitucional Law Essays, Lectures and Courses (1985-2011),* Fundación de Derecho Público, Editorial Jurídica Venezolana, Caracas 2014, pp. 33-424 pp.

Con ocasión de la preparación del curso de Cambridge, mientras estuve en el Trinity College, también redacté otro libro sobre el tema, aun cuando con particular referencia al régimen del control de las acciones del Estado en Venezuela, el cual se editó en Madrid con el siguiente título: *Estado de Derecho y Control Judicial (Justicia Constitucional, Contencioso Administrativo y Amparo en Venezuela)* (Prólogo de Luciano Parejo Alfonso), Instituto Nacional de Administración Pública, Madrid 1987, 657 pp.

Otra actividad docente que tuve a mi cargo y que resultó en otra amplia investigación, fue mi participación en el Seminario sobre *La Justice Constitutionnelle et le Pouvoir Judiciaire* en el *IV Cours International de Justice Constitutionnelle* organizado por el recordado amigo Profesor Louis Favoreu en la *Université d'Aix en Provence,* en septiembre de 1992. El resultado de esa investigación fue un amplio trabajo sobre el *Pouvoir judiciaire et justice constitutionnelle*, que se publicó en mi libro: *Études de Droit Public Comparé*, Académie International de Droit Comparé, Bruylant, Bruxelles 2001, pp. 935-1168.

Otra linea de investigación sobre el tema general de la justicia constitucional la desarrollé con motivo de la preparación de los cursos que dicté a partir de 1983, en el *Curso Interdisciplinario sobre Derechos Humanos* en el Instituto Interamericano de Derechos Humanos, San José, Costa Rica, sobre *El amparo en la Convención Americana de Derechos Humanos,* y sobre *Los mecanimos de protección de los mismos en el ambito interaméricano*, y que en general dieron origen a mis libros: *El amparo a los derechos y libertades constitucionales. Una aproximación comparativa,* Cuadernos de la Cátedra Allan R. Brewer Carías de Derecho Público, N° 1, Universidad Católica del Táchira, San Cristóbal 1993, 138 pp., publicado también por el Instituto Interamericano de Derechos Humanos (Curso Interdisciplinario), San José, Costa Rica, 1993 (mimeo), 120 pp.; y *Mecanismos nacionales de protección de los derechos humanos (Garantías judiciales de los derechos humanos en el derecho constitucional comparado latinoamericano),* Instituto Interamericano de Derechos Humanos (IIDH), Costa Rica, San José 2005, 300 pp.

El tema general de la iusticia constitucional lo seguí trabajando con ocasión de mi participacion en sendos seminarios sobre la materia que desarrollaron las Universidades Javeriana y Externado de Colombia de Bogotá, en febrero de 1995, de lo cual luego resultó la publicación de mi libro: *El Sistema Mixto o Integral de control de la constitucionalidad en Colombia y Venezuela*, Universidad Externado de Colombia (Temas de Derecho Público N° 39) y Pontificia Universidad Javeriana (Quaestiones Juridicae N° 5), Bogotá 1995, 120 pp.; y del trabajo «La Jurisdicción Constitucional en América Latina», publicado en el libro Coordinado por Domingo García Belaúnde y Francisco Fernández Segado, *La Jurisdicción Constitucional en Iberoamérica*, Madrid 1997, pp. 117-161.

Posteriormente, con ocasión de preparar el curso que me correspondió dictar a partir de 2006, como Profesor Adjunto de la Columbia Law Shool, en la Universidad de Columbia en Nueva York, sobre *Judicial protection of constitutional rights in Latin America. A Constitutional Law Study on the «amparo» proceeding*, el resultado de mi investigación dio origen al libro: *Constitutional Protection of Human Rights in Latin America. A Comparative Study of the Amparo Proceedings*, Cambridge University Press, New York, 2008, 432 pp. Una version no editada del curso de Columbia, se publicó en dos folletos editados por la Facultad para el uso de los estudiantes (*The «Amparo» Suit: Judicial Protection of Human Rights in Latin America. A Comparative Constitutional Law Study of the Suit for «Amparo»*, Privately Printed for the Exclusive Use of Students at the Columbia University School of Law, New York, 2006, Vol. I: 199 pp.; Vol. II, 196 pp); y en mi libro: *Judicial Review. Comparative Constitucional Law. Essays, Lectures and Courses (1985-2011)*, Fundación de Derecho Público, Editorial Jurídica Venezolana, Caracas 2014 (pp. 435-847). En dicho libro publicó, además, el texto de varias conferencias que dicté sobre el mismo tema de la justicia constitucional, entre otras, en 2005 en la Universidad Humboldt de Berlin en 2005 (pp. 1171-1197); en 2008 en la Forham University School of Law de Nueva York (pp. 1001-1060; y entre 2008 y 2011 en la Duquesne University School of Law, Pennsylvania (pp. 1079-1169). También se recogió el texto de la conferencia que debí haber dictado sobre el amparo en las Filipinas, en el mismo año 2008, en la sede de la Corte Suprema de ese país (pp. 10611078).

En 2008 la Academia Internacional de Derecho Comparado me designó Ponente General sobre el tema de «Las Cortes Constitucionales como legisladores Positivos», habiendo dedicado buena parte de los años 2009 y 2010, a redactar dicha la Ponencia que presenté el XVIII Congreso Internacional de Derecho Comparado que se celebró en Washington, DC, que fue publicada en el libro editado por Karen B. Brown y David V. Snyder, *General Reports of the XVIIIth Congress pf the International Academy of Comparative Law- Rapports Généraux du XVIIIème Congrès de l'Académie Internationale de Droit Comparé*, Springer, 2012, pp. 549-569. El texto de mi Ponencia General fue publicado junto con el de todas las Ponencias nacionales que recibí fue publicado en mi libro: *Constitutional Courts as Positive Legislators*, Cambridge University Press, New York 2011, 932 pp. El texto íntegro de la vesión no editada de dicha Ponencia General, se recogió también en el libro *Judicial Review. Comparative Constitucional Law. Essays, Lectures and Courses (1985-2011)*, Fundación de Derecho Público, Editorial Jurídica Venezolana, Caracas 2014, pp. 849-1000.

En paralelo a todos esos trabajos, sobre el tema general de la justicia constitucional, y en buena parte como consecuencia del trabajo de investigación originado en la redacción de otras Ponencias a Congresos o de conferencias dictadas en Seminarios y otros eventos, publiqué muchos libros, entre ellos (pues no menciono aquí los libros críticos con específica referencia a la distorsión de la justicia constitucional en Venezuela) los siguientes: *El sistema de justicia constitucional en la Constitución de 1999 (Comentarios sobre su desarrollo jurisprudencial y su explicación, a veces errada, en la Exposición de Motivos),* Editorial Jurídica Venezolana, Caracas 2000, 134 pp.; *La Justicia Constitucional (Procesos y Procedimientos Constitucionales),* Editorial Porrúa/ Instituto Mexicano de Derecho procesal Constitucional, México 2007, 521 pp.; *Derecho Procesal Constitucional. Instrumentos para la Justicia Constitucional*, Editorial Investigaciones Jurídicas C.A., San José, Costa Rica 2012, 628 pp. Segunda Edición: Ediciones Doctina y Ley Ltda (Bogotá), Investigaciones Jurídicas SA. (San José), Editorial Jurídica Venezolana (Caracas), Bogotá 2013, 613 pp.; Tercera edición ampliada (Con prólogo de Jesús María Alvarado A.), Colección Centro de Estudios de Derecho Procesal Constitucional, Universidad Monteávila, No. 2, Caracas 2014, 756 pp.; *La Patología de la Justicia Constitucional,* Editorial Investigaciones Jurídicas/ Editorial Jurídica Venezolana, San José, Costa Rica 2012, 596 pp.; Segunda edición ampliada, European Research Center of Comparative Law, Bissendorf - Niedersachsen Germany, 2013, 588 pp.; Tercera edición ampliada, Fundación de Derecho Público, Editorial Jurídica Venezolana, 2014, 666 pp.; *El proceso de amparo en el derecho constitucional comparado de América Latina,* edición mexicana:, Colección Biblioteca Porrúa de Derecho Procesal Constitucional, Ed. Porrúa, ISBN: 9786070922664, México, 2016. 226 pp.; edición peruana: Ed. Gaceta Jurídica, Lima 2016. 230 pp.; *Los Jueces Constitucionales. Controlando el Poder o controlados por el Poder. Algunos casos notorios y recientes (Estados Unidos, Reino Unido, Honduras, Venezuela, República Dominicana, Nicaragua, Paraguay, El Salvador, Suráfrica, Costa Rica, Chile, Brasil),* Editorial Investigaciones Jurídicas S.A., San José Costa Rica, 2017, 542 pp., reimpreso por Editorial Jurídica Venezolana International, 2017.; Segunda edición corregida y aumentada, (con Prólogo de Carlos Ayala Corao), Colección Biblioteca de Derecho, Ediciones Olejnik, Buenos Aires, 2018, 509 pp.; y *Leyes de Amparo en América Latina,* primera edición, Instituto de Administración Pública de Jalisco y sus Municipios, Instituto de Administración Pública del Estado de México, Poder Judicial del Estado de México, Academia de Derecho Constitucional de la Confederación de Colegios y Asociaciones de Abogados de México, Jalisco 2009, 2 Vols. 419 pp. y 405 pp.; segunda Edición aumentada y actualizada, Colección Derecho Público Iberoamericano No. 3, Editorial Jurídica Venezolana International, Caracas - New York 2016, 610 pp.

Buena parte de toda esa producción bibliográfica la recogí en varios Tomos de mi *Tratado de Derecho Constitucional,* en particular en los siguientes: Tomo V. *Derechos y garantías constitucionales en la Constitución de 1961 (La Justicia Constitucional),* Caracas 2015, 1022 pp.; Tomo X. *Derechos y garantías constitucionales y la acción de amparo,* Caracas 2015, 1181 pp.; Tomo XI. *El derecho y la acción de amparo en el derecho comparado,* Caracas 2015, 1160 pp.; Tomo XII. *La justicia constitucional y Jurisdicción Constitucional,* Caracas 2015, 1200 pp.; XIII. *Práctica y distorsión de la justicia constitucional,* Caracas 2015, 928 pp.; y Tomo XIV. *El juez legislador y la patología de la justicia constitucional,* Caracas 2015, 751 pp.

Del universo de todos esos libros y trabajos sobre el tema, como dije al inicio, he seleccionado para esta edición de Ediciones Olejnik, varios estudios que son los que conformen este volumen, y que estimo sirven para dar un panorama general y concreto del tema de la justicia constitucional en el mundo contemporáneo, que es el propósito de este libro.

Nueva York, enero de 2021

PRIMERA PARTE

LA SUPREMACÍA CONSTITUCIONAL COMO FUNDAMENTO DE LA JUSTICIA CONSTITUCIONAL*

Una de las principales características del constitucionalismo moderno es el concepto de Constitución como realidad normativa producto de la voluntad popular, directamente aplicable a los ciudadanos y gobernantes.

Como lo puntualizó Eduardo García de Enterría al iniciarse el proceso democrático en España en las últimas décadas del siglo pasado, las Constituciones son normas jurídicas efectivas, que prevalecen en el proceso político, en la vida social y económica del país, y que sustentan la validez a todo el orden jurídico[1]. Se trata, por tanto, de leyes supremas, con real y efectiva normatividad, directamente aplicables tanto a los órganos del Estado como a los individuos.

Este concepto, si bien fue novedoso en la práctica de la España democrática, fue el concepto adoptado en los Estados Unidos de América desde los inicios del constitucionalismo, el cual desde el siglo XIX se siguió en los países de América Latina. Fue también el concepto que se adoptó en Europa después de la Revolución Francesa, y que luego de haber sido abandonado durante el siglo XIX, fue redescubierto durante el siglo pasado, particularmente después de la Segunda Guerra Mundial.

En efecto, originalmente la Constitución fue concebida como una ley fundamental que limitaba a los órganos del Estado y proclamaba los derechos fundamentales de los individuos, producto de un consenso político logrado por el pueblo mismo, y por lo tanto, directamente aplicable por los tribunales. Este concepto de Constitución, adoptado por algunos países de Europa continental luego de la Revolución Francesa, sin embargo, fue modificado posteriormente por la restauración del principio monárquico, el cual transformó la Constitución en un código formal y abstracto del sistema político, otorgado por el Rey y no directamente impuesto por los tribunales. En este contexto, la Constitución no incluía normas directamente aplicables a los individuos, quienes sólo estaban sometidos a las leyes, y aun cuando contenía una parte orgánica, la falta de medios de control de la constitucionalidad de los actos estatales, trajo como consecuencia la pérdida de su carácter normativo.

---

* El texto de esta Parte fue publicado originalmente en mi libro, *Judicial Review in Comparative Law*, Cambridge University Press, 1989, Tercera Parte. Se recogió posteriormente en el libro: *La justicia constitucional. Procesos y procedimientos constitucionales*, Instituto Mexicano de Derecho procesal Constitucional, Ed. Porrúa, México 2007, pp. 1-34.

Ese concepto de Constitución en los sistemas jurídicos de Europa continental, como se dijo, cambió después de la Segunda Guerra Mundial, volviéndose nuevamente a la concepción original de ley suprema, con normas directamente aplicables tanto a los órganos del Estado como a los individuos, juzgadas por los Tribunales, y no como simples buenas intenciones. Tal como lo consideró la Corte Suprema de los Estados Unidos, por ejemplo, en el caso *Trop vs. Dulles,* 356 US 86 (1958), en la cual expresó, en relación al carácter normativo de la Constitución, que:

> «Las disposiciones de la Constitución no son adagios trillados ni contraseñas vacías. Son principios vitales y vivos que autorizan y limitan los poderes gubernamentales de nuestra Nación. Son normas de Gobierno. Cuando se cuestiona ante este Tribunal la constitucionalidad de una ley del Congreso, debemos aplicar dichas normas. De lo contrario, los términos de la Constitución se convertirían en poco más que buenas intenciones».

Por ello, en los sistemas jurídicos contemporáneos las Constituciones tienen un carácter normativo, principio que incluso rige en Francia gracias a la labor del Consejo Constitucional, y que contrasta con el sistema constitucional tradicional que se había instaurado por las Leyes constitucionales de 1875, en el cual debido a la inexistencia de una declaración de derechos del hombre en el texto de la Constitución[2], sus disposiciones habían sido consideradas como no directamente aplicables a los individuos. Fue precisamente gracias a varias decisiones del Consejo Constitucional adoptadas en los años setenta del siglo pasado, que el «bloque de la constitucionalidad»[3] fue progresivamente ampliado para incluir en el mismo, a la Declaración de los Derechos del Hombre y del Ciudadano de 1789, a los principios de los Preámbulos de las Constituciones de 1946 y 1958, y a los principios fundamentales reconocidos por las leyes de la República[4]. Esto llevó a Jean Rivero a afirmar, en relación con la creación del derecho por el juez constitucional, que con las decisiones del Consejo Constitucional basadas en «la Constitución y, en particular, en su Preámbulo», en Francia se había producido «una revolución»:

> «He allí, de una sola vez, la Declaración de 1789, el Preámbulo de 1946, los principios fundamentales reconocidos por las leyes de la República, integrados a la Constitución francesa, aun cuando la Constituyente no lo quiso. La Constitución francesa duplicó de tamaño por simple voluntad del Consejo Constitucional»[5].

Este carácter normativo de la Constitución en relación con los órganos del Estado y con los individuos, y su aplicación por los tribunales, también ha provocado cambios en relación con las llamadas «normas programáticas» de la

---

1 V., Eduardo García de Enterría, *La Constitución como norma y el Tribunal constitucional,* Madrid, 1985, p. 33, 39, 66, 71, 177 y 187.

2 *V.,* Jean Rivero, *Les libertés publiques,* vol. 1, París, 1973, p. 70.

3 *V.,* Louis Favoreu, «Le principe de constitutionalité. Essai de définition d'après la jurisprudence du Conseil constitutionnel» en *Recueil d'études en l'honneur de Charles Eisenmann,* París, 1977, p. 33.

4 *V.,* Louis Favoreu, *Le contrôle juridictionnel des lois et sa légitimité. Développements récents en Europe occidentale, Association Internationale des Sciences Juridiques, Colloque d'Uppsala,* 1984 (mineo), p. 8; también publicado en L. Favoreu y J. A. Jolowicz, *Le contrôle juridictionnel des lois Légitimité, effectivité et développements récents,* París 1986, pp. 17 ss.

5 *V.,* Jean Rivero, «Rapport de Synthèse» in L. Favoreu (ed), *Cours Constitutionnelles Européennes et Droit Fondamental,* Aix-en-Provence, 1982, p. 520.

Constitución, las cuales tradicionalmente habían sido consideradas como normas sólo directamente aplicables al Legislador[6] y no exigibles directamente por los individuos.

En efecto, en las Constituciones modernas, particularmente en el texto relativo a los derechos económicos y sociales, se encuentran normas que en muchos casos están formuladas como pautas o programas políticos dirigidos al Legislador. Esto llevó a considerar que tales normas constitucionales no se aplicaban directamente a los individuos mientras el Legislador no hubiera adoptado las leyes formales necesarias para ejecutar el «programa» establecido. Por ello, únicamente las leyes dictadas para el desarrollo jurídico del programa eran las que se consideraba que debían ser aplicadas por los tribunales.

Por el contrario, el carácter normativo de la Constitución como tendencia esencial del constitucionalismo contemporáneo, tiende a la superación del carácter programático atribuido a algunas normas constitucionales, y a reforzar su ejecución por los tribunales como normas directamente aplicables a los individuos, dejando de ser consideradas sólo como aquellas «buenas intenciones» a las que hacía referencia el *Chief Justice* Warren de la Corte Suprema de los Estados Unidos, en el caso *Trop vs. Dulles*, 356 US 86 (1958). Es por ello que dichas «normas programáticas» o disposiciones que indican los propósitos del Estado, también deben ser aplicadas por los tribunales, como principios que deben orientar las acciones de los órganos del Estado.

Por otra parte, en el derecho constitucional contemporáneo, la justicia constitucional es fundamentalmente posible no sólo cuando existe una Constitución como norma verdaderamente aplicable por los tribunales, sino además, cuando la misma tiene efectiva supremacía sobre el orden jurídico en su conjunto, en el sentido de que prevalece frente a todas las normas, actos y principios de derecho contenidos en un sistema jurídico determinado. Esta supremacía de la Constitución sobre las demás fuentes del derecho y, en particular, sobre los actos del Parlamento, implica que la Constitución es la ley suprema que determina los valores supremos del orden jurídico, y que, desde esa posición de supremacía, puede ser tomada como parámetro para determinar la validez de las demás normas jurídicas del sistema.

I. LOS ANTECEDENTES BRITÁNICOS DE LA SUPREMACÍA CONSTITUCIONAL Y EL CONSTITUCIONALISMO NORTEAMERICANO

Esta concepción de la Constitución como ley suprema sin duda, tiene su origen en el constitucionalismo norteamericano, constituyendo no sólo una de sus grandes contribuciones a la historia del derecho y al constitucionalismo moderno, sino el fundamento de la noción misma de justicia constitucional.

Esta concepción, en especial en Norteamérica, integró la tradición del derecho natural en la versión de John Locke y Edward Coke, de la «ley de leyes» y «ley inmutable», es decir, *lex legum, lex aeterna y lex immutabile,* con una forma jurídica concreta que se plasmó en los Pactos y Cartas de las Colonias norteamericanas, que

---

[6] *V.*, Eduardo García de Enterría, «La Constitución como norma ...» *op. cit.*, pp. 37, 69. *Cfr.* P. Biscaretti di Ruffia y S. Rozmaryn, «La Constitution comme loi fondamental dans les Etats de l'Europe Occidentale et dans les Etats Socialistes», Torino, 1966, p. 39.

fueron formalizadas posteriormente como tales leyes fundamentales en un documento solemne producto de la voluntad popular, precisamente aquél que iba a darse a conocer bajo el nombre de «Constitución»[7].

Esta concepción de la Constitución como ley suprema o fundamental, nacida en Norteamérica, precisamente de la técnica de la justicia constitucional la cual derivó de esa supremacía constitucional, provino, sin embargo, del *common law* británico, considerado en sí mismo como ley fundamental.

En efecto, antes del Siglo XVII, en el sistema británico, el *common law*, es decir, la ley no legislada, prevalecía sobre las leyes formales o *statutes* que eran consideradas como normas particulares o excepcionales en relación al derecho consuetudinario previamente establecido[8]. Esa práctica de la supremacía del *common law* sobre las leyes formales o, como lo expuso el Juez Edward Coke, «la supremacía tradicional del *common law* sobre la autoridad del Parlamento»[9], se plasmó en el famoso caso *Dr. Bonham* de 1610, en el que Coke afirmó:

> «Aparece en nuestros libros que en muchos casos, el *common law* controla los actos del Parlamento y a veces, los juzga totalmente nulos: pues, cuando un acto del Parlamento va en contra del sentido común y la razón, o es incompatible o imposible de aplicar, el *common law* lo controlará y juzgará como nulo»[10].

Este «sentido común y la razón», sin duda, era algo fundamental y permanente, en pocas palabras, una ley suprema, obligante para el Parlamento y para los tribunales ordinarios.

Una de esas leyes fundamentales, de acuerdo con Coke, era, precisamente, la Carta Magna de 1215. Coke explicó que fue llamada «Carta Magna, no por su tamaño o extensión... sino... por la gran importancia y grandeza de su contenido; en pocas palabras, por ser la fuente de todas las leyes fundamentales del Reino»[11]. La Carta Magna se consideraba, así, como una ley fundamental y como tal, es que puede tenerse como el lejano antecedente de las Constituciones modernas.

Con respecto al concepto de ley suprema obligante para el Parlamento, en otro caso, el *Day vs. Savadge* de 1614, el Juez Hobart, sin hacer referencia directa al caso *Bonham*, afirmó:

> «Incluso un Acto del Parlamento, dictado contra la natural equity, como el que hace a un hombre juez en su propia causa, en sí mismo es nulo; porque jura *naturae sunt immutabilia* y aquella es *leges legum*»[12].

---

7 *V.*, E.S. Corwin, The «Higher Law» Background of American Constitutional Law, N.Y., 1955 (reimpreso en Harvard Law Review, Vol. XLII, 1928-1929, pp. 149-185 y 365-409).

8 *V.*, M. Cappelletti, Judicial Review in the Contemporary World, Indianapolis, 1971, pp. 36-37.

9 Citado por E. S. Conwin, *op. cit.*, p. 38. Con respecto al razonamiento de Coke, *v.* W. Holdsworth, A History of English Law, Vol. V, Londres, 1966, p. 475. Véase además J. Beauté, Un Grand Juriste Anglais: Sir Edward Coke 1552-1634, ses idées politiques et constitucionnelles, París, 1975.

10 *V.*, en Ch. H. McIlwain, The High Court of Parliament and its Supremacy, Yale, 1919, pp. 286-301. Véase las críticas a las opiniones de Lord Coke en L. B. Boudin, Government by Judiciary, Vol. I, New York, 1932, pp. 485-517.

11 *V.*, E. S. Conwin, *op. cit.*, pp. 54-55.

12 *Ídem.*, p. 52.

Pero todo esto cambió después de la «Gloriosa Revolución» de 1688, la cual provocó que en el derecho británico se afianzara el principio de la supremacía y soberanía del Parlamento; de donde derivó el principio de la sumisión general del ordenamiento al poder legislativo. Sin embargo, a pesar de ello, doce años después de la Revolución, el Juez Hotl, en el caso *City of London vs. Wood* de 1701, aún comentaba el caso del *Dr. Bonham* afirmando:

> «Y lo que dice Lord Coke en el caso del Dr. Bonham... está lejos de ser una extravagancia, ya que resulta muy razonable y cierto afirmar que si un Acto del Parlamento ordenara que una persona sea a la vez juez y parte, o lo que es lo mismo, juez en su propia causa, se trataría de un acto nulo; puesto que es imposible que uno sea juez y parta, ya que el juez es el que decide entre parte y parte»[13].

Sin embargo, Holt aceptaba el principio según el cual «un Acto del Parlamento puede estar equivocado», pues el principio de la supremacía del Parlamento ya había sido reconocido, aún cuando consideraba que hubiera «parecido bien extraño»[14] si fuera contrario a los principios del derecho natural -hoy *natural justice*-.

Debe decirse, sin embargo, que fue dicha supremacía del Parlamento, la que paradójicamente tuvo un efecto directo en el desarrollo de la justicia constitucional en Norteamérica ya que, antes de la Declaración de Independencia, las leyes dictadas por las Legislaturas coloniales, en varias oportunidades fueron declaradas inválidas por estar en contradicción con las leyes de Inglaterra o con las Cartas coloniales[15]. En consecuencia, como lo afirmó Mauro Cappelletti:

> «Aun cuando la Gloriosa Revolución de 1688 marcó, en Inglaterra, el triunfo de la supremacía legislativa, las Colonias americanas, sin embargo, habían heredado las ideas de Coke con respecto tanto a la subordinación de la Corona y del Parlamento a la ley suprema, como a un Poder Judicial acostumbrado a interpretar y, a veces, a ignorar los actos legislativos que violaran principios superiores... Paradójicamente, la Gloriosa Revolución no sólo no obstaculizó sino que estimuló el desarrollo de la nueva doctrina del control judicial»[16].

Por ello, Cappelletti insistió en la misma idea, al señalar:

> «El principio de la supremacía parlamentaria -y por lo tanto, de la supremacía del derecho positivo-, introducida en Inglaterra después de la Gloriosa Revolución de 1688, produjo en América resultados bien diferentes de aquellos que tuvo en Inglaterra. En Inglaterra, el resultado consistió en despojar a los jueces de cualquier facultad de control sobre la validez de la legislación, a pesar de los primeros éxitos de la doctrina de Lord Coke. En América, por lo contrario, el resultado fue facultar a los jueces coloniales para desconocer la legislación local que no estuviera en conformidad con la ley inglesa. Quedó pues dilucidada la aparente paradoja: de cómo el principio inglés de supremacía no controlada de la legislatura, coadyuvó en América a la formación de un sistema opuesto, en vez de impedirlo»[17].

---

13 *Ídem.*, p. 52.
14 *V.*, Ch. H. McIlwain, *op. cit.*, p. 37.
15 *V.*, C.P. Patterson, «The development and evaluation of Judicial Review», Washington Law Review, N° 13, 1938, p. 75, 171, 353.
16 *V.*, Mauro Cappelletti, *Judicial Review in the Contemporary World, op. cit.*, pp. 38-39.
17 *Ídem.*, p. 40.

En esta forma, si bien es cierto que la decisión en el caso Dr. Bonham, no ocupó lugar importante alguno de las decisiones judiciales en Inglaterra, particularmente después de la victoria final del Parlamento sobre la Corona, sin embargo, su doctrina pasó a América, precisamente como lo expresó Edward S. Corwin, «para incrementar el arsenal de armas que se acumularon en contra de las reivindicaciones de soberanía por parte del Parlamento»[18].

En efecto, los colonos americanos se sumaron directamente a la tradición de Coke con respecto a la necesaria subordinación tanto de la Corona como del propio Parlamento a una ley suprema, consignada en gran medida en un documento singular que después de la Declaración de Independencia se convirtió en la Constitución que sería adoptada por cada uno de los nuevos Estados que originaron los Estados Unidos. Por esa razón, después de la sanción de las Constituciones de las antiguas colonias en 1776, en algunos Estados, particularmente en Pennsylvania y Vermont, se fue conformando la idea de que las leyes dictadas por las Asambleas Legislativas de los nuevos Estados no podían ser contrarias a sus leyes fundamentales. De allí que los Tribunales de New Jersey, por ejemplo, en 1780, ya hubieran empezado a aplicar la idea del control judicial de la constitucionalidad[19].

En la Convención Constitucional de 1787, sin embargo, el problema del control judicial de la constitucionalidad sólo se trató ocasionalmente, pues las discusiones giraron más bien en torno al concepto de la supremacía de la Constitución sobre la legislación de los Estados; es decir, al principio según el cual la Constitución federal era la ley suprema del país que debían aplicar los jueces a pesar de cualquier disposición contraria de las Constituciones o Leyes de los Estados de la Unión, lo que se consagró en el propio texto de la Constitución de 1787, en lo que se conoce como la «Cláusula de supremacía»[20].

Debe señalarse, sin embargo, que en su artículo I, sección 9, la Constitución norteamericana había impuesto algunas limitaciones al Congreso[21], habiendo sido concebida, además, en 1789, tanto la primera Enmienda a la Constitución como las otras nueve dirigidas a configurar una Declaración de derechos y garantías individuales *(Bill of rights)*, como una limitación impuesta sobre el Poder Legislativo, al estipular que (Primera Enmienda):

> «El Congreso no legislará respecto al establecimiento de una religión, o la prohibición del libre ejercicio de la misma; ni pondrá cortapisas a la libertad de expresión o de la prensa; ni coartará el derecho de las personas a reunirse en forma pacífica, y pedir al Gobierno la reparación de los agravios».

---

18 *V.*, E. S. Corwin, *op. cit.*, p. 53.

19 *V.*, W. J. Wagner, *The Federal States and their Judiciary*, The Hague, 1959, pp. 87-88; Sylvia Snowiss, *Judicial review and the Law of the Constitution*, Yale University Press, New Haven and London 1990, pp. 50 y ss.

20 Artículo VI, parágrafo 2° de la Constitución: «Esta Constitución y las Leyes de los Estados Unidos que se sancionen conforme a ella, y todos los Tratados firmados o por firmar bajo la autoridad de los Estados Unidos, conformarán la Ley Suprema de la Nación; y los Jueces de cada Estado estarán subordinados a ella, independientemente de cualquier disposición contraria de las Leyes de cualquier Estado».

21 Por ejemplo: «El privilegio del autor de Habeas Corpus no se suspenderá, salvo cuando así lo requiera la seguridad pública en los casos de rebelión o invasión». No se dictará Ley alguna de efectos individuales o ex post facto» (numerales 2 y 3).

En todo caso, la «Cláusula de supremacía», las limitaciones constitucionales impuestas al Congreso por la Constitución y sus Enmiendas y la autoridad concedida a la Corte Suprema para «resolver cualquier causa, en derecho y equidad, derivada de esta Constitución» (artículo III, sección 2), junto con los antecedentes británicos de la «ley suprema», llevaron progresivamente a la adopción formal de la doctrina de la supremacía constitucional y, en consecuencia, del control judicial de la constitucionalidad[22].

Esta idea de la supremacía de la Constitución como norma fundamental y suprema, en todo caso, fue desarrollada por primera vez en 1788, por Alexander Hamilton en *The Federalist,* cuando al referirse al papel de los Jueces como intérpretes de la ley afirmó:

> «Una Constitución es, de hecho, y así debe ser considerada por los jueces, como una ley fundamental. Por tanto, les corresponde establecer su significado así como el de cualquier acto proveniente del cuerpo legislativo. Si se produce una situación irreconciliable entre ambos, por supuesto, la preferencia debe darse a la que tiene la mayor obligatoriedad y validez, o, en otras palabras, la Constitución debe prevalecer sobre las Leyes, así como la intención del pueblo debe prevalecer sobre la intención de sus representantes».

Incluso, en respuesta a la afirmación según la cual «los poderes de los tribunales para declarar nulos actos legislativos contrarios a la Constitución» podría implicar «una superioridad del Poder Judicial sobre el Poder Legislativo», Hamilton expresó:

> «La afirmación -según la cual los Tribunales deben preferir la Constitución a las leyes- no implica de ninguna manera una superioridad del Poder Judicial sobre el cuerpo legislativo. Sólo supone que el poder del pueblo está por encima de ambos; y que cuando la voluntad de la legislatura declarada en sus Leyes, esté en oposición con la del pueblo declarada en la Constitución, los jueces deben regirse por la última más que por la primera. Ellos deben basar sus decisiones en las leyes fundamentales, antes que en aquellas que no son fundamentales».

Su conclusión fue pues, la siguiente:

> «Por consiguiente, ningún acto legislativo contrario a la Constitución, puede ser válido. Negar esto significaría afirmar que el adjunto es más importante que su principal; que el sirviente está por encima de su patrón; que los representantes del pueblo son superiores al pueblo mismo; que los hombres que actúan en virtud de poderes, puedan hacer no sólo lo que sus poderes no les autorizan sino también lo que les prohíben».

Así es como en *The Federalist,* Hamilton no solamente desarrolló la doctrina de la supremacía de la Constitución, sino también, aun más importante, la doctrina de «los jueces como guardianes de la Constitución», como lo expresa el título de la Carta N° 78 en la que Hamilton, al referirse a la Constitución como limitación de los poderes del Estado y, en particular, de la autoridad legislativa, afirmó que:

> «Limitaciones de este tipo sólo pueden ser preservadas, en la práctica, mediante los Tribunales de justicia, cuyo deber tiene que ser el de declarar nulos todos los

[22] *V.*, Sylvia Snowiss, *Judicial Review..., cit.,* pp. 90 y ss.

actos contrarios al tenor manifiesto de la Constitución. De lo contrario, todas las reservas de derechos o privilegios particulares, equivaldrían a nada»[23].

Posteriormente, la posibilidad de que los Tribunales pudieran invalidar leyes «incompatibles con la Constitución, los Tratados o normas de los Estados Unidos» fue contemplada por el Primer Congreso, en la primera Ley judicial de 1789. Ello llevó a los tribunales federales de Circuito, en 1795, en el caso *Vanhorne's Lessee vs. Dorrance* y en 1800, en el caso *Cooper vs. Telfair,* a declarar nulas leyes estadales que eran incompatibles tanto con la Constitución Federal como con la de los Estados[24].

En realidad, el principio de la supremacía de la Constitución se desarrolló en relación con la legislación de los Estados, en el caso *Vanhorne's Lessee vs. Dorrance,* 2. Dallas 304 (1795), resuelto por un Tribunal Federal de Circuito en el que el juez Williams Paterson declaró inválida por inconstitucional una Ley del Estado de Pennsylvania. En sus instrucciones al Jurado, comparando los sistemas de Inglaterra y de Norteamérica, expresó:

> «Algunos de los jueces en Inglaterra, han tenido la audacia de declarar que un Acto del Parlamento que vaya en contra de la natural equity, es nulo; sin embargo, tal opinión contraría la posición general según la cual, la validez de un Acto del Parlamento no puede ser cuestionada por el Poder Judicial; no se puede discutir y debe obedecerse. El poder del Parlamento es absoluto y supremo; el Parlamento es omnipotente en la jerarquía política. Además, en Inglaterra, no existe Constitución escrita, ninguna ley fundamental, nada visible, nada real, nada cierto mediante el cual pueda cuestionarse una Ley. En América, las cosas son muy diferentes: cada Estado de la Unión tiene su Constitución escrita con exactitud y precisión».

Luego, se planteó lo siguiente:

> «¿Qué es una Constitución? Es la forma de gobierno, delineada por la mano todo poderosa del pueblo, en la cual se establecen algunos principios primarios de leyes fundamentales. La Constitución es cierta y permanente; contiene la voluntad permanente del pueblo y es la ley suprema de la Nación; es soberana con relación al poder legislativo y sólo puede ser revocada o modificada por la autoridad que la hizo».

En el mismo orden de ideas, se refirió a la legislación preguntándose:

> «¿Qué son las legislaturas? Criaturas de la Constitución; le deben a ella su existencia; derivan sus poderes de la Constitución; son sus mandatarias, y por lo tanto, todos sus Actos deben conformarse a ella, so pena de ser nulos. La Constitución es la obra o la voluntad del pueblo mismo, en su capacidad original, soberana e ilimitada. La ley es obra o voluntad de la legislatura en su capacidad derivada y subordinada. Una es obra del creador y la otra de la criatura. La Constitución fija limitaciones al ejercicio de la autoridad legislativa y prescribe la órbita en la cual ésta se debe mover».

En sus afirmaciones de 1795, además, el juez Paterson señaló al Jurado:

> «En pocas palabras, señores, la Constitución es la cúspide del sistema político, alrededor de la cual se mueven los cuerpos legislativos, ejecutivo y judicial.

---

23 *V., The Federalist* (ed. B.F. Wright), Cambridge, Mass. 1961, pp. 491-493.

24 *V.*, W. J. Wagner, *The Federal States..., op. cit.*, pp. 90-91.

Cualquiera que sea la situación en otros países, en este no cabe la menor duda de que cualquier acto legislativo incompatible con la Constitución, resulta absolutamente nulo...».

De acuerdo con estas orientaciones, e independientemente de la intención que pudieron tener los redactores de la Constitución en relación con el control judicial de la constitucionalidad como uno de los principios fundamentales del sistema constitucional norteamericano, ese control se estableció por primera vez respecto de las leyes federales, en el famoso caso *Marbury vs. Madison*, 5. U.S. (1 Cranch), 137; 2 L. Ed 60 (1803)[25], en el cual el principio de la supremacía de la Constitución fue el argumento principal para el ejercicio de tal poder de control judicial de la constitucionalidad de las leyes por parte de la Corte Suprema.

En efecto, el *Chief Justice* Marshall, buscando determinar si de conformidad con la Constitución, la Corte Suprema podía ejercer la autoridad que le había sido conferida por la Ley Judicial de 1789, de dictar *writs of mandamus* a los empleados públicos, y considerando que ello «no estaba previsto en la Constitución», decidió «investigar la posibilidad de que una jurisdicción así conferida pudiera ejercerse»; para lo cual desarrolló la doctrina de la supremacía de la Constitución basándose en la pregunta de si «un acto incompatible con la Constitución podía o no llegar a convertirse en ley de la Nación?».

Con miras a responder esta pregunta siguió un razonamiento lógico, estableciendo, en primer lugar, el principio de la supremacía de la Constitución. Inició su argumentación aceptando la idea de la existencia de un «derecho original» del pueblo a fijar los principios que han de regir «su futuro gobierno», como «la base sobre la cual se ha erigido todo el sistema norteamericano». En su opinión, este derecho original de adoptar tales principios «fundamentales» y «permanentes» representaba una tarea considerable, de tal manera que no debía «repetirse frecuentemente».

Esta «voluntad original y suprema», decía, «organiza el gobierno..., confiere a diferentes departamentos sus poderes respectivos... (y) fija ciertas limitaciones que dichos departamentos no pueden sobrepasar». Consideró que el Gobierno de los Estados Unidos era del tipo en el que «los poderes de la Legislatura están definidos y limitados» y fue precisamente, para que «estas limitaciones no puedan ser mal interpretadas u olvidadas», por lo que se adoptó una Constitución escrita con aquellos principios fundamentales y permanentes.

Luego, el juez Marshall se preguntó:

---

[25] Con relación a este caso véase en general E. S. Corwin, *The Doctrine of judicial review. Its legal and historical basis and other Essays*, Princeton, 1914, pp. 1 y 78. El caso que provocó la decisión puede resumirse así: El Presidente John Adams, justo antes de finalizar su período, había nombrado a William Marbury como Juez de Paz. El nuevo Presidente, Thomas Jefferson, no quería a Marbury en el ejercicio del cargo, y ordenó al Secretario de Estado, James Madison, que no le diera el nombramiento. Marbury pidió a la Corte Suprema una orden o mandamiento judicial requiriendo del Secretario de Estado le otorgara el nombramiento. En la decisión, y aun cuando el *Chief Justice* John Marshall considerara que se había tratado injustamente a Marbury, desechó el caso al considerar que la Corte Suprema no tenía competencia para ordenar actuaciones a un órgano del Poder Ejecutivo, a pesar de que la Ley Judicial la autorizaba para ello, considerando que al así hacerlo la ley estaba en contradicción con la Constitución.

> «¿Para qué fin están limitados los poderes, y para qué fin tal limitación se pone por escrito si dichos límites pudieran ser transgredidos, en cualquier momento, por aquellos a quienes se busca restringir? La distinción entre un gobierno con poderes limitados y otro con poderes ilimitados desaparece, si esos límites no obligan a los individuos sobre quienes se imponen, y si los actos prohibidos y aquellos permitidos tienen la misma obligatoriedad».

La alternativa, según el, como proposición demasiado evidente para ser cuestionada, era la siguiente, o:

> «que la Constitución controla cualquier acto legislativo incompatible con ella; o que el poder legislativo puede modificar la Constitución mediante un acto ordinario»;

en relación a lo cual explicaba:

> «En esta alternativa no hay término medio. O la Constitución es una ley suprema soberana, que no puede ser modificada por medios ordinarios, o está en el mismo nivel que los actos legislativos ordinarios y, al igual que éstos, puede ser modificada cuando le plazca a la legislatura.
>
> Si la primera parte de la alternativa es cierta, entonces un acto legislativo contrario a la Constitución no es una ley; si la última parte es cierta, entonces las constituciones escritas no son sino intentos absurdos por parte del pueblo de limitar un poder por naturaleza ilimitable».

Por supuesto, su conclusión fue que la Constitución era «la ley suprema y soberana de la Nación», principio que consideraba «como uno de los principios fundamentales de nuestra sociedad». En consecuencia, aceptó el postulado según el cual «un acto de la legislatura incompatible con la Constitución es nulo», considerando como «la esencia misma del deber judicial», el determinar las normas que rigen el caso, cuando una ley está en oposición a la Constitución. En estos casos, concluyó, «la Constitución es superior a cualquier acto ordinario de la legislatura; la Constitución, y no tales actos ordinarios, deben regir el caso al que ambos se aplican». Lo contrario, significaría otorgar «a la legislatura una omnipotencia real y práctica...; significaría lo mismo que prescribir limitaciones y declarar que estas pueden ser transgredidas a voluntad... lo que, en conjunto, socavaría el fundamento mismo de todas las Constituciones escritas».

Después de este caso, el principio de supremacía de la Constitución, en el sentido de que prevalece sobre cualquier otra ley incompatible con ella, se convirtió en una de las principales características del constitucionalismo moderno y, por supuesto, de la posibilidad misma del control judicial de la constitucionalidad de las leyes.

En todo caso, en la actualidad, la supremacía de la Constitución no es únicamente un principio de deducción jurídica según la lógica del caso *Marbury vs. Madison,* sino que ha sido y es a menudo, también, una consecuencia de declaraciones expresas de de la misma Constitución. Ese fue el caso clásico y primigenio en Europa, gracias a los aportes de H. Kelsen, de la Constitución checoslovaca de 1920, la cual estipuló en el artículo I, 1:

> «Todas las leyes contrarias a la Carta Constitucional, a sus partes y a las Leyes que la modifican o completan, son inválidas».

Este tipo de declaración expresa, considerada por el mismo Kelsen como una de las «garantías objetivas» de la Constitución[26], ya puede considerarse como una tendencia general en el constitucionalismo contemporáneo, en especial en las Constituciones de América Latina[27] y África[28]. En este último caso, como lo afirmó B. O. Nwabueze, «cuando un Tribunal declara una ley nula por inconstitucionalidad no es sino el portavoz, el instrumento, de la Constitución»[29].

Este concepto de supremacía constitucional, es decir, de la Constitución considerada como una ley fundamental y suprema, según la concibió el constitucionalismo norteamericano, aún cuando durante el siglo XIX no tuvo seguidores en Europa, finalmente fue adoptado durante el siglo pasado.

El inicial rechazo europeo respecto de este principio de la supremacía de la Constitución y de la posibilidad misma de la justicia constitucional, a pesar del proceso histórico nacido de la Revolución Francesa, se explica por el desarrollo del principio monárquico, como consecuencia de la restauración de la Monarquía a principios del siglo XIX, que hizo del Rey una fuente de poder preconstitucional, reduciendo la Constitución a un simple código formal que otorgaba el Monarca, particularmente en relación con los órganos del Estado, sin parte dogmática alguna relacionada con los derechos fundamentales aplicables a los individuos[30]. Además, otro elemento que también contribuyó al rechazo del principio de supremacía de la Constitución, fue el de la soberanía parlamentaria y la interpretación extrema de la separación de los poderes, que otorgó al Legislador inmunidad respecto del Poder Judicial.

La doctrina de la supremacía de la Constitución y del control jurisdiccional de la constitucionalidad, en realidad, sólo se abrió camino en Europa después de la Primera Guerra Mundial, principalmente a través del sistema constitucional concebido por Hans Kelsen para su país, reflejado tanto en la Constitución austriaca como en la checoslovaca de 1920. Años más tarde, después de la Segunda Guerra Mundial, el sistema austriaco de supremacía constitucional y justicia constitucional sería adoptado por Alemania e Italia para luego, por su influencia, extenderse a otros sistemas constitucionales europeos, como sucedió inicialmente en España y Portugal.

Como le señaló hace algunos años Louis Favoreu, no fue sino en las últimas décadas del siglo pasado cuando Europa volvió a «descubrir» a la Constitución como una ley suprema, a los efectos de colocar algunos valores fundamentales de la sociedad fuera del alcance de mayorías parlamentarias ocasionales o temporales, transfiriendo el tradicional carácter sagrado de los actos del Parlamento a la Cons-

---

26 *V.*, Hans Kelsen, «La garantie juridictionnelle de la Constitution (La Justice constitutionnelle)», *Revue du Droit Public et de la Science Politique en France et á l'étranger,* París, Vol., XLV, 1928, p. 214.

27 Por ejemplo, la Constitución de 1999 de Venezuela determina en el artículo 25: «Cualquier acto del Poder Público que viole o menoscabe los derechos garantizados por esta Constitución es nulo...».

28 *V.,* B.O. Nwabueze, *Judicial Control of Legislative Action and its Legitimacy. Recent Development (African Regional Report),* International Association of Legal Science. Uppsala Colloquium, 1984 (mineo), p. 2; también publicado en L. Favoreu y J. A. Jolowicz, *Le contrôle juridictionnel des lois... cit.,* pp. 193 y ss.

29 *Ídem., doc. cit.,* p. 2.

30 Eduardo García de Enterría, *La Constitución como norma ...op. cit.,* pp. 55-56.

titución. De allí que la Constitución haya sido «rejuridificada» en el sentido de que se le comenzó a considerar como una ley fundamental directamente ejecutable por los jueces y aplicable a los individuos[31].

La situación en América Latina, en todo caso, siempre fue distinta. Bajo la inspiración del constitucionalismo americano, el principio de la supremacía constitucional y de la justicia constitucional se arraigó allí desde el siglo XIX, habiendo pasado a configurarse como uno de los principios clásicos del constitucionalismo latinoamericano.

En esta forma, por ejemplo, el sistema constitucional venezolano, al concebirse, en 1811, se basó en el principio de la supremacía constitucional, siendo la Constitución considerada como un cuerpo normativo que no sólo organizaba el ejercicio del Poder Público, sino que también declaraba los derechos fundamentales de los ciudadanos, expresando que todo acto estatal que los violase debía considerarse nulo. Ese principio de consagración en la Constitución de normas positivas directamente aplicables a los individuos, ha caracterizado el constitucionalismo venezolano y latinoamericano hasta el presente[32].

Este principio de la supremacía de la Constitución inevitablemente condujo en Venezuela, hace siglo y medio (1858), al desarrollo de un sistema de control judicial de la constitucionalidad de los actos estatales, en particular, en su inicio, de los actos de los Estados[33].

Ello fue explicado por la antigua Corte Suprema de Justicia en 1962, cuando decidió una acción popular interpuesta contra la Ley aprobatoria del Tratado de Extradición firmado con los Estados Unidos de América, de la manera siguiente:

> «La existencia de un control judicial de la constitucionalidad de los actos del Poder Público por parte del más alto Tribunal de la República, es tradición en Venezuela, y resulta indispensable en todo régimen que pretenda subsistir como Estado de derecho.
>
> Porque lo inconstitucional es siempre antijurídico y contrario al principio que ordena al Poder Público en todas sus ramas, sujetarse a las normas constitucionales y legales que definen sus atribuciones. Lo inconstitucional es un atropello a los derechos ciudadanos y al orden jurídico en general, que tiene su garantía suprema en la Ley Fundamental del Estado.
>
> En los países libremente regidos, toda actividad individual o gubernativa ha de mantenerse necesariamente circunscrita a los limitas que le señala la Carta

---

31 *V.*, Louis Favoreu, *Le contrôle juridictionnel des lois et sa légitimité. Développements récents en Europe occidentale, doc. cit.*, p. 23.

32 *V.*, Allan R. Brewer-Carías, *Estado de derecho y Control Judicial,* Madrid, 1987, pp. 17 y ss. La Constitución de Venezuela del 21 de diciembre de 1811, que fue la primera de América Latina, estableció expresamente que toda «Ley contraria» a la declaración de derechos de los ciudadanos, «que se expida por la legislatura federal o por las provincias será absolutamente nula y de ningún valor» (Art. 199). Véase Allan R. Brewer-Carías, *Las Constituciones de Venezuela,* Madrid 1985, p. 200.

33 *V.*, los comentarios acerca de control judicial de la constitucionalidad como consecuencia de la supremacía de la Constitución, en Pablo Ruggeri Para, *La supremacía de la Constitución y su defensa,* Caracas 1941; José Guillermo Andueza, *La Jurisdicción Constitucional en el derecho venezolano,* Caracas 1955; Allan R. Brewer-Carías, *Estado de derecho y control judicial..., cit.* pp. 19 y ss.

Fundamental, cuyas prescripciones, como expresión solemne de la voluntad popular en la esfera del Derecho Público, son normas de ineludible observancia para gobernantes y gobernados, desde el más humilde de los ciudadanos hasta los más altos Poderes del Estado.

De los principios consignados en la Constitución, de las normas por ella trazadas, así en su parte dogmática como en su parte orgánica, deben ser simple desarrollo las leyes y disposiciones que con posterioridad a la misma se dicten; y tan inconstitucionales, y por consiguiente, abusivas serían éstas si de tal misión excedieran, como inconstitucionales y también abusivos lo serían cualquiera otros actos de los Poderes Públicos que abierta mente contravinieran lo estatuido en la Ley Fundamental»[34].

Como consecuencia de este principio de la supremacía constitucional, la Constitución de 1999, siguiendo una tradición constitucional que se remota a la Constitución de 1858[35], consagra, en su artículo 336, la competencia de la Sala Constitucional del Tribunal Supremo de Justicia para declarar la nulidad por inconstitucionalidad de las leyes y demás actos normativos de los cuerpos deliberantes nacionales, estadales y municipales, y de los actos del Congreso y del gobierno dictados en ejecución directa de la Constitución. En cuanto a los actos judiciales y administrativos, incluyendo los reglamentos, por supuesto, también están sometidos a medios de control de legalidad y constitucionalidad, mediante los recursos de casación y de apelación, o mediante acciones judiciales contencioso administrativas (Artículo 259).

Por otra parte, como se dijo, el artículo 334 de la Constitución autoriza a todos los tribunales de la República a declarar inaplicables en la decisión de casos concretos, cualquier acto normativo del Estado cuando sean considerados inconstitucionales y, por lo tanto, a dar preferencia a las normas constitucionales. En consecuencia, además del sistema de control concentrado de la constitucionalidad, también se ha adoptado un sistema difuso de justicia constitucional. Por consiguiente, tal como ocurre actualmente en el sistema portugués y de Colombia, se puede afirmar que el sistema venezolano de control judicial de la constitucionalidad de las leyes y otros actos del Estado, al menos formalmente, es uno de los más completos en el derecho comparado, que mezcla el sistema difuso de control judicial de la constitucionalidad de las leyes, con el sistema concentrado[36].

Con respecto al carácter mixto del sistema venezolano, la antigua Corte Suprema de Justicia en Sala Político Administrativa, en sentencia N° 1212 de 30 de mayo de 2000 (Caso: *Carlos P. García P. vs. República (Ministerio de Justicia. Cuerpo Técnico de Policía Judicial*), sostuvo:

> «La Constitución de la República Bolivariana de Venezuela, concretamente, el artículo 334 establece como obligación para todos los Jueces de la República la de asegurar la integridad de la Constitución, en el ámbito de sus competen-

---

34 *V.*, sentencia de la antigua Corte Suprema de Justicia en Pleno, 15-3-62. *V.*, *Gaceta Oficial* N° 760, Extra., 22-36-2, pp. 3-7.

35 *V.*, J. G. Andueza, *La jurisdicción constitucional en el derecho venezolano*, Caracas, 1955, p. 46.

36 *V.*, en general, Allan R. Brewer-Carías, *El control de la constitucionalidad de los actos estatales*, Caracas, 1977; *Estado de derecho y Control Judicial, cit.*, pp. 19 y ss.; y también, «Algunas consideraciones sobre el control jurisdiccional de la constitucionalidad de los actos estatales en el derecho venezolano», en *Revista de Administración Pública*, N° 76, Madrid, 1975, pp. 419-446.

cias y conforme a lo previsto en su texto y en las leyes, para que de este modo, la justicia constitucional sea ejercida por todos los Tribunales, consagrándose el control difuso de la constitucionalidad. De este modo, se establece para todos los Jueces, de cualquier nivel, el poder-deber para controlar la constitucionalidad de los actos normativos del poder Público y ofrecer a todas las personas la tutela efectiva en el ejercicio de sus derechos e intereses legítimos, al no aplicar a los casos concretos que deban decidir, las normas que estimen inconstitucionales. Por tanto, si bien en nuestro país se puede afirmar que existe una «jurisdicción constitucional», concentrada en la Sala Constitucional del Tribunal Supremo de Justicia, no es menos cierto que por mandato expreso de la propia Constitución de 1999, se encuentra previsto el control difuso de la misma como obligación para todos los Jueces de la República»[37]

Por consiguiente, en Venezuela, el sistema de control de la constitucionalidad es un sistema mixto en el que el sistema difuso funciona paralelamente con el sistema concentrado atribuido éste último a la Tribunal Supremo de Justicia[38].

II. LA SUPREMACÍA Y LA RIGIDEZ CONSTITUCIONAL

Hemos señalado que el control jurisdiccional de la constitucionalidad, en particular de las leyes, requiere, en primer lugar, de la existencia de una Constitución escrita producto de un poder constituyente soberano que es el pueblo, concebida como una ley fundamental y ejecutable con efectos directos, tanto respecto de los órganos del Estado como de los individuos. Igualmente hemos señalado que para que exista justicia constitucional, la Constitución debe gozar de superioridad y supremacía jerárquica, con relación a todos los poderes constituidos, creados por la misma Constitución.

Esa supremacía está clara y estrechamente vinculada con el carácter rígido de la Constitución, es decir, con el principio de que sus normas son inmunes ante los poderes del Legislador ordinario. Esta característica de la Constitución conforma otro de los principios generales del constitucionalismo contemporáneo, dejando a salvo sistemas tales como los del Reino Unido o Nueva Zelanda que no tienen Constitución escrita, la cual, por ello, es de carácter flexible[39].

Supremacía y rigidez, por tanto, son las condiciones esenciales para que pueda darse el control judicial de la constitucionalidad, el cual por tanto, en principio, sólo es posible en relación con las Constituciones rígidas[40], respecto de las cuales adquiere su plena significación. Cuando la ley fundamental es adoptada de manera estable, de forma que sus enmiendas y reformas sólo pueden realizarse mediante procedimientos especiales y no a través de procedimientos legislativos ordinarios, es que puede hablarse de posibilidad efectiva del control de constitucionalidad.

Por ello, Maurice Duverger consideró que «la existencia de un control jurisdiccional de la constitucionalidad de las leyes requiere que la Constitución sea

---

37 *V.*, en *Revista de Derecho Público*, N° 82, EJV, Caracas 2000, p. 446.

38 *V.*, en general, Allan R. Brewer-Carías, *El control concentrado de la constitucionalidad de las leyes*, Editorial Jurídica Venezolana, Caracas 1994; y *Judicial Review in Comparative Law*, Cambridge University Press, Cambridge UK 1989.

39 *V.*, en general, J. Bryce, «Constituciones flexibles y Constituciones rígidas», Madrid, 1962, p. 19.

40 *V.*, al contrario, G. Trujillo Fernández, «Dos estudios sobre la constitucionalidad de las leyes». La Laguna, 1970, pp. 11, 17.

rígida y no flexible»[41], y ello es así pues, en definitiva, es en el marco de las Constituciones rígidas donde se puede distinguir entre normas constitucionales y normas ordinarias, y donde el principio de la supremacía constitucional es definitivamente aceptado.

En estos sistemas de Constituciones rígidas, el principio de *lex superior derogart legi inferiori* es el que se aplica al juzgar la constitucionalidad de las leyes; mientras que en los sistemas de constituciones flexibles, en los cuales la Constitución no cuenta con un carácter de ley suprema, el conflicto entre normas jurídicas no es aquél expresado por el Juez Marshall de la Corte Suprema norteamericana en el caso *Marbury vs. Madison,* sino entre normas del mismo rango. Por ello, en tales casos, los principios tradicionales de interpretación son los de: *lex posterior derogat legi priori y lex specialis derogat legi generali*[42].

Ahora bien, si bien es cierto que en sistemas constitucionales con Constituciones flexibles, la ausencia de un texto constitucional estable faculta al legislador ordinario para reformar o enmendar la Constitución y, por lo tanto, impide el desarrollo de un sistema efectivo de justicia constitucional, sin embargo, en esos países podría establecerse una distinción entre normas constitucionales y normas legislativas ordinarias no desde el punto de vista formal en el sentido de que las primeras sólo podrían modificarse o enmendarse mediante procedimientos especiales, sino desde el punto de vista de su contenido[43]. En esos casos, si bien un sistema de justicia constitucional en sentido formal no podría existir, ello no resulta imposible en sentido sustantivo, con respecto al contenido de las normas[44]. Además, en esos países con Constituciones flexibles, también se pueden identificar algunas dificultades en relación con la reforma de algunos actos del Parlamento, lo que permite la posibilidad de establecer incluso algún control formal de la «constitucionalidad» de la legislación, lo que hasta cierto punto sucede en Israel.[45]

III. LA SUPREMACÍA CONSTITUCIONAL Y LOS PRINCIPIOS CONSTITUCIONALES NO ESCRITOS

Ahora bien, si bien es cierto que un auténtico sistema de justicia constitucional es posible en países con Constituciones escritas y rígidas, el control jurisdiccional de la constitucionalidad de las leyes opera no sólo respecto al texto formal de los artículos constitucionales, sino también en relación con los principios y valores no escritos que resultan de la Constitución y de su espíritu[46].

---

41 *V.*, M. Duverger, *Institutions politiques et Droit Constitutionnel*, París, 1965, p. 222.

42 *V.*, P. de Vega García, «Jurisdicción Constitucional y Crisis de la Constitución», *Revista de Estudios Políticos*, N° 7, Madrid, 1979, p. 206.

43 *V.*, G. Trujillo Fernández, *op. cit*, pp. 17-18.

44 *V.*, P. Lucas Murillo de la Cueva, «El Examen de la constitucionalidad de las leyes y la Soberanía Parlamentaria», *Revista de Estudios Políticos*, N° 7, Madrid, 1979, p. 206.

45 *V.*, A. Shapira, *The Constitution and its Defense in Israel: Fundamentals, Guarantees, Emergency Powers and Reform*, International Congress on the Constitution and its Defense, U.N.A.M., México, 1982 (mimeo), pp. 25. *V.*, también A Shapira, «Judicial Review without a Constitution: the Israeli Paradox», *Temple Law Quaterly*, 56, 1983, p. 405. *V.*, la referencia en el caso *Bergman vs. Ministerio de Finanzas* 23 PD (1) 693, 1969 en J.D. Whyte, *Judicial Review of Legislation and its Legitimacy: Developments in the Common Law World*, International Association of Legal Sciences, Uppsala Colloquium (mimeo) p. 57.

46 *V.*, L. Favoreu, «Rapport général Introductif» en L. Favoreu (ed.), *Cours Constitutionnelles... cit.*, p. 45.

El tema, por supuesto, tradicionalmente ha sido objeto de discusión, particularmente en los Estados Unidos de América, debido al papel activo que la Corte Suprema ha asumido en diversas ocasiones, en especial, en materia de protección de derechos fundamentales, resultando del debate respecto del papel de los jueces en materia de justicia constitucional, dos posturas antagónicas: el rol interpretativo o el rol no-interpretativo de los jueces[47].

Según el método interpretativo, los jueces constitucionales deben limitarse a aplicar y ejecutar las normas concretas contenidas en los artículos de la Constitución escrita o derivadas de ellos en forma claramente implícita. Este modelo fue el originalmente seguido por Hamilton y el Juez Marshall; y conforme al mismo, las leyes sólo pueden ser consideradas nulas mediante deducción, siempre que la premisa fundamental se encuentre claramente en la Constitución.

En el extremo opuesto, el del modelo no interpretativo, se permite a los jueces ir más allá de las referencias literales a la Constitución y aplicar normas que no se encuentran en el marco del documento escrito, pero que forman parte de los valores fundamentales y permanentes de una sociedad determinada y de su sistema político. En opinión de Thomas Grey, la forma más pura del modelo no interpretativo partía de la premisa de que los principios del gobierno republicano y de la *natural justice* en relación con los derechos humanos, establecían limitaciones a la autoridad legislativa, sin que debieran tenerse en cuenta los términos precisos del texto escrito de la Constitución, y ni siquiera su propia existencia[48]. Este modelo no-interpretativo, a pesar de que la Constitución de 1798 y las Enmiendas de 1791 no consagraban el principio de igualdad y que la Enmienda XIV (1868) sólo establecía la cláusula de protección igual[49], fue el seguido por la Corte Warren en las decisiones relativas a cuestiones sobre discriminación racial y protección de las minorías[50].

Por supuesto, la elección entre el modelo interpretativo y el no-interpretativo ha sido, y probablemente seguirá siendo, una de las interrogantes más importantes con respecto al papel de la justicia constitucional y del control judicial de la constitucionalidad de las leyes. La adopción de un modelo u otro depende, en realidad, del contenido de la Constitución misma y de la manera y fecha en que fueron redactados sus artículos. El hecho es que cuando una Constitución tiene más de doscientos años, como la norteamericana, resulta imposible en la actualidad plasmar cuáles fueron en su momento, las intenciones conocidas de sus redactores,

---

47 *V.*, J. H. Ely. *Democracy and distrust. A Theory of judicial review,* 1980, pp. 1-2; T. Grey, «Do we have an unwritten constitution?», *Stanford Law Review,* N° 27, 1975, p. 703; T. Grey, «Origins of the Unwritten Constitution: Fundamental Law in American Revolutionary Thought», *Stanford Law Review,* N° 30, 1978, pp. 843-847; E. García de Enterría, *op. cit.,* pp. 210-221; M. Cappelletti, «El formidable problema del control judicial y la contribución del análisis comparado», *Revista de Estudios Políticos,* N° 13, Madrid, 1980, pp. 68-69, «The mighty problem» of judicial review and the contribution of comparative analysis, in *Southern California Law Review,* 1980, p. 409); B. Caine, «Judicial Review: Democracy versus Constitutionality», *Temple Law Quaterly,* 56, (2), 1973, p. 298.

48 *V.*, T. Grey, «Origins of the Unwritten Constitution: Fundamental Law in American Revolutionary Thought», *Stanford Law Review,* N° 30, 1978, pp. 844.

49 *V.*, J. H. Ely, *op. cit.,* pp. 79-90; E. García de Enterría, *op. cit.,* pp. 216-217. *V.*, también R. Berger, *Government by Judiciary. The Transformation of the fourteen Amendment,* 1977.

50 *V.*, en particular *Brown vs Board of Education of Topeka,* 347 U.S. 483 (1954). *V.*, el texto en S.I. Kutler (ed.) *op. cit.,* pp. 548-5.

quienes vivieron en una sociedad patriarcal que desapareció desde hace mucho tiempo, en especial con respecto a las llamadas cláusulas abiertas de la Constitución[51]. Sin embargo, en casos concretos, tales intenciones deben determinarse, siendo ese, precisamente, el papel de los jueces.

Por supuesto, la situación es diferente en sistemas constitucionales dotados de textos constitucionales contemporáneos de contenido detallado, en los cuales a veces puede resultar difícil desarrollar el modelo no-interpretativo. En todo caso, la adopción de uno u otro modelo también depende de la tradición jurídica de cada país.

Por ejemplo, en el ámbito de los derechos fundamentales, el Tribunal Federal suizo desarrolló ampliamente el modelo no interpretativo para su protección, de manera que algunos derechos fundamentales importantes, como la libertad personal, la libertad de expresión o el derecho a ser oído (audiencia previa) si bien no se encontraban expresos en el texto de la Constitución federal, fueron reconocidos por el Tribunal Federal como derechos constitucionales no escritos. Al respecto el Tribunal, en realidad, no interpretó la Constitución, sino que la perfeccionó, al considerar que ese era su deber como juez constitucional. Esta actitud se justifica por el hecho de que su función consiste, precisamente, en garantizar los fundamentos del Estado federal democrático, en conformidad con la ley[52].

Por el contrario, en el caso del Tribunal Constitucional austriaco, como lo señaló Theo Ohlinger, durante el siglo pasado éste adoptó el método interpretativo, considerándose limitado por el texto constitucional. La tarea interpretativa por supuesto, siempre se consideró de gran importancia, debido a que las normas más importantes de la Constitución relativas a los derechos fundamentales habían sido redactadas en el siglo XIX, algunas con un estilo formalista y lapidario. En esta tarea, sin embargo, la orientación positivista del Tribunal Constitucional fue determinante, aferrándose a una aplicación cuidadosa del método interpretativo. Esto condujo a que cuando el Tribunal Constitucional consideró que la ausencia de una norma constitucional afectaba una situación particular, estimó que su deber sólo consistía en solicitar al legislador constitucional que llenase el vacío, considerándose incompetente para hacerlo jurisdiccionalmente[53].

En contraste con esta situación, en relación al ámbito de la protección de los derechos fundamentales, debe destacarse como ejemplo del modelo no-interpretativo, el desarrollado durante las últimas décadas del siglo pasado del Consejo Constitucional francés, que lo llevó, como juez constitucional, no solamente a superar el modelo interpretativo, sino a alcanzar la forma más pura del modelo de justicia constitucional no-interpretativa. Ello ocurrió, particularmente, en casos en los cuales controló la conformidad de la legislación con los «principios generales» o con las «tradiciones republicanas» no definidas, vagas y no escritas, «encontradas» por el Consejo Constitucional y definidos como de rango jurídico superior[54].

En este sentido, la actitud del Consejo Constitucional francés cambió radicalmente a partir de los años setenta del siglo pasado, después de la importante deci-

51 *V.*, J. H. Ely, *op. cit.*, p. 13; E. García de Enterría, *op. cit.*, p. 211.

52 *V.*, T. Ohlinger, «Objet et portée de la protection des droits fondamentaux: la Cour Constitutionnelle Autrichienne», in L. Favoreu (ed.), *Cours Constitutionnelles...*, pp. 335-336.

53 *Idem.*, p. 346.

54 *V.*, M. Cappelletti, «El formidable problema... *loc. cit.*, nota 20, p. 69.

sión adoptada el 16 de julio de 1971[55] con respecto a la libertad de asociación, y al valor del Preámbulo de la Constitución. En contraste con el criterio del antiguo Comité Consultivo Constitucional que elaboró la Constitución de 1958 conforme al cual, el papel del Consejo Constitucional no tenía por objeto garantizar el cumplimiento de las disposiciones del Preámbulo de la Constitución; en 1971, el Consejo Constitucional reconoció el valor jurídico positivo de dicho Preámbulo de la Constitución de 1958, con todas sus consecuencias[56], configurándose así, lo que Louis Favoreu llamó el «bloque de la constitucionalidad»[57].

En efecto, el Preámbulo de la Constitución francesa de 1958 establece lo siguiente:

> «El pueblo francés proclama solemnemente su subordinación a los Derechos del Hombre y a los principios de soberanía nacional tal como están definidos por la Declaración de 1789, confirmados y completados por el Preámbulo de la Constitución de 1946».

Este Preámbulo de la Constitución, hasta 1971, había sido considerado por el propio Consejo Constitucional como un mero principio de orientación para la interpretación constitucional; habiendo considerado que su competencia estaba «estrictamente limitada» por el texto constitucional[58].

Esta actitud, sin embargo, cambió con la mencionada decisión del Consejo Constitucional del 16 de julio de 1971, cuando resolvió que una nueva ley, al establecer un procedimiento previo de controles judiciales para que una asociación pudiera tener capacidad jurídica, era contraria a la Constitución. Esa ley, en realidad, era una reforma a la Ley de 1910 referida a las Asociaciones sin fines de lucro, que había sido introducida por el Gobierno a la consideración de la Asamblea Nacional en 1970, la cual el Consejo Constitucional consideró inconstitucional[59].

La Constitución de 1958, a través del Preámbulo de la Constitución de 1946, se refería a los «principios fundamentales reconocidos por las leyes de la República» entre los cuales debe mencionarse el principio de libertad de asociación. De acuerdo con este principio, las asociaciones pueden constituirse libremente y pueden desarrollar sus actividades públicamente, con la única condición de hacer una declaración previa, cuya validez no podía ser sometida a una intervención previa por parte de autoridades administrativas o judiciales.

---

55 *V.*, en L. Favoreu y L. Philip, *Les grandes décisions du Conseil Constitutionnel,* París 1984, pp. 222-237.

56 *V.*, L. Favoreu, «Rapport général Introductif», en L. Favoreu (ed) *Cours Constitutionnelles. ... cit.*, pp. 45-46.

57 *V.*, L. Favoreu, «Le principe de la constitutionalité. Essai de définition d'après la jurisprudence du Conseil Constitutionnel», *loc. cit.*, p. 34.

58 *V.*, L. Hamon, «Contrôle de Constitutionalité et protection des droits individuels. A propos de trois décisions récentes du Conseil Constitutionnel», *Recueil Dalloz Sirey 1974,* Chronique XVI, p. 85.

59 *V.*, la decisión del Consejo Constitucional en L. Favoreu y J. Philip, *Les grandes décisions du Conseil Constitutionnel, cit.*, p. 222. *V.*, los comentarios de la decisión del 16 de julio de 1971 en J. Rivero, «Note», *L'Actualité Juridique. Droit Administratif,* 1971, p. 537; J. Rivero «Principes fondamentaux par les lois de la République; une nouvelle catégorie constitutionnelle?», *Dalloz 1974, Chroniques,* p. 265; J. E. Bardsley, «The Constitutional Council and Constitutional Liberties in France», *The American Journal of Comparative Law Journal,* 20 (3), 1972, p. 43; y B. Nicolas, «Fundamental Rights and Judicial Review in France», *Public Law Journal,* 1978, p. 83.

El Consejo Constitucional decidió que las limitaciones impuestas a las asociaciones por la nueva Ley que establecían un control judicial previo a la mencionada declaración, eran inconstitucionales. Por ello, Jean Rivero afirmó que:

> «La libertad de asociación, la cual no está expresamente consagrada ni por la Declaración ni por «los principios particularmente necesarios en nuestro tiempo», pero que ha recibido su status de una Ley del 1° de julio de 1901, se la ha reconocido, por la decisión citada (del Consejo Constitucional), come dotada de un carácter constitucional, y ello no solamente como principio, sino incluso, en relación con las modalidades de su ejercicio»[60].

El impacto de esta decisión fue resumido por Barry Nicholas, de la manera siguiente:

> «Marcó un cambio inequívoco con respecto a la tradición constitucional de la supremacía de la ley. Declaró, por sobre todo, que incluso del ámbito reservado a la legislación por el artículo 30 de la Constitución, había principios fundamentales que el Parlamento no podía alterar ni infringir. Y sobre todo, declaró que aquellos principios fundamentales se encontraban no solamente en la misma Constitución sino también en su Preámbulo, y a través del mismo, en el Preámbulo de 1946 (y presumiblemente, también en la Declaración de 1789)»[61].

La decisión del 16 de julio de 1971 acerca de la libertad de asociación, puede considerarse como un ejemplo de la voluntad creativa del Consejo Constitucional para determinar los derechos fundamentales, aun cuando para ello tenía que basar su decisión en el Preámbulo de la Constitución de 1958, y a través de éste, en el Preámbulo de la Constitución de 1946, considerado como uno de los «principios fundamentales reconocidos por las leyes de la República». Por lo tanto, con el fin de establecer un derecho fundamental o una libertad como «principio fundamental», el Consejo Constitucional se basó en una ley específica existente, particularmente, en relación con la libertad de asociación, como era la Ley del 1° de julio de 1901 que la reconocía.

Sin embargo, en otros casos[62], como sucedió con el derecho a la defensa, el Consejo Constitucional, para deducirlo no se basó en la existencia de una ley en particular, sino en «los principios fundamentales reconocidos por las leyes de la República». En la decisión de 19/20 de enero de 1981[63], en esta forma, el Consejo Constitucional cambió radicalmente la situación previa con respecto al derecho a la defensa, el cual había sido considerado por el Consejo de Estado, simplemente, como un principio general del derecho»[64]. Al contrario, luego de la decisión de 1981, el Consejo Constitucional lo reconoció como parte de los «principios y valores de rango constitucional», expresión empleada por el Consejo Constitucional

60 *V.*, J. Rivero, «Les garanties constitutionnelles des Droits de l'Homme en Droit français», *IX Journées Juridiques Franco-Latino-américaines,* Bayonne, 21-23 mai, 1976 (mimeo), p. 11.

61 *V.*, B. Nicholas, «Fundamental Rights and Judicial Review in France», Public Law, 1978, p. 89.

62 Las decisiones del 8 de noviembre de 1976; del 2 de diciembre de 1976; del 19 de enero de 1981; del 20 de enero de 1981. *Cfr.* las citas en F. Luchaire, «Procédures et Techniques de Protection des Droits Fondamentaux. Conseil Constitutionnel Français», en L. Favoreu (ed), *Cours Constitutionnelles Européennes. .. cit.,* pp. 69, 70, 83.

63 *V.*, L. Favoreu y L. Philip, *Les grandes décisions.... cit.,* pp. 490, 517.

64 *V.*, D. G. Lavroff, «El Consejo Constitucional Francés y la Garantía de las libertades públicas», *Revista Española de Derecho Constitucional,* N° 1 (3), 1981, pp. 54-55; L. Favoreu y L. Philip, *Les grandes décisions... cit,* p. 213

para «designar de manera genérica todas las normas que tienen rango constitucional, sin estar incluidas en el texto de la Constitución»[65].

Por todo lo anterior, en la actualidad, en Francia, como consecuencia de la ampliación del principio de constitucionalidad, la «conformidad con la Constitución» no se entiende estrictamente como la conformidad con una disposición expresa de la Constitución. Al contrario, desde los años setenta del siglo pasado, la noción de norma constitucional que puede servir de norma de referencia para el control jurisdiccional de la constitucionalidad se entiende, cada vez más, en sentido más amplio, incluyendo disposiciones y principios que están fuera del texto expreso constitucional, y en particular, contenidos en la Declaración de 1789, en los Preámbulos de las Constituciones de 1946 y 1958, en los principios fundamentales reconocidos por las leyes de la República y en los principios generales con valor constitucional[66].

En todo caso, sigue vigente la discusión relativa a si es o no necesario disponer de una norma de referencia escrita, para que se pueda producir el control de la constitucionalidad de las leyes. Distintas soluciones se han formulado según los varios sistemas de control[67], aun cuando puede observarse una clara tendencia a permitir el método no-interpretativo de justicia constitucional con un papel cada vez más activo del juez constitucional.

IV. LA ADAPTACIÓN DE LA CONSTITUCIÓN Y SU INTERPRETACIÓN

En efecto, el tipo normal y habitual de control jurisdiccional de la constitucionalidad de las leyes que se ha desarrollado en todos los sistemas constitucionales en los cuales se establece el principio de la supremacía de la Constitución, está basado en la existencia de normas escritas en la Constitución a las cuales deben conformarse todos los órganos del Estado, en especial, el Legislador. En este caso, evidentemente, el problema básico de la justicia constitucional con base en el modelo interpretativo, se refiere al grado de claridad del texto constitucional en cuestión, y consecuentemente, a la factibilidad del ejercicio del control jurisdiccional de la constitucionalidad de las leyes con respecto a nociones vagas, imprecisas o indeterminadas contenidas en los artículos constitucionales, y en la necesidad de un juez constitucional para adaptar el texto de la Constitución, con el fin de garantizar su efectividad y supremacía.

Como se señaló anteriormente, la situación depende del carácter contemporáneo o anticuado que tenga el texto constitucional, del número de sus disposiciones o regulaciones y de la precisión o vaguedad de los artículos del mismo.

Sin embargo, incluso en las Constituciones contemporáneas, respecto de sus declaraciones de derechos fundamentales, algunas veces están redactadas de manera sintética, vaga y elusiva; sus normas a veces se expresan en conceptos indeterminados como libertad, orden público, democracia, justicia, dignidad, igualdad, fun-

---

[65] *V.*, L. Favoreu, «Les décisions du Conseil Constitutionnel dans l'affaire desnationalisations», *Revue du Droit Public et de la Science Politique en France et à l'étranger,* T. XCVIII, N° 2, París 1982, p. 401.

[66] *V.*, L. Favoreu, «L'application directe et l'effet indirect des normes constitutionnelles», *French Report to the XI International Congress of Comparative Law, Caracas,* 1982 (mimeo), p. 4.

[67] *V.*, E. Smith, *Contrôle juridictionnel de la législation et sa légitimité. Développements récents dans les cinq pays scandinaves,* Rapport au Symposium de l'Association Internacionale des Sciences Juridiques, Uppsala, 1984 (mimeo), p. 61. También publicado en L. Favoreu y J. A. Jolowicz (ed), *Le contrôle juridictionnel des lois... cit.,* pp. 225-282.

[68] *V.*, M. Cappelletti, «Nécessité et légitimité de la justice constitutionnelle» en L. Favoreu (ed) *Cours Constitutionnelles Européennes et Droits fondamentaux,* París, 1982, p. 474.

ción social o interés público[68], todo lo cual tiene que conducir a los jueces a ejercer un papel de interpretación muy activo, de lo que se ha dado en llamar las «ambigüedades preciosas»[69] de las Constituciones.

En todo caso, estas expresiones vagas e imprecisas de las Constituciones siempre expresan algunos conceptos o valores esenciales relacionados con los fundamentos generales de una sociedad determinada y su sistema político; por tanto, tiene que ser en relación con éstos últimos que el juez constitucional debe desempeñar su papel creativo, y determinar el sentido exacto del concepto. Estas expresiones, llamadas «conceptos jurídicos indeterminados» o «nociones jurídicas imprecisas»[70] las cuales están incluidas en las Constituciones, principalmente por su carácter general, son las que el juez constitucional debe explicar e identificar; y mediante un proceso interpretativo, fijar sus fronteras para lo cual debe tomar en cuenta, sobre todo, los valores supremos que derivan de la Constitución y que generalmente se encuentran en el Preámbulo o en los primeros artículos del Texto.

La posición del juez constitucional frente a la Constitución no es, pues, muy diferente de la que cualquier juez tiene normalmente ante las leyes, las cuales deben ser interpretadas; y así como los jueces no deben sustituir al Legislador deduciendo conceptos contrarios a lo que está escrito en la ley, tampoco pueden interpretar la Constitución de manera tal que lleguen a deducir conceptos que vayan en contra del texto constitucional y de sus valores fundamentales[71].

Sin embargo, el juez constitucional siempre tiene un deber adicional al juez ordinario: debe defender la Constitución y, en especial, los valores que en un momento dado estuvieron en la base de su creación. Por esta razón, el juez constitucional en su proceso interpretativo, debe adaptar la Constitución a los valores de la sociedad y del sistema político, con miras, precisamente, a «mantener viva la Constitución»[72]. Para este fin, no cabe la menor duda que para controlar la constitucionalidad de la legislación, debe desarrollar una actividad creativa de manera de permitir la aplicación moderna y efectiva de Constituciones que, por ejemplo, fueron escritas en el Siglo XIX.

En este sentido, la Constitución no puede ser considerada como un documento estático. Por el contrario, siempre debe adaptarse a la evolución de las necesidades e instituciones sociales. Y precisamente, en este proceso de adaptación de la Constitución, el papel del juez constitucional ha sido de vital importancia, como lo demostró la Corte Suprema norteamericana, al dictar importantes decisiones en relación con la discriminación racial en el sistema educativo.

Al referirse a la Enmienda XIV, por ejemplo, el *Chief Justice* Warren de la Corte Suprema, declaró en el caso *Brow vs. Board of Education of Topeka,* 347 U.S. 483 (1954), que:

---

69 «Si bien es cierto que la precisión ocupa un sitial de honor en la redacción de una decisión gubernamental, no es menos cierto que se vuelve mortal en una Constitución que se quiere permanezca como un cuerpo viviente». S.M. Hufstedles, «In the name of Justice», *Stanford Lawyers,* 14 (1), 1979, pp. 3-4, citado por M. Cappelletti; «Nécessité et légitimité...», *loc. cit.,* p. 474. Véase las referencias en E. García de Enterría, *op. cit.,* p. 229; y en L. Favoreu, «Le contrôle juridictionnel des lois et sa légitimité.. .» *doc. cit.,* p. 32.

70 *V.,* F. Sainz Moreno, *Conceptos jurídicos, interpretación y discrecionalidad administrativa,* Madrid, 1976; E. García de Enterría, *La lucha contra las inmunidades de poder en el Derecho Administrativo,* Madrid, 1980, p. 32.

71 *V.,* F. Luchaire, «Procédures et techniques...», *loc. cit.,* p. 83.

72 *V.,* M. Cappelletti, «El formidable problema...», *loc. cit.,* p. 78.

«Al enfocar este problema no podemos regresarnos a 1868 cuando se adoptó la Enmienda, y ni siquiera a 1896 cuando sé decidió el caso *Plessy vs. Ferguson*. Debemos examinar la educación pública a la luz de su desarrollo completo y del lugar que ocupa actualmente en la vida americana, en toda la Nación. Solamente de esta manera puede determinarse si la segregación en las escuelas públicas priva a los demandantes de una protección igual de las leyes».

Tal afirmación lo llevó a concluir, señalando lo siguiente:

«Que en el campo de la educación pública la doctrina «separados pero iguales» no tiene lugar. Establecimientos educacionales separados son intrínsecamente desiguales. Por ello, sostenemos que los demandantes así como otros en situación similar de quienes han intentado las acciones son, debido a la segregación de la que se quejan, privados de una protección igual por parte de las leyes, garantizada por la Enmienda XIV».

En el mismo sentido, esta adaptación de la Constitución por el juez constitucional quedó demostrada en Francia por el Consejo Constitucional, en el famoso caso de las Nacionalizaciones en 1982, en el cual se aplicó el artículo relativo al derecho de propiedad contenido en la Declaración de los Derechos del Hombre y del Ciudadano en 1789 y, consecuentemente, se declaró el derecho de propiedad con rango constitucional.

En su decisión del 16 de enero de 1982[73], aun cuando el artículo de la Declaración de 1789 relativo al derecho de propiedad fue considerado obsoleto, estimándose que su interpretación no podía realizarse sino en un sentido radicalmente diferente al que tenía en 1789[74], el Consejo Constitucional declaró que:

«Considerando que, si posteriormente a 1789 y hasta nuestros días, las finalidades y las condiciones de ejercicio del derecho de propiedad han experimentado una evolución caracterizada a la vez por una notable extensión de su campo de aplicación a dominios individuales nuevos, y por limitaciones exigidas por el interés general, los principios mismos enunciados por la Declaración de los Derechos del Hombre tienen pleno valor constitucional, tanto en lo que concierne al carácter fundamental del derecho de propiedad cuya conservación constituye uno de los objetivos de la sociedad política, y que está colocado en el mismo nivel que la libertad, la seguridad y la resistencia a la opresión, como en lo que concierne a las garantías otorgadas a los titulares de este derecho y las prerrogativas del poder público...»[75].

En esta forma, el Consejo Constitucional no sólo «creó» un derecho fundamental constitucional al asignar rango y valor constitucional a la Declaración de 1789, sino que también adaptó el antiguo «sagrado» y absoluto derecho de propiedad consagrado hace más de doscientos años, al derecho limitado y limitable de nuestros tiempos, aun cuando su preservación lo llevó a declarar inconstitucionales algunos de los artículos de la Ley de Nacionalización.

De lo anteriormente señalado resulta claro que en todos los sistemas constitucionales dotados de Constituciones escritas, para que las Constituciones sean vistas como leyes supremas cuyas normas deben prevalecer sobre cualquier otra en el

---

73 *V.*, L. Favoreu y L. Philip, *Les grandes décisions..., cit.*, pp. 525-562

74 *V.*, L. Favoreu, «Le contrôle juridictionnel des lois et sa légitimité..., *doc. cit.*, p. 3.2.

75 *V.*, L. Favoreu y L. Philip, *Les grandes décisions..., cit.*, p. 526. *Cfr.* L. Favoreu, «Les décisions du Conseil Constitutionnel dan l'affaire des nationalisations», *loc. cit.*, p. 406.

ordenamiento jurídico, el principio de la supremacía de la Constitución no sólo se aplica a sus artículos escritos sino también a las normas no escritas que pueden deducirse por los jueces constitucionales del texto fundamental, como parte de los valores supremos que se encuentran en el fundamento de una sociedad determinada y de su sistema político.

En todo caso, el principio de supremacía de la Constitución quedaría como letra muerta si el sistema constitucional no brindase un conjunto completo de garantías constitucionales para darle efectividad. Una de esas garantías es, precisamente, la justicia constitucional, es decir, los poderes otorgados a los jueces, tanto ordinarios como especiales, para controlar la constitucionalidad de las leyes y de todos los demás actos del Estado.

V. EL DERECHO CIUDADANO A LA SUPREMACÍA CONSTITUCIONAL

En efecto, si partimos del supuesto de que la Constitución es manifestación de la voluntad del pueblo que debe prevalecer sobre la voluntad de los órganos constituidos, el principal derecho constitucional que los ciudadanos tienen es *el derecho a dicha supremacía,* es decir, al respeto de la propia voluntad expresada en la Constitución. Nada se ganaría con señalar que la Constitución, como manifestación de la voluntad del pueblo, debe prevalecer sobre la de los órganos del Estado, si no existiere el derecho de los integrantes del pueblo de exigir el respeto de esa Constitución y su supremacía.

El constitucionalismo moderno, por tanto, en nuestro criterio, está montado no sólo sobre el principio de la supremacía constitucional, sino en que como secuela del mismo, existe *un derecho del ciudadano a esa supremacía*[76], que se concreta, conforme al principio de la separación de poderes, en *un derecho fundamental a la tutela judicial efectiva de la supremacía constitucional.*

En esta forma, el desarrollo de la justicia constitucional en sus dos vertientes, como protección de la parte orgánica de la Constitución, o como protección de su parte dogmática, es decir, de los derechos y libertades constitucionales, en definitiva no es más que la manifestación de la garantía constitucional del derecho fundamental del ciudadano al respecto de la supremacía constitucional, es decir, a la tutela judicial efectiva de dicha supremacía.

Este derecho fundamental, así, se concreta tanto en un derecho al control jurisdiccional de la constitucionalidad de los actos estatales, sea mediante sistemas de justicia constitucional concentrados o difusos, y en un derecho al amparo judicial de los demás derechos fundamentales de las personas, sea mediante acciones o recursos de amparo u otros medios judiciales de protección inmediata de los mismos. La consecuencia de este derecho fundamental, sin duda, implica el poder atribuido a los jueces de asegurar la supremacía constitucional, sea declarando la nulidad de los actos contrarios a la Constitución, sea restableciendo los derechos fundamentales vulnerados por acciones ilegítimas, tanto de los órganos del Estado como de los particulares.

Tratándose de un derecho fundamental de los ciudadanos, el de asegurar la supremacía constitucional mediante la tutela judicial de la misma, es evidente que sólo la Constitución podría limitar dicho derecho, es decir, sería incompatible con

---

[76] *V.,* Allan R. Brewer-Carías, «El amparo a los derechos y libertades constitucionales (una aproximación comparativa)» en *La protección jurídica del ciudadano. Estudios en Homenaje al Profesor Jesús González Pérez,* T. III, Madrid 1993, pp. 2.696 y 2.697.

la idea del derecho fundamental de la supremacía constitucional que se postula, cualquier limitación legal a la misma, sea manifestada en actos estatales excluidos del control judicial de constitucionalidad; sea en derechos constitucionales cuya violación no fuera amparable en forma inmediata. Tal como lo señaló la antigua Corte Suprema de Justicia de Venezuela:

> «si la regla general constitucionalmente establecida es la del pleno ejercicio del control constitucional de todos los actos del Poder Público, cualquier excepción a dicha regla tendría que emanar, necesariamente, de la propia Constitución. Ni siquiera una disposición legal podría sustraer alguno de aquellos actos al control antes dicho; y menos aún pueden autorizarlo los órganos jurisdiccionales como intérpretes fieles que deben ser del contenido de aquella norma. A todo evento, y, ante la duda que pudiera surgir acerca de si algún acta emanado del Poder Público es o no susceptible de revisión constitucional por acción directa, debe optarse, en obsequio a aquel amplio y fundamental principio constitucional, por admitir su examen por parte de este Alto Tribunal»[77].

La supremacía constitucional es una noción absoluta, que no admite excepciones, por lo que el derecho constitucional a su aseguramiento tampoco puede admitir excepciones, salvo por supuesto, que las establezca la propia Constitución. De lo anterior resulta que, en definitiva, en el derecho constitucional contemporáneo, la justicia constitucional se ha estructurado como una garantía adjetiva al derecho fundamental del ciudadano a la supremacía constitucional.

En cierta forma, como lo señaló Sylvia Snowiss en su análisis histórico sobre los orígenes de la justicia constitucional de Norteamérica, ésta ha surgido como un sustituto a la revolución[78].

En efecto, si los ciudadanos tienen derecho a la supremacía constitucional, como pueblo soberano, cualquier violación de la Constitución podría dar lugar a la revocatoria del mandato a los representantes o a su sustitución por otros, en aplicación del derecho a la resistencia o revuelta que defendía John Locke[79]. En caso de opresión de los derechos o de abuso o usurpación, la revolución era la solución o la vía de solución de los conflictos entre el pueblo y los gobernantes.

Como sustituto de la misma, sin embargo, surgió el poder atribuido a los jueces para dirimir los conflictos constitucionales entre los poderes constituidos o entre éstos y el pueblo. Esa es, precisamente, la tarea del juez constitucional, quedando configurada la justicia constitucional como la principal garantía al derecho ciudadano a la supremacía constitucional.

---

77 *V.*, sentencia de la Corte Suprema de Justicia en Pleno de 15-3-62, en *Gaceta Oficial*, N° 760, Extraordinaria de 22-3-62.

78 *V.*, Silvia Snowiss, *Judicial Review..., cit.*, p. 113.

79 *V.*, John Locke, *Two Treatises of Government* (ed. Peter Laslett), Cambridge UK, 1967, pp. 221 y ss.

SEGUNDA PARTE

LA JUSTICIA CONSTITUCIONAL COMO GARANTÍA DE LA CONSTITUCIÓN[*]

En el mundo contemporáneo, el signo más característico del Estado de derecho o del Estado sometido al derecho es, sin duda, la existencia de un sistema de control judicial de la conformidad con el derecho de *todos* los actos estatales, lo cual se aplica no sólo a los actos administrativos, a través del tradicional control contencioso administrativo, sino a las leyes y demás actos estatales de similar rango, a través del sistema de justicia constitucional[1].

Este principio, que puede hoy considerarse elemental y que tiene sus raíces en el constitucionalismo norteamericano[2], sin embargo, solo se consolidó en Europa continental hace pocas décadas, con las adopción de la noción de Constitución rígida, el principio de su supremacía, la garantía de la nulidad de los actos estatales que la vulneren, la consagración constitucional de los derechos fundamentales, y la consideración de la Constitución como norma de derecho positivo directamente aplicable a los ciudadanos[3], cuya aceptación, incluso, fue calificada hacia finales del

---

* Publicado en el libro Coordinado por Armin von Bogdandy, Eduardo Ferrer Mac-Gregor y Mariela Morales Antoniazzi, *La Justicia Constitucional y su Internacionalización. ¿Hacia un Ius Constitucionale Commune en América Latina?*, Instituto de Investigaciones Jurídicas, Instituto Iberoamericano de Derecho Constitucional, Max Planck Institut Für Ausländisches Öffentliches Rechts Und Völkerrecht, Universidad Nacional Autónoma de México, México 2010, Tomo I, pp. 25-62; y en *Revista de Derecho Público*, N° 9-10, Asociación Costarricense de Derecho Administrativo, San José, Costa Rica 2010, pp. 9-28. Publicado también con el título: «La justicia constitucional como garantía de la Constitución», en *Derecho Procesal Constitucional. Instrumentos para la Justicia Constitucional*, Ediciones Doctrina y Ley Ltda., Bogotá 2013, pp. 19-4.

1 Por eso Jean Rivero estimó que el último paso en la construcción del Estado de derecho, es que el Legislador mismo esté sometido a una norma superior, la Constitución, en «Rapport de Synthèse», en L. Favoreu (ed.), *Cours constitutionnelles européennes et droits fundamentaux*, París, 1982, p. 519. Así mismo P. Lucas Murillo de la Cueva, calificó a la justicia constitucional como «la culminación de la construcción del Estado de derecho», en «El Examen de la Constitucionalidad de las Leyes y la Soberanía Parlamentaria», en *Revista de Estudios Políticos*, N° 7, Madrid, 1979, p. 200.

2 *V.*, en particular A. Hamilton, *The Federalist* (ed. B. F. Wright), Cambridge Mass. 1961, *letter* N° 78, pp. 491-493. Véanse además, los comentarios de Alexis de Tocqueville, *Democracy in America* (ed. J. P. Mayer and M. Lerner), London, 1968, vol. I, p. 120.

3 *V.*, Eduardo García de Enterría, *La Constitución como norma y el Tribunal Constitucional*, Madrid, 1981.

siglo pasado como producto de una «revolución»,[4] que los países europeos sólo en las últimas décadas de dicho siglo comenzaron a «redescubrir»[5].

Ahora bien, la justicia constitucional, es decir, la posibilidad de control judicial de la constitucionalidad de las leyes y demás actos estadales, deriva precisamente de esa idea de la Constitución como norma fundamental y suprema, que debe prevalecer sobre toda otra norma o acto estatal; lo que implica el poder de los jueces o de ciertos órganos constitucionales en ejercicio de funciones jurisdiccionales, de controlar la constitucionalidad de los actos estatales, incluidas las leyes, declarándolos incluso nulos cuando sean contrarios a la Constitución. Ese fue el gran y principal aporte de la Revolución Norteamericana al constitucionalismo moderno, y su desarrollo progresivo ha sido el fundamento de los sistemas de justicia constitucional en el mundo contemporáneo.

Como lo expresó en su momento Manuel García Pelayo:

> «La Constitución, en tanto que norma fundamental positiva, vincula a todos los poderes públicos incluidos el Parlamento y por tanto, la ley no puede ser contraria a los preceptos constitucionales, a los principios de que éstos arrancan o que se infieren de ellos, y a los valores a cuya realización aspira. Tal es lo que configura la esencia del Estado constitucional de derecho...»[6].

Es decir, como en su momento también lo señaló Mauro Cappelletti, la Constitución concebida «no como una simple pauta de carácter político, moral o filosófico, sino como una ley verdadera, positiva y obligante, con un carácter supremo y más permanente que la legislación positiva ordinaria»[7]. O como lo puntualizó Eduardo García de Enterría al iniciarse el proceso democrático en España en las últimas décadas del siglo pasado, las Constituciones son normas jurídicas efectivas, que prevalecen en el proceso político, en la vida social y económica del país, y que sustentan la validez a todo el orden jurídico[8]. Se trata, siempre, de una ley suprema, real y efectiva, que contiene normas directamente aplicables tanto a los órganos del Estado como a los individuos.

Este concepto, si bien fue novedoso en la práctica de la España democrática, fue el concepto adoptado en los Estados Unidos de América desde los inicios del

---

4 *V.*, J. Rivero, «Rapport de Synthèse», en L. Favoreu (ed.), *Cours constitutionnelles européennes et droits fundamentaux,* París, 1982, p. 520, donde califica la aceptación de muchos de esos principios por el Consejo Constitucional como una «revolución».

5 El término lo usó con razón Louis Favoreu, al señalar que ha sido sólo después de la Primera Guerra Mundial, y particularmente, después de la Segunda Guerra Mundial, que los países europeos han «redescubierto» la Constitución como texto de carácter jurídico y como norma fundamental, en «Actualité et légitimité du contrôle juridictionnel des lois en Europe Occidentale», *Revue du Droit Public et de la Science Politique en France et á l'étranger,* 1984, p. 1.176.

6 Véase Manuel García Pelayo, «El Status del Tribunal Constitucional», en *Revista Española de Derecho Constitucional,* N° 1, Madrid, 1981, p. 18.

7 *V.*, Mauro Cappelletti, *Judicial Review of Legislation and its Legitimacy. Recent Developments.* General Report. International Association of Legal Sciences. Uppsala, 1984 (mimeo), p. 20; también publicado como «Rapport général» en L. Favoreu y J.A. Jolowicz (ed), *Le contrôle juridictionnel des lois Légitimité, effectivité et développements récents,* París 1986, pp. 285-300.

8 *V.*, Eduardo García de Enterría, *La Constitución como norma y el Tribunal Constitucional*, Madrid, 1981, pp. 33, 39, 66, 71, 177 y 187.

constitucionalismo, el cual desde el siglo XIX se siguió en los países de América Latina. Fue también el concepto que se adoptó en Europa después de la Revolución Francesa, y que luego de haber sido abandonado durante el siglo XIX, fue redescubierto durante el siglo pasado, particularmente después de la Segunda Guerra Mundial.

En efecto, originalmente la Constitución fue concebida como una ley fundamental que limitaba a los órganos del Estado y proclamaba los derechos fundamentales de los individuos, producto de un consenso político logrado por el pueblo mismo, y por lo tanto, directamente aplicable por los tribunales. Este concepto de Constitución, adoptado por algunos países de Europa continental luego de la Revolución Francesa, sin embargo, fue modificado posteriormente por la restauración del principio monárquico, el cual transformó la Constitución en un código formal y abstracto del sistema político, otorgado por el Rey y no directamente impuesto por los tribunales. En este contexto, la Constitución no incluía normas directamente aplicables a los individuos, quienes sólo estaban sometidos a las leyes, y aun cuando contenía una parte orgánica, la falta de medios de control de la constitucionalidad de los actos estatales, trajo como consecuencia la pérdida de su carácter normativo.

Ese concepto de Constitución en los sistemas jurídicos de Europa continental, como se dijo, cambió después de la Segunda Guerra Mundial, volviéndose nuevamente a la concepción original de ley suprema, con normas directamente aplicables tanto a los órganos del Estado como a los individuos, juzgadas por los Tribunales, y no como simples buenas intenciones. Tal como lo consideró la Corte Suprema de los Estados Unidos en el caso *Trop vs. Dulles,* 356 US 86 (1958), en la cual expresó, en relación al carácter normativo de la Constitución, que:

> «Las disposiciones de la Constitución no son adagios trillados ni contraseñas vacías. Son principios vitales y vivos que autorizan y limitan los poderes gubernamentales de nuestra Nación. Son normas de Gobierno. Cuando se cuestiona ante este Tribunal la constitucionalidad de una ley del Congreso, debemos aplicar dichas normas. De lo contrario, los términos de la Constitución se convertirían en poco más que buenas intenciones».

Por ello, en los sistemas jurídicos contemporáneos las Constituciones tienen un carácter normativo, principio que incluso rige en Francia gracias a la labor del Consejo Constitucional, y que contrasta con el sistema constitucional tradicional que se había instaurado por las Leyes constitucionales de 1875, en el cual debido a la inexistencia de una declaración de derechos del hombre en el texto de la Constitución[9], sus disposiciones habían sido consideradas como no directamente aplicables a los individuos. Fue precisamente gracias a varias decisiones del Consejo Constitucional adoptadas en los años setenta del siglo pasado, que el «bloque de la constitucionalidad»[10] fue progresivamente ampliado para incluir en el mismo, a la Declaración de los Derechos del Hombre y del Ciudadano de 1789, a los principios de los Preámbulos de las Constituciones de 1946 y 1958, y a los principios fundamentales reconocidos por las leyes de la República[11]. Esto llevó a Jean Rivero a

---

9 *V.,* Jean Rivero, *Les libertés publiques,* vol. 1, París, 1973, p. 70.

10 *V.,* Louis Favoreu, «Le principe de constitutionalité. Essai de définition d'après la jurisprudence du Conseil constitutionnel» en *Recueil d'études en l'honneur de Charles Eisenmann,* París, 1977, p. 33.

11 *V.,* Louis Favoreu, *Le contrôle juridictionnel des lois et sa légitimité. Développements récents en Europe occidentale,* Association Internationale des Sciences Juridiques, Colloque d'Uppsala, 1984 (mineo), p. 8; también publicado en L. Favoreu y J. A. Jolowicz, *Le contrôle juridictionnel des lois Légitimité, effectivité et développements récents,* París 1986, pp. 17 y ss.

afirmar, en relación con la creación del derecho por el juez constitucional, que con las decisiones del Consejo Constitucional basadas en «la Constitución y, en particular, en su Preámbulo», en Francia se había producido «una revolución»:

> «He allí, de una sola vez, la Declaración de 1789, el Preámbulo de 1946, los principios fundamentales reconocidos por las leyes de la República, integrados a la Constitución francesa, aun cuando la Constituyente no lo quiso. La Constitución francesa duplicó de tamaño por simple voluntad del Consejo Constitucional»[12].

La Constitución así configurada, en un Estado de derecho, en todo caso y por sobre todo tiene que ser dotada de supremacía en relación con cualquier otra norma jurídica o cualquier acto que emane del Estado, lo que implica que los actos del Parlamento y de absolutamente todos los demás órganos del Estado no pueden violar las normas de la Constitución, y los principios constitucionales que de ellos derivan.

No hay que olvidar que las Constituciones contemporáneas contienen, al mismo tiempo, una parte orgánica y una parte dogmática; la primera referida a la organización del Estado, la distribución y la separación del Poder Público y los mecanismos relativos a su funcionamiento; la segunda, a los derechos fundamentales y a las limitaciones impuestas a los órganos del Estado por su respeto y prevalencia. Por ello, la preeminencia de la Constitución significa no sólo la estricta observancia de las normas y procedimientos establecidos en la Constitución para regular el funcionamiento de los órganos del Estado, sino también el respeto de los derechos fundamentales de los ciudadanos, declarados o implícitos en la misma. Todo ello implica, por supuesto y por ejemplo en lo que respecta al Parlamento, no sólo la obligación de respetar las normas constitucionales que rigen la separación de poderes y evitar usurpar las atribuciones del Ejecutivo y del Poder Judicial, sino además, la necesidad de actuar de conformidad con los procedimientos para la elaboración de las leyes que prevé la Constitución, en los cuales no puede, en ningún caso, violar los derechos fundamentales que garantiza la Constitución. Lo mismo se aplica a la actuación de los demás órganos del Estado, en particular del Ejecutivo y de los propios tribunales, incluyendo los Tribunales Constitucionales que como garantes de la Constitución están, por sobre todo, sometidos a la misma.

La sujeción a la supremacía de la Constitución por todos los órganos del Estado, por otra parte, no sólo implica sumisión a las normas de carácter orgánico y de procedimiento, sino también a las de orden sustantivo. Por ello es que una ley puede ser inconstitucional no sólo por vicios en el procedimiento de formación de las leyes que afecten su elaboración, sino por razones de fondo, cuando su contenido es contrario a las normas o principios enunciados en la Constitución incluido los relativos a los derechos fundamentales o derivados de los mismos. Por tanto, la inconstitucionalidad de los actos estatales puede ser de forma o de fondo[13].

I. LA SUPREMACÍA CONSTITUCIONAL Y SUS GARANTÍAS

Por supuesto, como toda supremacía normativa, para ser efectiva requiere ser garantizada, es decir, requiere de ser dotada de las necesarias garantías jurídicas,

---

12 *V.*, Jean Rivero, «Rapport de Synthèse» in L. Favoreu (ed), *Cours Constitutionnelles Européennes et Droit Fondamental,* Aix-en-Provence, 1982, p. 520.

13 *V.*, H. Kelsen. «La garantie juridictionnelle de la Constitution (La justice constitutionnelle)», en *Revue du Droit public et de la Science politique en France et à l'étranger,* París, 1928, p. 202.

que tratándose de la Constitución como norma suprema resultan ser la culminación de la construcción del Estado de derecho. Entre ellas, está precisamente el sistema de justicia constitucional, concebido precisamente por Hans Kelsen en las primeras décadas del siglo pasado, como la garantía jurisdiccional por excelencia del principio de la supremacía constitucional.[14]

Y efectivamente, la supremacía de la Constitución sería imperfecta e inoperante desde el punto de vista jurídico, si no se establecieran las necesarias garantías que la protejan frente a los actos inconstitucionales del Estado o de cualquier ruptura del ordenamiento constitucional, es decir, los medios para protegerla tanto en su parte orgánica, incluyendo los procesos y procedimientos constitucionales; como en la dogmática que se refiere a los derechos fundamentales. En general, e históricamente, se han distinguido dos tipos de garantías de la supremacía de la Constitución: las políticas y las jurisdiccionales. Las primeras se atribuyen, en general, a los órganos políticos supremos de carácter representativo del Estado, y fue la que existió, en general, en los regímenes jurídicos donde se impuso una interpretación extrema tanto del principio de la separación de poderes, como del principio de la unidad del Poder del Estado. En el primer caso, esa fue tradicionalmente la situación en Francia hasta la creación del Consejo Constitucional, donde la Asamblea Nacional era el único poder del Estado con facultad de velar por la constitucionalidad de las leyes. En el segundo caso, se trata del sistema que fue adoptado en la casi totalidad de los antiguos Estados socialistas del este de Europa, y que en el Continente americano aún existe en Cuba, donde el órgano supremo y políticamente representativo es el único que puede ejercer el control de la constitucionalidad de las leyes.

En los sistemas europeos, donde la garantía política de la constitucionalidad le correspondía a los órganos políticos representativos, se tendía a asimilar los órganos controlados y los órganos de control[15], lo que suscitó críticas incluso en el mundo socialista, al considerarse el sistema inadecuado o por lo menos «poco satisfactorio». En todo caso, el argumento en favor de este tipo de garantía o medio de protección de la Constitución se basaba en el principio de la unidad del poder del Estado (y el rechazo del principio de la separación de poderes) que caracterizó el régimen jurídico de derecho público de los países socialistas, lo que implicaba, siempre, la supremacía del poder del órgano políticamente representativo del Estado. La consecuencia lógica de esta preeminencia fue la imposibilidad de confiar el poder de control de la constitucionalidad de las leyes a otro órgano, y considerar como ilegítimo cualquier otro control que pudiese ser ejercido por un órgano del Estado diferente del órgano supremo representativo, incluyendo la

---

14 *Ídem.*, p. 214. Véase además, Allan R. Brewer-Carías, «La Justicia Constitucional», en *Revista Jurídica del Perú,* N° 3, 1995, Trujillo, Perú, pp. 121 a 160; Allan R. Brewer-Carías, «Control de la constitucionalidad. La justicia constitucional» en *El Derecho Público de finales de Siglo. Una perspectiva iberoamericana,* Fundación BBV, Editorial Civitas, Madrid 1996, pp. 517-570; Allan R. Brewer-Carías, *Instituciones Políticas y Constitucionales,* T. VI. *La Justicia Constitucional,* Universidad Católica del Táchira-Editorial Jurídica Venezolana, Caracas, San Cristóbal, 1996, 21 ss; Allan R. Brewer-Carías, *La Justicia Constitucional. Procesos y procedimientos constitucionales,* UNAM, Mexico 2007.

15 *V.*, P. Biscaretti di Ruffia, «Les Constitutions européennes: notions introductives» en P. Biscaretti di Ruffia y S. Rozmaryn, *La Constitution comme loi fondamentale dans les Etats socialistes,* Torino, 1966, p. 70.

autoridad judicial[16]. Antes de los cambios constitucionales que se produjeron en el mundo socialista a partir de 1990, sin embargo, sólo tres países, Yugoslavia, Checoslovaquia y Polonia habían instituido una garantía jurisdiccional de la Constitución, confiando el poder de control de la constitucionalidad de las leyes a Tribunales Constitucionales especiales, inspirándose en el principio de la supremacía de la Constitución y en el principio de la separación de poderes del Estado. Esta tendencia se ha seguido posteriormente en el proceso de transformación política y democratización del antiguo mundo socialista, continuando con el modelo de tribunales constitucionales, por ejemplo, en la República Checa y en Polonia.

Por otra parte, en los regímenes en los cuales se siguió una interpretación rigurosa del principio de la separación de poderes o que adoptaron el principio de la supremacía y soberanía del Parlamento, evidentemente que no pudo haber un sistema de control judicial de la constitucionalidad de las leyes. Este fue el caso de todos los países de Europa continental después de la Revolución Francesa y de la restauración de la Monarquía, y es aún el caso de Inglaterra. En Europa, la Monarquía y el principio de la representación basado en la elección del cuerpo legislativo, tuvo como consecuencia la adopción del principio de la supremacía del Parlamento sobre los demás poderes del Estado y, por consiguiente, la primacía de las leyes o actos del Parlamento sobre todas las demás normas y actos estatales.

En el siglo XIX, por tanto, en Europa era inconcebible suponer cualquier alteración del principio de la supremacía de la ley, producto de la voluntad general. Este principio, sencillamente, hacía inconcebible cualquier incumplimiento de la Constitución por parte del Parlamento, siendo el Ejecutivo (el Monarca) el verdadero enemigo del ciudadano, el cual podía caer en la tentación de hacer prevalecer su propia voluntad sobre la del pueblo, encarnada por el Parlamento.

Por ello, era inconcebible que el Parlamento pudiera equivocarse o fallar. Este mito de la Asamblea como expresión absoluta de la voluntad popular, fuente segura e infalible de la voluntad colectiva, fue, sin duda, el fruto histórico del jacobinismo francés, del cual, basado en el principio absoluto de la representación de la voluntad nacional, nacería el dogma de la soberanía parlamentaria; dogma en virtud del cual en Francia se proscribía en forma absoluta todo poder por encima de la Asamblea, y se hacía, naturalmente, del Poder Judicial, un simple instrumento de ejecución de las leyes sancionadas por la Asamblea, quitándole hasta la facultad de interpretarlas. De allí el conocido procedimiento del *«référé législatif»* que imponía a los jueces la obligación de consultar a la Asamblea Nacional, en caso de duda en la interpretación de las leyes[17].

Esta obligación derivaba de la más pura tradición de las teorías de Montesquieu, según las cuales los jueces no eran más que «la boca que pronuncia la palabra de

---

16 *V.*, P. Nikolic, *Le contrôle juridictionnel des lois et sa légitimité. (Dévenloppement récents dans les pays socialistes),* Informe, Association Internationale des Sciences juridiques, Uppsala, 1984 (mimeo), pp. 14-217. Publicado también en L. Favoreu and J. A. Jolowicz (ed) *Le contrôle juridictionnel des lois. Légitimité, effectivité et développements récents,* París 1986, pp. 1-115.

17 *V.*, Art. 2 de la Ley del 16-24 agosto 1790; y Art. 21 de la Ley de 27 de noviembre -1° diciembre 1790. *V.*, las referencias en M. Troper, *La séparation des pouvoirs et l'histoire constitutionnelle française,* París 1980, pp. 58 y ss.

ley»; por tanto, meros seres pasivos, incapaces ni siquiera de moderar la fuerza o rigor de dichas leyes[18].

Por otra parte, dicha obligación ocupaba un lugar predominante en la famosa Ley del 16-24 de agosto de 1790 sobre la organización judicial, en cuyo artículo 10 del Título II se estableció el principio de la separación de los poderes legislativo y judicial en los términos siguientes: «Los tribunales no podrán participar ni directa ni indirectamente en el ejercicio del poder legislativo; ni impedir ni suspender la ejecución de los decretos del cuerpo legislativo...» Y el artículo 12 del mismo Título agregaba: «Ellos (los tribunales) no podrán hacer reglamentos sino que se dirigirán al cuerpo legislativo cada vez que crean necesario, sea interpretar una ley o hacer una nueva».

El *«référé législatif»* como se dijo, constituía en ese entonces, el instrumento mediante el cual el cuerpo legislativo podía interpretar las leyes, interpretación a la que los jueces ni siquiera podían proceder.

Por ello, Robespierre decía que la palabra «jurisprudencia» debía ser eliminada de la lengua francesa, agregando:

> «En un Estado que tiene una Constitución, una legislación, la jurisprudencia de los tribunales no es otra cosa que la ley... si una autoridad distinta del legislador podría interpretar las leyes, ella elevaría su voluntad por encima de la del legislador»[19].

En nombre de este principio jacobino de la Asamblea, producto de la Revolución, en Francia, durante mucho tiempo se rechazó la posibilidad de que las autoridades judiciales pudieran anular las decisiones que emanaban de la Asamblea.

En el Reino Unido, este fue precisamente el mismo principio de la soberanía del Parlamento, fruto de la «Gloriosa Revolución» de 1688, que aún impide en la actualidad, a las instancias judiciales, poder velar por la constitucionalidad de las leyes. De acuerdo con este principio, la tarea de los jueces es sólo aplicar las leyes y, por supuesto, interpretarlas, pero éstos no tienen poder alguno para controlarlas, pues las decisiones del cuerpo legislativo traducen la voluntad soberana del pueblo.

Partiendo de esta concepción tradicional de la separación de los poderes, todo sistema de control judicial de la constitucionalidad de las leyes era considerado atentatorio al principio de la soberanía del Parlamento, que se basaba en la preeminencia del Legislador sobre los demás poderes del Estado. Esta concepción se apoyaba en la idea de que el Parlamento estaba compuesto por representantes del pueblo, quienes, como tales, en el seno de un régimen democrático representativo, representaban al soberano. En este sentido, se consideraba inadmisible toda intervención de una instancia constitucional cualquiera tendiente a limitar la autonomía del órgano representativo supremo del Estado, razón por la cual el control de la constitucionalidad de las leyes sólo podía ser ejercido por ese órgano.

En todo caso, debe tenerse en cuenta que el principio de la soberanía del pueblo, como dogma fundamental de todo Estado de derecho democrático, y que está a la base de las Constituciones modernas, es un principio político inherente al

---

18 Citado por Ch. H. Mc Ilwain, *The High Court of Parliament and its Supremacy,* Yale, 1910, p. 323.

19 Citado por M. Troper, *La séparation des pouvoirs et l'histoire constitutionnelle française*, París 1980, *cit.*, p. 60.

poder constituyente del Estado, no al poder de los cuerpos constituidos del mismo, que ejercen el Poder Público. Por consiguiente, en nuestro criterio, no tenía sentido que se pudiera haber continuado con el debate sobre la soberanía relativa de los cuerpos constituidos del Estado, ya que todos emanan del soberano que es el pueblo, y son sus representantes. Asimismo, actualmente no puede tener sentido alegar la soberanía del Parlamento para frenar la instauración de un mecanismo jurisdiccional capaz de garantizar la Constitución, a la cual también está subordinado el Parlamento.

Para retomar el argumento desde otro punto de vista, no hay que olvidar que en los regímenes democráticos tanto de tipo presidencial como parlamentario, el Presidente de la República o el Jefe de Gobierno son elegidos por el pueblo o surgen de la soberanía popular, al igual que los miembros del Parlamento. A partir del momento en que la Constitución reconoce la soberanía del pueblo, resulta totalmente claro que esta calidad no puede ser conferida a un órgano del Estado. No hay que olvidar que todos los poderes del Estado y todos los órganos que los ejercen derivan su legitimidad del pueblo; por consiguiente, ningún órgano constitucional es ni puede ser verdaderamente soberano, ni siquiera una Asamblea Constituyente designada por el pueblo ni el Parlamento, y todos están sujetos a la Constitución.

Además, tampoco debe olvidarse que en las democracias contemporáneas, la relación entre las fuerzas políticas y sociales tiende a relativizar las funciones constitucionales de los órganos del Estado, transformando en muchos casos al Parlamento en una especie de foro de los partidos políticos en el cual se obliga al gobierno a negociar con ellos, tal y como lo hacen con los sindicatos y los grupos de presión. Esta primacía fáctica de los partidos políticos en algunos casos ha erosionado el principio mismo de la separación de poderes y, por el contrario, ha llevado a que los poderes se concentren en manos del gobierno o de los mismos partidos políticos[20]. Por ello, incluso, ha surgido la necesidad de adoptar medidas a fin de orientar, por vías constitucionales, las actividades de los órganos del Estado y las de los mismos partidos,[21] de manera que no es incluso infrecuente que los órganos de control de la constitucionalidad, además de controlar la constitucionalidad de las leyes, puedan controlar la constitucionalidad de la actuación de los partidos políticos.

II. EL CONTROL JURISDICCIONAL DE LA CONSTITUCIONALIDAD Y EL FIN DEL ABSOLUTISMO PARLAMENTARIO

Ahora bien, salvo en el Reino Unido, puede decirse que en Europa se disipó en gran medida el mito de la soberanía del Parlamento, con algunas excepciones como en Holanda, cuya Constitución expresamente establece que «la constitucionalidad de los actos del parlamento y de los tratados, no pueden ser revisados por los tribunales» (artículo 120). En contraste, puede decirse que el control jurisdiccional de la constitucionalidad de las leyes apareció en Europa luego de la gran crisis que se produjo al finalizar la primera guerra mundial y como consecuencia de las tragedias posteriores que hicieron desaparecer los derechos indivi-

[20] *V.*, Manuel García Pelayo, *El Estado de Partidos,* Madrid, 1986; Allan R. Brewer-Carías, *Problemas del Estado de Partidos,* Caracas, 1988.

[21] *V.*, P. Lucas Murillo de la Cueva, «El examen de la constitucionalidad de las leyes y la soberanía parlamentaria», en *Revista de Estudios Políticos,* N° 7, Madrid, 1979, p. 212.

duales. Ello condujo no sólo a la transformación de la Constitución en un verdadero código normativo, directamente aplicable y obligante, sino a la creación de órganos constitucionales cuya tarea fue la protección jurisdiccional del orden constitucional y la garantía de la supremacía de la Constitución, no sólo en relación al Poder Ejecutivo (controlado, en forma separada, por otro tipo de instancia judicial o jurisdiccional contencioso administrativa), sino esencialmente en relación al Parlamento, es decir, particularmente sobre las leyes y demás actos legislativos.

En consecuencia, la soberanía del Parlamento dejó de ubicarse sobre la justicia, y el control jurisdiccional de la constitucionalidad se convirtió en el instrumento que permitió la sujeción del Parlamento a la Constitución, sobre todo cuando la formación de mayorías efímeras desequilibran los poderes del Estado o cuando la irracionalidad de las relaciones políticas y sociales puedan afectar los principios y valores superiores de la sociedad.

De hecho, las terribles lecciones que se aprendieron resultantes de los abusos de los regímenes nazi y fascista en Europa, tal vez fueron las que permitieron derrumbar los mitos y teorías de la época en cuanto al carácter infalible de la ley. Por ello, como lo destacó Louis Favoreu, «el mito de Rousseau sobre el carácter infalible de la ley y del Parlamento por el que se expresa la voluntad general, se ha derrumbado», por lo que la célebre fórmula según la cual «el legislador no puede actuar mal» *(ne peut mal faire)* tuvo que ser revisada[22].

En efecto, la experiencia europea del siglo pasado adquirida durante el período comprendido entre las dos guerras, hizo que naciera un sentimiento de prudencia, marcado de escepticismo, con referencia a los Parlamentos y su pretendida soberanía y al mito de la representatividad. Tal y como lo resaltó Mauro Cappelletti, los europeos se dieron cuenta de que se habían hecho «demasiadas ilusiones sobre la teoría democrática liberal» en vista de que a menudo «la realidad se alejaba del mito de la supremacía de la voluntad del pueblo»; que «los Parlamentos y su legislación podían transformarse en los instrumentos de regímenes despóticos, y de que las mayorías podían ser brutalmente opresivas»[23]. De hecho, los legisladores de la República de Weimar y de la Italia de Mussolini no sólo fracasaron como garantes de la libertad, sino que, al contrario, se transformaron en el instrumento de mayorías circunstanciales en beneficio de la consolidación de regímenes totalitarios.

Por supuesto, puede afirmarse que estos dos países aprendieron la lección, y no sólo introdujeron en sus nuevas Constituciones sancionadas después de la Segunda Guerra Mundial, valores fundamentales con raíces sólidas y derechos fundamentales que quedaron fuera del alcance del Parlamento, sino que también elaboraron un principio de control jurisdiccional de la constitucionalidad de las leyes creando Cortes y Tribunales Constitucionales, como lo había hecho Austria en los años veinte.

En este sentido, se tomó conciencia de la necesidad de proteger las libertades no sólo contra el Ejecutivo sino también contra el Legislador. Tal como lo señaló Jean Rivero:

---

[22] *V.*, L. Favoreu, «Europe occidentale», en L. Favoreu y J. A. Jolowicz. (ed) *Le contrôle juridictionnel des lois. Légitimité, effectivité et développements récents,* París 1986, p. 43. Publicado como «Actualité et légitimité du contrôle juridictionnel des lois en Europe occidentale», en *Revue du Droit publie et de la Science politique en France et à l'étranger,* París, 1984 (5), pp. 1.147 y 1.201.

[23] *V.*, M. Cappelletti, «Rapport général» en L. Favoreu y J. A. Jolowicz. (ed) *Le contrôle juridictionnel des lois. Légitimité, effectivité et développements récents,* París 1986, pp. 293-294.

«La vieja idea, que domina todo el siglo XIX liberal, de la protección de la libertad por la ley tiende a sustituirse por la idea experimental de la necesidad de la protección de las libertades contra la ley. Y esta evolución ha hecho posible este fenómeno extraordinario, de aceptación de una autoridad superior al legislador mismo, de una autoridad encargada de imponer al legislador el respeto de la Constitución»[24].

En consecuencia, los países de Europa continental adoptaron un sistema de control jurisdiccional de la constitucionalidad de las leyes tomando caminos diferentes al del sistema norteamericano y latinoamericano de control judicial, y por otros motivos. Según Louis Favoreu, el fenómeno europeo se produjo no tanto por un problema de lógica jurídica del constitucionalismo, que a la luz del caso *Marbury vs. Madison,* una ley contraria a la Constitución no puede ser aplicada; sino por un problema de lógica política. Se trató más bien:

«Del temor a la opresión por una mayoría parlamentaria, lo que fue determinante en el cambio de posición de los países de Europa occidental en cuanto al control jurisdiccional de la constitucionalidad de las leyes»[25].

Igualmente, es posible, encontrar una explicación a esta lógica política del control jurisdiccional de la constitucionalidad de las leyes, en el hecho de que un gran número de países, la representatividad de la voluntad general expresada por los elegidos, se desmitificó, sobre todo porque el cuerpo legislativo se ha conformado la mayoría de las veces por individuos escogidos por los partidos políticos, por lo que al ser indiscutiblemente una emanación de esos mismos partidos, de hecho no han representado verdaderamente a la voluntad popular.

En todo caso, la idea de introducir en el bloque de la constitucionalidad un cierto número de valores fuera del alcance de mayorías circunstanciales o pasajeras, contribuyó, de una forma u otra, a transferir el carácter tradicionalmente sagrado de la ley, a la Constitución. En otras palabras, se desacralizó a la Ley en beneficio de la Constitución.

En consecuencia, después de la Segunda Guerra Mundial puede decirse que en los países de Europa continental se produjo «un redescubrimiento de la Constitución como texto de carácter jurídico»[26] o más bien, que esos países comenzaron a descubrir la verdadera naturaleza fundamental de la Constitución, viendo en ella una ley superior y suprema, aplicable a todos los órganos del Estado y a los individuos, e imponible por los tribunales. Tal y como lo puso de manifiesto Mauro Cappelletti, un hecho totalmente novedoso en el constitucionalismo europeo moderno:

«...Es el serio esfuerzo por concebir la Constitución, no como una simple guía de carácter moral, política o filosófica, sino como una ley verdadera, ella misma *positiva y obligatoria,* pero de una naturaleza superior, más permanente que la legislación ordinaria»[27].

---

24 *V.,* J. Rivero, «Rapport de Synthèse» in L. Favoreu (ed), *Cours constitutionnelles européennes et Droits fondamentaux,* Aix-en-Provence, 1982, p. 519.

25 *V.,* L. Favoreu, «Europe occidentale» en L. Favoreu y J. A. Jolowicz. (ed) *Le contrôle juridictionnel des lois. Légitimité, effectivité et développements récents,* París 1986, p. 43.

26 *Idem.*

27 *V.,* M. Cappelletti, «Rapport général» en L. Favoreu y J. A. Jolowicz. (ed) *Le contrôle juridictionnel des lois. Légitimité, effectivité et développements récents,* París 1986, p. 294.

Y, por supuesto, esta ley positiva y superior debía aplicarse a todos los órganos del Estado, en especial, al Parlamento y al Gobierno.

En este sentido es que se ha dicho, como lo destacamos al inicio, que el control jurisdiccional de la constitucionalidad de los actos del Estado es la consecuencia última de la consolidación del Estado de derecho en el cual los órganos del Estado, no siendo soberanos, están sujetos a los límites impuestos por una Constitución, que tiene fuerza de ley suprema.

Este argumento ya había sido puesto de manifiesto, en Francia, hace casi una centuria, por Paul Duez, cuando señalaba que:

> «El derecho público moderno establece, como axioma, que los Gobiernos no son soberanos y que, en particular, el Parlamento está limitado en su acción legislativa por normas jurídicas superiores que no puede infringir; los actos del Parlamento están sujetos a la Constitución, y ningún acto del Parlamento puede ser contrario a la Constitución»[28].

En esa forma, al proclamar el principio de que todos los órganos del Estado están sujetos a límites impuestos por la Constitución como norma suprema, Duez añadió:

> «No vasta proclamar tal principio, éste debe ser organizado, y deben adoptarse medidas prácticas y efectivas para poder garantizarlo»[29].

Más adelante, Duez destacó la importancia, en Francia, del sistema de control jurisdiccional contencioso administrativo referido a la Administración Pública y a los actos administrativos, agregando que:

> «El espíritu de legalidad exige que se establezca un control con respecto a los actos legislativos»;

concluyendo de la manera siguiente:

> «No hay una verdadera democracia organizada ni un Estado de derecho, salvo cuando existe y funciona este control de la legalidad de las leyes»[30].

La lógica del razonamiento de Duez, totalmente extraño en 1929 y en las décadas subsiguientes al pensamiento dominante en Francia, era y sigue siendo impecable: ningún órgano del Estado puede ser considerado soberano, y todos los órganos del Estado, en particular el Legislador, en sus actividades, están sujetos a los límites establecidos por las normas superiores, contenidas en la Constitución.

Por ello, las leyes y demás actos del Parlamento siempre deben estar sujetos a la Constitución, y no pueden ser contrarios a la misma. En consecuencia, el espíritu de legalidad impone la existencia y funcionamiento no sólo del control de la legalidad de los actos administrativos, sino también del control de la constitucionalidad de las leyes. Por ello, solamente en aquellos países donde existe este tipo de control, puede decirse que existe verdadera democracia organizada y un Estado de derecho.

---

[28] *V.*, P. Duez, «Le contrôle juridictionnel de la constitutionalité des lois en France» en *Mélanges Hauriou,* París, 1929, p. 214.

[29] *Idem.* p. 21.

[30] *Ibid.,* p. 215.

En todo caso, el control jurisdiccional de la «legalidad de las leyes» al que se refería Duez es, precisamente, el control jurisdiccional de la constitucionalidad de las leyes y de los otros actos del Estado dictados en ejecución directa de la Constitución, donde «legalidad» significa «constitucionalidad».

La tesis de Duez, en todo caso, fue acogida en Francia cincuenta años después, por el Consejo Constitucional francés, en su decisión sobre las nacionalizaciones de 16 de enero de 1978, al indicar lo siguiente:

> «Considerando que si el artículo 34 de la Constitución coloca dentro del dominio de la ley a «las nacionalizaciones de empresas y las transferencias de empresas del sector público al sector privado», esta disposición, al igual que la que confía a la ley la determinación de los principios fundamentales del régimen de la propiedad, no podría dispensar al legislador, en el ejercicio de su competencia, del respeto de los principios y de las reglas de valor constitucional que se imponen a todos los órganos del Estado»[31].

Refiriéndose a esta decisión del Consejo Constitucional, Louis Favoreu la calificó con respecto a la situación anterior, como «la afirmación fundamental de la plenitud de la realización del Estado de derecho en Francia en la medida en que el legislador, hasta una época reciente, escapaba, de hecho o de derecho, a la sumisión a una regla superior»[32].

La supremacía de la Constitución sobre el Parlamento marcó, además, el fin del absolutismo parlamentario[33]; modificó el antiguo concepto de soberanía parlamentaria y, con la creación del Consejo Constitucional, abrió paso a la justicia constitucional en Francia, la cual después de varias décadas de funcionar en forma *a priori*, y por tanto limitada, en 2008 se ha ampliado, al adoptarse el control *a posteriori* de constitucionalidad de las leyes. Este proceso, en todo caso, como se ha dicho antes, ya se había iniciado antes de manera más amplia en otros países de Europa continental como Austria, Alemania e Italia.

Otro factor que contribuyó a la aparición de mecanismos de control jurisdiccional de la constitucionalidad de las leyes fue la transformación de la noción de «ley» como acto del Parlamento. De hecho, las leyes, antiguamente consideradas en la tradición del siglo XIX, como el fruto de la tarea del legislador como expresión de la voluntad general, con la evolución de los regímenes parlamentarios realmente se habían convertido en actos de la mayoría parlamentaria y del propio Gobierno, mediante un sistema de vasos comunicantes a través de los partidos políticos. En esta forma, las leyes no siempre han sido, necesariamente, la expresión de la voluntad de todos los ciudadanos, ni han sido sancionadas por una mayoría sólida y mítica; en muchos casos sólo han sido, como lo señaló Jean Rivero, «la expresión de la voluntad gubernamental aprobada por una mayoría solidaria»[34]. Además, teniendo en cuenta la evolución de las tareas del Estado, la ley ha tendido a conver-

---

31 *V.*, L. Favoreu y L. Philip, *Les grandes décisions du Conseil constitutionnel, cit.*, p. 527. L. Favoreu, «Les décisions du Conseil constitutionnel dans l'affaire des nationalisations», en *Revue du droit public et de la science politique en France et à l'étranger*, T. XCVIII, Nº 2, París 1982, p. 400.

32 *Idem, loc. cit.*, p. 400.

33 *V.*, J. Rivero, «Fin d'un absolutisme», *Pouvoirs*, 13, París, 1980, pp. 5-15.

34 J. Rivero, «Rapport de synthése», en L. Favoreu (ed.), *Cours constitutionnelles européennes et droits fundamentaux*, París, 1982, p. 519.

tirse en un producto mucho más técnico, cuyo contenido, incluso, escapa con frecuencia al control efectivo de los miembros del Parlamento, puesto que son los tecnócratas en el seno de la Administración los que a veces la conciben y fijan su contenido, sin la participación efectiva de aquellos. Por ello, en virtud de que en muchos casos las leyes traducen más la voluntad gubernamental que la voluntad general, el control jurisdiccional constituye un instrumento eficaz que permite velar por su constitucionalidad.

En todo caso, la supremacía de la Constitución y su influencia sobre el Legislativo hizo que la misma Constitución se dotara de garantías jurisdiccionales en vez de políticas, sobre todo cuando en Francia, la experiencia del Senado Conservador de 1799 y de la Constitución de 1852 había demostrado que estas últimas eran ineficaces. En general, como se dijo, las Constituciones habían fijado la distribución de los poderes públicos entre los diferentes órganos del Estado y esencialmente habían otorgado poderes fundamentales al Legislativo, cuerpo que tradicionalmente había sido considerado como infalible puesto que era la expresión misma de la voluntad popular. Sin embargo, desde el punto de vista político, el auto control del Parlamento fue ilusorio.

Por otra parte, las Constituciones comenzaron a establecer progresivamente declaraciones de derechos fundamentales de los individuos y de las minorías, incluso contra la voluntad de la mayoría. Por ello, como lo señaló Mauro Cappelletti, «ningún sistema eficaz de control de los derechos puede estar confiado a los electores o a las personas y órganos dependientes y estrechamente tributarios, de la voluntad de la mayoría»[35], en otros términos, del Legislativo propiamente dicho.

Esta es la razón por la cual, contrariamente a los sistemas de control político de la constitucionalidad de las leyes, la tendencia general del constitucionalismo contemporáneo en los regímenes constitucionales dotados de una Constitución escrita, fue prever la existencia de medios de protección judicial o jurisdiccional de la Constitución, otorgando poderes efectivos de control de la constitucionalidad de las leyes sea a los tribunales o a las autoridades judiciales ordinarias, sea a los Tribunales especiales.

Debe decirse, en efecto, que en la mayoría de los países contemporáneos, la justicia constitucional, es decir, el poder de controlar la constitucionalidad de las leyes y proteger los derechos fundamentales, es hoy día conferida constitucionalmente a los órganos que ejercen el Poder Judicial. En estos países, puede decirse que el juez constitucional es el Poder Judicial. En otros países, en cambio, particularmente de Europa continental, las autoridades judiciales no ejercen completamente la justicia constitucional sino que ésta está conferida, en algunos casos, a órganos constitucionales diferentes e independientes del Poder Judicial, especialmente creados para ello, en la forma de Cortes, Tribunales o Consejos Constitucionales. Por lo tanto, en estos países, el juez constitucional no siempre es una autoridad judicial, sino un órgano constitucional que no depende del Poder Judicial ni de ningún otro poder del Estado.

Evidentemente, en ambos sistemas, el juez constitucional ejerce una función jurisdiccional, en el sentido de declarar el derecho con fuerza de verdad legal en

---

35 M. Cappelletti, «Rapport général», en L. Favoreu y J. A. Jolowicz. (ed) *Le contrôle juridictionnel des lois. Légitimité, effectivité et développements récents,* París 1986, p. 295.

calidad de órgano independiente en el seno del Estado, de los órganos de los poderes legislativo y ejecutivo. En ambos sistemas, la justicia constitucional es la expresión más elocuente de la supremacía de la Constitución y de su garantía. La diferencia entre ellos estriba en el hecho de que en el primer sistema, es decir, en aquellos países en los cuales el Poder Judicial es juez constitucional, la garantía jurisdiccional de la supremacía de la Constitución es una garantía judicial, mientras que, en los demás sistemas, sólo se trata de una garantía jurisdiccional, pero no judicial. Pero por supuesto, en ambos casos, para que la justicia constitucional sea efectiva, los órganos encargados de ejercerla tienen que estar dotados de autonomía e independencia.

Ahora bien, de acuerdo con los principios del constitucionalismo moderno que se desprendieron de la Revolución Norteamericana, el Poder Judicial debe considerarse como el poder del Estado que tiene, por excelencia, la función de ser juez constitucional, es decir, el poder del Estado que de conformidad con el principio de la separación de los poderes debe velar por la supremacía de la Constitución, tanto desde un punto de vista orgánico como dogmático; estando por tanto facultado para controlar la constitucionalidad de las leyes y proteger los derechos fundamentales establecidos en la Constitución.

Puede decirse que este es el principio en casi todos los países del mundo contemporáneo que han tenido la influencia del constitucionalismo moderno, sin las desviaciones relativas a la separación de los poderes emanadas de la Revolución Francesa. Esta es la razón por la cual el principio general en el ámbito del control de la constitucionalidad de las leyes, salvo en los países europeos, es la atribución de la función de juez constitucional al Poder Judicial. En cambio, en cuanto a la protección de los derechos y garantías constitucionales, en todos los países del mundo contemporáneo, el Poder Judicial, es decir, la autoridad judicial, es a quien corresponde la tarea de ser guardián de las libertades y de los derechos constitucionales de los individuos[36].

Por otra parte, debe destacarse que cuando el control jurisdiccional de la constitucionalidad de las leyes se atribuye al Poder Judicial, éste puede ser tarea de todos los jueces o de algunos de ellos. En el primer caso, el sistema de control judicial de la constitucionalidad es el sistema difuso, el más difundido en el mundo contemporáneo; en el segundo caso, el sistema de control de la constitucionalidad de las leyes es el sistema concentrado ya que la tarea de controlar se concede a un solo órgano judicial, bien sea la Corte Suprema del país o a un Tribunal constitucional perteneciente al Poder Judicial. En algunos países, incluso, ambos sistemas de control coexisten[37].

En todo caso, el control jurisdiccional de la constitucionalidad de las leyes, es decir, este poder de controlar la conformidad de actos del Estado con la Constitución, especialmente los actos legislativos y aquellos dictados en ejecución directa de la Constitución, sólo puede darse en sistemas jurídicos en los cuales existe una Constitución escrita, que impone límites a las actividades de los órganos del Estado y, en particular, al Parlamento, y donde la separación de poderes está garantizada. En consecuencia, incluso en los sistemas de control judicial, el poder de los tribuna-

---

36 Allan R. Brewer-Carías, *Constitutional Protection of Human Rights in Latin America,* Cambridge University Press, New York, 2009.

37 Allan R. Brewer-Carías, *Judicial Review in Comparative Law,* Cambridge University Press, Cambridge 1989.

les para controlar la constitucionalidad de los actos del Estado no es necesariamente una consecuencia de la existencia de un Poder Judicial autónomo e independiente, sino de los límites jurídicos impuestos en una Constitución sancionada como ley suprema a los órganos constituidos del Estado.

III. LA JUSTICIA CONSTITUCIONAL Y LAS LIMITACIONES CONSTITUCIONALES A LOS ÓRGANOS ESTATALES

Como se ha señalado, para que exista control jurisdiccional de la constitucionalidad de las leyes, no sólo es necesario que exista una Constitución escrita, como norma suprema que consagre los valores fundamentales de una sociedad, sino además, es necesario que esa norma superior se establezca en forma rígida y estable, en el sentido de que no puede ser modificada por la legislación ordinaria. En un sistema de este tipo, todos los órganos del Estado están limitados por la Constitución y están sujetos a la misma, por lo que sus actividades deben ser llevadas a cabo de conformidad con esta ley suprema.

Esto implica, por supuesto, no sólo que la Administración y los jueces, como órganos de ejecución de la ley, están sujetos a la legalidad (Constitución y «legislación»), sino también que los órganos que crean la «legislación», especialmente los cuerpos legislativos, también están sujetos a la Constitución.

En todo caso, una Constitución escrita y rígida, ubicada en la cúspide de un sistema jurídico, no sólo exige que todos los actos dictados por los órganos del Estado en ejecución directa o indirecta de la misma la respeten y no la violen, sino también, una garantía que prevenga y sancione dicha violación[38]. Precisamente, el control jurisdiccional de la constitucionalidad es el poder atribuido, generalmente, a los órganos que ejercen el Poder Judicial, de controlar el cumplimiento de la ley suprema de un país, por parte de los órganos del Estado.

Ahora bien, en todos los sistemas jurídicos dotados de Constituciones escritas y rígidas, puede decirse que siempre existe un sistema jerarquizado de normas y actos jurídicos, por lo que no todos los actos del Estado tienen el mismo nivel de derivación en la creación de normas jurídicas. Al contrario, en primer lugar, existen actos que ejecutan directa e inmediatamente la Constitución y que sólo están sujetos a esta norma suprema, a los cuales se denomina genéricamente como «legislación»; y en segundo lugar, existen actos del Estado que ejecutan indirectamente la Constitución, y que se producen al mismo tiempo en ejecución directa e inmediata de la «legislación», y por consiguiente, directamente sujeta a ella. Entre los primeros se encuentran, básicamente, las leyes formales, los otros actos del Parlamento, incluyendo los *interna corporis*, y los actos de gobierno dictados de conformidad con los poderes constitucionales que le han sido conferidos al Jefe de Gobierno. Entre los segundos se encuentran los actos administrativos y los actos judiciales.

En un Estado de derecho, la garantía del principio de legalidad está establecida respecto de los dos niveles de creación o derivación de las normas jurídicas, a través de tres sistemas de control jurisdiccional: primero, el control jurisdiccional de la constitucionalidad establecido para controlar los actos del Estado dictados en ejecución directa de la Constitución; segundo, el control jurisdiccional contencioso

[38] *V.*, H. Kelsen, «La garantie juridictionnelle de la Constitution (La Justice Constitutionnelle, en *Revue du Droit public et de la Science politique en France et à l'étranger*, París, 1928, pp. 197-257.

administrativo establecido básicamente respecto de los actos administrativos; y tercero, con respecto a los actos judiciales dictados por los Tribunales, los sistemas de control judicial de apelación o casación.

Además, en el Estado de derecho en el cual la Constitución establece los derechos y libertades fundamentales, también existen mecanismos de control judicial o amparo a fin de garantizar y proteger dichos derechos contra cualquier acto del Estado que pueda violarlos, e incluso, contra actos de los particulares que puedan afectarlos.

Ahora bien, la justicia constitucional o si se quiere los sistemas de control jurisdiccional de la constitucionalidad, tienen particular relevancia respecto de los actos de los órganos constitucionales del Estado, donde el principio de «legalidad» se convierte en «constitucionalidad», pues se trata de actos que ejecutan directa e inmediatamente la Constitución.

En efecto, entre los actos estatales sujetos al control de la constitucionalidad están las leyes formales, y precisamente por ello es por lo que la justicia constitucional se identifica normalmente con el control jurisdiccional de la constitucionalidad de las leyes[39]. Sin embargo, las leyes no son los únicos actos del Estado dictados en ejecución directa e inmediata de la Constitución y en ejercicio de poderes constitucionales. Además, existen otros actos de los cuerpos legislativos, como los Reglamentos Internos y de Debates e, incluso, otros actos parlamentarios sin forma de ley y de contenido no normativo, como los que regula la Constitución y mediante los cuales el Congreso o la Asamblea o sus Cámaras legislativas se relacionan con otros órganos constitucionales del Estado (aprobaciones de Tratados, u otros actos políticos, por ejemplo). Todos estos actos adoptados por el Parlamento están sujetos a la Constitución porque se dictan en virtud de poderes que le están atribuidos directamente por el texto fundamental. Por ello, en un Estado de derecho, estos actos también están sometidos al control de la constitucionalidad[40].

Además de estos actos del Parlamento, el Gobierno, en un Estado de derecho, también dicta actos que ejecutan directamente la Constitución, que en el sistema jurídico jerarquizado tienen el mismo rango que las leyes y en algunos casos, incluso tienen la misma fuerza que una ley formal.

En efecto, en el derecho constitucional contemporáneo, en una variedad de formas, el gobierno dicta actos que tienen la misma fuerza que una ley formal bien sea mediante una legislación delegada o en virtud de poderes establecidos directamente en la misma Constitución. En esos casos, se trata de actos ejecutivos con contenido normativo y la misma jerarquía, fuerza y poder de derogación que la ley formal dictada por el parlamento. Por ello, estos decretos-leyes dictados en ejecución directa de la Constitución, no son actos administrativos, sino actos de contenido normativo y rango legislativo. En consecuencia, también están sujetos al control jurisdiccional de la constitucionalidad[41].

Por otra parte, el Presidente de la República o el Gobierno también tiene poderes establecidos en la Constitución para dictar ciertos actos políticos sin ninguna interferencia legislativa, como por ejemplo, cuando declara el estado de sitio o emergencia, o la restricción o suspensión de las garantías constitucionales, cuando

[39] *V.*, por ejemplo, M. Cappelletti, *Judicial Review in Contemporary World,* Indianapolis, 1971; Allan R. Brewer-Carías, *Judicial Review in Comparative Law,* Cambridge, 1989.

[40] *V.*, H. Kelsen, «La garantie juridictionnelle de la Constitution (La Justice Constitutionnelle, en *Revue du Droit public et de la Science politique en France et à l'étranger,* París, 1928, p. 228.

[41] *Ídem.*, p. 229.

dirige las relaciones internacionales o cuando veta una ley sancionada en el Parlamento. Todos estos actos, denominados en Europa continental como «actos de gobierno», también están sujetos al control de la constitucionalidad. Es cierto que conforme al criterio tradicional del derecho administrativo francés, esos «actos del gobierno» se configuraron con miras a ser excluidos del control contencioso administrativo, sea por su contenido político, por sus motivos o porque eran dictados por el gobierno en sus relaciones con otros órganos constitucionales, especialmente, con el Parlamento[42]. Sin embargo, como se ha indicado, estos actos también están sujetos a la Constitución, y por consiguiente, también están sometidos al control jurisdiccional de la constitucionalidad.[43]

Por último, en los sistemas jurídicos contemporáneos, y dejando de lado los problemas que derivan de las concepciones monistas y dualistas, los tratados y acuerdos internacionales también están sujetos al control jurisdiccional de la constitucionalidad[44], bien sea directamente o a través del control sobre las leyes del Parlamento o los actos de gobierno que los incorporan al orden jurídico interno. Excepciones hay, sin embargo, como en el caso de Holanda, donde la Constitución excluye de todo control de constitucionalidad además de sobre las leyes, sobre los tratados (art. 120); lo que por otra parte se mitigaron la previsión en la Constitución del control de conformidad de todos los actos estatales, incluyendo las leyes, con respecto de los tratados de aplicación general e inmediata (artículo 94), como los relativos a los derechos humanos, lo cual ha originado un importante sistema de control de «convencionalidad» de las leyes, con efectos similares al control de constitucionalidad pero básicamente en materia de derechos humanos.

En todo caso, lo que es general, es que en los sistemas jurídicos con una Constitución escrita, todos los actos del Estado dictados en ejecución de la Constitución están sujetos al control jurisdiccional de la constitucionalidad.

IV. LA LEGITIMIDAD DEL CONTROL JURISDICCIONAL DE LA CONSTITUCIONALIDAD Y LOS SISTEMAS DE DISTRIBUCIÓN DEL PODER PÚBLICO

Puede afirmarse que en el constitucionalismo moderno, el Poder Judicial, supuestamente el «menos peligroso»[45] de todos los poderes del Estado, recibió la tarea de defender la Constitución y velar por la constitucionalidad de las leyes. Ese es el caso en los Estados Unidos de América y en los países de América Latina. En otros casos, como en Europa, la función jurisdiccional del control de la constitucionalidad ha sido atribuida a órganos o tribunales constitucionales especiales independientes del Poder Judicial.

Tanto en uno como en otro caso, este hecho, particularmente en Europa, desencadenó en el pasado un debate interminable referente al «gigantesco problema del control judicial», según la expresión utilizada por Cappelletti, centrándose la discusión en torno a la legitimidad o ilegitimidad del poder conferido a órganos

---

[42] *V.*, la obra clásica de P. Duez, *Les actes de gouvernement*, París, 1953.

[43] *V.*, H. Kelsen, «La garantie juridictionnelle de la Constitution (La Justice Constitutionnelle, en *Revue du Droit public et de la Science politique en France et à l'étranger*, París, 1928, p. 230.

[44] *Ídem.*, p. 231.

[45] *V.*, A. Bickel, *The Least Dangerous Branch. The Supreme Court at the Bar of Politics*, Indianapolis 1962.

estatales que no son responsables ante el pueblo ni electos por éste, de controlar los actos de otros que, en cambio, sí son políticamente responsables y elegidos democráticamente[46]; o desde otro punto de vista, en torno al carácter democrático o no democrático del control jurisdiccional[47].

En este debate, en los regímenes en los que prevalecía la soberanía del Parlamento, las posiciones se alternaron, sea para justificar la ausencia de control jurisdiccional o judicial de la constitucionalidad, sea para criticar dicho control, porque los jueces habrían demostrado un activismo desmesurado en la adaptación de la Constitución, estableciendo normas constitucionales no escritas o atribuyendo a ciertas normas un carácter constitucional. En esas condiciones, se estimó que el control jurisdiccional podía ser «ilegítimo», pues se pensaba que los órganos estatales no elegidos no debían controlar a los cuerpos elegidos del Estado, y porque los órganos públicos no elegidos no podían tener la facultad para determinar qué norma podía tener fuerza de ley, es decir, pronunciarse sobre su constitucionalidad o su inconstitucionalidad.

En todo caso, este debate puede considerarse no sólo como interminable y abstracto, sino bizantino, particularmente porque se basa en un supuesto problema de legitimidad abstracta del control jurisdiccional, que sólo podría resolverse de forma abstracta[48]. El problema del control jurisdiccional de la constitucionalidad o de los poderes otorgados a los jueces o a órganos constitucionales de naturaleza jurisdiccional para velar por la constitucionalidad de las leyes, no puede ser tratado o discutido bajo el ángulo de la legitimidad o ilegitimidad partiendo del principio de que la democracia sólo se basa en la representatividad. La democracia va más allá del marco de la sola representatividad y de las elecciones, porque se trata más bien de un modo político de vida y de un sistema montado necesariamente, además, en el principio de la separación de poderes y en el control del poder, en el pluralismo político, y la existencia y garantía de las libertades individuales y los derechos fundamentales de los seres humanos que tienen primacía[49]. Ello es así, al punto de que se puede decir que un sistema de control jurisdiccional efectivo de la constitucionalidad de las leyes no es viable en regímenes no democráticos, sobre todo porque en esos sistemas no puede existir una verdadera independencia y autonomía de los jueces[50]; siendo absolutamente claro que no se puede ejercer un control judicial efectivo en sistemas en los que no se garantiza la autonomía e independencia del Poder Judicial[51]. En esos sistemas, por más elecciones que pueda

46 *V.*, M. Cappelletti, «El formidable problema del control judicial y la contribución del análisis comparado», *Revista de Estudios Políticos,* Nº 13, Madrid 1980, pp. 61-103 («The mighty problem of Judicial Review and the contribution of comparative analysis», en *Southern California Law Review,* 1980, p. 409).

47 *V.*, M. Cappelletti, «Rapport Général», en L. Favoreu y J. A. Jolowicz. (ed) *Le contrôle juridictionnel des lois. Légitimité, effectivité et développements récents,* París 1986, pp. 296 y ss.

48 *V.*, Allan R. Brewer-Carías, *Judicial Review in Comparative Law, cit.*, pp. 116 y ss.

49 Como por ejemplo, se ha establecido expresamente en los artículos 3 y 4 de la Carta Interamericana de Derechos Humanos de 2001

50 *V.*, M. Cappelletti, «Rapport Général», en L. Favoreu y J. A. Jolowicz. (ed) *Le contrôle juridictionnel des lois. Légitimité, effectivité et développements récents,* París 1986, p. 29.

51 *V.*, J. Carpizo y H. Fix-Zamudio, «The necessily for and the Legitimacy of the Judicial Review of the Constitutionality of the Laws in Latin America, Developments. International Association of Legal Sciences». Uppsala Colloquium 1984 (mineo), p. 22. Publicado también en L. Favoreu y J. A. Jolowicz (ed). *Le contrôle juridictionnel des lois. Légitimité effectivité et et développements récents,* París 1986, pp. 119-151.

haber, y por más «representativos» que puedan ser los miembros del Parlamento, no hay efectiva democracia y en ellos, el juez constitucional sometido al poder, es más bien un instrumento de consolidación del autoritarismo.

Fue por esta razón por la cual muchos países europeos instauraron un control jurisdiccional en materia de constitucionalidad luego de períodos de dictadura, como fue el caso en Alemania, Italia, España y Portugal[52].

De allí, por supuesto, no puede deducirse que la justicia constitucional sea sólo un sistema propio de nuevas democracias, o de Estados cuya tradición democrática es más débil y quebradiza[53].

En consecuencia, en todo régimen representativo y democrático porque está garantizada la separación de poderes y el control del poder, el poder otorgado a los jueces o a ciertos órganos constitucionales independientes y autónomos para vigilar las anomalías del Legislativo y las infracciones del órgano representativo contra los derechos fundamentales, debe considerarse como completamente democrático y legítimo[54].

Como lo puso de manifiesto Jean Rivero en su Informe final en el Coloquio Internacional de Aix-en-Provence en 1981 sobre la protección de derechos fundamentales por parte de los Tribunales constitucionales en Europa:

> «Creo, incluso, que el control marca un progreso en el sentido de la democracia, que no es solamente un modo de atribución del poder, sino también un modo de ejercicio del poder. Y pienso que todo lo que refuerce las libertades fundamentales del ciudadano va en el sentido de la democracia»[55].

En este orden de ideas, Eduardo García de Enterría, refiriéndose a las libertades constitucionales y a los derechos fundamentales como límites impuestos a los poderes de Estado, observó lo siguiente:

> «Si la Constitución los consagra, es obvio que una mayoría parlamentaria ocasional que los desconozca o los infrinja, lejos de estar legitimada para ello por el argumento mayoritario, estará revelando su abuso de poder, su posible intento de postración o de exclusión de la minoría.

La función protectora del Tribunal Constitucional frente a este abuso, anulando los actos legislativos atentatorios de la libertad de todos o de algunos ciudadanos, es el único instrumento eficaz frente a ese atentado; no hay alternativa posible si se pretende una garantía efectiva de la libertad, que haga de ella algo más que simple retórica del documento constitucional»[56].

---

[52] *V.*, L. Favoreu, «Europe occidentale», en L. Favoreu y J. A. Jolowicz. (ed) *Le contrôle juridictionnel des lois. Légitimité, effectivité et développements récents,* París 1986, p. 44. *Cfr.* P. de Vega García, «Jurisdicción constitucional y Crisis de la Constitución», en *Revista de Estudios políticos,* N° 7, Madrid, 1979, p. 108.

[53] Como lo afirmó Francisco Rubio Llorente, «Seis tesis sobre la jurisdicción constitucional en Europa», en *Revista Española de Derecho Constitucional,* N° 35, Madrid 1992, p. 12.

[54] *V.*, E. V. Rostow, «The Democratic Character of Judicial Review», en *Harvard Law Review,* 193, 1952.

[55] *V.*, J. Rivero, «Rapport de Synthèse», en L. Favoreu (ed.), *Cours constitutionnelles européennes et droits fundamentaux,* París, 1982, pp. 525-526. *Cfr.* M. Cappelletti «Rapport Général» en L. Favoreu y J. A. Jolowicz. (ed) *Le contrôle juridictionnel des lois. Légitimité, effectivité et développements récents,* París 1986, p. 300.

[56] *V.*, E. García de Enterría, *La Constitución como norma y el Tribunal constitucional,* Madrid, 1985, p. 190.

Este mismo argumento lo expuso Hans Kelsen en 1928, para refutar la tesis referente a la fuerza de la mayoría. A este respecto escribió:

> «Si se ve la esencia de la democracia, no en el poder todo poderoso de la mayoría, sino en el compromiso constante entre los grupos representados en el Parlamento por la mayoría y la minoría, y luego en la paz social, la justicia constitucional surge como un medio particularmente adecuado para llevar a cabo esta idea. La simple amenaza de recurso a un tribunal constitucional puede ser, en manos de la minoría, un instrumento para impedir a la mayoría violar inconstitucionalmente intereses jurídicamente protegidos, y, para oponerse eventualmente a la dictadura de la mayoría, que no es menos peligrosa para la paz social, que la de la minoría»[57].

Pero la legitimidad democrática del control jurisdiccional de la constitucionalidad de las leyes no sólo proviene de la garantía de protección de los derechos fundamentales, sino también de los aspectos orgánicos de la Constitución, es decir, de los sistemas de distribución y separación de poderes adoptados por la Constitución.

En este respecto cabe destacar que el problema de la legitimidad de dicho control nunca se ha planteado en el caso de la distribución vertical del Poder del Estado, propio de los regímenes políticamente descentralizados o de tipo federal. Al contrario, puede afirmarse que el control jurisdiccional de la constitucionalidad de las leyes está estrechamente ligado al federalismo[58].

En efecto, el federalismo exige la imposición de un cierto grado de supremacía de las leyes federales sobre la legislación local, regional o de los Estados miembros. Por ello, no es casualidad que los países dotados de una estructura federal y políticamente descentralizados, hayan sido los primeros en instaurar un control judicial de la constitucionalidad de las leyes. Ese fue el caso, durante el siglo XIX, de los Estados Unidos de América, y de todos los Estados federales de América Latina (Argentina, Brasil, México y Venezuela), los cuales instauraron un sistema de control judicial de la constitucionalidad de las leyes y demás actos del Estado. De igual modo, en Europa, al haber Alemania adoptado un modelo de Estado federal, Italia un sistema regional descentralizado y España el sistema de comunidades autónomas, estos tres países establecieron un sistema de control jurisdiccional de la constitucionalidad de las leyes.

En todos estos casos, la necesidad de instaurar un control judicial o jurisdiccional de la constitucionalidad de las leyes se justificaba, precisamente, con miras a resolver los conflictos de poder que pudieran surgir entre las diversas instancias políticas nacionales y regionales. Una de las tareas fundamentales de las Cortes y Tribunales Constitucionales en Austria, Alemania, Italia y España, y del control judicial de la constitucionalidad que ejercen las Cortes Supremas y Tribunales Constitucionales en América Latina es, precisamente, la resolución de los conflictos y colisiones entre las instancias Político Administrativas nacionales y los Estados miembros de la federación, las regiones o entidades locales políticas o las comunidades autónomas, según los países. En el caso de los Estados Federales o

---

57 *V.*, H. Kelsen, «La garantie juridictionnelle de la Constitution (La justice constitutionnelle)», en *Revue du Droit public et de la Science politique en France et à l'étranger,* París, 1928, p. 253.

58 *V.*, W. J. Wagner, *The Federal States and their Judiciary,* The Hague, 1959, p. 85.

regionalizados, la descentralización política contribuyó a la aparición y consolidación de Cortes o Tribunales Constitucionales encargados, precisamente, de velar por la constitucionalidad de las leyes, para garantizar el equilibrio constitucional entre el Estado y las otras entidades territoriales. Por ello, en los Estados federales y los políticamente descentralizados, no puede haber duda en cuanto a la legitimidad del control jurisdiccional de la constitucionalidad de las leyes, ni puede haber debate al respecto, salvo para justificar su existencia y necesidad.

Por consiguiente, los problemas de legitimidad que plantea el control jurisdiccional de la constitucionalidad de las leyes no pueden tener relación alguna ni con la garantía de la Constitución referente a la forma del Estado, al federalismo o la descentralización política, ni tampoco con la que se refiere a los derechos fundamentales del individuo. En estos casos, ello constituye un freno para el poder legislativo, por lo que dicho control jurisdiccional se ejerce legítimamente sin ninguna duda.

Sin embargo, no puede decirse lo mismo respecto de la distribución horizontal o la separación de poderes. Aun cuando este principio también le impone límites al poder legislativo, en este caso, la aceptación del control judicial de la constitucionalidad de las leyes ha suscitado polémicas en cuanto a su legitimidad, en particular, debido a que ese control se enfrentaba al principio de la supremacía del Parlamento sobre los demás poderes del Estado. Por otra parte, ello mismo ha proporcionado argumentos en favor del control judicial, como elemento de contrapeso esencial entre los diferentes poderes del Estado, para garantizar la Constitución.

En efecto, la separación de poderes, consecuencia de la distribución horizontal de los poderes del Estado entre sus órganos, entre otras cosas ha exigido esencialmente un mecanismo independiente para garantizar el contenido orgánico de la Constitución. Tal sistema de control siempre ha sido indispensable, en particular, en cuanto a la delimitación de poderes entre el Legislativo y el Ejecutivo. En este caso, en particular, ha sido necesario intercalar un sistema de contrapeso con miras a mantener el equilibrio que plantea la Constitución. Por ello, por ejemplo, los poderes otorgados a los órganos judiciales para controlar la constitucionalidad y la legalidad de los actos administrativos siempre fueron aceptados sin discusión, como poderes estrechamente relacionados al concepto de Estado de derecho.

Sin embargo, como se ha señalado, los principios tradicionales de la supremacía del Parlamento, por un lado, y, por el otro, de la separación de poderes, fueron tan importantes en Europa, que tuvieron como consecuencia impedir a las autoridades judiciales toda posibilidad de ejercer su poder de control, no sólo sobre la legalidad de los actos administrativos, sino también sobre la constitucionalidad de las leyes. Esa fue la razón por la que en Francia se creó la Jurisdicción Contencioso Administrativa independiente del Poder Judicial, y en general, en Europa se hubieran desarrollaron sistemas de control jurisdiccional de la constitucionalidad, pero tomando la precaución de confiarlos a nuevos órganos constitucionales, distintos y separados del Poder Judicial. En esta forma, la necesidad ineludible de instaurar un control jurisdiccional de la constitucionalidad de las leyes como garantía de la Constitución, se adaptó a la interpretación extrema del principio de la separación de poderes conforme al cual, tradicionalmente se consideraba toda tentativa de control judicial de la constitucionalidad de las leyes, como una injerencia inadmisible de las autoridades judiciales en el campo del Legislador.

Esta confrontación entre la necesidad de instaurar un control jurisdiccional de la Constitución y el principio de la separación de poderes fue, precisamente, lo que llevó a la creación de Tribunales constitucionales en Europa continental, con la atribución jurisdiccional particular y específica de velar por la constitucionalidad de las leyes, sin que ello se atribuyera, sin embargo, al orden judicial tradicional. En esta forma, se puso fin a la antinomia, creándose nuevos Tribunales o Cortes constitucionales, ubicadas jerárquicamente por encima de los órganos que ejercen los poderes públicos horizontalmente; en consecuencia ubicados por encima del Parlamento, del Ejecutivo y de las autoridades judiciales, con miras a velar por la supremacía de la Constitución sobre todos los órganos del Estado.

El llamado «sistema austriaco» de control jurisdiccional de la constitucionalidad o el «modelo Europeo», como también se lo ha llamado[59], se caracteriza así, por el hecho de que la justicia constitucional fue confiada a un órgano constitucional en algunos casos estructuralmente independiente de las autoridades judiciales ordinarias, es decir del Poder Judicial y de su organización. Además, en general, los miembros de los Tribunales Constitucionales no pertenecen a la carrera judicial y son más bien, nombrados por los órganos políticos del Estado, en particular por el Parlamento y el Ejecutivo. Este sistema dio origen a órganos constitucionales especiales que, como se dijo, en algunos casos no pertenecen al Poder Judicial, pero que en todo caso, ejercen una actividad jurisdiccional propiamente dicha.

Estas Cortes, Consejos y Tribunales Constitucionales fueron considerados como los «intérpretes supremos de la Constitución», según el calificativo que le atribuyó la Ley Orgánica que creó el Tribunal Constitucional en España[60] o como los «guardianes de la Constitución»[61]. Eduardo García de Enterría, al hablar del Tribunal Constitucional español, lo calificó de «comisario del poder constituyente, encargado de defender la Constitución y de velar por que todos los órganos constitucionales conserven su estricta calidad de poderes constituidos»[62] y el antiguo presidente de ese mismo Tribunal español, Manuel García Pelayo vio en él «un órgano constitucional instituido y directamente estructurado por la Constitución» y que:

> «Como regulador de la constitucionalidad de la acción estatal, está destinado a dar plena existencia al Estado de derecho y a asegurar la vigencia de la distribución de poderes establecida por la Constitución, ambos componentes inexcusables, en nuestro tiempo, del verdadero «Estado constitucional»[63].

V. EL JUEZ CONSTITUCIONAL Y LA PROTECCIÓN DE DERECHOS FUNDAMENTALES

Por otra parte, debe señalarse que la defensa de la Constitución como función esencial de la justicia constitucional no sólo tiene como objetivo garantizar los

---

59 *V.*, L. Favoreu, «Actualité et légitimité du contrôle juridictionnel des lois en Europe occidentale», en *Revue du Droit Public et de la Science Politique en France et á l'étranger,* 1984, p. 1.149.

60 Art. 1. Ley Orgánica del Tribunal constitucional. Oct. 1979, *Boletín Oficial del Estado,* N° 239.

61 *V.*, G. Leibholz, *Problemas fundamentales de la Democracia,* Madrid, 1971, p. 15.

62 *V.*, E. García de Enterría, *La Constitución como norma y el Tribunal constitucional,* Madrid, 1985, p. 198.

63 *V.*, M. García Pelayo, «El Status del Tribunal constitucional», en *Revista Española de Derecho Constitucional,* N° 1, Madrid, 1981, p. 15.

diferentes modos de distribución del poder entre los cuerpos constituidos del Estado y así, la estabilidad y continuidad política del Estado, sino que además, tiene la función de garantizar los derechos y libertades individuales fundamentales. Se trata, sin duda, de otro elemento esencial del Estado de derecho y uno de los argumentos de peso empleados para defender la legitimidad del control jurisdiccional de la constitucionalidad de los actos del Estado.

En efecto, la justicia constitucional o el control jurisdiccional de la constitucionalidad de las leyes están estrechamente relacionados con la declaración constitucional y efectiva de los derechos fundamentales. Precisamente, cuando existen declaraciones de derechos y libertades fundamentales con respecto a los valores constitucionales de una sociedad determinada, es que más surge la necesidad de instaurar un sistema de control jurisdiccional de la constitucionalidad.

Ahora bien, aun cuando la idea de declarar y establecer derechos fundamentales en una Constitución tenga sus antecedentes históricos en las Revoluciones Americana y Francesa y haya sido práctica normal en toda América Latina desde comienzos del siglo XIX, en realidad, ésta sólo surgió en Europa después de la Segunda Guerra Mundial. Precisamente, la creación de sistemas de control jurisdiccional de la constitucionalidad en Europa, salvo los implantados en Austria y Checoslovaquia en los años veinte del siglo pasado, como medios para defender los derechos del hombre, sólo se desarrollaron después de la Segunda Guerra Mundial debido, precisamente, a las graves violaciones de los mismos que se produjeron. En este caso, por ejemplo, el hecho de que en Italia y en Austria se hubiera incluido por primera vez en su Constitución, una declaración de los derechos humanos y paralelamente se hubiera admitido la necesidad de establecer mecanismos adecuados que asegurasen su defensa, entre los cuales figuraba el control de la constitucionalidad de las leyes, no fue producto de una mera casualidad.

En cambio, la ausencia de una declaración constitucional de los derechos individuales o fundamentales como un medio para limitar la acción del legislador, ha sido una de las razones primordiales que explican la inexistencia de cualquier sistema de control judicial o jurisdiccional de la constitucionalidad de las leyes, tal y como lo ilustra el caso británico. Esta situación condujo a D.G.T. Williams, con razón, a expresar que «el problema de fondo en cuanto a la consagración constitucional de los derechos fundamentales o de una estructura federal en el Reino Unido, es el control judicial», puesto que «la adopción de una declaración constitucional de derechos fundamentales supondría naturalmente el ejercicio por los tribunales ingleses de sus poderes de control», es decir, que le correspondería a los tribunales ordinarios «garantizar o proteger ciertas libertades fundamentales contra el legislador propiamente dicho».[64] Sin embargo, en cierta forma ello se logró en el Reino Unido y en países como Holanda, que excluyen el control judicial de la constitucionalidad de las leyes, con el control de la conformidad de las leyes con la Convención Europea de Derechos Humanos.

En todo caso, es evidente que en los regímenes dotados de Constituciones escritas, si la Constitución se rige en la ley suprema, con fuerza directamente obligatoria, el sistema constitucional debe establecer expresamente los medios para defenderla y garantizarla. En caso contrario, como lo puso de manifestó Kelsen:

---

[64] *V.*, D. G. T. Williams, «The Constitution of the United Kingdom», en *Cambridge Law Journal,* 31, 1972, pp. 278-279.

«Una Constitución en la cual no exista la garantía de la anulación de actos inconstitucionales, no es, en sentido técnico, plenamente obligatoria... Una Constitución en la cual los actos inconstitucionales y, en particular, las leyes inconstitucionales, permanezcan igual de válidas -porque su inconstitucionalidad no permita anularlas- equivale, desde el punto de vista propiamente jurídico, más o menos a un acto sin fuerza obligatoria»[65].

Las garantías jurisdiccionales de la Constitución, es decir, el poder conferido a las autoridades judiciales ordinarias o a instancias constitucionales especiales, según el caso, para declarar inconstitucionales los actos de los órganos que ejercen los poderes públicos que violen la Constitución o para incluso, anular los que tienen efectos generales, son los mecanismos esenciales del Estado de derecho para asegurar el respeto de la ley, por parte de todos los órganos del Estado; el respeto que les impone la Constitución conforme a los sistemas de distribución del poder del Estado en vigencia[66], y, además, el respeto de los derechos y libertades fundamentales que consagra la Constitución.

VI. EL JUEZ CONSTITUCIONAL COMO GUARDIÁN DE LA CONSTITUCIÓN, Y EL PROBLEMA DEL CONTROL DEL GUARDIÁN

Tal como Eduardo García de Enterría calificó al Tribunal Constitucional español, el órgano estatal de control de la constitucionalidad de las leyes se ha constitutivo en «comisario del poder constituyente, encargado de defender la Constitución y de velar por que todos los órganos constitucionales conserven su estricta calidad de poderes constituidos»[67].

Si las Constituciones son normas jurídicas efectivas, que prevalecen en el proceso político, en la vida social y económica del país, y que sustentan la validez a todo el orden jurídico[68], la solución institucional para preservar su vigencia y la libertad, está precisamente en establecer estos comisarios del poder constituyente, como guardianes de la Constitución, que al tener por misión asegurar que todos los órganos del Estado la acaten, también tienen que adaptarse a lo que el texto fundamental establece, sometiéndose a su normativa, estándole vedado mutarla.

Es decir, como tal guardián de la Constitución, y como sucede en cualquier Estado de derecho, el sometimiento del tribunal constitucional a la Constitución es una preposición absolutamente sobreentendida y no sujeta a discusión, ya que sería inconcebible que el juez constitucional pueda violar la Constitución que está llamado a aplicar y garantizar. Esa la podrían violar los otros poderes del Estado, pero no el guardián de la Constitución.

Sin embargo, para garantizar que ello no ocurra, otra garantía adicional se establece en todos los sistemas jurídicos, y es que el tribunal constitucional debe gozar de absoluta independencia y autonomía frente a todos los poderes

---

65 *V.*, H. Kelsen, «La garantie juridictionnelle de la Constitution (La justice constitutionnelle)», en *Revue du Droit public et de la Science politique en France et à l'étranger,* París, 1928, p. 250.

66 *V.*, M. Hiden, «Constitutional Rights in the Legislative process: the Finish system of advance control of Legislation», en *Scandinavian Law,* 17, Estocolmo, 1973, p. 97.

67 *V.*, E. García de Enterría, *La Constitución como norma y el Tribunal constitucional,* Madrid, 1985, p. 198.

68 *Idem,* pp. 33, 39, 66, 71, 177 y 187.

del Estado, pues un tribunal constitucional sujeto a la voluntad del poder, en lugar de ser el guardián de la Constitución se convierte en el instrumento más atroz del autoritarismo. El mejor sistema de justicia constitucional, por tanto, en manos de un juez sometido al poder, es letra muerta para los individuos y es un instrumento para el fraude a la Constitución. En todo caso, para garantizar esa autonomía e independencia, en todas las Constituciones donde se han establecido sistemas de justicia constitucional, se han dispuesto, entre otros aspectos, mecanismos tendientes a lograr una elección de los miembros o magistrados de los tribunales, de manera de neutralizar las influencias políticas no deseadas en una democracia[69]. Con ello se busca asegurar, por la forma de selección de sus integrantes, que los poderes atribuidos a un órgano estatal de esta naturaleza quien no tiene quien lo controle, no sean distorsionados y abusados. La pregunta, en todo caso, en este campo de los tribunales constitucionales, *Quis custodies ipso custodiem*? siempre hay que hacerla, aunque no tenga respuesta[70]. Por ello, George Jellinek decía que la única garantía del guardián de la Constitución al final radica en su «conciencia moral»;[71] y Alexis de Tocqueville fue tan preciso al observar cuando analizó la Constitución federal de los Estados Unidos que:

> «La paz, la prosperidad, y la existencia misma de la Unión están depositados en manos de siete Jueces Federales. Sin ellos, la Constitución sería letra muerta...,

No solo los Jueces federales deben ser buenos ciudadanos, y hombres con la información e integridad indispensables en todo magistrado, sino que deben ser hombres de Estado, suficientemente sabios para percibir los signos de su tiempo, sin miedo para afrontar obstáculos que puedan dominarse, no lentos en poder apartarse de la corriente cuando el oleaje amenaza con barrerlos junto con la supremacía de la Unión y la obediencia debida a sus leyes.

---

69 *V.*, Allan R. Brewer-Carías, «The question of Legitimacy: How to choose the Supreme Court Judges», en Ingolf Pernice, Julianne Kokott, Cheryl Sauders (eds), *The Future of the European Judicial System in Comparative Perspective*. 6th International ECLN Colloquium / IACL Round Table, Berlin, 2-4 November 2005, European Constitutional Law Network Series, Vol. 6, Nomos, Berlín 2006, pp. 153-182; y Allan R. Brewer-Carías «La cuestión de legitimidad: cómo escoger los jueces de las Cortes Supremas. La doctrina europea y el contraste latinoamericano», en *Estudios sobre el Estado Constitucional (2005-2006)*. Cuadernos de la Cátedra Fundacional Allan R. Brewer Carías de Derecho Público, Universidad Católica del Táchira, N° 9, Editorial Jurídica Venezolana. Caracas, 2007, pp. 125-161

70 *V.*, Jorge Carpizo, *El Tribunal Constitucional y sus límites*, Grijley Ed., Lima 2009, pp. 44, 47, 51; Allan R. Brewer-Carías, «*Quis Custodiet Ipsos Custodes*: De la interpretación constitucional a la inconstitucionalidad de la interpretación», en *Revista de Derecho Público*, N° 105, Editorial Jurídica Venezolana, Caracas 2006, pp. 7-27; y en VIII Congreso Nacional de derecho Constitucional, Perú, Fondo Editorial 2005, Colegio de Abogados de Arequipa, Arequipa, septiembre 2005, pp. 463-489.

71 *V.*, George Jellinek, *Ein Verfassungsgerichtshof fur Österreich*, Alfred Holder, Wien 1885, citado por Francisco Fernández Segado, «Algunas reflexiones generales en torno a los efectos de las sentencias de inconstitucionalidad y a la relatividad de ciertas fórmulas esterotipadas vinculadas a ellas», en *Anuario Iberoamericano de Justicia Constitucional*, Centro de Estudios Políticos y Constitucionales, N° 12, 2008, Madrid 2008, p. 196.

El Presidente, quien ejerce poderes limitados, puede fallar sin causar gran daño en el Estado. El Congreso puede errar sin que la Unión se destruya, porque el cuerpo electoral en el cual se origina puede provocar que se retracte en las decisiones cambiando sus miembros. Pero si la Corte Suprema alguna vez está integrada por hombres imprudentes y malos, la Unión caería en la anarquía y la guerra civil»[72].

Esto es particularmente importante a tener en cuenta en regímenes democráticos, donde la tentación de los tribunales constitucionales en convertirse en legisladores e incluso en poder constituyente, resquebraja el principio de la separación de poderes, pues cumplirían funciones estatales sin estar sometidos a control alguno ni del pueblo ni de otros órganos estatales. En otras palabras, la usurpación incontrolada por el juez constitucional de poderes normativos «podría transformar al guardián de la Constitución en soberano»[73].

Y la verdad, es que lamentablemente, en muchos países, por el régimen político desarrollado o por la condición de los integrantes de los tribunales constitucionales, estos importantes instrumentos diseñados para garantizar la supremacía de la Constitución, para asegurar la protección y el respeto de los derechos fundamentales y asegurar el funcionamiento del sistema democrático, algunas veces se han convertido en uno de los más diabólicos instrumentos del autoritarismo, legitimando las acciones de las otras ramas del poder público contrarias a la Constitución[74], y en algunos casos, por propia iniciativa, en fieles servidores de quienes detentan el poder, configurándose lo que podría denominarse la «patología» de la justicia constitucional. Esta afección ocurre, precisamente, cuando los tribunales constitucionales asumen las funciones del legislador, o proceden a mutar[75] la Constitución en forma ilegítima y fraudulenta[76], configurando un com-

---

72 *V.*, Alexis de Tocqueville, *Democracy in America*, Chapter VIII «The Federal Constitution», de la traducción de Henry Reeve, revisada y corregida en 1899, en http:// xroads.virginia.edu /~HYPER/ DETOC/1_ch08.htm Véase igualmente la referencia en Jorge Carpizo, *El Tribunal Constitucional y sus límites*, Grijley Ed., Lima 2009, pp. 46-48.

73 *V.*, Francisco Fernández Segado, «Algunas reflexiones generales en torno a los efectos de las sentencias de inconstitucionalidad y a la relatividad de ciertas fórmulas esterotipadas vinculadas a ellas», en *Anuario Iberoamericano de Justicia Constitucional*, Centro de Estudios Políticos y Constitucionales, N° 12, 2008, Madrid 2008, p. 161.

74 *V.*, Néstor Pedro Sagües, *La interpretación judicial de la Constitución*, LexisNexis, Buenos Aires 2006, p. 31

75 Una mutación constitucional ocurre cuando se modifica el contenido de una norma constitucional de tal forma que aún cuando la misma conserva su contenido, recibe una significación diferente. *V.*, Salvador O. Nava Gomar, «Interpretación, mutación y reforma de la Constitución. Tres extractos», en Eduardo Ferrer Mac-Gregor (coordinador), *Interpretación Constitucional*, T. II, Ed. Porrúa, Universidad Nacional Autónoma de México, México 2005, pp. 804 ss. *V.*, en general sobre el tema, Konrad Hesse, «Límites a la mutación constitucional», en *Escritos de derecho constitucional*, Centro de Estudios Constitucionales, Madrid 1992. Véase por ejemplo sobre el caso de Venezuela, Allan R. Brewer-Carías, «El juez constitucional al servicio del autoritarismo y la ilegítima mutación de la Constitución: el caso de la Sala Constitucional del Tribunal Supremo de Justicia de Venezuela (1999-2009)», en *Revista de Administración Pública*, N° 180, Centro de Estudios Políticos y Constitucionales, Madrid 2009, pp. 383-418.

76 *V.*, Néstor Pedro Sagües, *La interpretación judicial de la Constitución*, Buenos Aires 2006, pp. 56-59, 80-81, 165 y ss.

pleto cuadro de «in» justicia constitucional[77]. En una situación como esa, sin duda, todas las ventajas de la justicia constitucional como garantía de la supremacía de la Constitución se desvanecen, y la justicia constitucional pasa a convertirse en el instrumento político más letal para la violación impune de la Constitución, la destrucción del Estado de derecho y el desmantelamiento de la democracia[78].

[77] *V.*, por ejemplo el caso en Venezuela durante la primera década del siglo XXI, en Allan R. Brewer-Carías, *Crónica de la «In» Justicia Constitucional. La Sala Constitucional y el autoritarismo en Venezuela*, Editorial Jurídica Venezolana, Caracas 2007.

[78] Véase por ejemplo, también sobre el caso de Venezuela, Allan R. Brewer-Carías, «La demolición del Estado de derecho y la destrucción de la democracia en Venezuela (1999-2009)», en José Reynoso Núñez y Herminio Sánchez de la Barquera y Arroyo (Coordinadores), *La democracia en su contexto. Estudios en homenaje a Dieter Nohlen en su septuagésimo aniversario*, Instituto de Investigaciones Jurídicas, Universidad nacional Autónoma de México, México 2009, pp. 477-517.

TERCERA PARTE:

LA VARIEDAD DE LOS SISTEMAS DE JUSTICIA CONSTITUCIONAL

I. APROXIMACIÓN GENERAL A LOS DOS MÉTODOS: EL MÉTODO DIFUSO Y EL MÉTODO CONCENTRADO

Es evidente, en todo caso, que en el mundo contemporáneo no existe un solo sistema de justicia constitucional, sino que más bien existe una gran variedad de sistemas. Pueden adoptarse diferentes criterios para clasificar estos diversos sistemas de control jurisdiccional de la constitucionalidad de los actos del Estado, especialmente de la legislación[1-2]; sin embargo, todos se relacionan con un criterio básico: el referente a los órganos del Estado que pueden ejercer las funciones de justicia constitucional. En efecto, como se ha señalado, el control jurisdiccional de la constitucionalidad puede ser ejercido por todos los tribunales de un país determinado; sólo por la Corte Suprema del país, o por un tribunal constitucional especialmente creado con ese fin.

En el primer caso, todos los tribunales de un país determinado tienen la facultad de juzgar la constitucionalidad de las leyes. Este es el caso de Estados Unidos de América, habiéndose llamado este sistema el «sistema o modelo americano» porque se adoptó primero, en Estados Unidos, particularmente, después del famoso caso *Marbury vs. Madison* decidido por la Corte Suprema en 1803. Además, muchos otros países, con o sin tradición del *common law*,[3] también apli-

---

1 *V.*, en general M. Cappelletti, *Judicial Review...*, *cit.*, p. 45; Véase Mauro Cappelletti, «El Control Jurisdiccional de la Constitucionalidad de las Leyes en el Derecho Comparado», en *Revista de la Facultad de Derecho*, N° 65, T. XVI, México, 1966, pp. 28 a 33; M. Cappelletti and J. C. Adams, «Judicial Review of Legislation: European Antecedents and Adaptations», *Harvard Law Review*, 79, 6, Abril de 1966, p. 1.207; Allan R. Brewer-Carías, *Judicial Review in Comparative Law*, *cit.*, pp. 125 y ss.

2 *Véase* en general M. Cappelletti, *Judicial Review in the Contemporary World*, Indianapolis 1971, p. 45; *Véase* Mauro Cappelletti, «El Control *Jurisdiccional* de la Constitucionalidad de las Leyes en el Derecho Comparado», en *Revista de la Facultad de Derecho*, México, N° 65, Tomo XVI, 1966, pp. 28 a 33; M. Cappelletti and J. C. Adams, «Judicial Review of Legislation: European Antecedents and Adaptations», *Harvard Law Review*, 79, 6, Abril de 1966, p. 1.207; Allan R. Brewer-Carías, *Judicial Review in Comparative Law*, Cambridge 1989, pp. 125 ss.; Allan R. Brewer-Carías, *La Justicia Constitucional (Procesos y procedimientos constitucionales)*, Porrúa, México 2007, 79 ss.

3 Véase Héctor Fix Zamudio, «Protección procesal de los Derechos Humanos», *Boletín Mexicano de Derecho Comparado*, N° 13-14, México, enero-agosto 1972, p. 78.

can este sistema[4], como es el caso, por ejemplo, en América latina de Argentina, Brasil, Colombia, Ecuador, Guatemala, Perú, Nicaragua, México, República Dominicana y Venezuela, y en Europa de Grecia, Australia, Canadá, la India, Japón, Suecia, Noruega y Dinamarca. A este sistema también se lo denomina sistema difuso de control judicial de la constitucionalidad[5] porque el control judicial se atribuye a todos los tribunales desde el nivel más bajo hasta la Corte Suprema del país.

Por otra parte, existe el sistema concentrado de justicia constitucional, donde la facultad de control de la constitucionalidad de las leyes y de otros actos del Estado producidos en ejecución directa de la Constitución, se atribuye a un solo órgano del Estado, sea la Corte Suprema o un órgano constitucional, Tribunal, Corte o Consejo Constitucional especialmente creado para ese fin. Este último caso, se conoce como el «sistema austriaco» porque en Europa se estableció primero en Austria, en 1920[6].

Este sistema, también llamado el «modelo europeo», cuando el poder de control se atribuye a un Tribunal o Corte Constitucional particularmente ubicado fuera del Poder Judicial o a la Corte Suprema, es aplicado en Europa, en Alemania, Italia, España, Francia y Portugal); y en América Latina, en forme exclusiva, en Bolivia, Costa Rica, Chile, El Salvador, Honduras, Panamá, Paraguay y Uruguay, y conjuntamente con el método difuso, en Brasil, Colombia, Ecuador, Guatemala, Perú, Nicaragua, México, República Dominicana y Venezuela.[7] Se lo denomina sistema concentrado de control jurisdiccional por oposición al sistema difuso, porque la facultad de control de la constitucionalidad de los actos del Estado sólo se le confiere a un órgano constitucional que puede ser la Corte Suprema de un país dado o a un Tribunal Constitucional especialmente creado para tal fin que, puede o no estar integrado dentro de la organización del Poder Judicial[8].

Ahora bien, en el caso de los Tribunales Constitucionales europeos, hay que tener en cuenta que si bien, efectivamente, tienen calidad de órganos constitucionales independientes y separados de los órganos tradicionales del Estado (Legislativo, Ejecutivo y Judicial), siempre resuelven conflictos constitucionales en el marco del ejercicio de una función jurisdiccional. En tal sentido ni estos tribunales constitucionales ni los tribunales judiciales cuando actúan como jueces constitucionales, aun cuando ejercen un poder de control constitucional, pueden considerarse, como señaló Hans Kelsen[9], que actúan como un «legislador negativo».

En efecto, para refutar la objeción a la justicia constitucional derivada del principio de la separación de poderes, Hans Kelsen alegaba que cuando el tribunal constitucional anulaba un acto del Parlamento, este ejercía una actividad legislativa y no jurisdiccional. Sostenía que:

---

[4] *V.*, Héctor Fix Zamudio, «Protección procesal de los Derechos Humanos», *Boletín Mexicano de Derecho Comparado,* N° 13-14, México, enero-agosto 1972, p. 78.

[5] *V.*, M. Cappelletti, «El control judicial de la constitucionalidad de las leyes en el Derecho Comparado», *Revista de la Facultad de Derecho de México,* N° 61, 1966, p. 28; Allan R. Brewer-Carías, *Judicial Review in Comparative Law, cit.*

[6] *Ídem.*

[7] *Véase* Allan R. Brewer-Carías, *Judicial Review..., cit.*, pp. 182 y ss., *El control concentrado de la constitucionalidad de las leyes,* Editorial Jurídica *Venezolana,* Caracas 1994, pp. 127 y ss

[8] *V.*, Allan R. Brewer-Carías, *Judicial Review..., cit.*, pp. 182 y ss., *El control concentrado de la constitucionalidad de las leyes, cit.*, pp. 127 y ss.

[9] *V.*, H. Kelsen, *loc. cit.*, p. 226.

«Anular una ley es formular una norma general: ya que la anulación de una ley tiene el mismo carácter de generalidad que su elaboración, siendo por así decirlo, la elaboración pero con un signo negativo; por consiguiente, ella misma una función legislativa»[10].

Pero en realidad, cuando una Corte o un Tribunal constitucional anula una ley, no lo hace discrecionalmente ni por conveniencia, sino que se basa en criterios jurídicos, y procede a hacerlo aplicando una ley superior, la Constitución; de manera que no ejerce, en este sentido, función legislativa alguna[11]. Ejerce, verdaderamente, una función jurisdiccional, como la que se asigna a las autoridades judiciales, pero en este caso a título de garantía de la Constitución. Y si bien es cierto que los jueces constitucionales cuando deben resolver sobre la constitucionalidad de actos legislativos, a menudo toman decisiones de carácter político, lo hacen con base en métodos y criterios legales, en el marco de un proceso iniciado a instancia de parte con la legitimación necesaria. Esto es así, incluso, cuando se acude a la justicia constitucional mediante una acción popular[12] con miras a obtener una decisión de la Tribunal Supremo o de la Corte Constitucional sobre la inconstitucionalidad de una ley, como es el caso en Venezuela y Colombia.

Ahora bien, como se ha dicho, en los sistemas norteamericanos y latinoamericano, el control jurisdiccional de la constitucionalidad de las leyes forma en general parte de las atribuciones del Poder Judicial, cuyo ejercicio corresponde tanto a la Corte Suprema como a la justicia ordinaria. En estos sistemas se puede afirmar que el juez constitucional es el Poder Judicial. En cambio, en el sistema europeo, el control jurisdiccional de la constitucionalidad de las leyes en muchos casos se ha asignado a Cortes o Tribunales Constitucionales creados como órganos de rango constitucional e independiente del Poder Judicial. Ejercen una función jurisdiccional como en Francia lo hacen los órganos de la jurisdicción administrativa, aunque en forma separada de las autoridades judiciales. En ambos sistemas, la justicia constitucional es el resultado del ejercicio de una función jurisdiccional, la cual no es monopolio del Poder Judicial.

Debe señalarse que el Consejo Constitucional en Francia, en su decisión del 22 de julio de 1980, en la cual analizó la conformidad con la Constitución de la Ley del 25 de julio de 1980 sobre la convalidación de los actos administrativos[13], se refirió a la existencia de un tercer poder del Estado, conjuntamente con los poderes legislativo y ejecutivo, que se podía calificar de «poder jurisdiccional» y que engloba las jurisdicciones administrativa y judicial. Ahora bien, en ese mismo «poder jurisdiccional» o «Poder Judicial»[14] podría incluirse al Consejo Constitucional. En consecuencia en Francia, el «Poder Jurisdiccional» podría ahora considerarse como un poder formado por las jurisdicciones administrativa, judicial y constitucional, esta última confiada al Consejo Constitucional. En esta forma, en Francia podría afirmarse que el control de la constitucionalidad de las leyes y el respeto de los derechos fundamentales se ejerce por el «Poder Jurisdiccional», en la misma forma que el «Poder Judicial» lo ejerce en los países de América.

---

10 *Ídem.*, p. 224.

11 *V.*, A. Pérez Gordo, *El Tribunal Constitucional y sus Funciones,* Barcelona, 1982, p. 41.

12 *V.*, en sentido contrario B. O. Nwabueze, *Judicial Control of Legislative action..., doc. cit.*, p. 3.

13 *V.*, L. Favoreu y L. Philip, *op. cit.*, pp. 472 y ss.

14 *V.*, L. Favoreu, «Chronique», *Revue du Droit Public et de la Science Politique,* París, 1980, p. 1.661.

En todo caso, debe señalarse que no existe un único sistema de justicia constitucional para garantizar y defender la Constitución, así como tampoco puede existir un sistema ideal que pueda aplicarse a todos los países[15]. En el derecho constitucional contemporáneo, cada país ha desarrollado su propio sistema, habiendo sido el sistema difuso atribuido a los órganos del Poder Judicial, iniciado en Norteamérica, el que más influencia ha tenido.

Por otra parte, con respecto a los denominados sistemas concentrados de la constitucionalidad, en los cuales la facultad de control es otorgada a un sólo órgano constitucional, como la Corte Supremo o un Tribunal o Corte Constitucional, se pueden observar otras diferencias[16].

En primer lugar, en relación al momento en el que se efectúa el control de la constitucionalidad de las leyes, el control puede producirse antes de la sanción de la ley, como es el caso en Francia, o puede ser ejercido por el Tribunal luego de que la ley ha entrado en vigor, como es el caso en Alemania e Italia. En otros países como España, Portugal, Colombia y Venezuela se han adoptado ambas posibilidades. En Venezuela, una ley sancionada por el Congreso antes de su entrada en vigor, puede ser sometida por el Presidente de la República al Tribunal Supremo, independientemente del veto presidencial, con el fin de obtener una decisión relativa a su constitucionalidad; pero igualmente, el Tribunal Supremo, puede decidir sobre la constitucionalidad de la ley después de su publicación y de su entrada en vigor, cuando es impugnada por la vía de acción popular.

Además, en relación con los sistemas concentrados de control de la constitucionalidad, existen dos vías para ejercerlo: la vía incidental y la vía principal[17]. En primer caso, la cuestión constitucional sólo se considera justiciable cuando está estrecha y directamente relacionada con un proceso en particular, en el cual la constitucionalidad de la ley específica, no es el único aspecto requerido para el solo desenlace del proceso. Debe destacarse, que el carácter incidental del control judicial es de la esencia de los sistemas de control difuso y, por tanto, de todos los sistemas jurídicos que siguen el modelo americano. En los sistemas de control concentrado, el control de la constitucionalidad puede ser incidental y la Corte Suprema o el Tribunal Constitucional sólo pueden intervenir y decidir cuando así sea requerido por el tribunal ordinario al cual está sometido el caso. En estas circunstancias, la cuestión constitucional ante el Tribunal Constitucional le es sometida por el tribunal ordinario que debe decidir el caso concreto.

Ahora bien, en cuanto al sistema concentrado de control de la constitucionalidad, el poder de control otorgado a la Corte Suprema o a un Tribunal Constitucional, también puede ser ejercido por vía principal, mediante una acción directa en la que la constitucionalidad de una ley específica constituye la única cuestión del proceso, sin relación ni referencia a un caso particular. En este último supuesto puede hacerse otra distinción en cuanto a la legitimación para ejercer la acción directa de inconstitucionalidad. En numerosos países dotados de un sistema concentrado de control de la constitucionalidad, únicamente son los otros órganos del Estado los que pueden ejercer la acción directa de constitucionalidad ante el Tribunal Constitucional, por ejemplo, el Jefe de Gobierno o un cierto número de representantes en el Parlamento.

---

15 *V.*, Allan R. Brewer-Carías, *Judicial Review..., cit.*, pp. 125 y ss.

16 *V.*, Allan R. Brewer-Carías, *El control concentrado de la constitucionalidad de las leyes, cit.*, pp. 44 y ss.

17 *V.*, Allan R. Brewer-Carías, *El control concentrado de la constitucionalidad..., cit.*, pp. 28 y ss.

Otros sistemas de control concentrado, sin embargo, permiten que los particulares puedan ejercer la acción de inconstitucionalidad, sea alegando que una determinada ley afecta los derechos de un individuo o, como en el caso de Colombia y Venezuela, mediante una acción popular en la que cualquier ciudadano puede solicitar al Tribunal Supremo o a la Corte Constitucional que decida su solicitud referente a la inconstitucionalidad de una ley determinada, sin que exista condición especial con respecto a la legitimación.

Ahora bien, con respecto a esta distinción entre sistemas concentrado y difuso de control de la constitucionalidad también se puede hacer otra diferencia según los efectos legales que surte la decisión jurisdiccional de control. En este sentido, pueden distinguirse decisiones con efectos *in casu et inter partes* o *erga omnes,* es decir, decisiones que surten efectos solamente entre las partes de un juicio determinado, o que surten efectos generales, aplicables a cualquiera.

Por ejemplo, en los sistemas de control concentrado, de acuerdo con el modelo austriaco, cuando la decisión jurisdiccional es una consecuencia del ejercicio de una acción objetiva, en general, los efectos de tal decisión mediante la cual se anula la ley, son generales con validez *erga omnes*[18].

En cambio, en los sistemas de control difuso, la decisión del juez en materia de inconstitucionalidad sólo tiene efectos *et casu et ínter partes.* Por consiguiente, en estos sistemas, una ley declarada inconstitucional con efectos *ínter partes,* en principio, es nula y no surte ningún tipo de efectos para el caso concreto ni para las partes en el mismo. Por ello, en este caso, la decisión es, en principio, retroactiva en el sentido de que tiene consecuencias *ex tunc* o *pro pretaerito,* es decir, la ley declarada inconstitucional se considera como si nunca hubiera existido a nunca hubiera sido válida. En estos casos, esta decisión tiene efectos «declarativos», en el sentido de que declara la nulidad preexistente de la ley inconstitucional[19].

Por el contrario, en los sistemas de control concentrado, una ley anulada por inconstitucional, con efectos *erga omnes,* se considera, en principio, como anulable. La decisión en este caso es, por lo tanto, en principio prospectiva ya que tiene consecuencias *ex nunc y pro futuro;* es decir, la ley anulada por inconstitucional, es considerada como habiendo surtido efectos hasta su anulación por el Tribunal o hasta el momento que este determine como consecuencia de la decisión. En este caso, por consiguiente, la decisión tiene efectos «constitutivos» ya que la ley se vuelve inconstitucional solamente después de la decisión[20].

Sin embargo, esta distinción relativa a los efectos de la decisión judicial con respecto a la inconstitucionalidad de una ley, no es absoluta. Por un lado, si bien es cierto que en el sistema de control difuso la decisión surte efectos *inter partes,* cuando la decisión es adoptada por la Corte Suprema como consecuencia de la doctrina *stare decisis,* los efectos prácticos de la decisión son, de hecho, generales, en el sentido de que obliga a todos los Tribunales inferiores del país. Por ello, a partir del momento en que la Corte Suprema declara inconstitucional una ley, en principio, ningún otro Tribunal podría aplicarla.

Por otro lado, en sistemas de control concentrado de la constitucionalidad, cuando se adopta una decisión en una cuestión incidental de constitucionalidad,

---

18 *V.,* Allan R. Brewer-Carías, *El control concentrado de la constitucionalidad..., cit.,* pp. 31 y ss.

19 *V.,* Allan R. Brewer-Carías, *Judicial Review..., cit.,* pp. 131 y ss.

20 Allan R. Brewer-Carías, *El control concentrado..., cit.,* pp. 32 y ss.

algunos sistemas constitucionales han establecido que los efectos de la misma, en principio, sólo se relacionan con el proceso particular en el que se planteó la cuestión de constitucionalidad, y entre las partes de dicho proceso, aunque como hemos señalado esa no es la regla general.

En cuanto a los efectos declarativos o constitutivos de la decisión, o sus efectos retroactivos o prospectivos, el paralelismo absoluto entre los sistemas difuso y concentrado también ha desparecido.

En los sistemas de control difuso de la constitucionalidad, aun cuando los efectos de las decisiones declarativas de inconstitucionalidad de la ley sean *ex tunc, pro pretaerito,* en la práctica, algunas excepciones en casos regulados por el derecho civil, han hecho que dicha invalidez de la ley no sea siempre retroactiva. De la misma manera, en los sistemas de control concentrado de la constitucionalidad, aun cuando los efectos de las decisiones anulatorias de una ley por inconstitucionalidad en principio sean constitutivos, *ex nunc, pro futuro,* también en la práctica, algunas excepciones en casos regulados por el derecho penal, han hecho que dicha invalidez de la ley, sea retroactiva y beneficie al reo.

II. LA MEZCLA DE AMBOS MÉTODOS: EL SISTEMA MIXTO O INTEGRAL

En otros países se ha adoptado una mezcla de los sistemas antes mencionados, el difuso y el concentrado, con miras a permitir que ambos tipos de control funcionen al mismo tiempo. Este es el caso, en América Latina, de Brasil, Colombia, Ecuador, Guatemala, México, Nicaragua, Perú, República Dominicana, Venezuela y en Europa, de Portugal, donde todos los tribunales tiene la facultad de juzgar la constitucionalidad de las leyes, y por consiguiente, pueden decidir en forma autónoma la inaplicabilidad de una ley en un proceso dado, y además, la Corte Suprema o un Tribunal o Corte Constitucional tienen la facultad de declarar la nulidad por inconstitucionalidad de las leyes, en un proceso constitucional. Como se ha señalado, esos países tienen un sistema mixto, que aplica en paralelo, los métodos difuso y concentrado de control judicial de la constitucionalidad, quizá el más completo en derecho comparado.

En el caso de América Latina, los dos métodos de control de constitucionalidad, difuso y concentrado, comenzaron a aplicarse en paralelo desde el siglo XIX en Colombia y Venezuela, dando origen al que se puede denominar el sistema mixto o integral de justicia constitucional,[21] que podemos encontrar reflejado, por ejemplo, en la Constitución venezolana de 1999.

---

21 Véanse los comentarios en relación con sistema mixto de justicia constitucional en Venezuela como consecuencia del principio de supremacía constitucional en R. Feo, *Estudios sobre el Código de Procedimiento Civil Venezolano,* Caracas, 1904, Tomo I, pp. 26-35; R. Marcano Rodríguez, *Apuntaciones Analíticas sobre las materias fundamentales y generales del Código de Procedimiento Civil Venezolano,* Caracas, Tomo I, pp. 36-38; A. Borjas, *Comentarios al Código de Procedimiento Civil,* Caracas, Tomo I, pp. 33-35; Allan R. Brewer-Carías, *El control de la constitucionalidad de los actos estatales,* Caracas, 1977; «Algunas consideraciones sobre el control jurisdiccional de la constitucionalidad de los actos estatales en el Derecho venezolano», *Revista de Administración Pública,* N° 76, Madrid, 1975, pp. 419 a 446; «La Justicia Constitucional en Venezuela», Simposio Internacional sobre Modernas Tendencias de Derecho Constitucional (España y América Latina). Universidad Externado de Colombia, Bogotá, Nov. 1986; y M. Gaona Cruz, «El control judicial ante el Derecho Comparado» en *Archivo de Derecho Público y Ciencias de la Administración* (El Derecho Público en Colombia y Venezuela), Vol. VII, 1986, Caracas, 1986.

En esta se establece en forma expresa, en sus artículos 266, 334 y 336, por una parte la competencia de la Sala Constitucional del Tribunal Supremo de Justicia para declarar la nulidad por inconstitucionalidad de las leyes y demás actos de los cuerpos deliberantes de carácter nacional, estadal o municipal dictados en ejecución directa de la Constitución, así como de los actos con rango legal dictados por el Ejecutivo Nacional.

Es decir, la Constitución prevé un control judicial concentrado de la constitucionalidad de todos los actos estatales, con exclusión de los actos judiciales y de los actos administrativos respecto de los cuales prevé medios específicos de control de legalidad y constitucionalidad (recurso de casación, apelaciones y Jurisdicción Contencioso Administrativa). De acuerdo con la Constitución, por tanto, existe un control concentrado de la constitucionalidad reservado en el nivel nacional, a los actos estatales de rango legal o de ejecución directa de la Constitución (leyes, actos parlamentarios sin forma de ley y actos de gobierno); en el nivel estadal, a las leyes emanadas de las Asambleas Legislativas y demás actos de ejecución directa de la Constitución; y en el nivel municipal, a las Ordenanzas Municipales, consideradas invariablemente como leyes locales, y demás actos de ejecución directa de la Constitución. Este control de la constitucionalidad de los actos estatales permite a la Sala Constitucional del Tribunal Supremo de Justicia declarar su nulidad cuando sean violatorios o colidan con la Constitución. Se trata, por tanto, como hemos dicho, de un control concentrado de la constitucionalidad de las leyes, y otros actos estatales de rango legal o de ejecución directa e inmediata de la Constitución atribuido a la Sala Constitucional.

Pero, además, por otra parte, la propia Constitución, también establece expresamente en su artículo 334, el método difuso, lo que se repite en el artículo 20 del Código de Procedimiento Civil y en el artículo 19 del Código Orgánico Procesal Civil, que permiten a todos los tribunales de la República, cuando decidan un caso concreto, declarar la inaplicabilidad de las leyes y demás actos estatales normativos cuando estimen que son inconstitucionales, dándole por tanto preferencia a las normas constitucionales. Se trata, sin duda, de la base legal del método difuso de control de la constitucionalidad.

Por tanto, el sistema venezolano, como el de os otros países mencionados, de control de la constitucionalidad de las leyes y otros actos estatales puede decirse que es de los más amplios si se lo compara con los que muestra el derecho comparado, por mezclar el llamado control difuso de la constitucionalidad de las leyes con el control concentrado de la constitucionalidad de las mismas[22]. En esta forma, este sistema no puede ser identificado, en particular, con alguno de los dos métodos de control de constitucionalidad que muestra el derecho comparado[23], configurándose como el mencionado sistema mixto o integral.

---

22 De acuerdo a la terminología acuñada por Piero Calamandrei, *La illegittimitá Costituzionale delle Leggi*, Padova, 1950, p. 5; y difundida por Mario Capelletti, *Judicial Review in the contemporary World*, Indianápolis, 1971. *V.*, Allan R. Brewer-Carías, *Judicial review in comparative law*, Cambridge University Press, 1989. *V.*, además, Allan R. Brewer-Carías, *El sistema mixto o integral de control de constitucionalidad en Colombia y Venezuela*, Bogotá, 1995.

23 *V.*, Allan R. Brewer-Carías, *El control de la constitucionalidad de los actos estatales*, Caracas, 1977; «Algunas consideraciones sobre el control jurisdiccional de la constitucionalidad de los actos estatales en el Derecho venezolano», *Revista de Administración Pública*, N° 76, Madrid, 1975, pp. 419 a 446; «La Justicia Constitucional en Venezuela», Simposio Inter-

Este sistema mixto de control de la constitucionalidad tiene su fundamento en el principio básico del constitucionalismo del carácter de norma suprema que tiene la Constitución, la cual no sólo regula orgánicamente el funcionamiento de los órganos estatales sino que establece los derechos fundamentales de los ciudadanos. Este principio de la supremacía constitucional y de la Constitución como norma suprema de derecho positivo directamente aplicable a los individuos que se establece en el artículo 7 de la Constitución de 1999, es el que ha conducido, inevitablemente, al desarrollo del sistema mixto de justicia constitucional en Venezuela establecido hace más de un Siglo[24].

En torno al carácter mixto del sistema venezolano, la antigua Corte Suprema de Justicia insistió sobre el ámbito del control de la constitucionalidad de las leyes, al señalar que está encomendado:

> «No tan sólo al Supremo Tribunal de la República, sino a los jueces en general, cualquiera sea su grado y por ínfima que fuere su categoría. Basta que el funcionaria forme parte de la rama judicial para ser custodio de la Constitución y aplicar, en consecuencia, las normas de ésta prevalecientemente a las leyes ordinarias... Empero, la aplicación de la norma fundamental por parte de los jueces de grado, sólo surte efecto en el caso concreto debatido, y no alcanza, por lo mismo, sino a las partes interesadas en el conflicto; en tanto, que cuando se trata de la ilegitimidad constitucional de las leyes pronunciadas por el Supremo Tribunal en ejercicio de su función soberana, como intérprete de la Constitución y en respuesta a la acción pertinente, loa efectos de la decisión se extienden *erga omnes* y cobran fuerza de ley. En el primer caso, el control es incidental y especial; y en el segundo, principal y general; y cuando éste ocurre, vale decir, cuando el recurso es autónomo, éste es formal o material, según que la nulidad verse sobre una irregularidad concerniente al proceso elaborativo de la ley, o bien que no obstante haberse legislado regularmente en el aspecto formalista, el contenido intrínseca de la norma adolezca de vicios sustanciales»[25].

En consecuencia, el sistema venezolano de justicia constitucional es un sistema mixto, en el cual el control difuso de la constitucionalidad está atribuido a todos los tribunales de la República, y el sistema concentrado, con relación a las leyes y demás actos de rango legal o de ejecución directa e inmediata de la Constitución, está atribuido a la Sala Constitucional del Tribunal Supremo de Justicia.

Por ello, consideramos conveniente hacer una apreciación general respecto de los principios general que rigen para ambos métodos de control[26].

---

nacional sobre Modernas Tendencias de Derecho Constitucional (España y América Latina). Universidad Externado de Colombia, Bogotá, Nov. 1986, 102 p. Véase además, M. Gaona Cruz, «El control judicial ante el Derecho Comparado» en *Archivo de Derecho Público y Ciencias de la Administración* (El Derecho Público en Colombia y Venezuela), Vol. VII, 1986, Caracas, 1986.

24 *V.*, los comentarios en relación con sistema mixto de justicia constitucional en Venezuela como consecuencia del principio de supremacía constitucional en R. Feo, *Estudios sobre el Código de Procedimiento Civil Venezolano,* T. I, Caracas, 1904, pp. 26-35; R. Marcano Rodríguez, *Apuntaciones Analíticas sobre las materias fundamentales y generales del Código de Procedimiento Civil Venezolano,* Caracas, T. I, pp. 36-38; A. Borjas, *Comentarios al Código de Procedimiento Civil,* T. I, Caracas, pp. 33-35.

25 *V.*, sentencia de la antigua Corte federal de 19-6-53, en *Gaceta Forense,* Nº 1, 1953, pp. 77 y 78.

26 *V.*, en general, Allan R. Brewer-Carías, *La Justicia Constitucional,* T. VI, Instituciones Políticas y Constitucionales, *op. cit.*, pp. 86 y ss.

II. EL MÉTODO DIFUSO DE CONTROL DE CONSTITUCIONALIDAD*

1. El fundamento constitucional y legal del método difuso de control de constitucionalidad de las leyes

En cuanto al método denominado de control difuso de la constitucionalidad de leyes, como se ha dicho, el mismo existe en Venezuela desde el siglo XIX[27], habiéndose regulado expresamente desde 1897 en el Código de Procedimiento Civil, que ahora establece que:

> «*Artículo 20:* Cuando la ley vigente, cuya aplicación se pida, colidiere con alguna disposición constitucional, los jueces aplicarán ésta con preferencia».

Más recientemente, esta norma se recogió en el artículo 19 del Código Orgánico Procesal Penal, al disponer que:

> «*Artículo 19:* Control de la Constitucionalidad. Corresponde a los jueces velar por la incolumidad de la Constitución de la República. Cuando la ley cuya aplicación se pida colidiere con ella, los tribunales deberán atenerse a la norma constitucional».

Además, siguiendo la orientación de consolidar constitucionalmente el método de control difuso de la constitucionalidad de las leyes, como se ha establecido en las Constituciones de Colombia, desde 1910 (art. 4); Guatemala, en 1965 (art. 204); Bolivia, en 1994 (art. 228); Honduras, en 1982 (art. 315) y Perú, en 1993 (art. 138); en la Constitución venezolana de 1999 se incluyó una disposición similar[28] en el artículo 334, con el siguiente texto:

> «En caso de incompatibilidad entre esa Constitución y una ley u otra norma jurídica, se aplicarán las disposiciones constitucionales, correspondiendo a los tribunales en cualquier causa, aun de oficio, decidir lo conducente».

En esta forma, el método de control difuso de la constitucionalidad adquirió rango constitucional, previéndose, incluso, que puede ser ejercido *de oficio* por los tribunales[29] incluyendo, por supuesto, las diversas Salas del Supremo Tribunal[30].

---

* Publicado en Víctor Bazán (coord.), Derecho Procesal Constitucional Americano y Europeo, Edit. Abeledo-Perrot, dos tomos, Buenos Aires, Rep. Argentina, 2010, T. I, pp. 671-690. Publicado también con el título: «El método difuso de control de constitucionalidad de las leyes», en el libro: Derecho Procesal Constitucional. Instrumentos para la Justicia Constitucional, Ediciones Doctrina y Ley Ltda., Bogotá 2013, pp. 51-72.

27 *V.*, Allan R. Brewer-Carías, *Judicial Review in Comparative Law, cit.*, pp. 127 ss.; Allan R. Brewer-Carías, *Instituciones Políticas y Constitucionales*, T. VI, *La Justicia Constitucional, cit.*, pp. 86 y ss.

28 *V.*, nuestras propuestas respecto del artículo 7 en Allan R. Brewer-Carías, *Debate Constituyente*, T. II, Fundación de Derecho Público-Editorial Jurídica Venezolana, Caracas, 1999, pp. 24 y 34; Allan R. Brewer-Carías, *Debate Constituyente (Aportes a la Asamblea Nacional Constituyente)*, T. III, (18 Octubre-30 Noviembre 1999), Fundación de Derecho Público-Editorial Jurídica Venezolana, Caracas, 1999, pp. 94 a 105

29 Esta ha sido una de las características del sistema venezolano. *V.*, Allan R. Brewer-Carías, *Instituciones Políticas y Constitucionales*, T. VI, *La Justicia Constitucional, cit.*, p. 101.

30 La Sala Constitucional del Tribunal Supremo, sin embargo, en forma completamente incomprensible, ha resuelto que como a la misma le corresponde ejercer el control concentrado la constitucionalidad, es incompetente para ejercer el control difuso. Véase sentencia N° 2294 de 24-9-2004 (Caso: *Henry León Pérez y otros vs. Decisión de la Sala Segunda de la Corte de Apelaciones del Circuito Judicial Penal de la Circunscripción Judicial del Estado Carabobo*), en *Revista de Derecho Público*, N° 99-100, Editorial Jurídica Venezolana, Caracas, 2004, p. 311.

Como lo ha señalado la Sala Político Administrativa del Tribunal Supremo en sentencia Nº 1213 de 30 de mayo de 2000 (Caso: *Carlos P. García P. vs. Ministerio de Justicia. Cuerpo Técnico de Policía Judicial*:

> «La Constitución de la República Bolivariana de Venezuela, concretamente, el artículo 334 establece como obligación para todos los Jueces de la República la de asegurar la integridad de la Constitución, en el ámbito de sus competencias y conforme a lo previsto en su texto y en las leyes, para que de este modo, la justicia constitucional sea ejercida por todos los Tribunales, consagrándose el control difuso de la constitucionalidad. De este modo, se establece para todos los Jueces, de cualquier nivel, el poder-deber para controlar la constitucionalidad de los actos normativos del poder Público y ofrecer a todas las personas la tutela efectiva en el ejercicio de sus derechos e intereses legítimos, al no aplicar a los casos concretos que deban decidir, las normas que estimen inconstitucionales. Por tanto, si bien en nuestro país se puede afirmar que existe una «jurisdicción constitucional», concentrada en la Sala Constitucional del Tribunal Supremo de Justicia, no es menos cierto que por mandato expreso de la propia Constitución de 1999, se encuentra previsto el control difuso de la misma como obligación para todos los Jueces de la República»[31].

La Sala Constitucional, sin embargo, ha limitado el ámbito del poder de los jueces de desaplicar normas que estimen inconstitucionales, al cercenarles la potestad que necesariamente deben tener para interpretar las normas constitucionales en relación con las leyes que deben aplicar en los casos concretos que decidan. Así, en la sentencia Nº 833 de 25 de mayo de 2001, la Sala interpretó el artículo 334 de la Constitución, y apartándose del texto constitucional, estableció «con carácter vinculante... en qué consiste el control difuso, y en qué consiste el control concentrado de la Constitución», y respondiendo a la pregunta de «¿si en ejercicio del control difuso un juez puede interpretar los principios constitucionales, y en base a ellos, suspender la aplicación de una norma?», resolvió lo siguiente:

> «Fuera de la Sala Constitucional, debido a las facultades que le otorga el artículo 335 de la Constitución vigente, con su carácter de máximo y última intérprete de la Constitución y unificador de su interpretación y aplicación, no pueden los jueces desaplicar o inaplicar normas, fundándose en principios constitucionales o interpretaciones *motu propio* que de ellas hagan, ya que el artículo 334 comentado no expresa que según los principios constitucionales, se adelante tal control difuso. Esta es función de los jueces que ejercen el control concentrado, con una modalidad para el derecho venezolano, cual es que sólo la interpretación constitucional que jurisdiccionalmente haga esta Sala, es vinculante para cualquier juez, así esté autorizado para realizar control concentrado.

Ahora bien, el juez al aplicar el derecho adjetivo, debe hacerlo ceñido a la Constitución, adaptándose en sus actuaciones a lo constitucional, y por ello sin que se trate de un control difuso, sino de aplicación de la ley, puede anular los actos procesales que contraríen a la Constitución, y sus principios. Este actuar amoldado a la Constitución es parte de su obligación de asegurar la integridad constitucional y, dentro de la misma, el juez debe rechazar en su actividad todo lo que choque con la Constitución.

---

31 *V.*, en *Revista de Derecho Público*, Nº 82, Editorial Jurídica Venezolana, Caracas, 2000, p. 446.

Conforme a lo expuesto, la defensa y protección de los derechos fundamentales corresponde a todos los jueces, los que los ejercen desde diversas perspectivas: mediante el control difuso y, otros, mediante el control concentrado; pero todo este control corresponde exclusivamente a actos netamente jurisdiccionales, sin que otros órganos del Poder Público, ni siquiera en la materia llamada cuasi-jurisdiccional, puedan llevarlo a cabo. El artículo 334 constitucional es determinante al respecto...

Siendo la Constitución la cúspide del ordenamiento jurídico, tanto en lo formal como en lo material, no puede prescindirse de ella en la aplicación e interpretación de todo el ordenamiento, por lo que todos los jueces, y no sólo los de la jurisdicción constitucional, están en el deber de mantener su integridad, y de allí, surge el control difuso, así como las extensiones señaladas del control concentrado»[32].

Dejando aparte esta interpretación restrictiva que se aparta del sentido de la norma constitucional, el método de control difuso de la constitucionalidad de las leyes, como se ha dicho, confiere a cualquier juez de cualquier nivel en la jerarquía judicial[33], el poder necesario para actuar como juez constitucional, estando autorizado para juzgar la constitucionalidad de la ley que debe aplicar en la resolución del caso concreto y, en consecuencia, decidir su inaplicabilidad al mismo cuando la consideren inconstitucional, dando aplicación preferente a la Constitución[34].

2. La lógica del método difuso como consecuencia del principio de la supremacía constitucional

Desde el punto de vista lógico y racional, este poder general de todo juez de actuar como juez constitucional deriva del hecho de que si la Constitución se considera como la ley suprema del país, como por lo demás lo declara expresamente el artículo 7 de la Constitución de 1999, en todo caso de conflicto entre una ley y la Constitución, ésta es la que debe prevalecer, considerándose como un deber de todo juez el decidir cuál es la ley aplicable en un caso concreto[35]. Este método de

---

32 *V.*, Caso: *Instituto Autónomo Policía Municipal de Chacao vs. Corte Primera de lo Contencioso Administrativo*, en *Revista de Derecho Público*, N° 85-88, Editorial Jurídica Venezolana, Caracas 2001, pp. 369 y ss.

33 Por supuesto, se trata de un poder reservado a los jueces y que no puede ser ejercido por autoridades administrativas o de otro orden no judiciales. Véase sentencia de la Sala Constitucional N° 331 de 13-3-2001, Caso: *Henrique Capriles R. vs. Comisión Nacional de Casinos, Salas de Bingo y Máquinas Traganíqueles*, en *Revista de Derecho Público*, N° 85-88, EJV, Caracas 2001, p. 373.

34 *V.*, Allan R. Brewer-Carías, *Judicial Review in Comparative Law*, Cambridge, 1989, pp. 127 y ss. Allan R. Brewer-Carías, «Prólogo» al libro de Humberto Briceño León, *La acción de Inconstitucionalidad en Venezuela*, Caracas, 1989; José V. Haro, «El sentido y alcance del control difuso de la constitucionalidad: ¿control abstracto o control concreto?», en *El Derecho Público a comienzos del siglo XXI. Estudios homenaje al Profesor Allan R. Brewer-Carías*, T. I, Instituto de Derecho Público, UCV, Civitas Ediciones, Madrid, 2003, pp. 1003-1014.

35 *V.*, Antonio Canova González, «Rasgos generales de los modelos de justicia constitucional en derecho comparado: Estados Unidos de América», en *Temas de Derecho Administrativo: Libro Homenaje a Gonzalo Pérez Luciani*, Volumen I. Editorial Torino, Caracas, 2002, pp. 373-411; Antonio Canova González, «Rasgos generales de los modelos de justicia constitucional en Derecho Comparado: (2) Kelsen», en *Revista de Derecho Constitucional*, N° 6, enero-diciembre 2002, Editorial Sherwood, Caracas, 2003, pp. 65 a 88; Antonio Canova González, «Rasgos generales de los modelos de justicia constitucional en Derecho Comparado: (3) Europa Actual», en *Revista de Derecho Constitucional*, N° 7, enero-junio 2003, Editorial Sherwood, Caracas, 2003, pp. 75 a 114.

control, como se ha dicho, deriva del principio de la supremacía constitucional y del consecuente poder de todo juez de controlar la constitucionalidad de las leyes que resultó de la práctica judicial de la interpretación de la Constitución de los Estados Unidos de 1787, y en particular de la muy conocida «Cláusula de Supremacía» contenida en el artículo VI, Sección 2, el cual dispone:

> «Esta Constitución, y las leyes de los Estados Unidos que se expidan con arreglo a ella, y todos los Tratados celebrados o que se celebren bajo la autoridad de los Estados Unidos, serán la suprema Ley del país y los jueces de cada Estado estarán obligados a observarlos, a pesar de cualquier cosa en contrario, que se encuentre en la Constitución o las leyes de cualquier Estado».

Esta «Cláusula de Supremacía», por lo demás, se recogió en el artículo 227 de la Constitución Federal para las Provincias de Venezuela de 1811, que estableció en una forma más amplia lo siguiente:

> «La presente Constitución, las leyes que en consecuencia se expidan para ejecutarla y todos los Tratados que se concluyan bajo la autoridad del Gobierno de la Unión serán la Ley suprema del Estado en toda la extensión de la Confederación, y las autoridades y habitantes de las Provincias estarán obligados a obedecerlas y observarlas religiosamente sin excusa ni pretexto alguno; pero las leyes que se expidieren contra el tenor de ello *no tendrán ningún valor*, sino cuando hubieren llenado las condiciones requeridas para una justa y legítima revisión y sanción».

Y fue precisamente la «Cláusula de Supremacía» de la Constitución norteamericana, limitada en su formulación respecto a las Constituciones y leyes de los Estados Miembros de la Federación, la que en el caso *Marbury vs. Madison (1803)* fue extendida a las leyes federales, a través de una interpretación y aplicación lógica y racional del principio de la supremacía de la Constitución, el cual, como se ha visto, en otros países encontró expresión formal en el derecho constitucional positivo.

Sin embargo, a pesar de su origen en el sistema norteamericano, el método difuso de control judicial de la constitucionalidad de las leyes no es peculiar a los sistemas jurídicos anglosajones o del *common law,* siendo compatible con los sistemas jurídicos de tradición civil o de derecho romano; habiendo existido desde el siglo XIX en muchos de los países de América Latina, como Argentina que sigue más de cerca el modelo norteamericano, y de Brasil, Colombia, Ecuador, Guatemala, Perú, Nicaragua, México, República Dominicana y Venezuela, donde existe en paralelo con el método concentrado. El método también se ha aplicado en Europa, en países con una tradición de derecho civil como Suiza, Grecia y Portugal.

En consecuencia, el método difuso de control judicial de constitucionalidad existe y ha funcionado en sistemas jurídicos tanto con tradición de *common law* como de derecho romano, por lo que no compartimos la apreciación que hace unas décadas formularon Mauro Cappelletti y John Clarke Adams, cuando señalaron que existía una incompatibilidad fundamental entre el método difuso de control judicial de la constitucionalidad y los sistemas jurídicos basados en la tradición del derecho romano[36], así como tampoco compartimos lo que el mismo Mauro Cappelletti señaló, en otra parte, al referirse a la experiencia de Italia y Alemania Federal antes de la crea-

36 *V.*, M. Cappelletti and J.C. Adams, «Judicial Review of legislation: European Antecedents and adaptations», *Harvard Law Review*, 79 (6), 1966, p. 1215.

ción de sus respectivas Corte y Tribunal Constitucionales, señalando que esos países «revelaron completamente, la no adaptación del método descentralizado (difuso) de control judicial para los países con sistemas jurídicos de derecho civil»[37].

En nuestro criterio, los argumentos en favor del método concentrado de control judicial que se formularon en Europa Continental, no pueden resolverse con base en su supuesta adaptabilidad o no con un sistema jurídico particular, sino con el respectivo sistema constitucional. Si en este se consagra y garantiza la supremacía constitucional, la consecuencia lógica y necesaria es la atribución dada a todos los jueces del poder de decidir cuál norma debe ser aplicada cuando existe una contradicción entre una ley particular y la Constitución, estando entonces obligados a dar prioridad a la Constitución, como un verdadero deber, independientemente del sistema jurídico de tradición de *common law o* de derecho romano que exista en el país.

Por supuesto, otra cuestión es la relativa a los efectos prácticos que puede tener la adopción del método difuso de control de la constitucionalidad. Así, en ausencia de método alguno de control de la constitucionalidad, en Europa, antes de los años veinte del siglo pasado y con el marco tradicional del principio de la separación de poderes basado en los principios de soberanía del Legislador, de la supremacía de la Ley y de la desconfianza en los tribunales como órganos de control de la acción legislativa, las críticas al método difuso de control de la constitucionalidad formuladas en Europa, fueron tan antiguas como la existencia misma del mismo «modelo europeo» de control. Por ejemplo, Hans Kelsen, el creador del modelo austriaco hizo referencia a los problemas que originaba el método difuso de control para justificar «la centralización del poder para examinar la regularidad de las normas generales», subrayando «la ausencia de unidad en las soluciones» y «la incertidumbre legal» que resultaba cuando «un tribunal se abstenía de aplicar una ley considerada irregular, en tanto que otro tribunal hacía lo contrario»[38]. En sentido similar, Cappelletti y Adams insistieron en que el método difuso de control constitucional «puede llevar a una grave incertidumbre y confusión, cuando un tribunal decide aplicar una ley y otro la considera inconstitucional»[39].

Pero en realidad, estos problemas existen tanto en los sistemas del *common law* como de derecho romano que han adoptado el método difuso, no pudiendo considerarse como esencialmente peculiares a los países con tradición de derecho romano que lo han adoptado. Sin embargo, lo contrario fue lo que pretendieron demostrar Cappelletti y Adams basando su argumento en los efectos correctivos respecto de esos problemas que tiene la doctrina del *stare decisis,* que es peculiar del sistema norteamericano y extraña a los sistemas de tradición de derecho romano. Su argumento, básicamente, fue el siguiente:

---

[37] *V.,* M. Cappelletti, *Judicial Review in the Contemporary World,* Indiannapolis, 1971, p. 59. En sentido similar M. Fromont considera que es «difícil admitir el método difuso de control de constitucionalidad en países con tradición de derecho romano. *V.,* «Preface» en J.C. Beguin, *Le Contrôle de la Constitutionalité des lois en République Fédérale d'Allemagne,* París, 1982, p. V.

[38] *V.,* H. Kelsen, «La garantie juridictionnelle de la Constitution (La Justice constitutionnelle)» *Revue du Droit Public et de la Science Politique en France et a l'étranger»,* 1928, p. 218.

[39] *V.,* M. Cappelletti and J.C. Adams, «Judicial Review of legislation: European Antecedents and adaptations», *loc. cit.,* p. 1215.

«Conforme a la doctrina angloamericana de *stare decisis*, la decisión del más alto Tribunal en cualquier jurisdicción es obligatoria para todos los tribunales inferiores de la misma jurisdicción, por lo que tan pronto el Tribunal Supremo ha declarado una ley inconstitucional, ningún otro tribunal puede aplicarla. La Corte no necesita que se le confiera un especial poder para declarar una ley inválida, ni debe decidir otros aspectos más allá de la aplicabilidad de la ley cuestionada al caso concreto; el principio *stare decisis* hace el resto, al requerir de los otros tribunales el seguir el precedente en todos los casos sucesivos. Por lo que aun cuando la ley inconstitucional continúe en la *Gaceta Oficial*, es una «ley muerta».

Por ello, concluyeron estos autores su argumento señalando:

«...*stare decisis*, sin embargo, no es normalmente un principio de los sistemas jurídicos de derecho romano, donde los tribunales generalmente no están obligados por las decisiones de los más altos tribunales»[40].

El argumento fue luego desarrollado por el mismo Cappelletti, al señalar:

«por cuanto el principio de *stare decisis* es extraño a los jueces en los sistemas jurídicos de derecho civil, un método de control de la constitucionalidad que permita a cada juez decidir sobre la constitucionalidad de las leyes, puede conducir a que una ley pueda ser inaplicada por algunos jueces, por inconstitucional y ser considerada aplicable, por otros jueces en sus decisiones. Aún más, el mismo órgano judicial, que puede algún día haber desaplicado una ley, puede luego, al día siguiente, considerarla aplicable, cambiando su criterio acerca de la legitimidad constitucional de la Ley. Además, entre diferentes tipos o grados de tribunales podrían surgir diferencias, por ejemplo, entre un tribunal de la jurisdicción ordinaria y tribunales de la jurisdicción administrativa, o entre jueces jóvenes y más radicales de los tribunales inferiores y jueces mayores de conciencia tradicional de los tribunales superiores... El resultado extremadamente peligroso de ello, puede ser un grave conflicto entre órganos judiciales y una grave incertidumbre respecto de la Ley aplicable»[41].

Sin embargo, insistimos en que esos problemas derivados del principio de la supremacía constitucional existen tanto en países con tradición de sistemas de *common law* como de derecho romano, y si bien es cierto que la doctrina *stare decisis* es una corrección a los problemas anotados, dicha corrección no es absoluta, pues no todos los casos en los cuales los tribunales inferiores decidan cuestiones de constitucionalidad, por ejemplo, en los Estados Unidos, llegan a la Corte Suprema, la cual decide discrecionalmente los casos que conoce (28 *U.S. Code*, Secc. 1254, 1255, 1256, 1257; Rule Nº 17 de la Corte Suprema) Por otra parte, la doctrina obligatoria impuesta por el Tribunal Supremo o un Tribunal Constitucional no es extraña a los países de tradición derecho civil, como ocurre en Venezuela con las interpretaciones vinculantes y obligatorias que puede adoptar la Sala Constitucional (art. 335).

Por otra parte, y aún cuando la doctrina *stare decisis,* tal como es conocida en los países del *common law,* sea de excepcional aplicación en países con sistemas jurídicos de la tradición del derecho romano, aquellos en los cuales se ha adoptado un método difuso de control de constitucionalidad han adoptado, paralela-

---

40 *Idem.*, p. 1215.
41 *V.*, M. Cappelletti, *Judicial Review in the Contemporary World, cit.*, p. 58.

mente, sus propios correctivos a los problemas planteados, con efectos similares. Por ejemplo, en el sistema de amparo mexicano, la Constitución ha establecido el principio de que la Ley de Amparo debe regular los casos en los cuales la «jurisprudencia», es decir, los precedentes judiciales de las Cortes Federales, debe ser obligatoria (art. 107, Sección XIII, parágrafo 1 de la Constitución, Enmienda de 1950-1951). Por ello, la Ley de Amparo establece los casos en los cuales las decisiones de la Corte Suprema e, incluso, de las Cortes de Circuito, deben considerarse como precedentes obligatorios, lo que sucede sólo cuando se hayan dictado cinco decisiones consecutivas, que no sean interrumpidas por alguna decisión incompatible, con el mismo efecto.

Los efectos de esta «jurisprudencia» parcialmente han sido considerados como equivalentes a los que resultan del principio *stare decisis.* Incluso, en el sistema de amparo mexicano, el llamado «amparo contra leyes» ha sido desarrollado también como una acción extraordinaria de inconstitucionalidad de leyes auto-aplicativas, que afecten directamente derechos de un individuo, y que pueden ser impugnadas ante las Cortes Federales, permitiéndoles juzgar la inconstitucionalidad de la ley sin relación alguna con un proceso concreto[42]. En estos casos, además, en la reforma constitucional de 1988, se ha atribuido a la Suprema Corte el poder de decidir en última instancia todos los casos de amparo en los cuales la decisión respectiva resuelva sobre la inconstitucionalidad de leyes federales y establezca una interpretación directa de alguna norma constitucional (art. 107, IX).

En sentido similar, en Argentina y Brasil, países que también siguen de cerca el modelo norteamericano en el sentido del poder otorgado a todos los tribunales de decidir no aplicar las leyes basados en consideraciones constitucionales, se ha establecido la institución procesal denominada «recurso extraordinario de inconstitucionalidad» que puede formularse ante la Corte Suprema contra decisiones judiciales adoptadas en última instancia en las cuales se considera una ley federal como inconstitucional e inaplicable al caso concreto[43]. En estos casos, la decisión adoptada por la Corte Suprema tiene efectos *in caso et inter partes* pero siendo dictada por el Tribunal Supremo, tiene de hecho efectos obligatorios respecto de los tribunales inferiores[44]. En igual sentido, otros países con tradición de derecho romano que han adoptado el método difuso de control de constitucionalidad, han establecido mecanismos judiciales especiales para superar los problemas que se puedan derivar de decisiones contradictorias en materia constitucional de tribunales diferentes. Es el caso de Grecia, donde la Constitución de 1975 estableció una Corte Suprema Especial, con poderes para decidir sobre materias de inconstitucionalidad de las leyes cuando se adopten decisiones contradictorias en la materia, por el Consejo de Estado, la Corte de Casación o la Corte de Cuentas. En

---

[42] *V.*, Robert D. Baker, *Judicial Review in Mexico. A Study of the Amparo Suit,* Austin, 1971, pp. 164, 250-251, 256, 259.

[43] *V.*, H. Fix Zamudio, *Veinticinco años de evolución de la Justicia Constitucional 1940-1965,* México, 1968, uu. 26, 36; J. Carpizo y H. Fix Zamudio, «La necesidad y la legitimidad de la revisión judicial en América Latina. Desarrollo reciente», *Boletín Mexicano de Derecho, Comparado,* 52, 1985, p. 33; también publicado en L. Favoreu y J.A. Jolowicz (ed.), *Le contrôle juridictionnel des lois. Légitimité, effectivité et developpements récents,* París, 1986, pp. 119-151.

[44] *V.*, J.R. Vanossi and P.E. Ubertone, *Instituciones de defensa de la Constitución en la Argentina,* UNAM. Congreso Internacional sobre la Constitución y su Defensa, México, 1982 (mineo), p. 32.

esos casos, las decisiones de la Corte Suprema Especial tienen efectos absolutos y generales en lo que concierne al control de la constitucionalidad de las leyes[45] En igual sentido, otros países europeos con tradición de derecho romano que han adoptado el método difuso de control de la constitucionalidad, también han adoptado paralelamente un método concentrado de control, asignando a la Corte Suprema del país el poder de anular leyes inconstitucionales. Es el caso de Suiza, donde a pesar de que no exista control judicial de constitucionalidad en relación con las leyes federales, la Corte Federal tiene poder para declarar la inconstitucionalidad de leyes cantonales, con efectos *erga omnes,* cuando se requiera su decisión a través del denominado «recurso de derecho público» en casos de violación de derechos fundamentales[46].

Finalmente, en los otros países con tradición de derecho romano donde se ha adoptado el método difuso de control de la constitucionalidad, debe tenerse en cuenta, particularmente en materia de casación, el valor de las decisiones de la Sala de Casación de la Corte Suprema para los tribunales de instancia. En Venezuela, el Código de Procedimiento Civil establece que «los jueces de instancia procurarán acoger la doctrina de casación establecida en los casos análogos, para defender la integridad de la legislación y la uniformidad de la jurisprudencia» (art. 321). Por tanto, si en su sentencia, la Sala de Casación ha hecho uso del poder de control difuso de la constitucionalidad, esa doctrina, en principio, debe ser seguida por los jueces de instancia.

Pero en los casos en que los asuntos no lleguen a la Sala de Casación, los sistemas de tradición de derecho romano con método difuso de control de constitucionalidad, además han establecido correctivos a los problemas originados por la incertidumbre y conflictividad de decisiones judiciales, mediante el establecimiento de un sistema mixto de control de constitucionalidad, que combina el método difuso con el método concentrado. En América Latina es el caso de Brasil, Colombia, Ecuador, Guatemala, México, Nicaragua, Perú, República Dominicana y Venezuela, donde conforme al método concentrado de control de constitucionalidad, un Tribunal Constitucional o la Corte Suprema pueden anular formalmente las leyes inconstitucionales, con efectos *erga omnes*. En consecuencia, en estos países, paralelamente al poder atribuido a cualquier tribunal para considerar en un caso concreto una ley como inconstitucional y desaplicarla, la Corte o Tribunal Supremo o un Tribunal Constitucional tiene el poder de anular con efectos generales las leyes impugnadas por inconstitucionales[47].

En Venezuela, además, a partir de la Constitución de 1999, otros correctivos se han establecido, consistentes, en primer lugar, en la previsión del recurso extraordinario de revisión ante la Sala Constitucional que puede interponerse contra las sentencias dictadas en juicios de amparo o en las cuales el juez haya aplicado el método difuso de control de constitucionalidad (art. 333,10); y en segundo lugar, regulándose la posibilidad de interpretación vinculante que pue-

---

45 *V.*, E. Spiliotopoulos, «Judicial Review of Legislative Acts in Greece», *Temple Law Quarterly,* 56, (2), Philadelphia, 1983, pp. 496-500.

46 *V.*, E. Zellweger. «El Tribunal Federal Suizo en calidad de Tribunal Constitucional», *Revista de la Comisión Internacional de Juristas,* Vol. VII (1), 1966, p. 119; H. Fix Zamudio, *Los tribunales constitucionales y los derechos humanos,* México 1980, p. 84.

47 *V.*, A.R. Brewer-Carías, *El Control de la Constitucionalidad de los actos estatales*, Caracas, 1977; L.C. Sachica, *El Control de la Constitucionalidad y sus mecanismos*, Bogotá, 1908.

da establecer la Sala Constitucional sobre el contenido y alcance de las normas constitucionales (art. 335).

En consecuencia, en el mismo sentido en el cual se ha desarrollado la doctrina *stare decisis* en los países con sistemas jurídicos del *common law* para resolver los problemas de incertidumbre y la posible conflictividad entre las decisiones judiciales adoptadas por los diferentes tribunales en materia de inconstitucionalidad de las leyes que un método difuso puede originar, también los países con sistemas jurídicos de tradición de derecho romano que han adoptado el mismo método, han desarrollado diversos mecanismos legales para prevenir los efectos negativos originados por los mencionados problemas, sea otorgando carácter obligatorio a los precedentes, o sea asignando los poderes necesarios a una Corte Suprema para declarar la inconstitucionalidad de las leyes, con carácter general y efectos obligatorios.

Los eventuales problemas originados por la aplicación del método difuso de control de constitucionalidad de las leyes, en consecuencia, son comunes a los países que lo han adoptado, sea que pertenezcan a sistemas jurídicos con tradición de derecho romano o de *common law,* por lo que la adopción del método difuso no puede conducir, en si mismo, a considerarlo como incompatible con los sistemas jurídicos de derecho romano, por el solo hecho que no exista en ellos la regla del *stare decisis.*

En nuestro criterio, el único aspecto de compatibilidad que en este respecto es absoluto, es que cuando existe el principio de la supremacía de la Constitución, la consecuencia lógica del mismo es el poder de todos los jueces que tienen a su cargo la aplicación de la ley, de decidir sobre la inaplicabilidad de la legislación cuando ésta contradice la Constitución, dando preferencia a la Constitución en sí misma. Este fue el sistema original de control de la constitucionalidad después del triunfo de la Constitución sobre el Legislador.

Sin embargo, en los países europeos con tradición de sistema jurídico de derecho romano, la tradicional desconfianza respecto del poder judicial fue la que abrió el camino al establecimiento de un sistema concentrado de control de la constitucionalidad que en cierto sentido provocó el «redescubrimiento» de la supremacía constitucional a través de otros medios judiciales. Pero esto no puede conducir a que se considere el método difuso de control de la constitucionalidad de la legislación como incompatible con los sistemas jurídicos con tradición de derecho romano.

3. La racionalidad del método difuso

Como hemos señalado, la esencia del método difuso de control de constitucionalidad está en la noción de supremacía constitucional, en el sentido de que si la Constitución es la ley suprema de un país y que, como tal, prevalece sobre las otras leyes, ningún otro acto del Estado que sea contrario a la Constitución puede ser una ley efectiva y, al contrario, debe ser considerado como nulo. En palabras del Juez Marshall, si la Constitución es «la ley fundamental y suprema de una nación... un acto del legislador que repugne a la Constitución es nulo», *Marbury vs. Madison* 3 US (1 Cranch) 137 (1803). En este sentido, la efectiva garantía de la supremacía de la Constitución es que los actos que colidan con la Constitución son, en efecto, nulos, y como tales, tienen que ser considerados por los tribunales, los cuales son, precisamente, los órganos estatales llamados a aplicar las leyes.

A. La nulidad de los actos estatales inconstitucionales

En consecuencia, el primer aspecto que muestra la racionalidad del método difuso de control de constitucionalidad es la consideración como nulos de los actos estatales, particularmente de las leyes que colidan con la Constitución. Así, por ejemplo, la Constitución venezolana expresamente declara que las leyes, que son actos dictados en ejercicio del Poder Público, que violen o menoscaben los derechos garantizados en la Constitución, son nulos (art. 25).

La declaración como nulo de un acto estatal significa considerar que jurídicamente no existe, porque es irregular, en el sentido de que no se corresponde con las condiciones establecidas para su emisión por una norma de rango superior. Esto fue lo que Hans Kelsen denominó la «garantía objetiva de la Constitución»[48], lo que implica que un acto estatal nulo no puede producir efectos y, en principio, no necesita de otro acto estatal que así lo declare. Si ello fuera necesario, entonces, la garantía no sería la nulidad del acto, sino su anulabilidad.

En consecuencia, en estricta lógica, la supremacía de la Constitución significa que todo acto estatal que viole la Constitución es nulo y, por tanto, teóricamente cualquier autoridad pública e incluso, los particulares, estarían autorizados para examinar su irregularidad, declarar su inexistencia y considerar el acto inválido como no obligatorio. Por supuesto, esto podría conducir a la anarquía jurídica, por lo que conforme al principio de la separación de poderes, el derecho positivo establece límites respecto de este poder de examinar la regularidad de los actos estatales, y lo reserva a los órganos judiciales. En consecuencia, cuando un acto estatal viola la Constitución y es nulo, esta nulidad sólo puede ser examinada por los jueces y sólo los jueces tienen el poder para considerar y declarar el acto nulo[49].

---

48 *V.*, H. Kelsen, *loc. cit.*, p. 214.

49 La Sala Constitucional del Tribunal Supremo, por ello, anuló una decisión de un órgano administrativo que pretendió ejercer el control difuso de la constitucionalidad de una Ley. En sentencia Nº 332 de 13-3-2001 (Caso: *Henrique Capriles vs. Comisión Nacional de Casinos, Salas de Bingo y Máquinas Traganíqueles*) la Sala señaló: «Visto el contenido de la norma constitucional transcrita, considera esta Sala evidente que la Comisión Nacional de Casinos, Salas de Bingo y Máquinas Traganíqueles, incurrió en una flagrante violación de lo dispuesto en la misma, al ejercer un control difuso de la constitucionalidad de la norma contenida en el artículo 25 de la Ley para el Control de los Casinos, Salas de Bingo y Máquinas Traganíqueles, al desaplicarla y no dar estricto cumplimiento a los requisitos previstos en la misma para el otorgamiento de las Licencias cuestionadas, por estimarla contraria a lo dispuesto en el artículo 71 constitucional; atribución que conforme a lo dispuesto en el trascrito artículo 334, es exclusiva de los jueces o juezas de la República, quienes la ejercen con ocasión de un caso concreto sometido a su conocimiento, al verificar la incompatibilidad entre el texto fundamental y otra ley o norma jurídica, cuya aplicación se les solicita. «En efecto, son los jueces y juezas de la República quienes al constatar la existencia de una colisión entre una norma de menor rango a la Constitución, y ésta, aplicarán la última preferentemente, al caso concreto de que se trate, quedando a cargo de esta Sala, la declaratoria de inconstitucionalidad de la ley o la norma, con efectos *erga omnes*, por ser ésta una atribución exclusiva y excluyente de la misma, conforme lo dispone el mismo artículo 334 del Texto Fundamental, el cual le inviste la condición de órgano que ostenta el monopolio del «control concentrado de la Constitución». «Así pues, establece esta Sala que la violación del artículo 334 aludido no versa sobre la inconstitucionalidad

Sólo excepcionalmente las mismas Constituciones establecen la antes mencionada lógica, consecuencia de la garantía objetiva, por ejemplo, cuando la Constitución venezolana declara que los actos dictados en usurpación de autoridad son nulos (art. 138), como sería un acto que derogue la propia Constitución por acto de fuerza, en cuyo caso todo ciudadano investido o no de autoridad tiene incluso el deber de colaborar en el restablecimiento de su efectiva vigencia (art. 333).

Pero sin embargo, a pesar de los límites impuestos por el derecho positivo respecto del poder de examinar la nulidad de los actos estatales, esto no significa que la garantía de la Constitución cese de ser la nulidad de los actos estatales y que aquellos la transformen en anulabilidad. Al contrario, la nulidad del acto inconstitucional persiste, pero con la limitación derivada de la reserva legal atribuida a los jueces para declarar, con exclusividad, su nulidad.

Así, hasta que no sea judicialmente declarado inconstitucional, el acto irregular debe ser considerado como siendo efectivo y obligatorio por cualquier autoridad pública y particularmente, por las autoridades administrativas y los particulares; pero una vez que el juez declara su inconstitucionalidad en relación con un caso concreto, entonces el acto deviene nulo y sin valor, con relación a dicho proceso.

En conclusión, en el método difuso de control de la constitucionalidad, el deber de todos los jueces es el de examinar la constitucionalidad de las leyes, y declarar, cuando ello sea necesario, que una ley particular no debe ser aplicada a un proceso específico en razón de que es inconstitucional y, por tanto, considerarla nula y sin valor.

B. El poder de todos los jueces

Lo anterior nos conduce al segundo aspecto de la racionalidad del método difuso de control de la constitucionalidad, el cual es, que el poder para declarar la inconstitucionalidad de la legislación es atribuida a todos los jueces de un país determinado.

En efecto, si la Constitución es la Ley suprema del país y el principio de la supremacía es aceptado, entonces la Constitución se debe aplicar con preferencia sobre cualquier otra ley que sea inconsistente con la misma, sea que ello esté expresamente establecido en el texto expreso de la Constitución (artículo 334) o de la ley (artículo 20 del Código de Procedimiento Civil), o sea una consecuencia implícita de su supremacía.

Consecuentemente, las leyes que violen la Constitución o que en cualquier forma colidan con sus normas, principios y valores, son, como hemos dicho, nulas y sin valor, y no pueden ser aplicadas por los tribunales, los cuales tienen que aplicar preferentemente la Constitución.

Todos los tribunales deben en consecuencia decidir los casos concretos que están considerando, como lo decía el Juez Marshall en el caso *Marbury vs. Madison 5 US* (1 Cranch), 137 (1803), «conforme a la Constitución desaplicando la ley incons-

---

del artículo 25 de la Ley para el Control de los Casinos, Salas de Bingo y Máquinas Traganíqueles, sino sobre el ejercicio por parte de la Comisión de Casinos, Salas de Bingo y Máquinas Traganíqueles de una atribución que no le correspondía, ni le corresponde, por prescripción expresa del citado artículo 334». *V.*, en *Revista de Derecho Público*, N° 85-88, Editorial Jurídica Venezolana, Caracas, 2001, pp. 376-377.

titucional» siendo esto «la verdadera esencia del deber judicial». En consecuencia, en el método difuso de control de la constitucionalidad, este rol corresponde a todos los jueces y no sólo a una Corte o Tribunal en particular, y no debe ser sólo visto como un poder atribuido a los tribunales, sino como un deber de los mismos para decidir conforme a las reglas constitucionales, desaplicando las leyes contrarias a sus normas.

C. El carácter incidental del método difuso

Este deber de todos los tribunales de dar preferencia a la Constitución y, en consecuencia, desaplicar las leyes que consideren inconstitucionales y, por tanto, nulas y sin valor, nos lleva al tercer aspecto de la racionalidad del método difuso de control de la constitucionalidad de las leyes, el cual es, que este deber judicial sólo puede ser cumplido *incidenter tantum,* es decir, en un proceso concreto que el juez esté conociendo conforme a su competencia, en el cual, por tanto, la inconstitucionalidad de la ley o norma no es ni el objeto de dicho proceso ni el asunto principal del mismo. Como lo dice el artículo 20 del Código de Procedimiento Civil: los jueces deben aplicar la Constitución con preferencia cuando la ley vigente cuya aplicación se pida y que regula el caso concreto, colidiere con alguna disposición constitucional.

En consecuencia, en este caso, siempre debe iniciarse y estar en curso un proceso ante un tribunal en cualquier materia, por lo que el método difuso de control de la constitucionalidad siempre es de carácter incidental, en el sentido de que la cuestión de inconstitucionalidad de una ley y su inaplicabilidad, se plantea en un caso o proceso concreto (*cases and controversies*), cualquiera sea su naturaleza, en el cual la aplicación o no de una norma concreta es considerada por el juez como relevante para la decisión del caso. En consecuencia, en el método difuso de control de constitucionalidad, el *thema decidendum,* es decir, el objeto principal del proceso y de la decisión judicial no es la consideración abstracta de la constitucionalidad o inconstitucionalidad de la ley o su aplicabilidad o inaplicabilidad, sino más bien, la decisión de un caso concreto por ejemplo, en materia civil, penal, administrativa, mercantil o laboral, etc., en el cual la cuestión de constitucionalidad sólo es un aspecto incidental en el proceso que sólo debe ser considerada por el juez para resolver la aplicabilidad o no de una ley en la decisión del caso concreto, cuando surgen cuestiones relativas a su inconstitucionalidad.

D. La iniciativa del poder de los jueces

Tratándose de un deber de los jueces el aplicar la Constitución en un caso concreto y, para su decisión, desaplicar la ley que consideren inconstitucional, el cuarto aspecto de la racionalidad del método difuso consiste en que los jueces deberían poder considerar *de oficio* las cuestiones de constitucionalidad, a pesar de que ninguna de las partes en el proceso la haya planteado. De hecho, esta es la consecuencia directa de la garantía de la Constitución cuando se establece como «garantía objetiva», lo que implica la nulidad de las leyes contrarias a la Constitución, y la reserva dada a los jueces para considerar la nulidad y la inaplicabilidad de una norma en un caso concreto.

Dentro de este marco, la inconstitucionalidad de la ley en relación con los procesos particulares no debe quedar a la sola instancia de las partes en el proceso, por lo que aún cuando las partes no planteen ante el Juez la cuestión de inconstitucionalidad, éste tiene el deber de considerarla, y decidir, de oficio, sobre la inconstitucionalidad de la ley. Este aspecto de la racionalidad del método difuso de control de la constitucionalidad incluso está expresamente establecido en muchos países como en Venezuela[50] (artículo 334 de la Constitución) y en Grecia.[51] Sin embargo, en la mayoría de los países conforme al principio dispositivo, prevalece la prohibición dispuesta en las normas procesales generales para que los tribunales puedan considerar de oficio, al decidir un caso concreto, cualquier cuestión, incluso las cuestiones de inconstitucionalidad[52].

En todo caso, el signo común de este aspecto de la racionalidad del método difuso es que la cuestión de inconstitucionalidad sólo puede ser incidental en un proceso particular el cual, por supuesto, siempre debe ser iniciado a instancia de parte.

E. El efecto inter partes de la decisión judicial

El quinto aspecto de la racionalidad del método difuso de control de constitucionalidad se refiere a los efectos de la decisión que adopten los tribunales en relación con la constitucionalidad o aplicabilidad de la ley en un caso concreto; y este aspecto de los efectos de la decisión judicial busca determinar, primero, a quienes afecta la decisión, y segundo, el momento en el cual comienza a surtir efectos.

En relación con el primer aspecto, la racionalidad del método difuso es que la decisión adoptada por el Juez sólo tiene efectos en relación con las partes en el proceso concreto en la cual aquella se adopta. En otras palabras, en el método difuso de control de constitucionalidad, la decisión adoptada sobre la inconstitucionalidad e inaplicabilidad de la ley en un caso concreto, sólo tiene efectos *in casu et inter partes*, es decir, en relación con el caso y exclusivamente, en relación con las partes que han participado en el mismo, por lo que no puede ser aplicada a otros particulares extraños a la relación procesal. Esta es la consecuencia directa del antes mencionado aspecto relativo al carácter incidental del método difuso de control de constitucionalidad.

En efecto, si la decisión judicial sobre la constitucionalidad y aplicabilidad de una ley sólo puede ser adoptada en un proceso particular desarrollado entre partes específicas, la lógica del sistema consiste en que la decisión sólo se puede aplicar a este proceso en particular y a las partes del mismo y, en consecuencia, no puede ni beneficiar ni perjudicar a ningún otro individuo ni a otros procesos.

En consecuencia, si en una decisión judicial, una ley es considerada inconstitucional, esto no significa que dicha ley haya sido invalidada y que no sea efectiva y aplicable en otros casos. Sólo significa que en cuanto concierne a ese proceso particular y a las partes que en el mismo intervinieron, en el cual el Juez decidió la inaplicabilidad de la Ley, es que ésta debe considerarse inconstitucional, nula y sin

---

50 Así lo sostuvimos desde hace décadas. Véase Allan R. Brewer-Carías, «La Justicia Constitucional en Venezuela» en *Modernas Tendencias del derecho constitucional en España y América Latina, Revista de la Universidad Externado de Colombia*, Noviembre 1986, Bogotá 1986, p. 538; *Judicial Review in Comparative Law*, Cambridge 1989, p. 133.

51 *V.*, E. Spilliotopoulos, «Judicial review of legislative acts in Grece», *loc. cit.*, p. 479.

52 *V.*, la discusión sobre el tema en J.R. Vanossi y E. Ubertone, *op. cit.*, p. 24; G. Bidart Campos, *El Derecho Constitucional del Poder*, T. II, Cap. XXI; y J.R. Vanossi, *Teoría Constitucional*, T. II, Buenos Aires, 1976, pp. 318 y 319.

valor, sin que ello tenga ningún efecto con relación a otros procesos, otros jueces y otros particulares.

En todo caso, a los efectos de poder uniformizar los criterios jurisprudenciales por la posibilidad de múltiples decisiones judiciales, en muchos países se han establecido correcciones a estos efectos *inter partes,* sea a través de la doctrina *stare decisis* o mediante regulaciones de derecho positivo, al establecerse, por ejemplo, el recurso extraordinario de revisión de las sentencias que resuelvan las cuestiones incidentales de constitucionalidad que se puede ejercer ante el Tribunal Supremo o un Tribunal Constitucional, como sucede en Venezuela (art. 336,10).

Pero puede darse el caso de que la decisión judicial aplicando el método difuso de control de constitucionalidad en un caso concreto, como un juicio de amparo, la dicte el órgano de la Jurisdicción Constitucional, en cuyo caso, los efectos de la decisión podrían ser de carácter *erga omnes*[53].

F. Los efectos declarativos de las decisiones judiciales

Ahora bien, los efectos *inter partes* de la decisión judicial adoptada conforme al método de control difuso de constitucionalidad, están directamente relacionados con otras cuestiones concernientes también a los efectos de la decisión, pero en el tiempo, es decir, la determinación del momento cuando la declaración de inconstitucionalidad comienza a ser efectiva y, por supuesto, también con relación a la nulidad como garantía de la Constitución.

En efecto, hemos señalado que el principal aspecto de la racionalidad del método difuso de control de constitucionalidad es el de la supremacía de la Constitución sobre todos los demás actos estatales, lo que lleva a considerar que las leyes contrarias a la Constitución son nulas y sin valor, siendo ésta la garantía más importante de la Constitución. En consecuencia, cuando un juez decide sobre la constitucionalidad de una ley, y la declara inconstitucional e inaplicable a un caso concreto, es porque la considera nula y sin valor, tal cual como si nunca hubiera existido. Por ello, la decisión tiene efectos declarativos, en el sentido de que declara que una ley es inconstitucional y consecuentemente que ha sido inconstitucional desde que se dictó. Así, la ley cuya inaplicabilidad se decide por ser contraria a la Constitución, debe ser considerada por el juez como si nunca ha tenido validez y como si siempre ha sido nula y sin valor. Por ello es que se dice que la decisión del juez, en virtud de ser de carácter declarativo, tiene efectos *ex tunc, pro pretaerito* o de carácter retroactivo, en el sentido de que dichos efectos se retrotraen al momento

53 Así lo decidió, por ejemplo, la Sala Constitucional del Tribunal Supremo de Justicia de Venezuela al resolver un proceso de amparo intentado en defensa de intereses colectivos o difusos, en sentencia N° 85 de 24 de enero de 2002, (Caso: *Asociación Civil Deudores Hipotecarios de Vivienda Principal (Asodeviprilara) vs. Superintendencia de Bancos y Otras Instituciones Financieras y otros*), al expresar que como resultado de ese control: «la ley sobre la que se ejerce el control no ha sido anulada por inconstitucional, y sólo deja de aplicarse en el caso concreto, que en materia de acciones por derechos e intereses difusos o colectivos, que es la que conduce a la doctrina planteada, tienen un rango de desaplicación de mayor amplitud, producto de lo «universal» de la pretensión y de la naturaleza *erga omnes* de los fallos que en ellos se dictan; y por ello la desaplicación de la ley al caso, no resulta tan puntual como cuando en un juicio concreto se declara inaplicable una ley por inconstitucional, o se declara inconstitucional a una norma ligada a la situación litigiosa». Véase en *Revista de Derecho Público,* N° 89-92, Editorial Jurídica Venezolana, Caracas, 2002.

en que la norma considerada inconstitucional fue dictada, evitando que la ley pueda tener efectos, por supuesto, solamente en lo que concierne al caso concreto decidido por el juez y con relación a las partes que intervinieron en el proceso. El acto legislativo declarado inconstitucional por un juez conforme al método difuso de control de constitucionalidad, por tanto, es considerado, como nulo y sin valor *ab initio*, de manera que no es anulado por el juez sino que éste sólo declara su inconstitucionalidad y nulidad preexistentes.

3 La revisión de las sentencias dictadas mediante el método difuso

Una de las críticas europeas más frecuentes al método difuso de control de constitucionalidad de las leyes, es la posible dispersión de las decisiones judiciales en materia constitucional, por lo que para garantizar la posibilidad de la uniformización de la interpretación jurisprudencial de la Constitución, como se dijo, los sistemas jurídicos han establecido diversos mecanismos que permiten al más alto tribunal del país conocer en última instancia de las sentencias en las que se aplique dicho método.

Es el caso en Venezuela, donde la Constitución (artículo 336, 10) asigna a la Sala Constitucional la competencia para revisar, a su discreción, las sentencias definitivamente firmes dictadas por los tribunales en las cuales se aplique el método difuso, y hayan sido objeto de un recurso extraordinario de revisión. En todo caso, mecanismos de revisión por parte de los Tribunales Constitucionales o Tribunales Supremos también se han regulado en otros países de América Latina, en algunos casos mediante recursos extraordinarios (Argentina, Brasil, Colombia, México) cuyo conocimiento, en algunos casos es de carácter discrecional, y en otros casos, mediante una revisión obligatoria (Bolivia, Ecuador, Honduras).

Conclusión general

En conclusión, podemos señalar, en el campo de los principios, que la racionalidad del método difuso de control de constitucionalidad que establecen expresamente tanto el artículo 20 del Código de Procedimiento Civil, el 19 artículo del Código Orgánico Procesal Civil y el artículo 334 de la Constitución, funciona en Venezuela de la siguiente manera:

La Constitución tiene un carácter supremo sobre todo el orden jurídico, por lo que los actos contrarios a la Constitución no pueden tener efectos y son considerados nulos y sin valor.

Todos los jueces tienen el poder y el deber de aplicar la Constitución, y en consecuencia, de dar preferencia a la Constitución sobre las leyes que la violen, y a declararlas inconstitucionales e inaplicables en la decisión de los casos concretos de los cuales conocen.

El poder-deber de los jueces de considerar una ley inconstitucional aplicando preferentemente la Constitución, sólo puede ser ejercido en un proceso particular, iniciado a instancia de parte, donde la cuestión constitucional sólo es una cuestión incidental, y cuando su consideración es necesaria para resolver el caso.

La decisión judicial relativa a la inconstitucionalidad e inaplicabilidad en un proceso concreto puede ser adoptada *de oficio* por el Juez, pues es su deber el aplicar y respetar la supremacía de la Constitución.

En estos casos, la decisión adoptada por los jueces sobre la inconstitucionalidad e inaplicabilidad de la ley sólo tiene efectos *inter partes* en relación con el caso concreto en el cual se adopta; y tiene efectos declarativos en el sentido que declara la nulidad *ab initio* de la ley. Por ello, al declarar una ley inconstitucional e inaplicable, de hecho la decisión tiene efectos *ex tunc y pro pretaerito* en el sentido que ellos son retroactivos al momento en que se promulgó la ley, la cual es considerada como no habiendo producido efecto alguno en relación con caso concreto y a las partes que en él intervinieron.

Todas las decisiones dictadas por los Tribunales en las cuales se haya ejercido el control difuso de la constitucionalidad de las leyes pueden ser objeto del recurso extraordinario de revisión que puede ejercerse directamente ante la Sala Constitucional del Tribunal Supremo, el cual tiene el poder discrecional de escoger los casos y establecer incluso interpretaciones vinculantes de la Constitución.

Todos estos principios los resumió la Sala Constitucional del Tribunal Supremo, precisamente en una interpretación vinculante del artículo 334 de la Constitución, en sentencia N° 833 de 25 de mayo de 2001, en la cual dispuso:

> «Consecuencia de dicha norma es que corresponde a todos los jueces (incluso los de la jurisdicción alternativa) asegurar la integridad de la Constitución, lo cual adelantan mediante el llamado control difuso.
>
> Dicho control se ejerce cuando en una causa de cualquier clase que está conociendo el juez, éste reconoce que una norma jurídica de cualquier categoría (legal, sub legal), que es incompatible con la Constitución. Caso en que el juez del proceso, actuando a instancia de parte o de oficio, la desaplica (la suspende) para el caso concreto que está conociendo, dejando sin efecto la norma en dicha causa (y sólo en relación a ella), haciendo prevalecer la norma constitucional que la contraría.
>
> Por lo tanto, el juez que ejerce el control difuso, no anula la norma inconstitucional, haciendo una declaratoria de carácter general o particular en ese sentido, sino que se limita a desaplicarla en el caso concreto en el que consideró que los artículos de la ley invocada, o hasta la propia ley, coliden con la Constitución...
>
> Conforme al artículo 334 aludido, el control difuso sólo lo efectúa el juez sobre normas (lo que a juicio de esta Sala incluye las contractuales) y no sobre actos de los órganos que ejercen el poder público, así ellos se dicten en ejecución directa e inmediata de la Constitución.
>
> No debe confundirse el control difuso, destinado a desaplicar normas jurídicas, con el poder que tiene cualquier juez como garante de la integridad de la Constitución, de anular los actos procesales que atenten contra ella o sus principios, ya que en estos casos, el juzgador cumple con la obligación de aplicar la ley, cuya base es la Constitución.
>
> Distinta es la situación del juez que desaplica una norma porque ella colide con la Constitución, caso en que la confrontación entre ambos dispositivos (el constitucional y el legal) debe ser clara y precisa».[54]

---

[54] *V.*, Caso: *Instituto Autónomo Policía Municipal de Chacao vs. Corte Primera de lo Contencioso Administrativo*, en *Revista de Derecho Público*, N° 85-88, Editorial Jurídica Venezolana, Caracas 2001, pp. 369 ss.

IV. EL MÉTODO CONCENTRADO DE JUSTICIA CONSTITUCIONAL*

El método concentrado de control jurisdiccional de la constitucionalidad de las leyes[55], contrariamente al sistema difuso, se caracteriza por el hecho de que el ordenamiento constitucional confiere *a un solo órgano estatal* el poder de actuar como juez constitucional *con poderes de anulación*, es decir, que este sistema existe cuando un solo órgano estatal tiene la facultad de decidir jurisdiccionalmente la nulidad por inconstitucionalidad de los actos legislativos y otros actos del Estado de rango y valor similar a las leyes.

El órgano estatal dotado del privilegio de ser único juez de la constitucionalidad de las leyes con poderes anulatorios, aun cuando sea generalmente similar al «modelo europeo» de Tribunales constitucionales especiales[56], no implica necesariamente la existencia de un Tribunal Constitucional especial, concebido constitucionalmente fuera del Poder Judicial. El sistema sólo implica la atribución, a un órgano particular del Estado que ejerce una actividad jurisdiccional, del poder y del deber de actuar como juez constitucional con poderes anulatorios. Esta es la esencia propia del sistema concentrado con relación al sistema difuso, sea que el órgano dotado del poder para actuar como juez constitucional sea el Tribunal más alto del Poder Judicial o una Sala especializada del mismo o un Tribunal especializado en materia constitucional; y en este último caso, sea que se trate de un órgano constitucional especial creado fuera de la organización judicial o dentro de la misma, aun cuando este último aspecto no resulte esencial para establecer la distinción.

1. La supremacía de la Constitución y el carácter expreso del método concentrado

Desde un punto de vista lógico y racional, puede afirmarse que el poder conferido a un órgano estatal que ejerce una actividad jurisdiccional para que actúe como juez constitucional con poderes anulatorios, es una consecuencia del principio de la supremacía de la Constitución. En estos sistemas de justicia constitucional concentrada, siendo la Constitución la Ley suprema de país, es evidente que en caso de conflicto entre un acto estatal y la Constitución, ésta última debe prevalecer. Sin embargo, la Constitución no siempre confiere poderes a todos los tribunales para que actúen como jueces constitucionales. En muchos casos, reserva este poder a la Corte o Tribunal Supremo de Justicia o a un Tribunal Constitucional especial, sobre todo en lo que respecta a algunos actos del Estado los cuales solamente pueden ser anulados por dichos órganos cuando contradicen la Constitución.

---

* Publicado también en el libro de José de Jesús Navaja Macías y Víctor *Bazán* (Coordinadores), *Derecho Procesal Constitucional*, T. I, Orlando Cárdenas Editor, Irapuato, GTO, México, 2007, pp. 251-272. Publicado también con el título: «El método concentrado de control de constitucionalidad de las leyes», en el libro: *Derecho Procesal Constitucional. Instrumentos para la Justicia Constitucional*, Ediciones Doctrina y Ley Ltda., Bogotá 2013, pp. 73-88

55 *V.*, Allan R. Brewer-Carías, *El control concentrado de la constitucionalidad de las leyes (Estudio de Derecho Comparado)*, Caracas, 1994; Allan R. Brewer-Carías, *La Justicia Constitucional*, Vol. VI, *Instituciones Políticas y Constitucionales*, Caracas 1996.

56 *V.*, M. Cappelletti, *Judicial Review in the Contemporary World*, Indianápolis, 1971, pp. 46, 50, 63; José F. Palomino Manchego, «Los orígenes de los Tribunales constitucionales en América Latina», en *El Derecho Público a comienzos del siglo XXI. Estudios homenaje al Profesor Allan R. Brewer-Carías*, T. I, Instituto de Derecho Público, UCV, Civitas Ediciones, Madrid, 2003, pp. 1015-1026.

De manera general puede señalarse que la lógica del método reside en el principio de la supremacía de la Constitución y del deber de los tribunales de decidir la ley aplicable a cada caso en particular[57]; ello sin embargo, con una limitación precisa: el poder de decidir la inconstitucionalidad de los actos legislativos y otros actos del Estado del mismo rango se reserva al Tribunal o Corte Suprema de Justicia o a una Corte, un Consejo o un Tribunal Constitucional. En consecuencia, en el método concentrado de control de la constitucionalidad de las leyes, cuando se establece como método exclusivo, todos los demás tribunales continúan teniendo plenos poderes para decidir sobre la constitucionalidad de las normas aplicables en cada caso concreto, salvo las de las leyes o actos dictados en ejecución inmediata de la Constitución[58].

En todo caso, un método concentrado de control de la constitucionalidad de las leyes, el cual se basa en el principio de la supremacía de la Constitución, a diferencia del método difuso, no puede, por lo tanto, desarrollarse como consecuencia de la labor pretoriana de los jueces en sus decisiones judiciales, como sucedió en el caso del sistema difuso de control de la constitucionalidad, por ejemplo, en los Estados Unidos y en Argentina. Al contrario, debe ser expresamente establecido en la Constitución. Por tanto, las funciones de justicia constitucional con poderes anulatorios relativas a ciertos actos del Estado, reservadas a un Tribunal o Corte Suprema o a un Tribunal Constitucional especial, requieren texto expreso.

Por consiguiente, dadas las limitaciones que ello implica tanto al deber como al poder de todos los jueces de determinar, en cada caso, la ley aplicable, sólo se puede implantar un sistema concentrado de control jurisdiccional de la constitucionalidad en la medida en que está previsto *expressis verbis* por normas constitucionales. En esta forma, la Constitución, como ley suprema de un país, es el único texto que puede limitar los poderes y deberes generales de los tribunales para decidir la ley aplicable en cada caso; es la única habilitada para atribuir dichos poderes y deberes en lo referente a ciertos actos del Estado, a ciertos órganos constitucionales, sea la Corte o Tribunal Supremo o una Corte, un Consejo o un Tribunal Constitucional.

Por lo tanto, el método concentrado de control jurisdiccional de la constitucionalidad solamente puede ser un sistema de control establecido y regido expresamente por la Constitución. Los órganos del Estado a los cuales la Constitución reserva el poder de actuar como jueces constitucionales con poderes anulatorios respecto de algunos actos del Estado tienen el carácter de jueces constitucionales, es decir, de órganos del Estado creados y regidos expresamente por la Constitución, trátese de un Tribunal o Corte Suprema de Justicia existente o de una Corte, un Consejo o un Tribunal Constitucional especialmente creado para tal fin. En Venezuela, ese órgano es la Sala Constitucional del Tribunal Supremo de Justicia, al cual

---

57 *V.*, W.K. Geck, «Judicial Review of Statutes: A Comparative Survey of Present Institutions and Practices», *Cornell Law Quarterley,* 51, 1966, p. 278.

58 *V.*, Manuel García Pelayo. «El status del Tribunal Constitucional», *Revista Española de Derecho Constitucional,* 1. Madrid, 1981, p. 19; E. García de Enterría, *La Constitución y el Tribunal Constitucional,* Madrid, 1981, p. 65. En particular en los sistemas concentrados de control de la constitucionalidad, los tribunales dotados de funciones de justicia administrativa siempre tienen el poder para actuar como juez constitucional de los actos administrativos. *V.*, C. Frank, *Les fonctions juridictionnelles du Conseil d'Etat dans l'ordre constitutionnel,* París, 1974.

la Constitución le otorga en exclusiva la potestad de anular las leyes y demás actos estatales que tengan rango legal o que sean dictados en ejecución directa e inmediata de la Constitución (art. 334), pero sin dejar de atribuir a los jueces en general el método difuso de control de constitucionalidad de las leyes en los casos concretos que decidan (art. 334).

2. La compatibilidad del método concentrado con todos los sistemas jurídicos

El método concentrado de control de la constitucionalidad de las leyes también puede decirse que es compatible con todos los sistemas jurídicos, es decir, no es propio de los sistemas de derecho civil ni tampoco incompatible con la tradición del *common law.*

En realidad, se trata de un sistema que debe establecerse en una Constitución escrita, y poco importa que el sistema jurídico del país sea de derecho civil o de *common law,* aun cuando es más frecuente en países de derecho civil, lo que no ha impedido que se haya desarrollado en muchos países surgidos del proceso de descolonización inglesa con Constituciones escritas.

El sistema concentrado de control de la constitucionalidad en todo caso, no puede reducirse a los sistemas constitucionales en los cuales existe una Corte, un Consejo o un Tribunal Constitucional. Por esta razón consideramos que es erróneo, para estudiar el sistema, el enfoque que consiste en identificar el sistema concentrado de control de la constitucionalidad de las leyes con el «modelo europeo» de Cortes, Consejos o Tribunales constitucionales especiales.

De hecho, aun cuando el método concentrado de control de la constitucionalidad de las leyes se conozca también como el sistema «austriaco»[59] o «modelo europeo»[60] debido a la existencia de una Corte, un Consejo o un Tribunal Constitucional especial encargado por la Constitución de actuar como juez constitucional fuera del Poder Judicial, debe recalcarse el hecho de que la característica fundamental del sistema no es la existencia de una Corte, un Consejo o un Tribunal Constitucional especial, sino más bien, la atribución exclusiva a un solo órgano constitucional del Estado del poder de actuar como juez constitucional con poderes anulatorios en lo que respecta a algunos actos del Estado, trátese del Tribunal Supremo o de la Corte Suprema de Justicia existente en el país o de una Sala Constitucional de los mismos o de una Corte, un Consejo o un Tribunal Constitucional especialmente creado.

La adopción del método es una elección constitucional, una decisión constituyente tomada en función de las circunstancias concretas de cada país, pero no necesariamente implica la creación de Tribunales Constitucionales especiales con el fin de garantizar la justicia constitucional, ni la organización de tales Tribunales fuera del Poder Judicial. En Venezuela el método ha existido desde 1858 atribuido siempre a la Corte Suprema, y a partir de 2000 a una Sala Constitucional del Tribunal Supremo de Justicia (arts. 334 y 336).

---

59 *V.*, M. Cappelletti, *op. cit.*, p. 50; J. Carpizo et H. Fix Zamudio, «La necesidad y la legitimidad de la revisión judicial en América Latina. Desarrollo reciente», *Boletín Mexicano de Derecho Comparado,* 52, 1985, p. 36.

60 *V.*, L. Favoreu, «Actualité et légitimité du contrôle juridictionnel des lois en Europe occidentale», *Revue du Droit public et de la Science politique en France et a l'étranger,* 1985 (5), París, p. 1149; publicado también en L. Favoreu y J.A. Jolowicz (ed.), *Le contrôle juridictionnel des lois. Légitimité, effectivité et développements récents.* París, 1986, pp. 17-68.

En Europa, por ejemplo, la multiplicación de los Tribunales Constitucionales encargados de ejercer el sistema concentrado de control de la constitucionalidad de las leyes, debe considerarse como una consecuencia práctica de una tradición constitucional particular, vinculada al principio de la supremacía de la ley, a la separación de poderes y a la desconfianza hacia los jueces en lo que respecta al control de los actos estatales y particularmente de los administrativos[61]. Sin embargo, esto no puede llevar a considerar que el «modelo» del sistema concentrado de control de la constitucionalidad de las leyes esté limitado a la creación de órganos constitucionales fuera del Poder Judicial, para que actúen como jueces constitucionales. Antes del «descubrimiento» europeo de la justicia constitucional a través de la creación de Cortes o Tribunales constitucionales especiales después de la Primera Guerra Mundial, otros países con tradición de derecho civil habían implantado a partir de mediados del siglo XIX, sistemas concentrados de control de la constitucionalidad, atribuyendo a sus Cortes Supremas una jurisdicción exclusiva y original, con el fin de anular leyes y otros actos del Estado con efectos, similares, cuando éstos contradicen la Constitución. Este es el caso de algunos sistemas constitucionales latinoamericanos, incluso si, con alguna frecuencia, han combinado el sistema concentrado con el sistema difuso de control de la constitucionalidad, como ha sucedido en Venezuela.

De lo anterior se desprenden tres conclusiones con respecto al método concentrado de control de la constitucionalidad de las leyes.

En primer lugar, el método concentrado de control de la constitucionalidad sólo puede existir cuando está establecido *expressis verbis* en la Constitución; por lo tanto, no puede surgir de la sola interpretación del principio de la supremacía de la Constitución. En segundo lugar, el método, concentrado de control de la constitucionalidad, al atribuir a un solo órgano constitucional las funciones de justicia constitucional con poderes anulatorios, no es incompatible con algún sistema jurídico perteneciente al *common law* o al derecho civil, aun cuando se haya desarrollado ampliamente en los países de derecho civil. En tercer lugar, el método concentrado de control de la constitucionalidad no necesariamente supone atribuir funciones de justicia constitucional con poderes anulatorios a una Corte, un Consejo o un Tribunal Constitucional especial creado separadamente de la organización judicial, sino que también puede existir cuando las funciones de justicia constitucional con poderes anulatorios se atribuyen al Tribunal o Corte Suprema de Justicia existente en el país, incluso si, en numerosos países, en este último caso, el sistema tiende a combinarse con algunos aspectos del sistema difuso de control de la constitucionalidad.

3. La racionalidad del método concentrado

Como se ha señalado anteriormente, la esencia del método concentrado de control de la constitucionalidad de las leyes, por supuesto, también es la noción de supremacía de la Constitución. En efecto, si la Constitución es la ley suprema de un país y, por lo tanto, prevalece ante todas las demás leyes, entonces un acto del Estado que contradiga la Constitución no puede constituir una norma efectiva; al contrario, debe considerarse nulo. Ahora bien, el principal elemento que aclara la

[61] *V.*, M. Cappelletti, *op. cit.*, p. 54; M. Cappelletti y J.C. Adams, «Judicial Review of Legislation: European Antecedents and Adaptation», *Harvard Lew Review,* Vol. 79 (6), 1966, p. 1211.

diferencia entre los dos grandes sistemas de control de la constitucionalidad (difuso y concentrado) no es una posible concepción distinta de la Constitución y de su supremacía, sino más bien el tipo de garantía adoptada en el sistema constitucional para preservar dicha supremacía. Como lo indicó Hans Kelsen en 1928, estas «garantías objetivas» son la nulidad o la anulabilidad del acto inconstitucional.

Por nulidad se entiende, como lo explicó Kelsen, que el acto inconstitucional del Estado no puede considerarse objetivamente como un acto jurídico; en consecuencia, no se requiere, en principio, de ningún otro acto jurídico para quitarle al primero su calidad usurpada de acto jurídico. En este caso, teóricamente cualquier órgano o autoridad pública o cualquier individuo tendría el derecho de examinar la regularidad de los actos considerados nulos, con el fin de decidir su irregularidad y juzgarlos no conformes y no obligatorios.

En cambio, si otro acto jurídico fuera necesario para establecer la nulidad del acto inconstitucional, la garantía constitucional no sería la nulidad sino la anulabilidad[62].

Ahora bien, en principio, la nulidad de los actos inconstitucionales del Estado es la garantía de la Constitución que conduce al sistema difuso de control de la constitucionalidad, aun cuando la ley positiva restrinja el poder que podría tener cualquier persona para juzgar como nulos los actos inconstitucionales[63] y atribuya este poder de manera exclusiva a los tribunales, como se puede observar en forma generalizada, dada la necesidad de confiabilidad y seguridad jurídica.

Por otra parte, la otra garantía de la Constitución, a saber la anulabilidad de los actos inconstitucionales del Estado, es precisamente la que conduce, en principio, al sistema concentrado de control de la constitucionalidad de las leyes.

A. La anulabilidad de algunos actos inconstitucionales del Estado

En efecto, el primer aspecto que muestra la racionalidad del sistema concentrado de control de la constitucionalidad de las leyes es el principio de anulabilidad de algunos actos del Estado, en particular de las leyes y otros actos dictados en ejecución directa de la Constitución, cuando la contradicen.

Contrariamente a la nulidad de los actos del Estado, la anulabilidad de dichos actos cuando se considera como una garantía objetiva de la Constitución, significa que el acto del Estado, aun irregular o inconstitucional, una vez producido por una institución pública, debe considerarse como un acto del Estado, y como tal, válido y efectivo hasta que el órgano que lo produjo lo derogue o revoque o hasta que se decida su anulación por otro órgano del Estado con los poderes constitucionales correspondientes. Este es precisamente el caso de los sistemas concentrados de control de la constitucionalidad, en los cuales la Constitución confiere el poder para anular algunos actos del Estado cuando se juzgan inconstitucionales, a un solo órgano constitucional, sea éste el Tribunal o Corte Suprema existente o un órgano creado especial y separadamente del Poder Judicial, con funciones jurisdiccionales que le permiten actuar como juez constitucional con poderes anulatorios.

---

62 *V.*, H. Kelsen, «La garantie juridictionnelle de la Constitution. La Justice constitutionnelle» *Revue du Droit Public et de la Science politique en France et a l'étranger,* 1928, París, p. 124.

63 *Idem.*, p. 215.

En todo caso, debe señalarse que en los sistemas concentrados de control de la constitucionalidad, la anulabilidad de los actos del Estado no constituye la única garantía de la Constitución puesto que siempre va acompañada de la nulidad con relación a todos los actos del Estado distintos de aquellos que sólo pueden ser anulados por el Tribunal Constitucional o por la Corte Suprema.

En efecto, como se ha señalado, en lo que respecta a los actos del Estado de rango inferior en la jerarquía de las normas, por ejemplo, los actos administrativos normativos, todos los jueces, en un sistema concentrado de control de la constitucionalidad, tienen normalmente el poder de considerarlos nulos cuando son inconstitucionales, con relación al juicio particular en el cual fueron cuestionados.

En estos casos, la garantía de la Constitución es la nulidad del acto inconstitucional del Estado, aun cuando solamente los tribunales estén habilitados para examinarlo.

En consecuencia, la particularidad del sistema concentrado de control de la constitucionalidad reside en el hecho de que la ley positiva establece un límite adicional a los efectos de la inconstitucionalidad de los actos, a saber, que respecto de algunos de éstos, el poder para declarar su nulidad por inconstitucionalidad , y por tanto, para considerarlos sin efectos, ha sido reservado exclusivamente a un solo órgano constitucional: el Tribunal o Corte Suprema existente o una Corte, un Consejo o un Tribunal Constitucional especial. En estos casos, y con relación a tales actos, tratándose normalmente de actos legislativos y otros actos del Estado de rango o efectos similares en el sentido que sean de ejecución directa de la Constitución, la garantía de la Constitución ha sido reducida a la anulabilidad del acto del Estado considerado inconstitucional.

En conclusión, en los sistemas constitucionales que poseen sólo un sistema concentrado de control de la constitucionalidad, el deber de todos los jueces y todos los tribunales consiste en examinar la constitucionalidad de los actos del Estado. Sin embargo, cuando el acto cuestionado es una ley u otro acto de ejecución directa de la Constitución, los tribunales ordinarios no pueden juzgar su inconstitucionalidad, puesto que dicho poder está reservado a un Tribunal Constitucional especial o al Tribunal o Corte Suprema de un país determinado, el cual puede anular el acto. En este caso, la garantía de la Constitución es la anulabilidad y entonces el acto queda anulado con efectos generales, puesto que es considerado o declarado nulo, no solamente respecto de un caso particular, sino en general, con efectos *erga omnes*.

Salvo esta excepción jurisdiccional particular, la cual es propia del método concentrado de control de la constitucionalidad, todos los demás tribunales o jueces pueden, en un juicio concreto, decidir la inaplicabilidad de los actos normativos del Estado no contemplados por esta excepción, considerándolos nulos cuando los juzguen viciados de inconstitucionalidad. En estos casos, la garantía de la Constitución es, sin lugar a dudas, la nulidad.

B. El poder de un órgano constitucional para anular algunos actos inconstitucionales del Estado

El segundo aspecto de la racionalidad del método concentrado de control de la constitucionalidad es que el poder para declarar la nulidad de las leyes está conferido a un órgano constitucional con funciones jurisdiccionales, sea el Tribunal o Corte Suprema existente en un país determinado, sea una Sala Constitucional de los mismos, sea una Corte, un Consejo o un Tribunal Constitucional especialmente creado. Por consiguiente, el método concentrado posee una particularidad doble: en primer lugar, el poder para anular ciertos actos inconstitucionales está conferido a un solo órgano constitucional con funciones jurisdiccionales, y en segundo lugar, de acuerdo con la excepción mencionada, el poder de dichos órganos constitucionales para juzgar la inconstitucionalidad y declarar la nulidad de ciertos actos del Estado no concierne a todos los actos del Estado, sino a un número limitado de ellos, normalmente las leyes y otros actos de la Asamblea o Congreso o del Gobierno, de rango legal o dictados en ejecución directa e inmediata de la Constitución y únicamente sometidos a sus regulaciones.

Se ha señalado anteriormente que el método concentrado de control de la constitucionalidad no implica necesariamente el otorgamiento del poder para anular leyes a una Corte, un Consejo a un Tribunal Constitucional especialmente creado, tal como sucede en Europa, sino que dicho poder puede ser conferido al Tribunal o Corte Suprema existente en el país, como es el caso en América Latina mucho antes de que Europa continental implantase el modelo de los Tribunales constitucionales en 1920.

En efecto, desde mediados del siglo diecinueve, muchos países latinoamericanos habían adoptado un sistema concentrado de control de la constitucionalidad confiriendo a la Corte Suprema del país el poder para decidir la nulidad de las leyes. Debe señalarse los casos de Colombia y Venezuela que poseen un verdadero sistema concentrado de control de la constitucionalidad desde 1858, en los cuales la Corte o Tribunal Supremo ha tenido el monopolio de la anulación de las leyes. En Colombia, en 1991, este poder ha sido transferido a una Corte Constitucional y en Venezuela, en 1999, ha sido atribuido a la Sala Constitucional del Tribunal Supremo.

Debe señalarse que, por lo general, los sistemas de control de la constitucionalidad que se han desarrollado en América Latina durante los últimos 150 años se han ido orientando progresivamente hacia sistemas mixtos de control de la constitucionalidad, en los cuales coexisten el método difuso y el método concentrado. Este es el caso de Brasil, Colombia, Ecuador, Guatemala, México, Nicaragua, Perú, República Dominicana y Venezuela. No obstante, algunos sistemas de América Latina han permanecido exclusivamente concentrados, como por ejemplo el de Bolivia, Costa Rica, Chile, El Salvador, Honduras, Panamá, Paraguay y Uruguay donde la Corte Suprema de Justicia o en su caso el Tribunal constitucional, tienen una jurisdicción exclusiva y original para declarar la inconstitucionalidad de las leyes[64].

Debe destacarse, sin embargo, que la modalidad del método concentrado de control de la constitucionalidad basado en la creación de un órgano constitucional especial, una Corte, un Consejo o un Tribunal para actuar como juez constitucional dotado del poder original *y* exclusivo para anular las leyes y otros actos de rango y efectos similares, ha marcado, por su carácter novedoso, la evolución de la justicia constitucional en las últimas décadas, desde la creación de las primeras Cortes

[64] *V.*, H. Gros Espiell, *La Constitución y su defensa*, Uruguay, UN, Congreso Internacional sobre la Constitución su defensa, México, 1982, (mimeo), p. 7; J.P. Gatto de Souza, «El control constitucional de los actos del Poder público», *Memoria de la Reunión de Presidentes de Cortes Supremas de Justicia de Iberoamérica, el Caribe, España y Portugal,* Caracas, 1983, p. 661; L.M. Angaña, «Ponencia» (Paraguay), en *idem.*, p. 55.

Constitucionales en Austria y Checoslovaquia en 1920. El sistema fue adoptado más tarde en Alemania y en Italia después de la Segunda Guerra Mundial, y más recientemente en España y en Portugal. También había sido adoptado antes de 1990, en algunos países ex socialistas (Yugoslavia, Checoslovaquia y Polonia) y desarrollado con posterioridad a 1989 en casi todos; y es el que se desarrolló bajo una forma particular en Francia.

Bajo la influencia del modelo europeo pero con características propias de los sistemas latinoamericanos, el sistema también se implantó en Guatemala en la década de los sesenta y en Chile hacia principios de los años 70, con la creación de un Tribunal Constitucional, y luego apareció en Ecuador y Perú donde fueron creados Tribunales de Garantías constitucionales. En Perú, en 1994 se cambió su denominación por Tribunal Constitucional. En 1991, la nueva Constitución colombiana, como se dijo, creó una Corte Constitucional; y en 1994 la reforma constitucional en Bolivia creó un Tribunal Constitucional. En Costa Rica, Honduras y Venezuela, por ejemplo, funcionan Salas Constitucionales de los Tribunales o Cortes Supremas.

En todo caso, puede considerarse que la introducción de un sistema de justicia constitucional en Europa fue el resultado de la influencia de la teoría pura del derecho de Hans Kelsen, quien diseñó la norma constitucional como fuente de validez para todas las normas del ordenamiento jurídico con un corolario fundamental: la necesidad de un órgano del Estado encargado de garantizar la Constitución, es decir, de resolver los conflictos entre las normas reglamentarias y aquellas de jerarquía superior en las que se basan las primeras (las legales), y entre todas ellas, y en última instancia, con la Constitución[65]. Este órgano era un Tribunal Constitucional al cual debían recurrir todos los tribunales cuando debían aplicar una ley cuya constitucionalidad fuera dudosa. En tal sistema, por lo tanto, los tribunales ordinarios no tenían el poder para abstenerse de aplicar leyes inconstitucionales. Pero dentro de su concepción teórica original, este sistema concentrado de control de la constitucionalidad de las leyes no había sido concebido por Kelsen como el ejercicio de una función jurisdiccional, sino más bien como un «sistema de legislación negativa»[66]. En este caso, se consideraba que la Corte Constitucional no decidía específicamente la constitucionalidad de las leyes; tal función estaba reservada al tribunal *a quo* que hubiera planteado la cuestión de la constitucionalidad por ante la Corte Constitucional. Normalmente, la competencia de esta última estaba limitada a la cuestión puramente abstracta de la compatibilidad lógica que debía existir entre la ley y la Constitución. Desde este punto de vista puramente teórico, puesto que no había ninguna aplicación concreta de la ley en un caso específico, se consideraba que no se trataba del ejercicio de una actividad jurisdiccional que implicara una decisión concreta. Esto llevó a Kelsen a sostener que, cuando el Tribunal Constitucional declaraba la inconstitucionalidad de una ley, la decisión, por tener efectos *erga omnes,* era una «acción legislativa» y que la decisión del Tribunal Constitucional tenía «fuerza de ley». Es también la razón por la cual la ley debía ser considerada válida hasta la adopción de la decisión de anularla, por la cual los jueces estaban obligados a aplicarla[67].

---

[65] *V.,* H. Kelsen, *loc. cit.,* pp. 201, 223.

[66] *V.,* H. Kelsen, *loc. cit.,* pp. 224, 226: véase los comentarios de E. García de Enterría, *op. cit.,* pp. 57, 132.

[67] *V.,* H. Kelsen, *loc. cit.,* pp. 224, 225.

Tal concepción fue desarrollada por Kelsen para responder a las objeciones eventuales que podían formularse al control jurisdiccional de la acción legislativa, dado el concepto de supremacía del Parlamento hondamente arraigado en el derecho constitucional europeo. En esta forma, prohibiendo a los jueces ordinarios abstenerse de aplicar las leyes, y confiriendo a una Corte Constitucional el poder para declarar la inconstitucionalidad de una ley con efectos *erga omnes,* el Poder Judicial quedaba subordinado a las leyes sancionadas por el Parlamento, y al mismo tiempo, se mantenía la supremacía de la Constitución con respecto al Parlamento. La Corte Constitucional, así, más que una competidora del Parlamento, se concebía como su complemento natural. Sus funciones se limitaban a juzgar la validez de una ley empleando la pura lógica racional, sin tener que decidir conflictos en casos específicos, y a actuar como un «legislador negativo», aun cuando no espontáneamente, sino a instancia de las partes interesadas. Según Kelsen, el Poder Legislativo se dividía así en dos partes: la primera, ejercida por el Parlamento con la iniciativa política, como «legislador positivo»; y la segunda, ejercida por el Tribunal Constitucional, como «legislador negativo», con el poder para anular las leyes que violasen la Constitución[68]

De acuerdo con esta concepción, por supuesto, era necesaria que la Corte Constitucional fuese un órgano separado de los poderes tradicionales del Estado y no formara parte de las autoridades judiciales[69].

Hoy día, si bien se ha aceptado el carácter jurisdiccional (no legislativo) de la actividad de estas Cortes Constitucionales especiales rechazando su llamado carácter de «legislador negativo»[70], la idea de conferir funciones jurisdiccionales a un órgano constitucional especialmente creado (Corte, Consejo o Tribunal Constitucional) generalmente ubicado fuera de la organización judicial, prevaleció en Europa continental y abrió camino al «modelo europeo» de control de la constitucionalidad. Este, en cierta manera, se desarrolló como consecuencia de un compromiso entre la necesidad de un sistema de justicia constitucional derivado de la noción de supremacía constitucional y la concepción tradicional europea de la separación de los poderes, la cual niega el poder a los jueces para juzgar la invalidez de las leyes inconstitucionales[71].

En todo caso, es evidentemente erróneo identificar el sistema concentrado de control de la constitucionalidad de las leyes con el «modelo europeo», ya que un sistema en el cual la jurisdicción exclusiva y original para anular las leyes y otros actos del Estado se confieren al Tribunal o Corte Suprema de Justicia existente en un país dado y ubicado en la cúspide de la organización judicial, también debe ser considerado como un sistema concentrado de control de la constitucionalidad. Por esta razón, el segundo aspecto de la racionalidad del sistema concentrado de control de la constitucionalidad, es el otorgamiento a un órgano constitucional particular, sea el Tribunal o Corte Suprema o una Corte, un Consejo o un Tribunal Constitucional especialmente creado, del papel de juez constitucional con el fin de anular leyes con efectos *erga omnes.*

---

68 *V.*, los comentarios relativos al pensamiento de Kelsen en E. García de Enterría, *op. cit.*, pp. 57, 58, 59, 131, 132, 133.

69 *V.*, H. Kelsen, *loc. cit.*, p. 223.

70 *V.*, M. Cappelletti y J. C. Adams, *loc. cit.*, pp. 1218, 1219.

71 *V.*, M. Cappelletti, *op. cit.*, p. 67.

C. El carácter incidental y principal del método

Contrariamente al método difuso de control de la constitucionalidad, el cual siempre tiene un carácter incidental, el método concentrado puede tener un carácter principal o un carácter incidental, en la medida en que las cuestiones constitucionales relativas a las leyes lleguen a la Corte suprema o a la Corte Constitucional en virtud de una acción directa intentada ante la misma o cuando un tribunal inferior donde a instancia de parte o *ex officio* se planteó la cuestión constitucional, recurre a la Corte.

En consecuencia, el tercer aspecto de la racionalidad del método concentrado de control de la constitucionalidad de las leyes, en el cual el poder para anularlas se confiere al Tribunal o Corte Suprema o a una Corte especial, es que la cuestión constitucional puede alcanzar la Corte de manera directa o principal mediante una acción contra la ley, o de manera incidental cuando la cuestión constitucional se plantea en un tribunal inferior con motivo de un juicio particular y concreto. En este caso, el juez debe remitir su decisión al Tribunal o la Corte Suprema o a la Corte Constitucional, para luego poder adoptar la resolución final del caso de acuerdo con la decisión tomada por la Corte. En ambos casos, el control de la constitucionalidad de las leyes es de tipo concentrado, porque un solo órgano está autorizado para juzgar la constitucionalidad de la ley.

Sin embargo, este carácter esencial del control concentrado no siempre implica que la cuestión constitucional deba plantearse sólo de una manera principal o incidental. Podría ser cualquiera de las dos y también ambas paralelamente, según las normas de la ley positiva. En esta forma, en nuestra opinión, no existe en el derecho comparado ningún motivo para identificar el sistema concentrado de control de la constitucionalidad con el carácter principal o abstracto del método de revisión de la cuestión constitucional. Si bien ello era cierto en el sistema original austriaco implantado en 1920, ya no lo es en el derecho constitucional contemporáneo[72] en el cuál el sistema concentrado de control de la constitucionalidad puede derivar de ambos métodos: principal e incidental.

En el sistema principal, la cuestión constitucional relativa a una ley es «la cuestión principal» y única del juicio iniciado mediante acción directa que puede ser interpuesta por ante la Corte Suprema o la Corte Constitucional, tanto por los ciudadanos mediante un *actio popularis,* o regida por reglas de legitimación particulares, por funcionarios o autoridades públicas específicas. Es el método que siempre ha existido en Venezuela mediante acción popular.

En el método incidental, la cuestión constitucional puede ser planteada por una parte ante un tribunal ordinario como una cuestión incidental en un juicio o *ex officio* por el tribunal. Este tribunal es, entonces, el único que puede remitir la cuestión constitucional ante la Corte Suprema o la Corte Constitucional, en cuyo caso se debe suspender la decisión del caso concreto hasta que la cuestión constitucional haya sido resuelta por la Corte Suprema o la Corte Constitucional. Este método no se ha aplicado en Venezuela, salvo en la previsión por unos años una figura similar en el Código de Procedimiento Civil de 1897.

---

72 *V.*, M. Capelletti, *op. cit.*, pp. 69, 72.

D. El poder de iniciativa del control de la constitucionalidad

Como viene de señalarse, la cuestión de la constitucionalidad referente a la validez de una ley normalmente se plantea ante el Tribunal o Corte Suprema o la Corte Constitucional mediante una acción o por remisión de un tribunal inferior. En ambos casos, el juez constitucional debe decidir en derecho, sin considerar los hechos.

En ambos casos, como se señaló, la cuestión constitucional debe formularse ante el Tribunal o Corte Suprema o la Corte Constitucional, por lo que ésta no tiene iniciativa propia para actuar como juez constitucional[73]. En esta forma, el principio *nemo judex sine actore* se aplica, pero una vez que la cuestión constitucional ha llegado a la Corte como consecuencia de una acción o de su remisión por parte de un tribunal inferior, el principio *in judex judicet ultra petitum partis* ya no es operante. Esto significa que el Tribunal o Corte Suprema o la Corte Constitucional, como juez constitucional, una vez requerida por una parte o por un medio incidental, tiene poderes *ex officio* para considerar cuestiones de constitucionalidad distintas a las que han sido planteadas.

Por otra parte, si bien es cierto que el Tribunal o Corte Suprema o la Corte Constitucional no tienen iniciativa propia para iniciar el procedimiento de control concentrado relativo a las leyes, debe recordarse que en el método incidental de control concentrado de la constitucionalidad, los tribunales inferiores que deben remitir la cuestión constitucional, pueden tener la iniciativa de plantearla por ante el Tribunal o Corte Suprema o a la Corte Constitucional. Es decir, los tribunales ordinarios, cuando plantean cuestiones constitucionales mediante el método incidental, no siempre están vinculados a lo que las partes o el Fiscal invoquen, por lo que cuando consideran el caso particular, pueden plantear la cuestión constitucional *ex officio y* transmitirla al Tribunal o Corte Suprema o a la Corte Constitucional para que ésta decida.

Esta es una consecuencia del principio de supremacía de la Constitución y del deber de los jueces de aplicar la ley. Por tanto, aun cuando en el sistema concentrado de control de la constitucionalidad, la Constitución prohíba a los tribunales ordinarios actuar como jueces constitucionales en cuanto a las leyes, esto no quiere decir que en caso de que éstos consideren inconstitucional una ley aplicable a la decisión de un caso concreto, no tengan el poder para plantear la cuestión constitucional y no puedan transmitirla al juez constitucional. Lo contrario significaría la ruptura con el principio de la supremacía de la Constitución y con el papel de los jueces en la aplicación de la ley.

E. Los efectos erga omnes de las decisiones de la Corte

El quinto aspecto de la racionalidad del sistema concentrado de control de la constitucionalidad se refiere a los efectos de las decisiones dictadas por el Tribunal o Corte Suprema o por la Corte Constitucional relativas a la inconstitucionalidad de la ley, sea que la cuestión constitucional haya sido planteada mediante una

---

[73] De manera excepcional, el Tribunal Constitucional Federal de la Antigua Federación de Yugoslavia poseía poderes *ex officio* para iniciar un procedimiento de control de la constitucionalidad de las leyes. Ver artículo 4 de la Ley de la Corte Constitucional de Yugoslavia, 31-12-1963, en B.T. Blazojevic (ed.), *Constitucional Judicature,* Beograd, 1965, p. 16.

acción o de manera incidental, por remisión de un tribunal inferior. Este aspecto de los efectos de la decisión judicial también busca determinar, primero, a quién afecta la decisión, y segundo, cuándo comienzan los efectos de la decisión.

En lo que la primera cuestión se refiere, la racionalidad del sistema concentrado de control de la constitucionalidad implica que la decisión dictada por el Tribunal o Corte Suprema o por la Corte Constitucional, actuando como juez constitucional, tiene efectos generales *erga omnes*. Esto sucede cuando el control de la constitucionalidad se ejerce mediante una acción directa interpuesta por ante la Corte Constitucional o el Tribunal o Corte Suprema. En estos casos, la relación procesal puede decirse que no se establece entre un demandante y un demandado, sino más bien, fundamentalmente, entre un recurrente y una ley cuya constitucionalidad está cuestionada. En este caso, el objeto de la decisión acerca de la constitucionalidad de la ley es su anulación, y los efectos de la decisión son necesariamente *erga omnes*. Nunca podrían ser *inter partes*, particularmente debido a la ausencia de «partes» propiamente dichas en el procedimiento.

Por otra parte, en el sistema concentrado de control de la constitucionalidad iniciado por el método incidental, cuando se plantea una cuestión constitucional referente a una ley planteada en un procedimiento concreto y el tribunal inferior la remite al Tribunal o Corte Suprema o a la Corte Constitucional para que sea objeto de una decisión, dicha decisión también debe adoptarse sobre la base de los aspectos de derecho y no con respecto a los hechos, por lo que en principio, también tiene efectos *erga omnes*, es decir, no limitados al juicio concreto en el que se planteó la cuestión constitucional ni a las partes del mismo.

En efecto, en ambos casos del sistema concentrado o de control de la constitucionalidad, a través del método principal o del incidental, el Tribunal o Corte Suprema o la Corte Constitucional respectiva, debe decidir de manera abstracta la cuestión de la constitucionalidad de la ley, sin ninguna referencia a los hechos ni al juicio concreto en el que se planteó la cuestión constitucional. Por consiguiente, en el sistema concentrado, el juez constitucional no decide una cuestión constitucional con miras a resolver un caso concreto entre partes; el juez constitucional, como se señaló, no toma decisiones con respecto a un caso concreto sino únicamente con respecto a una cuestión de constitucionalidad de una ley. La lógica del sistema consiste pues, en que la decisión debe aplicarse en general a todos y a cualquier órgano del Estado por sus efectos *erga omnes*.

En consecuencia, cuando una ley sea considerada inconstitucional por la Corte Constitucional o por el Tribunal o Corte Suprema actuado como juez constitucional con poderes anulatorios, ello significa que dicha ley queda anulada y no pueda ejecutarse ni aplicarse a la resolución del caso concreto, pero tampoco a ninguna otra cosa.

F. Los efectos constitutivos de la decisión

Estos efectos *erga omnes* de la decisión jurisdiccional en el sistema concentrado de control de la constitucionalidad de las leyes están estrechamente vinculados tanto a la cuestión de los efectos temporales de la decisión, en particular la determinación de cuándo la decisión es efectiva, como al aspecto ya mencionado de la anulabilidad de algunos actos del Estado como garantía de la Constitución.

En efecto, tal como se ha señalado anteriormente, el primer y más importante aspecto de la racionalidad del método concentrado de control de la constitucionalidad, como de todos los métodos de justicia constitucional que se han establecido, es que la supremacía de la Constitución con respecto a todos los demás actos del Estado lo que conlleva a considerar que una ley contraria a la Constitución debe ser nula. También se señaló que, aun cuando la garantía de la Constitución en los sistemas de control de la constitucionalidad sea, en principio, la nulidad de los actos inconstitucionales del Estado, la Constitución ha restringido su propia garantía en lo que respecta a algunos actos del Estado como las leyes, reservando el examen y la declaración de la nulidad de las leyes a un solo órgano constitucional: el Tribunal o Corte Suprema o una Corte un Consejo o un Tribunal Constitucional especialmente creado, al cual se ha conferido el poder exclusivo de declarar la nulidad de dichos actos.

En consecuencia, cuando un juez constitucional decide la anulación por inconstitucionalidad de una ley, la decisión jurisdiccional tiene efectos prospectivos *ex nunc o pro futuro,* es decir, que no se remontan al momento de la promulgación de la ley considerada inconstitucional. Por lo tanto, los efectos producidos hasta el momento de la anulación de la ley se consideran válidos. En consecuencia, la ley declarada inconstitucional por un juez constitucional en el sistema concentrado de control de la constitucionalidad de las leyes, debe considerarse como un acto válido que ha producido efectos completos hasta su anulación por la Corte.

Este aspecto de la lógica del sistema concentrado de control de la constitucionalidad, sin embargo, está matizado por el mismo sistema constitucional, cuando éste establece una distinción entre los vicios de inconstitucionalidad que pueden afectar las leyes con nulidad absoluta o nulidad relativa. En el caso de los vicios constitucionales que pueden acarrear la nulidad absoluta de una ley, la anulación de la ley decidida por un juez constitucional produce evidentemente efectos *ex tunc,* puesto que una ley considerada nula de manera absoluta no puede producir ningún efecto. En consecuencia, en estos casos, la anulación de la ley tiene efectos *pro praeterito* o efectos retroactivos, ya que es considerada nula *ab initio.* En cambio, si el vicio constitucional de la ley que llevó a su anulación por el juez constitucional no es tan grave como para producir su nulidad absoluta, sino una nulidad relativa, entonces los efectos de la anulación de la ley son únicamente *ex nunc, pro futuro.* En todo caso y en definitiva, es el juez constitucional el que determinará los efectos de su decisión en el tiempo.

A manera de conclusión

En conclusión, se puede afirmar que en principio, la racionalidad del método concentrado de control de la constitucionalidad de las leyes funciona de la manera siguiente:

La Constitución ejerce su supremacía sobre el ordenamiento jurídico en su conjunto; por consiguiente, los actos que la contradicen no pueden tener ningún efecto y se consideran nulos.

En principio, por lo que respecta a los actos del Estado subordinados a la ley, todos los tribunales tienen el poder y el deber de aplicar la Constitución y las leyes. Por lo tanto, deben dar la preferencia a la Constitución y a las leyes con relación a los actos del Estado que las violan, y declararlos inconstitucionales e inaplicables al juicio concreto desarrollado por ante los tribunales. Sin embargo, por lo que se refiere a algunos actos del Estado, como las leyes y otros actos inmediatamente subordinados a la Constitución, esta última reserva expresamente el poder examinar y declarar la inconstitucionalidad de tales actos, así como el poder anularlos, a un solo órgano constitucional, sea el Tribunal o Corte Suprema de un país determinado, o una Corte, un Consejo o un Tribunal Constitucional especialmente creado, integrado o no al Poder Judicial.

Este poder del juez constitucional para declarar la inconstitucionalidad de algunos actos del Estado sólo puede ejercerse si es solicitado mediante una acción directa interpuesta ante él contra la ley inconstitucional para que la examine de manera abstracta, o cuando un tribunal remite al juez constitucional una cuestión constitucional planteada en un juicio concreto. En este último caso, el carácter incidental de la cuestión acarrea efectos suspensivos, es decir, que el caso concreto sólo podrá ser resuelto después que el juez constitucional adopte su decisión con respecto a la constitucionalidad de la ley; decisión que debe adoptarse de manera abstracta y sin referencia a los hechos del juicio concreto.

Por lo tanto, la decisión de la Corte Constitucional puede adoptarse mediante un método principal o incidental con respecto a la constitucionalidad de la ley, sin que el juez constitucional pueda plantear la cuestión *motu propio o ex officio.* Sin embargo, cuando se somete la cuestión constitucional ante el juez constitucional, éste tiene el poder *ex officio* para considerar otras cuestiones constitucionales. En el caso del método incidental, el tribunal inferior que planteó la cuestión tiene el poder *ex officio* de formularla ya que no está limitado a la iniciativa de las partes.

La decisión adoptada por el juez constitucional en cuanto a la inconstitucionalidad de una ley tiene efectos *erga omnes* para con todos los órganos del Estado y todos los individuos. También tiene efectos constitutivos en la medida en que pronuncia la nulidad de la ley, por lo que la decisión, en principio, tiene efectos *ex nunc* y *pro futuro* en el sentido en que no son retroactivos. En este caso, el acto anulado debe ser considerado como habiendo producido efectos válidos hasta el momento de su anulación, a menos que la nulidad que lo afecta sea absoluta.

Por supuesto, en el sistema concentrado de control de la constitucionalidad esta lógica no siempre es absoluta, y cada sistema jurídico ha diseñado correctivos para las eventuales desviaciones de cada uno de los aspectos de la racionalidad del sistema, con relación a la anulabilidad o nulidad del acto inconstitucional, a la iniciativa de la Corte, a los efectos *inter partes o erga omnes* de la decisión y a su carácter declarativo o constitutivo.

CUARTA PARTE:

LA JUSTICIA CONSTITUCIONAL EN AMÉRICA LATINA: APROXIMACIÓN COMPARATIVA (1997/2013)*

La justicia constitucional tiene por objeto, ante todo, asegurar la supremacía normativa de la Constitución por sobre todo acto estatal, es decir, sobre todo acto dictado en ejercicio del Poder Público, incluyendo, por supuesto, las leyes y demás actos del Parlamento. Como consecuencia, los tribunales llamados a ejercer tal control de constitucionalidad pueden anular todos los actos estatales que sean inconstitucionales o declararlos y considerarlos nulos por inconstitucionales e inaplicarlos en los casos concretos que decidan.

En este contexto, el control de constitucionalidad también tiene por objeto particular asegurar la vigencia de la parte dogmática de la Constitución, es decir, de los derechos declarados en el texto fundamental, así como de todos los que sin estar enumerados en forma expresa, sean inherentes a la persona humana. A estos efectos es que se han establecido, además, acciones específicas de protección como las de amparo, *hábeas corpus* y *hábeas data*[1]. Además, el control judicial de la constitucionalidad también tiene por objeto asegurar la efectiva vigencia de la parte orgánica de la Constitución, la cual en el mundo moderno y en el Estado democrático, siempre se ha construido sobre la base de los principios tanto de la separación orgánica de poderes, como de la distribución territorial del Poder Público. Es decir, en definitiva, el control de constitucionalidad busca asegurar la vigencia de las normas constitucionales tanto atributivas de poder como limitativas del mismo.

En tal sentido, a los efectos de velar por el respeto del principio de la separación de poderes, el Poder Judicial es el llamado a resolver los conflictos entre los Poderes Legislativo y Ejecutivo y, además, respecto de los otros órganos constitucionales con autonomía funcional, de manera que todos actúen conforme a los poderes atribuidos en la Constitución, sancionando toda usurpación, por inconstitucionalidad.

---

* Este estudio tiene su origen en el trabajo publicado con el título: «La Jurisdicción Constitucional en América latina», en el libro Coordinado por Domingo García Belaúnde y Francisco Fernández Segado, *La Jurisdicción Constitucional en Iberoamérica*, Madrid 1997, pp. 117-161.

1 Allan R. Brewer-Carías, *Constitutional Protection of Human Rights in Latin America. A Comparative Study of the Amparo Proceedings*. Cambridge University Press. New York, 2009, 432 pp.

Además, corresponde a los órganos judiciales encargados del control de la constitucionalidad, mantener el principio de la distribución territorial del poder que establece la Constitución conforme al esquema de descentralización política que disponga, haciendo respetar la autonomía de las entidades regionales y municipales que están constitucionalmente establecidas.

Por último, también forma parte del objeto del control judicial de la constitucionalidad, velar por el mantenimiento del régimen político democrático, de manera de asegurar que no se rompa; sancionando cualquier actuación que sea contraria a los valores de la democracia que establece la Constitución. Por ello, incluso, en algunos países, los Tribunales Constitucionales tienen competencias para proscribir la actuación de partidos políticos cuyo objeto sea destruir la democracia misma.

Ahora bien, a los efectos de asegurarle al Poder Judicial la posibilidad de asumir el rol esencial que debe tener en el Estado Constitucional de derecho, de interpretación de la Constitución y de ejercer el control de la constitucionalidad de los actos estatales; en el mundo contemporáneo se han venido estableciendo una variedad de sistemas de justicia constitucional de acuerdo a las peculiaridades de cada país y de cada sistema constitucional. Estos sistemas de justicia constitucional, en definitiva se pueden agrupar en relación con él o los órganos judiciales llamados a ejercer tal control de la constitucionalidad.

En efecto, en todos los sistemas de justicia constitucional, la potestad de ejercer el control de la constitucionalidad siempre se atribuye, o a todos los jueces que integran el Poder Judicial, o a un solo órgano del mismo. De allí la clásica distinción de los sistemas de justicia constitucional según el método de control que se ejerce: en primer lugar, el método difuso de control, cuando el poder para apreciar la constitucionalidad o inconstitucionalidad de las leyes y, en su caso, declarar su inconstitucionalidad, se atribuye a todos los jueces de un país, cualquiera que sea su jerarquía; y en segundo lugar, el método concentrado de control, conforme al cual el poder anulatorio de las leyes y demás actos estatales contrarios a la Constitución se atribuye a un solo órgano judicial, sea a la Corte Suprema de Justicia del país o a un Tribunal Constitucional especialmente creado para ello.

Ambos sistemas de justicia constitucional, sin duda, responden a principios diferentes, pero pueden coexistir en paralelo, como sucede en buena parte de los regímenes constitucionales de los países latinoamericanos.

En el mundo contemporáneo, por tanto, ya no es posible sostener que el sistema de justicia constitucional que se establezca en un país, tiene que optar entre uno u otro método de control, el concentrado o el difuso, y menos señalar que alguno de ellos pueda ser *incompatible* con los sistemas jurídicos del *common law* o del derecho civil. La realidad muestra, efectivamente, que en una forma u otra, ambos métodos de control de la constitucionalidad coexisten en muchos países, particularmente en América Latina, donde se ha venido configurando un sistema mixto o integral de control de constitucionalidad.

El método difuso de control de constitucionalidad, como poder atribuido a todos los jueces de un país para poder decidir sobre la inconstitucionalidad de una ley que deba aplicarse en un caso concreto, desaplicándola y aplicando preferentemente la Constitución, responde al principio de la garantía objetiva de la supremacía de la Constitución. Conforme a este principio, todo acto contrario a la Constitución debe considerarse nulo; y todos los jueces tienen el poder-deber de apreciar dicha nulidad. Ello es la consecuencia lógica cuando se habla de la Constitución como ley suprema.

Este método de control tiene su origen en los Estados Unidos de Norteamérica, precisamente a raíz de la sentencia dictada en el caso *Marbury vs. Madison* de 1803, en la cual la Corte Suprema de ese país aplicó la Constitución como ley suprema, desaplicando la ley correspondiente al decidir un caso concreto, la cual se consideraba que contrariaba la Constitución, siendo por tanto considerada nula. El método difuso de control fue luego adoptado, también en forma pretoriana, en México (1857), Argentina (1860) y Brasil (1890) y luego, incluso incorporado al texto expreso de muchas leyes y Constituciones. Así sucedió por ejemplo, en el Código de Procedimiento Civil venezolano (1897) y luego entre otras, en las Constituciones de Colombia (1910), Bolivia (1994), Perú (1993), Venezuela (1999).

El método difuso de control de la constitucionalidad, en todo caso, se caracteriza por ser de carácter incidental, en el sentido de que se ejerce al decidirse un caso concreto, como poder que puede ejercer cualquier juez, incluso de oficio. En estos casos, en consecuencia, la decisión adoptada sólo tiene efectos *inter partes* y meramente declarativos. El juez, en estos casos, nunca anula la ley, sólo la considera nula, por lo que la decisión tiene efectos *ex tunc, pro praeterito.*

En relación con este método difuso de control de constitucionalidad, se ha planteado el problema de la eventual falta de uniformidad o la disparidad de decisiones que podrían adoptar los jueces de distinta jerarquía, sobre un tema de inconstitucionalidad de una ley. La solución a este problema, en todo caso, se ha establecido mediante correctivos que los propios sistemas constitucionales han ido adoptando, como la atribución del carácter vinculante a la decisión que adopte la Corte Suprema de Justicia en la materia, como sucede en los Estados Unidos de América, y como se ha establecido en Argentina, Colombia o Venezuela, al conocer de un recurso extraordinario de revisión. En efecto, este correctivo deriva de los mecanismos de consulta o revisión extraordinaria de las sentencias que se dicten conforme al método difuso, lo que permite al Tribunal Supremo uniformizar la jurisprudencia y resolver con carácter obligatorio y vinculante sobre el tema. Otro correctivo al problema se logra con el establecimiento, en paralelo al método difuso, del método concentrado de control de constitucionalidad de las leyes.

Por otra parte, en cuanto al método concentrado de control de constitucionalidad, puede decirse que el mismo tiene su origen en América Latina y fue luego desarrollado, durante el siglo XX, en Europa. Se caracteriza por la atribución a un solo órgano judicial (que puede ser el Tribunal o Corte Suprema con o sin Sala Constitucional, o un Tribunal Constitucional especial), del poder de conocer de la impugnación de leyes por inconstitucionalidad, y de anularlas en caso de que sean contrarias a la Constitución, con efectos *erga omnes.*

En América Latina, este poder se atribuyó inicialmente a las Cortes Supremas de Justicia, y luego de que en Europa, a partir de la década de los veinte del siglo pasado y conforme a las propuestas de Hans Kelsen, se comenzaran a crear Tribunales Constitucionales especiales para ejercer el control concentrado, esta figura institucional se introdujo en América Latina, particularmente en Guatemala, Chile, Colombia, Bolivia, Ecuador y Perú.

En otros casos, para ejercer el método concentrado de control de constitucionalidad, se han creado Salas Constitucionales especializadas en las Cortes Supremas de Justicia, como es el caso de Costa Rica, El Salvador, Honduras y Venezuela; y en otros casos, es la Corte Suprema de Justicia la que ejerce el control, como es el caso de Panamá, Nicaragua, México, Uruguay y Paraguay.

El método concentrado de control de constitucionalidad de las leyes, por tanto, se caracteriza por la atribución a un solo órgano judicial del poder anulatorio de las mismas, más que por el hecho de que para tal efecto se cree o exista un Tribunal Constitucional. Lo importante es la concentración de control en un órgano judicial, más que la forma o naturaleza que puede tener el mismo.

Este método concentrado de control de la constitucionalidad, a diferencia del método difuso, se ejerce en un proceso en el cual su objeto principal es, precisamente, la decisión sobre la inconstitucionalidad de una ley, la cual puede consistir en una decisión anulatoria de la misma, con efectos generales, *erga omnes*, y *ex nunc*, es decir *pro futuro* teniendo la decisión en consecuencia, carácter constitutivo.

El método concentrado de control, por otra parte, puede ser previo o posterior, según que se pueda ejercer contra leyes antes de que entren en vigor o sólo una vez que están vigentes. En algunos casos, como en relación con los Tratados, algunas Constituciones permiten la revisión constitucional por el juez constitucional, de la ley aprobatoria antes de que sea publicada, como sucede en Colombia y en Venezuela.

El método concentrado de control, además, puede ser principal o incidental, según que la cuestión de la inconstitucionalidad de la ley llegue al juez constitucional por vía de una acción de inconstitucionalidad, la cual incluso en algunos casos, como sucede en Colombia, Panamá y Venezuela, puede ser una acción popular; o que llegue por vía incidental, por una incidencia planteada en un juicio concreto, como excepción de inconstitucionalidad. La cuestión de inconstitucionalidad, en estos casos, incluso puede ser planteada de oficio por el juez, como sucede en Venezuela.

I. EL MÉTODO DIFUSO DE CONTROL CONSTITUCIONALIDAD EN AMÉRICA LATINA

1. Antecedentes y fundamento constitucional

El control de la constitucionalidad de las leyes, cuando se atribuye a todos los jueces cualquiera que sea su rango y jerarquía, como se dijo, da lugar a lo que se ha denominado el control difuso de la constitucionalidad de las leyes, el cual tiene su origen en los principios del constitucionalismo *norteamericano* y que se extendió, en especial durante el Siglo pasado, a casi todos los países *latinoamericanos.*

De acuerdo con el método difuso, la facultad de declarar la inconstitucionalidad de las leyes se atribuye a todos los jueces de un país determinado, pues si la Constitución es la ley suprema del país y si se reconoce el principio de su supremacía, la Constitución se impone a cualquier otra ley que le sea incoherente. En consecuencia, las leyes que violan la Constitución o que, de una u otra manera, sean contrarias a sus normas, principios o valores, son nulas y no pueden ser aplicadas por los jueces, quienes deben darle prioridad a la Constitución. Como lo afirmó el juez Marshall, en el caso *Marbury vs. Madison* en 1803, todos los jueces y todos los tribunales deben decidir sobre los casos concretos que les son sometidos «de conformidad con la Constitución, desistiendo de la ley inconstitucional» lo que constituye «la verdadera esencia del deber judicial». Sin embargo, en este sistema de control de la constitucionalidad, este papel le corresponde a todos los tribunales y no a uno en particular, y no debe considerarse sólo como un poder, sino como un deber que les está impuesto para decidir sobre la conformidad de las leyes con la Constitución, inaplicándolas cuando sean contrarias a sus normas.

La esencia del método difuso de control de constitucionalidad, por supuesto, como se dijo, radica en la noción de supremacía constitucional y en su efectiva garan-tía, en el sentido de que si hay actos que coliden con la Constitución, ellos son nulos y como tales tienen que ser considerados por los Tribunales, los cuales son, precisamente, los llamados a aplicar las leyes.

En consecuencia, el primer aspecto que muestra la racionalidad del método difuso de control de constitucionalidad, como garantía objetiva de la Constitución, es el principio de la nulidad de los actos estatales y, particularmente de las leyes que colidan con la Constitución, lo que significa que un acto estatal nulo no puede producir efectos, y no necesitaría de ningún otro acto estatal posterior para quitarle su calidad usurpada de acto estatal. Al contrario, si otro acto estatal fuera necesario para ello, entonces la garantía no sería la nulidad del acto, sino su anulabilidad.

En conclusión, en el método difuso de control de la constitucionalidad, el deber de todos los jueces es el de examinar la constitucionalidad de las leyes que deban aplicar en el caso concreto, y declarar, cuando ello sea necesario, que una ley particular no debe ser aplicada a la decisión de un proceso específico que el juez esté conociendo, en razón de que es inconstitucional, la cual, por tanto, debe considerarse nula y sin valor, para la resolución del caso.

Lo anterior conduce al aspecto central de la racionalidad del método difuso de control de la constitucionalidad, el cual es que el poder para declarar la inconstitucionalidad de la legislación es atribuido a todos los jueces de un país determinado, y no sólo una Corte o Tribunal en particular. Pero en su origen, la particularidad del sistema norteamericano estuvo en que dicho poder de todos los tribunales no estaba expresamente previsto en la Constitución, aún cuando se derivaba del conjunto del sistema constitucional. En el mismo sentido se desarrolló el sistema en Argentina, como creación pretoriana de la Suprema Corte de la Nación.

Sin embargo, en contraste con el sistema norteamericano y argentino, en los demás países *latinoamericanos* el poder de control difuso de la constitucionalidad de las leyes por parte de todos los jueces se ha establecido expresamente de forma general, como una norma de derecho positivo.

Así, por ejemplo, desde 1910, la Constitución colombiana prevé que:

La Constitución es la norma de normas. En caso de incompatibilidad entre la Constitución y la ley o cualquier otra norma jurídica, se aplicarán las disposiciones constitucionales. (art. 4 C. 1991).

En el mismo sentido, el Código de Procedimiento Civil venezolano desde 1897, establece que:

Cuando la ley vigente cuya aplicación se requiera está en contradicción con cualquiera de las disposiciones constitucionales, los jueces aplicarán preferiblemente esta última (art. 20).

También en *Guatemala*, desde 1965, la Constitución estableció expresamente el principio que conserva el artículo 204 de la Constitución de 1985, que establece:

> *Art. 204.* Condiciones esenciales de la administración de justicia. Los tribunales de justicia en toda resolución o sentencia observarán obligadamente el principio de que la Constitución de la República prevalece sobre cualquier ley o tratado.

En sentido similar, la Constitución Política de *Bolivia* de 1994, establece que:

> *Art. 228.* La Constitución Política del Estado es la ley suprema del ordenamiento jurídico nacional. Los tribunales, jueces y autoridades la aplicarán con preferencia a las leyes, y éstas con preferencia a cualesquiera otras resoluciones».

También la Constitución de *Honduras* dispone que:

> *Art. 320.* En casos de incompatibilidad entre una norma constitucional y una legal ordinaria, el juez aplicará la primera.

Por último, la Constitución Política del *Perú* de 1993, dispone:

> *Art. 138.* La potestad de administrar justicia emana del pueblo y se ejerce por el Poder Judicial a través de sus órganos jerárquicos con arreglo a la Constitución y a las leyes.

En todo proceso, de existir incompatibilidad entre una norma constitucional y una norma legal, los jueces prefieren la primera. Igualmente, prefieren la norma legal sobre toda otra norma de rango inferior.

En cuanto a *Ecuador*, la Constitución de 1998 atribuyó a la Corte Suprema de Justicia y a los tribunales de última instancia competencias «para declarar inaplicable un precepto legal contrario a las normas de la Constitución», no teniendo dicha declaración «fuerza obligatoria sino en las causas en que se pronunciare» (art. 141).

2. La expansión del método difuso de justicia constitucional hacia América Latina

Hacia la mitad del Siglo XIX, el sistema norteamericano de control de la constitucionalidad de las leyes puede decirse que influenció la mayor parte de los sistemas latinoamericanos, los cuales terminaron adoptándolo de una u otra forma (Argentina 1860; México 1857; Venezuela 1858; Brasil 1890; República Dominicana 1844; Colombia 1850), orientándose incluso algunos hacia un sistema mixto o integral, sea agregándole al método difuso el método concentrado del control de la constitucionalidad como en Brasil, México y Honduras, o adoptando el sistema mixto o integral desde el principio, como fue el caso de Venezuela, Colombia, Guatemala y Perú. En cambio, el sistema argentino sigue siendo el más parecido al modelo norteamericano.

En efecto, en lo que respecta a Argentina, la Constitución de la República de 1860 establecía, con una terminología muy parecida a la de la Constitución norteamericana, los principios de la supremacía constitucional y el papel que correspondía del Poder Judicial, pero no incluyó norma expresa alguna que confiriera poderes de control de la constitucionalidad de las leyes a la Corte Suprema o a otros Tribunales. Por ello, como sucedió en los Estados Unidos de América, el control de la constitucionalidad también fue una creación de la Suprema Corte, en el caso Sojo

(1887) relativo a la inconstitucionalidad de una ley que buscaba ampliar la jurisdicción derivada de la Corte Suprema.

En cuanto al sistema brasilero de control de la constitucionalidad, al igual que el sistema argentino, se trata de uno de los sistemas latinoamericanos más cercanos al modelo norteamericano. Sin embargo, a partir de la Constitución de 1934, puede considerarse como un sistema mixto después de la previsión de una acción directa de inconstitucionalidad, que puede ser intentada ante el Tribunal Supremo Federal con el fin de impugnar una ley.

En cuanto al método difuso, éste fue expresamente previsto desde la Constitución de 1891, al atribuirse al Tribunal Supremo Federal competencia para juzgar, mediante recursos extraordinarios, los casos decididos en última instancia por otros tribunales u otros jueces, en primer lugar, cuando las decisiones cuestionadas estén en contradicción con una disposición de la Constitución o nieguen una ley federal o un tratado; en segundo lugar, cuando declaran la inconstitucionalidad de un tratado o de una ley federal, y en tercer lugar, cuando estimen que una ley u otro acto de un gobierno local es contrario a la Constitución o a una ley federal válida (art. 102, III Constitución).

Esta norma establece, de esta manera, el método difuso de control de la constitucionalidad, así como la facultad del Tribunal Supremo Federal para intervenir en cualquier procedimiento relativo a la constitucionalidad de las leyes.

En cuanto a *México*, la Constitución de 1847, igualmente bajo la influencia del sistema de control de la constitucionalidad *norteamericano*, adoptó el método difuso al atribuir a los tribunales federales el deber de «proteger» los derechos y las libertades enumerados en la Constitución contra cualquier acción de los poderes ejecutivo y legislativo de los Estados miembros o de la Federación. El sistema adquirió perfiles propios en la Constitución de 1857, que creó esa institución jurisdiccional única conocida como *juicio de amparo*, regulada en la actualidad en las disposiciones del texto constitucional de acuerdo a las pautas determinadas desde la Constitución de 1917.

Debe señalarse que el juicio de amparo es una institución compleja que comprende por lo menos cinco acciones y procedimientos judiciales diferentes: el amparo libertad (*habeas corpus*), el amparo judicial (casación), el amparo administrativo (contencioso-administrativo), el amparo agrario y el amparo contra leyes. Entre estos cinco aspectos o contenidos del juicio de amparo, únicamente el último podría considerarse como un medio particular de protección judicial de la Constitución y de control de la constitucionalidad de los actos legislativos, compartiendo algunos puntos comunes con el sistema difuso de control de la constitucionalidad.

En todo caso, en el juicio de amparo, el control judicial de la constitucionalidad de la legislación tiene un carácter incidental con respecto a un procedimiento judicial concreto en el que se plantea la cuestión constitucional, lo que origina el uso del recurso de amparo contra la decisión judicial que aplica la ley anticonstitucional. Este recurso de amparo se intenta contra la «autoridad pública» que dictó el acto cuestionado: el juez que dictó la sentencia; la autoridad administrativa que produjo el acto administrativo; o las autoridades legislativas que sancionaron la ley objeto del amparo contra leyes. Este aspecto pone de manifiesto otra diferencia sustancial en lo que se refiere a las partes involucradas entre el sistema *mexicano* y el método difuso general, pues en el sistema difuso general, las partes en el juicio donde se plantea la cuestión constitucional siguen siendo las mismas del proceso.

Ahora bien, en cuanto al «amparo contra leyes», su particularidad reside en el hecho de que se trata de un procedimiento iniciado mediante una acción directa intentada por un demandante ante un Tribunal Federal de Distrito contra una ley particular, siendo la parte acusada el órgano legislativo que la produjo, el Presidente de la República o los Gobernadores de Estado que la promulgaron, y los Secretarios de Estado quienes la refrendaron y ordenaron su publicación. En estos casos, las decisiones judiciales de los Tribunales federales o de Distrito pueden ser objeto de una revisión por parte de la Corte Suprema de Justicia.

En esta forma, el amparo contra leyes en *México* ha sido considerado como una «acción directa» contra una ley no siendo necesaria para su ejercicio la existencia de un acto administrativo concreto o de una decisión judicial que la aplique. Sin embargo, dado que la cuestión constitucional planteada no puede ser abstracta, sólo las leyes que afectan directamente al demandante, sin necesidad alguna de otro acto del Estado inmediato o posterior, pueden ser objeto de esta acción. Así pues, el objeto de la acción son las leyes auto-aplicativas, es decir, aquellas que, por su contenido causan un perjuicio directo y personal al demandante. Por ello, en principio, la acción de amparo contra leyes debe plantearse ante los tribunales en un plazo de 30 días a partir de su publicación, y la decisión judicial respectiva, por supuesto, como en todo sistema difuso de control de constitucionalidad, tiene efectos *inter partes*.

Debe señalarse, en todo caso, que mediante la reforma constitucional de diciembre de 1994, en *México* se estableció la acción directa de inconstitucionalidad contra las leyes y demás normas de carácter general que se ejerce ante la Suprema Corte de Justicia, con lo cual *México* ha pasado a formar parte de los países con un sistema mixto o integral de control de la constitucionalidad, que combina el método difuso con el concentrado.

La Constitución de *Colombia* de 1991, como se dijo, siguiendo la tradición establecida a partir de la reforma constitucional de 1910, y que se había plasmado en la Ley 57 de 1887, de efímera vigencia, establece en su artículo 4 el principio de la supremacía de la Constitución y la base del sistema de control difuso de la constitucionalidad de las leyes y demás actos normativos. Este sistema de control se ejerce en paralelo al control concentrado atribuido a la Corte Constitucional la cual conoce de la inconstitucionalidad de las leyes mediante acción popular. En *Venezuela*, también existe un sistema mixto o integral de control de la constitucionalidad, al combinarse el control concentrado que ejerce la Corte Suprema de Justicia mediante acción popular, creado en 1858, con el control difuso, previsto desde 1897, en el Código de Procedimiento Civil.

También conforme al modelo *norteamericano* y basado en el principio de la supremacía de la Constitución, la Constitución *guatemalteca* desde 1921, ha consagrado la facultad de los tribunales para declarar, en sus decisiones, la inaplicabilidad de cualquier ley o disposición de los demás poderes del Estado, cuando sean contrarios a las normas contenidas en la Constitución de la República (art 93, c. Constitución de 1921). Esta facultad de los Tribunales, que se configura como un poder difuso de control judicial, se mantuvo en todos los textos constitucionales hasta que la Constitución de 1965 añadió, al sistema difuso, un poder concentrado de control de la constitucionalidad conferido a un Tribunal Constitucional especialmente creado para ese fin, habiendo sido el primero de estos Tribunales creado en *América Latina*. Por lo tanto, desde 1965, el sistema *guatemalteco* de control judicial también puede considerarse como un sistema mixto o integral. Finalmente, también existe un sistema mixto de control de la constitucionalidad en el *Perú*, desde la Constitución de 1979, donde se sentaron las bases del método difuso de justicia constitucional y, además, según el modelo español, se creó un Tribunal de Garantías Constitucionales dotado de poderes concentrados de control de la constitucionalidad, que la reforma de la Constitución de 1993, ha convertido en Tribunal Constitucional. Este Tribunal Constitucional es el único de su tipo, en *América Latina*, ubicado fuera del Poder Judicial.

3. El carácter incidental del método difuso y los poderes ex-officio de los jueces

El deber de todos los tribunales que deriva del método difuso de control de la constitucionalidad de las leyes, lo que implica el deber de dar preferencia a la Constitución y, en consecuencia, de desaplicar las leyes que consideren inconstitucionales, y por tanto, nulas y sin valor, implica que este deber judicial sólo puede ser cumplido *incidenter tantum*, es decir, en un proceso concreto del cual el juez esté conociendo, y donde la inconstitucionalidad de la ley o norma no es ni el objeto de dicho proceso ni el asunto principal del mismo.

En consecuencia, para que se pueda ejercer el control difuso de la constitucionalidad de las leyes, siempre tiene que existir un proceso ante un Tribunal en cualquier materia, por lo que siempre es un sistema incidental de control, en el sentido de que la cuestión de inconstitucionalidad de una ley y su inaplicabilidad, debe plantearse en un caso o proceso concreto («*cases or controversies*» como lo ha precisado la jurisprudencia *norteamericana*), cualquiera sea su naturaleza, en el cual la aplicación o no de una norma concreta es considerada por el Juez como relevante para la decisión del caso. En consecuencia, en el método difuso de control de constitucionalidad, el objeto principal del proceso y de la decisión judicial no es la consideración abstracta de la constitucionalidad o inconstitucionalidad de la ley o su aplicabilidad o inaplicabilidad, sino mas bien, la decisión de un caso concreto de carácter civil, penal, administrativo, mercantil, laboral, etc.

Ahora bien, si se trata de un deber de los jueces el aplicar la Constitución en un caso concreto y desaplicar, para su decisión, la ley que consideren inconstitucional, los jueces deberían poder considerar *de oficio* las cuestiones de constitucionalidad, a pesar de que ninguna de las partes en el proceso las haya planteado. De hecho, esta es la consecuencia directa de la garantía objetiva de la Constitución cuando se establece la nulidad de las leyes que le sean contrarias, y lo que, además, produce como consecuencia la reserva dada a los jueces para considerar la nulidad y la inaplicabilidad de una norma en un caso concreto. Por supuesto, en el caso de que la cuestión constitucional se formule por una parte en el proceso, efectivamente debe tratarse de una parte con la legitimación necesaria para actuar como tal, y con el interés requerido para plantear la inaplicabilidad de la ley inconstitucional en el caso concreto.

Debe advertirse, sin embargo, que aún cuando este aspecto de la racionalidad del método difuso de control de la constitucionalidad es seguido en países como *Venezuela* y *Honduras*, en general, las normas procesales de la mayoría de los países prohíben a los Tribunales considerar de oficio, al decidir un caso concreto, cualquier cuestión, incluso las cuestiones de inconstitucionalidad· En tal sentido en *Brasil,* al igual que en *Argentina,* conforme al modelo *norteamericano,* los jueces no tienen el poder de juzgar *ex officio* la constitucionalidad de las leyes, la cual debe ser alegada como una excepción o defensa por una de las partes en el procedimiento.

En el caso de *Colombia,* si bien el texto de la Constitución no excluye los eventuales poderes *ex officio* que puedan tener los jueces para decidir solos, y sin que se lo requiera una parte, desaplicar una determinada ley, se ha entendido que lo que se establece en la Constitución es una «excepción de inconstitucionalidad», en el sentido de que, en todo caso, la cuestión constitucional debe plantearse por una de las partes en el proceso mediante una excepción relativa a la aplicabilidad de una ley; parte que debe tener un interés personal y directo en la no aplicación de la ley en el caso concreto.

4. Los efectos de las decisiones en materia de control difuso de la constitucionalidad

Otro aspecto de la racionalidad del método difuso de control de constitucionalidad se refiere a los efectos de la decisión que adopten los Tribunales en relación a la constitucionalidad o aplicabilidad de la ley en un caso concreto; y este aspecto de los efectos de la decisión judicial se relaciona con dos preguntas: primero, ¿a quién afecta la decisión?, y segundo, ¿cuándo comienza a surtir efectos?

A. Los efectos inter partes de las decisiones

En relación al primer interrogante, la racionalidad del método difuso es que la decisión adoptada por el Juez sólo tiene efectos en relación a las partes en el proceso concreto en la cual aquella se adopta. En otras palabras, en el método difuso de control de constitucionalidad, la decisión adoptada en un caso sobre la inconstitucionalidad e inaplicabilidad de la ley, sólo tiene efectos *in casu et inter partes,* es decir, en relación al caso concreto y exclusivamente en relación a las partes que han participado en el proceso, por lo que no puede ser aplicada a otros particulares. Esta es la consecuencia directa del antes mencionado aspecto relativo al carácter incidental del método difuso de control de constitucionalidad.

En consecuencia, si una ley es considerada inconstitucional en una decisión judicial, esto no significa que dicha ley haya sido invalidada y que no sea efectiva y aplicable en otros casos. Sólo significa que en cuanto concierne a ese proceso particular y a las partes que en él intervinieron en el cual el Juez decidió la inaplicabilidad de la Ley, ésta debe considerarse inconstitucional, nula y sin valor, sin que ello tenga ningún efecto en relación a otros procesos, otros jueces y otros particulares.

B. Los efectos declarativos de las decisiones judiciales

Por otra parte, los efectos *inter partes* de la decisión judicial adoptada conforme al método de control difuso de control de la constitucionalidad, están directamente relacionados con otras cuestiones concernientes también a los efectos de la decisión, pero en el tiempo, es decir, respecto de cuándo comienza a ser efectiva la declaración de inconstitucionalidad y, por supuesto, también en relación a la nulidad como garantía de la Constitución.

Cuando un Juez decide sobre la constitucionalidad de una ley, y la declara inconstitucional e inaplicable a un caso concreto, es porque la considera nula y sin valor, tal cual como si nunca hubiera existido. Por ello, la decisión tiene efectos declarativos: declara que una ley es inconstitucional y consecuentemente que ha sido inconstitucional desde que se dictó. Así, la ley cuya inaplicabilidad se decida por ser contraria a la Constitución, debe ser considerada por el Juez como si nunca hubiera tenido validez y como si siempre hubiese sido nula y sin valor.

Por ello es que se dice que la decisión del Juez, de carácter declarativa, tiene efectos *ex tunc, pro praeterito* o de carácter retroactivo, en el sentido de que dichos efectos se retrotraen al momento en el cual la norma considerada inconstitucional fue promulgada. El acto legislativo declarado inconstitucional por un Juez conforme al método difuso de control de constitucionalidad, por tanto, es considerado, *ab initio* como nulo y sin valor, por lo que no es anulado por el Juez sino que éste sólo lo considera como nulo.Por tanto, en estos casos de control constitucional difuso, los jueces no pueden anular la ley sino considerarla inconstitucional, no pudiendo los efectos de su decisión extenderse o generalizarse a otros casos o sujetos.

Por el contrario, tal como sucede en todos los sistemas con control judicial difuso, el Tribunal debe limitarse a decidir la no aplicación de la ley inconstitucional en el caso concreto, por supuesto, sólo cuando ello resulta pertinente para la resolución del caso. Por ello, la ley que ha sido inaplicada en un caso concreto, sigue vigente, y otros jueces pueden seguir aplicándola. Inclusive, el juez que decide no aplicar la ley en un caso concreto, podría cambiar de opinión en un juicio posterior.

5. Las variadas soluciones al problema de la ausencia de uniformidad de las decisiones judiciales que provoca el sistema difuso

Una cuestión central en relación al método difuso de control de la constitucionalidad de las leyes es la relativa a los efectos prácticos que puede tener su adopción, particularmente en cuanto a la ausencia de unidad de decisiones, de manera que para evitar la incertidumbre del orden legal y las posibles contradicciones en relación a la aplicabilidad de las leyes, se han establecido correcciones a estos efectos declarativos e *inter partes* de las decisiones, a través de la doctrina *stare decisis* o mediante regulaciones de derecho positivo, cuando las decisiones se adoptan por la Corte Suprema de Justicia de un país.

En efecto, en ausencia de método alguno de control de la constitucionalidad en *Europa*, antes de los años veinte y con el marco tradicional del principio de la separación de poderes basado en la soberanía del Legislador, la supremacía de la Ley y la desconfianza en los tribunales como órganos de control de la acción legislativa, una de las críticas fundamentales formuladas al método difuso de control de la constitucionalidad fue, no sólo la ausencia de uniformidad de las decisiones de control, sino la incertidumbre que podía derivarse de las eventuales decisiones contradictorias que podían dictarse en la materia.

En realidad, estos problemas existen en todos los países que han adoptado el método difuso, no pudiendo considerarse como esencialmente peculiares a los países con tradición de derecho romano que lo hayan adoptado, y si bien es cierto que la doctrina *stare decisis* en los países del *common law* es una corrección a los problemas anotados, la misma no es absoluta, pues no todos los casos en los cuales los tribunales inferiores decidan cuestiones de constitucionalidad, por ejemplo, en los *Estados Unidos de Norteamérica*, llegan a la Corte Suprema, la cual decide discrecionalmente los casos que conoce (*writ of certiorary*).

Por otra parte, y aún cuando la doctrina *stare decisis,* tal como es conocida en los países del *common law,* en general no se aplica en países con sistemas jurídicos de la tradición del derecho romano, aquellos en los cuales se ha establecido un método difuso de control de constitucionalidad han adoptado, paralelamente, sus propios correctivos a los problemas planteados, con efectos similares. Por ejemplo, en el sistema de amparo *mexicano,* la Constitución establece el principio de que la Ley de Amparo debe precisar los casos en los cuales la «jurisprudencia», es decir, los precedentes judiciales de las Cortes Federales, deben ser obligatorios (art. 107 Sección XIII, parágrafo 1 de la Constitución, Enmienda de 1950-1951). Por ello, la Ley de Amparo establece los casos en los cuales las decisiones de la Corte Suprema e, incluso, de las Cortes de Circuito, deben considerarse como precedentes obligatorios, lo que sucede sólo cuando se hayan dictado cinco decisiones consecutivas, que no sean interrumpidas por alguna decisión incompatible, con el mismo efecto.

Los efectos de esta «jurisprudencia», parcialmente han sido considerados como equivalentes a los que resultan del principio *stare decisis.* Incluso, en el sistema de amparo *mexicano,* el llamado «amparo contra leyes» ha sido desarrollado también como una acción extraordinaria de inconstitucionalidad de leyes auto-aplicativas, que afecten directamente derechos de un individuo, y que pueden ser impugnadas ante las Cortes Federales, permitiéndoles juzgar la inconstitucionalidad de la ley sin relación alguna con un proceso concreto.

En sentido similar, en *Argentina* y *Brasil,* países que también siguen de cerca el modelo *norteamericano* en el sentido del poder otorgado a todos los tribunales de decidir no aplicar las leyes basados en consideraciones constitucionales, se ha establecido la institución procesal denominada «recurso extraordinario de inconstitucionalidad» que puede formularse ante la Corte Suprema contra decisiones judiciales adoptadas en última instancia en las cuales se considera una Ley federal como inconstitucional e inaplicable al caso concreto. En estos casos, la decisión adoptada por la Corte Suprema tiene efectos *in casu et inter partes,* pero siendo dictada por el Tribunal Supremo, tiene de hecho efectos obligatorios respecto de los tribunales inferiores. El mismo sistema se estableció en *Colombia* al atribuirse a la Corte Constitucional la potestad de revisar las sentencias de amaro. En el caso de Venezuela, la Constitución de 1999 también previó expresamente la competencia de la Sala Constitucional del Tribunal Supremo para conocer de un recurso de revisión contra sentencias definitivas dictadas por los tribunales de instancia cuando ejercer el control difuso de la constitucionalidad de las leyes, cuyo conocimiento es discrecional por parte de la Sala, la cual puede adoptar interpretaciones constitucionales vinculantes para todos los órganos jurisdiccionales. En Honduras, igualmente, en cuanto a las sentencias dictadas por los tribunales de instancia en materia de control difuso de la constitucionalidad, se prevé un mecanismo de consulta obligatoria para ante la Sala de lo Constitucional de la Corte Suprema de Justicia, la cual también está facultada para conocer y resolver solamente aquellos casos que discrecionalmente seleccione por su importancia constitucional, y en cuyo caso, el criterio que establezca en materia constitucional será de obligatorio acatamiento por los órganos jurisdiccionales (art. 74).

Finalmente, en los otros países con tradición de derecho romano donde se ha adoptado el método difuso de control de la constitucionalidad, debe tenerse en cuenta, particularmente en materia de casación, el valor de las decisiones de la Sala de Casación de la Corte Suprema para los Tribunales de instancia. En *Venezuela*, el Código de Procedimiento Civil establece que «los jueces de instancia procurarán acoger la doctrina de casación establecida en los casos análogos, para defender la integridad de la legislación y la uniformidad de la jurisprudencia» (art. 321).

Pero en los casos en que los asuntos no lleguen a la Sala de Casación, los países de tradición de derecho romano con método difuso de control de constitucionalidad, también han establecido correctivos a los problemas originados por la incertidumbre y conflictividad de decisiones judiciales, mediante el establecimiento de un sistema mixto o integral de control de constitucionalidad, que combina el método difuso con el método concentrado. En *América Latina* este es el caso de *Bolivia, Colombia, Guatemala, Perú, Venezuela,* y recientemente de *México,* donde paralelamente al método difuso de control de constitucionalidad expresamente previsto en el derecho positivo, también existe el método concentrado de control de constitucionalidad, que autoriza a la Corte Suprema de Justicia o a la Corte Constitucional para anular formalmente las leyes inconstitucionales, con efectos *erga omnes,* cuando es requerida mediante el ejercicio de una acción que incluso puede ser *actio popularis,* como en *Colombia* y *Venezuela,* es decir, que puede ser interpuesta por cualquier persona.

En consecuencia, en estos países, paralelamente al poder atribuido a cualquier tribunal para considerar en un caso concreto una ley como inconstitucional y desaplicarla, la Corte Suprema de Justicia o la Corte Constitucional tiene el poder de anular con efectos generales las leyes impugnadas por inconstitucionales.

En consecuencia, en el mismo sentido en que se ha desarrollado la doctrina *stare decisis* en los países con sistemas jurídicos del *common law,* para resolver los problemas de incertidumbre y posible conflictividad entre las decisiones judiciales adoptadas por los diferentes tribunales en materia de inconstitucionalidad de las leyes que un método difuso puede originar; también los países con sistemas jurídicos de tradición de derecho romano que han adoptado el mismo método, han desarrollado diversos mecanismos legales particulares para prevenir los efectos negativos originados por los mencionados problemas, sea otorgando carácter obligatorio a los precedentes, sea asignando los poderes necesarios a una Corte Suprema o a un Tribunal Constitucional para declarar la inconstitucionalidad de las leyes, con carácter general y efectos obligatorios.

Los eventuales problemas originados por la aplicación del método difuso de control de constitucionalidad de las leyes, en consecuencia, son comunes a todos los países que lo han adoptado, sea que pertenezcan a sistemas jurídicos con tradición de derecho romano o de *common law,* por lo que la adopción del método difuso no puede conducir, en sí mismo, a considerarlo como incompatible con los sistemas jurídicos de derecho romano, por el solo hecho que no exista en ellos la regla del *stare decisis.* Ello lo desmiente el caso de *América Latina.*

II. EL MÉTODO CONCENTRADO DE CONTROL DE CONSTITUCIONALIDAD EN AMÉRICA LATINA

1. Antecedentes

Contrariamente al método difuso, el método concentrado de control de la constitucionalidad se caracteriza por el hecho de que el ordenamiento constitucional confiere a *un solo órgano estatal* el poder de actuar como juez constitucional, generalmente respecto de ciertos actos estatales (leyes o actos de similar rango dictados en ejecución directa de la Constitución), en general con potestad para anularlos. Excepcionalmente, en algunos casos, como sucede en Panamá, el control de la constitucionalidad que ejerce la Corte Suprema de Justicia no sólo se refiere a las leyes y demás actos de rango legal, sino materialmente a todos los actos estatales, lo que lo hace único en el mundo.

Este método concentrado de control puede ser *exclusivamente* concentrado como sucede en Panamá, Uruguay, Costa Rica o Paraguay y Honduras; o puede estar establecido en forma combinada con el método difuso de control, como sucede en Colombia, El Salvador, Venezuela, Guatemala, Brasil, México, Perú y Bolivia.

Ahora bien, el órgano estatal dotado del privilegio de ser el único juez constitucional de las leyes con poderes anulatorios (o derogatorios) de las mismas en el sistema concentrado de control de la constitucionalidad, puede ser la Corte Suprema de Justicia ubicada en la cúspide de la jerarquía judicial de un país, como es el caso por ejemplo en *México*; una Sala Constitucional de la Corte Suprema de Justicia, como sucede en Costa Rica, El Salvador, Venezuela y Honduras o una Corte o Tribunal Constitucional creado especialmente por la Constitución, dentro o fuera de la jerarquía judicial para actuar como único juez constitucional, como es el caso de *Colombia, Chile, Perú, Guatemala, Ecuador* y *Bolivia*. En ambos casos, estos órganos tienen en común el ejercicio de una actividad jurisdiccional, como jueces constitucionales.

Por ello, el método concentrado de control de la constitucionalidad, aun cuando sea generalmente similar al «modelo *europeo*» de Tribunales constitucionales especiales, no implica necesariamente la existencia de un Tribunal Constitucional especial, incluso concebido constitucionalmente fuera del Poder Judicial. La experiencia *latinoamericana* de control concentrado de la constitucionalidad así lo demuestra, pues en general, han sido las Cortes Supremas de Justicia las que lo han ejercido; y en los casos en los cuales se ha atribuido a Tribunales Constitucionales el ejercicio del control, estos están dentro del Poder Judicial (*Guatemala, Colombia, Ecuador* y *Bolivia*) con la excepción de los casos de *Chile* y del *Perú*, cuyas Constituciones regularon a los Tribunales Constitucionales fuera del Poder Judicial.

A diferencia del método difuso de control de la constitucionalidad de las leyes, el método concentrado de control de la constitucionalidad, al tener el juez constitucional en general potestades anulatorias (derogatorias, conforme a la terminología de Honduras), evidentemente que no puede desarrollarse como consecuencia de la labor pretoriana de los jueces, sino que debe ser expresamente establecido, *expressis verbis,* por normas constitucionales. En esta forma, la Constitución, como Ley suprema de un país, es el único texto que puede limitar los poderes y deberes generales de los tribunales para decidir la ley aplicable en cada caso; y es la única habilitada para atribuir dichos poderes y deberes con potestades anulatorias, en lo referente a ciertos actos del Estado, a ciertos órganos constitucionales, sea la Corte Suprema o una Corte o Tribunal Constitucional.

En tal sentido, el control concentrado de la constitucionalidad de las leyes se estableció por primera vez en *América Latina*, en *Venezuela*, en la Constitución de 1858, al atribuirse a la Corte Suprema de Justicia competencia para conocer de la *acción popular* de inconstitucionalidad de los actos de las Legislaturas Provinciales, precisándose en el artículo 113, ordinal 8° la competencia de la Corte para:

Declarar la nulidad de los actos legislativos sancionados por las Legislaturas Provinciales, a petición de cualquier ciudadano, cuando sean contrarios a la Constitución.

Esta atribución de la Corte Suprema, a partir de la Constitución de 1893, se amplió respecto de todas las leyes, decretos y resoluciones inconstitucionales (art. 110, ord. 8º).

En el caso de *Colombia*, la competencia de la Corte Suprema de Justicia en materia de control de constitucionalidad se estableció por primera vez en la Constitución de 1886, respecto de los actos legislativos, en forma limitada y preventiva cuando hubiesen sido objetados por el Gobierno (arts. 88, 90 y 151, ord. 4º). Posteriormente, mediante el Acto Legislativo N° 3 de 31 de octubre de 1910 (reformatorio de la Constitución Nacional), el sistema concentrado *colombiano* de justicia constitucional adquirió plena consagración, al establecerse en el artículo 41, la *acción popular* de inconstitucionalidad, al atribuirse a la Corte Suprema de Justicia como «guardián de la integridad de la Constitución», competencia para:

Decidir definitivamente sobre la exequibilidad de los actos legislativos que hayan sido objetados como inconstitucionales por el Gobierno, o sobre todas las leyes o decretos acusados ante ella por cualquier ciudadano como inconstitucionales, previa audiencia del Procurador General de la Nación.

La *acción popular* de inconstitucionalidad de las leyes, por tanto, tiene su antecedente en la Constitución *venezolana* de 1858 y en la Constitución *colombiana* de 1910; países en los cuales, como se ha visto, además, se previó el control difuso de la constitucionalidad de las leyes, consagrándoselo formalmente (*expressis verbis*) en *Venezuela* a partir de 1897 y en *Colombia*, en un breve período en 1887 y luego, a partir de 1910; configurándose así un sistema mixto o integral de control de la constitucionalidad, al cual se han ido orientando progresivamente los sistemas *latinoamericanos*. Este es el caso, por ejemplo, además de *Venezuela* y *Colombia*, de *Brasil, Perú, El Salvador* y *Guatemala* y más recientemente, de *México* y ahora de *Honduras*. No obstante, algunos sistemas de *América Latina*, como el de *Panamá, Uruguay* y *Paraguay* y antes el de Honduras, han permanecido exclusivamente concentrados, países donde sólo la Corte Suprema de Justicia tiene una jurisdicción exclusiva y original para declarar la inconstitucionalidad de las leyes.

Debe destacarse, sin embargo, que la modalidad del método concentrado de control de la constitucionalidad basado en la creación de un órgano constitucional especial, una Corte o un Tribunal para actuar como juez constitucional dotado del poder original y exclusivo para anular las leyes y otros actos de rango y efectos similares, ha marcado la evolución de la justicia constitucional en las últimas décadas en *América Latina*. Bajo la influencia del modelo *europeo*, pero de una manera incompleta, el sistema se ha implantado en *Guatemala*, en la década de los sesenta, y en *Chile* hacia principios de los años 70, con la creación de sendos Tribunales Constitucionales. Luego apareció en *Ecuador* y *Perú* donde fueron creados Tribunales de Garantías Constitucionales convertidos recientemente en Tribunales Constitucionales. En 1991, la Constitución de *Colombia*, estableció una Corte Constitucional, al igual que sucedió en *Bolivia*, en 1994.

2. La diversa configuración del método concentrado de justicia constitucional: exclusivo o combinado con el método difuso

La esencia de todo sistema de control de la constitucionalidad de las leyes es la noción de supremacía de la Constitución, de manera que si la Constitución es la Ley suprema de un país y, por lo tanto, prevalece ante todas las demás leyes, entonces un acto del Estado que contradiga la Constitución no puede constituir una norma efectiva; al contrario, debe considerarse nulo.

Ahora bien, el principal elemento que aclara la diferencia entre los dos grandes métodos de control de la constitucionalidad (difuso y concentrado) no es una posible distinta concepción de la Constitución y de su supremacía, sino más bien, el tipo de garantía adoptado en el sistema constitucional para preservar dicha supremacía: la nulidad o la anulabilidad del acto inconstitucional. En esta forma, la nulidad de los actos inconstitucionales del Estado es la garantía de la Constitución que conduce al sistema difuso de control de la constitucionalidad; en cambio, la anulabilidad es, precisamente, la que conduce al método concentrado de control de la constitucionalidad de las leyes.

Contrariamente a la nulidad de los actos del Estado, la anulabilidad de dichos actos, cuando se considera como una garantía objetiva de la Constitución, significa que el acto del Estado, aún irregular o inconstitucional, una vez producido por una institución pública debe considerarse como un acto válido y efectivo hasta que el órgano que lo produjo lo derogue o revoque, o hasta que se decida su anulación por otro órgano del Estado con poderes constitucionales para ello. Este es, precisamente, el caso del método concentrado de control de la constitucionalidad, en el cual la Constitución confiere el poder para anular, con efectos generales, algunos actos inconstitucionales del Estado, a un solo órgano constitucional, sea éste la Corte Suprema existente o un órgano creado especialmente dentro o fuera del Poder Judicial, con funciones jurisdiccionales que le permiten actuar como juez constitucional.

En todo caso, en los sistemas constitucionales que adoptan el método concentrado de control de la constitucionalidad, el deber de todos los jueces y tribunales consiste en examinar la constitucionalidad de los actos del Estado. Sin embargo, cuando el acto cuestionado es una ley u otro acto inmediatamente subordinado o de ejecución directa de la Constitución, los tribunales ordinarios no pueden juzgar su inconstitucionalidad, puesto que dicho poder está reservado a un Tribunal Constitucional especial o a la Corte Suprema de un país determinado, el cual puede anular el acto.

Ahora bien, el poder de declarar la nulidad por inconstitucionalidad de las leyes y demás actos de ejecución directa de la Constitución, como se dijo, puede ser ejercido por la Corte Suprema de Justicia en forma exclusiva o por la propia Corte Suprema o un Tribunal Constitucional en un sistema mixto o integral, que además del control concentrado admite el control difuso de la constitucionalidad. En *Amé-*

rica Latina el control concentrado se ha configurado en esas dos formas. Además, existe una tercera forma de control concentrado que ejercen en forma paralela y exclusiva tanto la Corte Suprema de Justicia como un Tribunal Constitucional.

A. El control judicial concentrado de la constitucionalidad de las leyes como método exclusivo

En algunos países de América Latina se ha configurado el control de la constitucionalidad, exclusivamente como control judicial concentrado de la constitucionalidad de las leyes atribuido en exclusiva a las Cortes Supremas de Justicia en pleno o de una Sala Constitucional especializada de la misma, o a un Tribunal Constitucional. Este último es el caso de *Bolivia* y *Chile* configurados con el con el poder exclusivo de actuar como juez constitucional.

a. El control de constitucionalidad ejercido por la Corte Suprema de Justicia o por una Sala Constitucional de la misma

En algunos supuestos, como se dijo, la Constitución atribuye a la Corte Suprema el carácter de único juez de la constitucionalidad de las leyes. Es el caso de *Uruguay* y *Panamá.*

En efecto, el artículo 188,1 de la Constitución de *Panamá* le otorga a la Corte Suprema de Justicia el poder exclusivo de proteger la integridad de la Constitución y controlar la constitucionalidad de la legislación a través de dos métodos: mediante el ejercicio de una acción directa o mediante el planteamiento de una cuestión de constitucionalidad de carácter incidental, formulada por un órgano estatal inferior que tenga competencia para impartir justicia. En ambos casos de control, la decisión de la Corte Suprema es de efectos generales, y obligatoria, y no está sujeta a ningún tipo de control.

En el sistema de *Uruguay,* la Constitución de 1989 atribuye a la Corte Suprema de Justicia la jurisdicción exclusiva y originaria para declarar la inconstitucionalidad de las leyes y otros actos del Estado que tengan fuerza de ley, con fundamento tanto en razones substantivas como formales (art. 256). La Corte también conoce de los asuntos de inconstitucionalidad, sea mediante una acción que sólo pueden ejercer los interesados, sea mediante una incidencia planteada en un proceso ordinario. En ambos casos, y a diferencia del sistema *panameño,* las decisiones de la Corte Suprema sobre cuestiones de constitucionalidad se refieren, exclusivamente, al caso concreto, teniendo, por tanto, efectos sólo en los procedimientos en los que fueron adoptados.

b. El control de constitucionalidad ejercido por una sala Constitucional de la Corte Suprema de Justicia

En otros países, el poder exclusivo de actuar como juez constitucional se ha atribuido particularmente a una *Sala Constitucional* de la Corte Suprema de Justicia. Es el caso de *Paraguay, Costa Rica, El Salvador* y *Honduras.*

En efecto, de manera similar al modelo *uruguayo,* en *Paraguay,* la Constitución de 1992 ha mantenido el sistema de control concentrado de la constitucionalidad, atribuyendo exclusivamente a la Sala Constitucional de la Corte Suprema de Justicia, la competencia para decidir las acciones o excepciones que se planteen con el fin de declarar la inconstitucionalidad e inaplicabilidad de disposiciones contrarias al texto fundamental. De acuerdo con el artículo 260 de la Constitución, el procedimiento puede iniciarse por acción ante la Sala Constitucional o por vía de excepción en cualquier instancia, en cuyo caso se elevan los antecedentes a la Corte. En ambos casos la decisión de la Corte Suprema sólo tiene efectos con respecto al caso concreto y al peticionante.

En la Constitución de *El Salvador* (art. 174), y particularmente a raíz de las reformas de 1991-1992, se ha previsto que la Corte Suprema de Justicia tiene una Sala Constitucional, a la cual corresponde conocer y resolver las demandas de inconstitucionalidad de las leyes, decretos y reglamentos, los procesos de amparo, el *habeas corpus*, y las controversias entre los órganos Legislativos y Ejecutivos.

Como consecuencia de la reforma constitucional de 1989, en *Costa Rica* también se creó una Sala Constitucional en la Corte Suprema de Justicia, que está encargada de declarar exclusivamente la inconstitucionalidad de las normas, independientemente de su naturaleza, así como de los actos de derecho público, a excepción de los actos jurisdiccionales del Poder Judicial. Por consiguiente, en *Costa Rica* se estableció un sistema concentrado de control judicial de la constitucionalidad de las leyes atribuido exclusivamente a la Sala Constitucional de la Corte Suprema de Justicia.

La Sala Constitucional conforme a la Ley de la Jurisdicción Constitucional de 1990, puede ejercer el control de la constitucionalidad mediante cuatro medios distintos: la acción de inconstitucionalidad, las consultas legislativas, las consultas judiciales y la vía preventiva. En el primer caso, se trata del ejercicio de la acción de inconstitucionalidad contra las leyes y otras disposiciones generales, a través de dos procedimientos: la vía incidental y la vía de acción principal o directa. La decisión de la Sala Constitucional que declare la acción con lugar, anula la ley y tiene efectos *erga omnes*.

Según la Constitución y la Ley de la Jurisdicción Constitucional, el segundo medio a través del cual la Sala Constitucional puede ejercer su poder de control judicial concentrado de la constitucionalidad, es el de las consultas que le puede formular la Asamblea Legislativa durante la discusión de las reformas constitucionales, de la aprobación de acuerdos o tratados internacionales y de proyectos de reforma de la Ley de la Jurisdicción Constitucional; y además de proyectos de leyes ordinarias en discusión en la Asamblea, a petición de por lo menos diez diputados. En todos estos casos se trata de un medio de control de la constitucionalidad de tipo preventivo, puesto que la decisión de la Sala Constitucional se adopta antes de la sanción de la Ley, siendo de naturaleza obligatoria. En estos casos, la decisión interpretativa de la Sala Constitucional tiene carácter obligatorio y efectos de cosa juzgada.

El último medio de control de la constitucionalidad de las leyes previsto en *Costa Rica* se refiere al veto presidencial formulado respecto de leyes sancionadas pero no promulgadas, por razones de inconstitucionalidad, de conformidad con el artículo 125 de la Constitución. En esos casos de ejercicio del veto, si la Asamblea no acepta las objeciones constitucionales formuladas por el Presidente, el asunto debe ser sometido a la Sala Constitucional, suspendiéndose la promulgación de la ley.

En *Honduras*, la Constitución de 1982 (art. 184) y su reforma de 2000, también estableció un sistema de control de la constitucionalidad de carácter concentrado atribuido exclusivamente a la Corte Suprema de Justicia, la cual así mismo conoce de los asuntos mediante una acción intentada por las personas interesadas o por vía incidental, mediante la remisión que le hiciera de la cuestión un juez ordinario. Debe señalarse, además, que de acuerdo con el artículo 183, ordinal 2° de la Constitución de Honduras de 1982, también procedía el amparo contra leyes, para que se declarase en casos concretos que la ley no obligaba ni era aplicable al recurrente por contravenir, disminuir o tergiversar cualesquiera de los derechos reconocidos por la Constitución; competencia que la Ley de Amparo de 1936 atribuía a la Corte Suprema de Justicia. Esta competencia fue eliminada en la reforma constitucional de 2006. Por otra parte, debe advertirse que si bien en la Constitución se establece el control difuso (art. 320), en la práctica legislativa el mismo no se ha aplicado, siendo el sistema exclusivamente concentrado.

c. El control de constitucionalidad ejercido por un Tribunal Constitucional

En otros casos, el control concentrado de la constitucionalidad de las leyes como sistema exclusivo ha sido atribuido a un Tribunal Constitucional, como es el caso de *Bolivia* y de *Chile*.

Mediante la reforma constitucional de 1994, creó en *Bolivia* un Tribunal Constitucional con poder para ejercer el control concentrado de la constitucionalidad de las leyes. El Tribunal Constitucional tiene así, competencia para conocer de acciones de inconstitucionalidad de las leyes y decidir sobre su nulidad cuando los considere inconstitucionales con efectos *erga omnes* (Articulo 58). Con tal propósito, la acción de inconstitucionalidad de las leyes o reglamentos generales, puede intentarse mediante acción de control abstracta solamente por el Presidente de la Republica, cualquier senador o diputado, por el Procurador general de la república el defensor del Pueblo (Articulo 7,1). También es posible para las partes en un caso, o por decisión del juez respectivo, de oficio, que se eleven ante el Tribunal Constitucional cuestiones de inconstitucionalidad de las leyes mediante un recurso incidental, cuando la decisión del caso concreto dependa en la constitucionalidad de la ley aplicable (Articulo 59).

En *Chile*, a partir de la reforma constitucional de 2006, el sistema de justicia constitucional se configuró como control concentrado exclusivo atribuido al Tribunal Constitucional, habiendo pasado de un sistema concentrado de control de la constitucionalidad que estaba conferido en forma exclusiva a dos órganos judiciales separados: a la Corte Suprema de Justicia, a través de una vía incidental, y al Tribunal Constitucional, a través de una acción directa, y sólo de carácter posterior; a la concentración del control en el solo Tribunal Constitucional.

En efecto, a partir de la reforma constitucional de 1925, se había autorizado a la Corte Suprema de Justicia para declarar la inaplicabilidad de una ley en vigor a un caso concreto por razones de inconstitucionalidad. En esta forma, la Constitución instauró un sistema concentrado de control de la constitucionalidad de carácter incidental por ante la Corte Suprema de Justicia, por medio de una institución llamada «recurso de inaplicación de las leyes». Sin embargo, en vista de que este sistema de control de la constitucionalidad no solucionaba los conflictos constitucionales surgidos entre los órganos del Estado, originados en cuestiones de inconstitucionalidad de las leyes y de otras normas con fuerza equivalente, mediante la reforma constitucional del 21 de enero de 1970 se creó un Tribunal Constitucional con una serie de funciones referentes al control de la constitucionalidad y a la solución de conflictos de atribuciones entre los órganos del Estado. Este Tribunal fue disuelto en 1973, y posteriormente, restablecido a través de los artículos 81 y 83 de la Constitución de 1980.

El Tribunal Constitucional chileno tenía, entre sus atribuciones, la de juzgar, antes de su promulgación, es decir, en forma preventiva, la constitucionalidad de las leyes orgánicas o las que interpretan preceptos de la Constitución. El Tribunal estaba igualmente autorizado para ejercer el control preventivo sobre toda cuestión que surgiera durante la discusión de los proyectos de ley, de los proyectos de reforma de la Constitución y de las leyes aprobatorias de los Tratados Internacionales sometidos a la sanción del Congreso. El Tribunal también era competente para resolver las cuestiones de constitucionalidad de los decretos del Ejecutivo que tuvieran fuerza de ley; y los reclamos formulados contra el Presidente de la República cuando no promulgase una ley que tenía que haber promulgado, cuando promulgase un texto diferente al sancionado, o cuando publicase decretos constitucionales. El Tribunal también tenía competencia para resolver los conflictos referentes a decretos o resoluciones emitidas por el Presidente de la República, cuando el Controlador General de la República negase su registro por inconstitucionalidad.

Además del control preventivo de la constitucionalidad de la legislación, antes de la reforma constitucional de 2005, en *Chile*, el Tribunal Constitucional tenía atribuidos poderes de control de la constitucionalidad con carácter *a posteriori*, pero sólo respecto a los decretos con fuerza de ley, es decir, a los decretos emitidos por el Presidente de la República en razón de los poderes delegados por el Congreso, así como de los poderes presidenciales relativos a la promulgación de las leyes. En esta forma, el control constitucional sustantivo de la legislación por el Tribunal Constitucional en *Chile* no procedía contra las leyes una vez que éstas hubiesen entrado en vigencia, sino sólo contra los decretos del Ejecutivo con fuerza de ley.

Por otra parte, el Tribunal Constitucional podía ejercer el control de la constitucionalidad *a posteriori* sobre leyes pero únicamente con respecto a las formalidades relativas a su promulgación a cargo del Presidente de la República, a petición de las Cámaras del Congreso, en casos en que como se dijo, el Presidente de la República no promulgase una ley estando obligado a ello, o cuando promulgase un texto distinto del que hubiese sido objeto del procedimiento de formación de las leyes.

A partir de la reforma constitucional de 2005 este sistema se cambió sustancialmente, pasando el sistema a ser un control concentrado exclusivo a cargo del Tribunal Constitucional, eliminándose las antiguas competencias que tenía la Corte Suprema de Justicia en la materia, y que se ejerce a través de dos vías procesales (art. 82): una acción directa de inconstitucionalidad de las leyes ya promulgadas que se intenta ante el Tribunal Constitucional aún cuando sólo por determinados altos funcionarios públicos como el Presidente de la República, el Senado, la Cámara de diputados o el Contralor General de la república; y a través de un incidente de inconstitucionalidad planteado en los tribunales ordinarios, a requerimiento del tribunal o de las partes en el proceso, cuando su decisión depende de la constitucionalidad de la ley aplicable. En el primer caso, la decisión del Tribunal Constitucional tiene efectos anulatorios *erga omnes*, pero en el segundo caso, los efectos de su sentencia son sólo inter partes (Artículo 82,7).

B. El control judicial concentrado de la constitucionalidad de las leyes ejercido por la Corte Suprema o por un Tribunal Constitucional en un sistema mixto o integral de control (concentrado y difuso)

El segundo tipo de control judicial concentrado de la constitucionalidad de las leyes atribuido a las Cortes Supremas de Justicia o a los Tribunales Constitucionales se encuentra en aquellos países que han adoptado un sistema mixto o integral de control de la constitucionalidad, en el cual funcionan, paralelamente, el control difuso y el control concentrado.

a. El control concentrado de la constitucionalidad de las leyes atribuido a la Corte Suprema de Justicia en un sistema mixto o integral de control

En *Venezuela, Brasil,* y *México,* países que cuentan con un sistema difuso de control de la constitucionalidad, también se ha atribuido a la Corte Suprema de Justicia, en muchos casos a través de una Sala Constitucional, el ejercicio del control concentrado de la constitucionalidad de las leyes.

En efecto, la competencia de la Sala Constitucional del Tribunal Supremo de Justicia de *Venezuela* para declarar la nulidad, por inconstitucionalidad, de las leyes y otros actos de las Cámaras legislativas nacionales, de los Estados miembros de la Federación y de los Municipios, así como de los reglamentos y actos del gobierno promulgados por el Ejecutivo Nacional, está establecida en forma explícita, en los artículos 334 y 336 de la Constitución de 1999, correspondiendo *a todo habitante del país* la posibilidad de ejercer la acción. Se trata, por tanto, de una acción popular. Es decir, la Constitución prevé un control judicial concentrado de la constitucionalidad de todos los actos del Estado, con excepción de los actos judiciales y actos administrativos, para los cuales prevé medios específicos de control de la legalidad y constitucionalidad: el recurso de casación, la apelación y el recurso contencioso administrativo. La decisión anulatoria del Tribunal Supremo, en todo caso, tiene efectos generales, *erga omnes.*

Además, el control concentrado de la constitucionalidad de las leyes puede ejercerse en forma preventiva, respecto de las leyes sancionadas, aún no promulgadas, cuando el Presidente de la República antes de su «ejecútese» someta la consideración de la ley conforme a argumentos de inconstitucionalidad ante la sala Constitucional del Tribunal Supremo de Justicia (art. 214).

La Constitución de *Brasil,* desde 1934 instauró un sistema de control concentrado de la constitucionalidad de las leyes que corresponde al Tribunal Supremo Federal, el cual se perfeccionó definitivamente en la Constitución de 1988. Este control concentrado de la constitucionalidad se desarrolla a través de una acción de inconstitucionalidad, que puede ser de tres tipos: la acción de intervención, la acción genérica y la acción por omisión de los poderes públicos.

La acción de intervención directa fue establecida inicialmente en la Constitución de 1934 para proteger los principios constitucionales federales (gobierno republicano, independencia y armonía de los poderes, carácter temporal de los mandatos electorales, imposibilidad de un segundo mandato sucesivo de los Gobernadores, autonomía municipal, rendición de cuentas administrativas y garantías del Poder Judicial) frente a la legislación que pueden dictar los Estados miembros. En estos casos, la Constitución previó la posibilidad de que el Gobierno federal, mediante esta acción, intervenga en los Estados miembros para asegurar la observancia de dichos principios.

Además de la acción de intervención directa, la Constitución de 1946 también previó una acción directa de inconstitucionalidad, llamada «genérica» de protección de la Constitución, la cual es de dos tipos: por un lado, la que se intenta por ante el Tribunal Supremo Federal para controlar la constitucionalidad de las leyes o actos normativos federales o estadales; y por el otro, la acción que se intenta por ante la Corte Suprema de cada Estado, con el fin de obtener una declaración de inconstitucionalidad de las leyes y actos normativos de los Estados o municipios, pero en relación con las Constituciones de los Estados miembros. En estos casos, la acción sólo pueden intentarla determinados funcionarios o entidades expresamente legitimadas.

El control de la constitucionalidad también puede ser ejercido por el Tribunal Supremo Federal, a través de la acción de inconstitucionalidad por omisión, institución adoptada en la Constitución de 1988, sin duda, bajo la inspiración del sistema de control de la constitucionalidad existente en *Portugal*. El objetivo de esta acción es verificar los casos en los cuales no se han emitido las leyes o actos ejecutivos requeridos para hacer que las normas constitucionales sean plenamente aplicables.

En *México*, mediante la reforma constitucional de 1994 se incorporó un aparte al artículo 105, que trata de la competencia de la Suprema Corte de Justicia asignándole atribuciones para conocer de los conflictos entre los poderes territoriales del Estado federal y, particularmente, de las acciones de inconstitucionalidad que tengan por objeto plantear la posible contradicción entre una norma de carácter general y la Constitución, con excepción de las que se refieran a la materia electoral. La acción sólo pueden intentarla determinados funcionarios y representantes, y la decisión de la Corte tiene efectos generales de invalidez de la Ley inconstitucional.

Como se ha dicho, en Honduras, a pesar de que el sistema de control difuso está expresamente previsto en el artículo 320 de la Constitución, y con la reforma constitucional de 2000 se creó la Sala de lo Constitucional de la Corte Suprema de Justicia, atribuyéndosele competencia exclusiva para conocer del recurso de inconstitucionalidad y anular (derogar) las leyes inconstitucionales, con efectos *erga omnes*; lo que configura un sistema mixto e integral, la ley sobre la Justicia Constitucional de 2004-2005 configuró el sistema como exclusivamente concentrado.

b. El control judicial de la constitucionalidad de las leyes ejercido por Tribunales Constitucionales en un sistema mixto o integral de control

El control judicial concentrado de la constitucionalidad de las leyes en países que cuentan con el método difuso, también se ha atribuido a Tribunales Constitucionales especialmente creados en las Constituciones con este fin, en general integrados al Poder Judicial.

Este sistema ha sido adoptado en numerosos países de *América Latina*, bajo la influencia *europea*, particularmente en *Colombia, Guatemala, Perú* y *Ecuador*.

La Constitución de *Colombia* de 1991 atribuyó a la Corte Constitucional, el carácter de «guardián de la integridad y supremacía de la Constitución», que antes tenía la Corte Suprema de Justicia. Esta Corte Constitucional tiene a su cargo, entonces, el ejercicio del control concentrado de la constitucionalidad de las leyes y demás actos estatales de similar rango, para lo cual todos los ciudadanos pueden interponer una *acción popular* para requerir la anulación por inconstitucionalidad de dichos actos estatales, incluyendo los actos de reforma de la Constitución, y de convocatoria de referéndum o de asambleas constituyentes referentes a una reforma de la Constitución; los referéndum referentes a leyes, consultas populares y plebiscitos nacionales; decretos que tengan fuerza de ley dictados por el gobierno; decretos legislativos gubernamentales, tratados internacionales y leyes de ratificación de tratados.

La Corte Constitucional, además, ejerce un control preventivo de la constitucionalidad, respecto de las leyes cuya promulgación ha sido vetada por el Presidente de la República por razones de inconstitucionalidad. Además, este control preventivo de la constitucionalidad se prevé como obligatorio en ciertos casos como la emisión de decretos de emergencia o de leyes aprobatorias de tratados.

En todo caso en que la Corte anule por inconstitucionalidad un acto legislativo, esta decisión tiene efectos *erga omnes*. Además, tiene un valor de *res judicata* constitucional, y su contenido es obligatorio para todos, de forma tal que con posterioridad no puede presentarse otra acción de inconstitucionalidad contra el mismo acto.

En *Guatemala*, a partir de la Constitución de 1965, en forma paralela al método difuso se instauró un sistema concentrado de control judicial de la constitucionalidad de las leyes, atribuido a una Corte Constitucional creada para tal fin, siendo el primer país *latinoamericano* en haber creado un Tribunal Constitucional, conforme al modelo europeo.

De acuerdo con la Constitución de 1985, los poderes de control de la constitucionalidad son ejercidos por la Corte Constitucional cuando se ejerce un recurso de inconstitucionalidad, concebido como una acción directa, que puede ser ejercida contra «las leyes y disposiciones de carácter general, objetadas parcial o totalmente de inconstitucionalidad», sólo por determinados funcionarios y autoridades, teniendo la decisión de la Corte efectos generales.

Un elemento importante del procedimiento que se sigue ante la Corte Constitucional en *Guatemala*, es el hecho de que los efectos de la ley o del acto ejecutivo impugnado pueden ser suspendidos provisionalmente por la Corte durante el curso del proceso, cuando la inconstitucionalidad sea notoria y pueda causar gravamen irreparable. Esta decisión de suspender los efectos de la ley o del acto ejecutivo tiene consecuencias generales, de carácter *erga omnes* y debe ser publicada en el *Diario Oficial*.

En *Ecuador*, con motivo de las reformas constitucionales de 1995, se estableció definitivamente el método concentrado de control de la constitucionalidad de las leyes a cargo de un Tribunal Constitucional, que funcionará en paralelo con el método difuso. En esta forma, el Tribunal Constitucional tiene competencia para conocer y resolver sobre las demandas de inconstitucionalidad de las leyes, decretos-leyes, decretos y ordenanzas, y suspender total o parcialmente sus efectos. También tiene competencia el Tribunal Constitucional para conocer y resolver sobre la inconstitucionalidad de los actos administrativos de toda autoridad pública.

El Tribunal Constitucional también ejerce el control preventivo de la constitucionalidad de las leyes al resolver sobre las objeciones de inconstitucionalidad que formule el Presidente de la República en el proceso de formación de las leyes.

Las decisiones del Tribunal Constitucional de declaratoria de inconstitucionalidad causan ejecutoria y deben publicarse en el Registro Oficial, por lo que desde la fecha de la publicación entran en vigencia, dejando sin efecto la disposición y el acto declarado inconstitucional.

Por último de las decisiones que adopten las Salas de la Corte Suprema de Justicia o los tribunales de última instancia en ejercicio de sus poderes de control difuso de la constitucionalidad de las leyes, dichos órganos judiciales deben presentar un informe al Tribunal Constitucional para que éste resuelva con carácter general.

Por último, debe señalarse que la Constitución del *Perú* de 1979, había establecido las bases de un sistema difuso de control de la constitucionalidad y además, había creado el Tribunal de Garantías Constitucionales, con poderes concentrados de control de la constitucionalidad según el modelo *español*.

En la reforma constitucional de 1993 se eliminó el Tribunal de Garantías Constitucionales y se estableció, en su lugar, un Tribunal Constitucional separado del Poder Judicial. Se trata, por tanto, del único Tribunal Constitucional en *América Latina* que no está integrado al Poder Judicial.

Este Tribunal Constitucional ha sido creado como el «órgano de control de la Constitución» y tiene a su cargo conocer de la acción de inconstitucionalidad que sólo pueden ejercer determinados funcionarios o un número elevado de ciudadanos. La acción puede intentarse contra las leyes a actos de similar rango que contravengan la Constitución.

3. El carácter previo o posterior del control concentrado de la constitucionalidad de las leyes

El sistema de control concentrado de la constitucionalidad puede tener un carácter previo o posterior, o ambos, según que los órganos encargados de ejercer su poder jurisdiccional de control lo hagan antes de que la Ley entre en vigencia, es decir, antes de su promulgación, o una vez en vigencia. Por ello se distingue el control *a priori* del control *a posteriori* de la constitucionalidad de las leyes.

Puede decirse que lo característico del método concentrado de control de la constitucionalidad, es el control posterior, que permite anular actos estatales efectivos pero inconstitucionales y, en *América Latina*, este se combina en muchos casos, con un control *a priori* en algunos casos, a instancias del Presidente de la República cuando veta una ley.

En *Colombia, Venezuela, Ecuador, Panamá, Cosa Rica, Bolivia* y *Chile* en paralelo al control concentrado de la constitucionalidad de las leyes promulgadas ejercido por la propia Corte Suprema de Justicia o un Tribunal Constitucional, también existe un control preventivo que resulta, en general, de las objeciones formuladas por el Presidente de la República, al vetar las leyes por razones de inconstitucionalidad.

En efecto, en *Colombia*, a partir de 1886, en *Venezuela*, a partir de la reforma constitucional de 1945 y en *Ecuador* a partir de la Reforma Constitucional de 1955 la Constitución estableció expresamente la posibilidad de un control preventivo de la constitucionalidad de las leyes nacionales, incluyendo las leyes de aprobación de tratados internacionales y de contratos de interés público, correspondiendo su ejercicio a la Corte Suprema de Justicia o a la Corte o Tribunal Constitucional a petición del Presidente de la República, como consecuencia de su poder de veto respecto de leyes sancionadas por las Cámaras Legislativas.

En *Colombia* cuando una ley es objeto de un veto por causa de inconstitucionalidad, si las Cámaras Legislativas insisten en su promulgación, el Presidente de la República debe enviar el proyecto de ley a la Corte Suprema de Justicia o a la Corte Constitucional la cual debe decidir en un lapso de seis días.

En Venezuela, el control preventivo de la constitucionalidad de las leyes a instancias del presidente de la República, sin embargo, puede decirse que se independizó del veto a la promulgación de la ley, pudiendo el Presidente someter la Ley a la consideración de la Sala Constitucional del Tribunal Supremo cuando considere que algunas normas de la misma son inconstitucionales. Sin embargo, en *Colombia*, además del control previo de constitucionalidad de las leyes por iniciativa del Presidente de la República, la Constitución prevé dos casos de ejercicio de control previo obligatorio de la constitucionalidad por parte de la Jurisdicción Constitucional.

En efecto, en primer lugar, el artículo 241, ord. 7° de la Constitución, prevé que, los decretos legislativos que emanen del Presidente de la República como consecuencia de un estado de sitio, declarado por causa de una guerra, crisis interna, o cuando el orden económico y social del país esté gravemente alterado (arts. 213, 214 y 215), deben ser sometidos en forma obligatoria a control de la constitucionalidad, para lo cual, al día siguiente de su promulgación, el Presidente de la República debe remitir estos decretos a la Corte Constitucional, a la cual corresponde decidir «definitivamente sobre su constitucionalidad» (art. 121). Cualquier ciudadano, puede intervenir en el procedimiento de revisión de los mencionados Decretos Legislativos, para defender o impugnar la constitucionalidad de los mismos (art. 37, Decreto 2067).

La Constitución también prevé en su artículo 241, ord. 10°, que la Corte Constitucional debe decidir definitivamente sobre la inconstitucionalidad de los Tratados internacionales y de las Leyes que los aprueben, a cuyo efecto, el Gobierno debe remitirlos a la Corte dentro de los 6 días siguientes a la sanción de la Ley. En el procedimiento, igualmente, cualquier ciudadano puede intervenir para defender o impugnar la constitucionalidad del Tratado o la Ley. Sólo si la Corte los declara constitucionales, el gobierno puede efectuar el canje de notas; en caso contrario, no serán ratificados.

Por último, aún cuando no se trate de leyes, también se prevé un control previo obligatorio de la constitucionalidad respecto de la convocatoria a un Referendo o a una Asamblea Constituyente para reformar la Constitución, y sólo por vicios de procedimiento en su formación, antes al pronunciamiento popular respectivo (art. 241, ord. 2°); así como de los referendos sobre leyes y de las consultas populares y plebiscitos del orden nacional, sólo por vicios de procedimiento en su convocatoria y realización (art. 241, ord. 3°).

En Venezuela, la Constitución de 1999 también atribuyó a la Sala Constitucional competencia para pronunciarse sobre la inconstitucionalidad de los Tratados internacionales antes de su ratificación, a solicitud del Presidente de la República, y en forma obligatoria, sobre la constitucionalidad de los decretos de estados de excepción (art. 336, 5 y 6)

En *Panamá,* también se ha previsto un control concentrado *a priori* de la constitucionalidad cuando el Presidente de la República objetare un proyecto de ley adoptada por la Asamblea Legislativa, cuando se le envía para su promulgación por razones de inconstitucionalidad, y la Asamblea insista en su adopción. En este caso, corresponde a la Corte Suprema de Justicia decidir sobre su inconstitucionalidad, de manera que si el fallo de la Corte declara el proyecto de ley como constitucional, el Ejecutivo debe sancionarlo y hacerlo promulgar. El mismo principio se aplica a los proyectos de reforma constitucional.

En *Costa Rica,* además de conocer de las cuestiones de constitucionalidad de leyes no promulgadas como consecuencia del veto presidencial, la Sala Constitucional de la Corte Suprema de Justicia tiene competencia para conocer de la inconstitucionalidad de los proyectos de ley como consecuencia de las consultas que le formule la Asamblea Legislativa en el caso de reformas constitucionales o Ley aprobatoria de Tratados Internacionales, o de reforma de la Ley de la Jurisdicción Constitucional.

En el caso de *Bolivia,* el control previo de la constitucionalidad no se regula como consecuencia del poder presidencial de veto de la legislación, sino que en general, la Constitución atribuye al Tribunal Constitucional competencia para absolver las consultas del Presidente de la República, el Presidente del Congreso Nacional y el Presidente de la Corte Suprema de Justicia, sobre la constitucionalidad de proyectos de ley, decretos o resoluciones aplicables a un caso concreto (art. 120, literal h). En estos casos, la opinión del Tribunal Constitucional es obligatoria.

En *Honduras,* la Constitución dispone entre de las atribuciones del Presidente de la República, la posibilidad de vetar las leyes que haya recibido para su promulgación, mediante su devolución al Congreso Nacional, exponiendo las razones en que funda su desacuerdo. El Congreso puede someter la ley a nueva deliberación y eventualmente ratificarla. Sin embargo, si el veto presidencial se hubiese fundado en que el proyecto de ley es inconstitucional, no se puede someter a nueva deliberación sin oír previamente el dictamen de la Corte Suprema de Justicia (Art. 216).

En el caso de *Chile,* puede decirse que siempre ha sido una tradición las competencias del Tribunal Constitucional para resolver *a posteriori* cuestiones de constitucionalidad respecto de los decretos ejecutivos que tengan fuerza de ley; y conforme al artículo 82 de la Constitución, para juzgar, antes de su promulgación, la constitucionalidad de las leyes orgánicas o las que interpretan preceptos de la Constitución.

El Tribunal está igualmente autorizado, para ejercer el control preventivo sobre toda cuestión que surja durante la discusión de los proyectos de ley, de los proyectos de reforma de la Constitución y de las leyes aprobatorias de los Tratados Internacionales sometidos a la sanción del Congreso.

En todos estos casos, el control preventivo ejercido por el Tribunal Constitucional puede ser obligatorio o ejercido a petición de parte. En el caso de las leyes orgánicas constitucionales y de las leyes que interpretan una disposición constitucional, el control preventivo realizado por el Tribunal es obligatorio, a cuyo efecto el Presidente de la Cámara debe enviarle los textos dentro de los cinco días siguientes a su sanción. Dicho control preventivo, incluso, no sólo es obligatorio, sino que el Tribunal puede ejercerlo de oficio, no siendo el procedimiento, en estos casos, de carácter contencioso. Si en su decisión el Tribunal considera inconstitucional una o varias disposiciones del texto impugnado, debe enviarlo nuevamente a la Cámara correspondiente, cuyo Presidente, a su vez lo debe enviar al Presidente de la República a los efectos de su promulgación, con excepción de las disposiciones consideradas inconstitucionales.

En el caso de proyectos de enmienda constitucional o de los tratados internacionales, el ejercicio del control preventivo por el Tribunal Constitucional sólo es posible si antes de la sanción del texto y durante la discusión del proyecto, se le formula una petición por el Presidente de la República, por una de las Cámaras del Congreso o por una cuarta parte de sus miembros. Por ello, esta petición no tiene efectos suspensivos sobre el procedimiento legislativo y la acción interpuesta por ante el Tribunal es de carácter contenciosa, razón por la cual, en estos casos, el Tribunal debe notificar a los órganos constitucionales interesados y oír sus argumentos.

En todo caso, la decisión del Tribunal que considere inconstitucionales las disposiciones de un proyecto de ley o de un tratado, impide su promulgación.

4. El carácter principal o incidental del control concentrado de la constitucionalidad

El control concentrado de la constitucionalidad de las leyes puede tener un carácter principal o incidental, o ambos a la vez, según que los asuntos lleguen a la Jurisdicción Constitucional mediante el ejercicio de una acción o mediante remisión por parte de un Tribunal.

En todos los países en los cuales el control concentrado se ha establecido en forma exclusiva, como sucede en *Panamá, Uruguay, Paraguay, Honduras Bolivia* y *Chile* donde sólo la Corte Suprema de Justicia puede actuar como juez constitucional, el sistema concentrado es a la vez principal e incidental. En cambio, en aquellos países en los cuales existe un sistema mixto o integral de control de la constitucionalidad, donde se combina el método difuso con el método concentrado, el control concentrado de la constitucionalidad de las leyes es siempre de carácter principal, siendo en general, incompatible con el mismo, el método incidental. Así sucede por ejemplo, en Colombia, Venezuela, Perú, Ecuador, Guatemala y México. La excepción a esta regla la constituye, precisamente, el sistema de Honduras donde paralelo a la acción de inconstitucionalidad contra las leyes y a la posibilidad de ejercicio del método difuso, se establece la posibilidad de que se plantee la cuestión de inconstitucionalidad por excepción y vía incidental ante la Sala de lo Constitucional, lo que podría conducir en la práctica a hacer nugatorio el método difuso.

A. El carácter principal e incidental del método concentrado en los sistemas exclusivamente concentrados de control de constitucionalidad

En *Panamá, Uruguay* y *Paraguay*, donde sólo existe el método concentrado y exclusivo de control de la constitucionalidad, como se dijo, éste es, a la vez, principal e incidental.

En estos países, en efecto, un aspecto esencial de la racionalidad del método concentrado de control de la constitucionalidad de las leyes, en el cual el poder para anularlas se confiere a la Corte Suprema de Justicia, es que la cuestión constitucional puede alcanzar a la Corte, en primer lugar, de manera directa o principal mediante una acción ejercida contra la ley o el acto estatal concreto, la cual o sólo se concede a quien tenga interés personal y legítimo como sucede en *Uruguay*, o *Paraguay*, o se atribuye a todos los ciudadanos como es el caso de *Panamá* donde existe la acción popular; y en segundo lugar, de manera incidental, cuando la cuestión constitucional se plantea en un tribunal inferior con motivo de un juicio particular y concreto. En este caso, el juez debe remitir su decisión a la Corte Suprema de Justicia para luego poder adoptar la resolución final del caso, en conformidad con la decisión tomada por la Corte. Este sistema exclusivamente concentrado de control de la constitucionalidad que se ejerce por vía principal y por vía incidental, es el propio del modelo *europeo*.

En todo caso, en el sistema exclusivamente concentrado, cuando se ejerce el control por vía principal, la cuestión constitucional relativa a una ley u otro acto estatal es «la cuestión principal» y única del juicio iniciado mediante acción directa que puede ser interpuesta por ante la Corte Suprema, tanto por los ciudadanos mediante una *actio popularis* o regida por reglas de legitimación particulares. En los supuestos en los cuales la cuestión constitucional se formule de manera incidental, la misma puede ser planteada ante un tribunal ordinario o puede formularse *ex officio* por el tribunal. Este tribunal es, entonces, el único que puede remitir la cuestión constitucional ante la Corte Suprema de Justicia, en cuyo caso debe suspender la decisión del caso concreto hasta que la cuestión constitucional haya sido resuelta por ésta, siendo su decisión obligatoria.

En efecto, en *Panamá* la acción directa está concebida como una *acción popular* que puede ser interpuesta por ante la Corte Suprema por cualquier persona con el fin de denunciar la inconstitucionalidad de las leyes, decretos, decisiones o actos, fundada tanto en cuestiones substantivas como de carácter formal. Por otra parte, la Constitución de *Panamá* estipula que cuando un juez, durante un procedimiento judicial ordinario, observe, *ex-officio* o a instancia de una de las partes, la inconstitucionalidad de normas legales o ejecutivas aplicables al caso, debe someter la cuestión de constitucionalidad a la Corte Suprema; pudiendo el tribunal seguir el procedimiento principal sólo hasta el nivel de decisión.

En *Uruguay*, de acuerdo con la Constitución, la declaración de inconstitucionalidad de una ley y su inaplicación al caso concreto puede ser solicitada ante la Corte Suprema de Justicia por todos aquellos que estimen que sus intereses personales y legítimos han sido lesionados por la misma. En consecuencia, en *Uruguay*, la acción de inconstitucionalidad está sometida a una condición general de legitimación, similar a la que existe en materia de control contencioso administrativo. La cuestión constitucional también puede ser sometida a la Corte Suprema de manera incidental mediante remisión del asunto por un tribunal inferior, sea que éste actúe *ex officio*, sea como consecuencia de una excepción presentada por cualquier parte en el proceso concreto. En este caso, el juez debe enviar a la Corte Suprema un resumen de la cuestión, pudiendo seguir el procedimiento hasta el nivel de decisión. Una vez que la Corte Suprema haya decidido, el tribunal tiene que tomar su propia decisión, de conformidad con lo que la aquélla decida (arts. 258, 259).

En *Costa Rica*, en principio, la acción de inconstitucionalidad sólo puede intentarse por el Contralor General de la República, el Procurador General de la República, el Ministerio Público y el Defensor del Pueblo. Sin embargo, la acción también puede ejercerse de forma directa, cuando no exista, según la naturaleza del caso, ninguna lesión individual y directa o cuando se trate de la defensa de los intereses difusos o de intereses de la colectividad en general.

En este caso, la acción se ejerce contra las normas o leyes auto-aplicativas, que no requieren para su ejecución de actos del Estado interpuestos, en cuyo caso, no es necesario que exista un asunto anterior pendiente para que pueda interponerse la acción. Tampoco es necesario invocar un interés individual; pues se trata de la defensa de intereses difusos o colectivos. Por ello, puede considerarse que en estos casos, la acción de inconstitucionalidad posee un cierto carácter de acción popular.

La vía incidental, que tiene como objetivo solicitar la decisión de la Sala Constitucional de la Corte Suprema de Justicia en materia de constitucionalidad, puede ser utilizada por cualquier persona que sea parte de un procedimiento en curso ante los tribunales, incluso en caso de *habeas corpus* o *amparo*, o ante la Administración, en un procedimiento administrativo que tenga por objeto agotar la vía administrativa. En este último caso, es necesario invocar la cuestión de inconstitucionalidad de la ley, como medio razonable de protección de los derechos o intereses que se consideren afectados.

En estos casos de vía incidental, la acción se presenta directamente ante la Sala Constitucional, y su novedad reside en el hecho de que es posible plantearla, no sólo cuando se trata de un asunto de inconstitucionalidad formulado en un procedimiento judicial, sino también en un procedimiento administrativo. En esta forma, y por razones de economía procesal, para que se pueda ejercer la acción de inconstitucionalidad, no es necesario agotar previamente el procedimiento administrativo y llegar a los tribunales.

Conforme al artículo 120 de la Ley de la Jurisdicción Constitucional de Costa Rica, todos los jueces de la República pueden así mismo formular a la Sala Constitucional una consulta de constitucionalidad, cuando duden de la constitucionalidad de una norma o acto que deban aplicar, o de una acción u omisión que deban juzgar en un caso que les sea sometido. En estos casos, el juez que formule la consulta debe elaborar una resolución donde debe indicar las normas cuestionadas y las razones de las dudas del tribunal con respecto a su validez o interpretación constitucionales. En estos casos, el procedimiento judicial debe suspenderse hasta que la Sala Constitucional haya evacuado la consulta.

En *Honduras*, a los efectos del ejercicio del control exclusivamente concentrado de constitucionalidad que se implementó con la Ley sobre la Justicia Constitucional de 2004-2005, también se prevé como formas de acceder a la Sala de lo Constitucional de la Corte Suprema de Justicia para obtener decisiones de control de la constitucionalidad de las leyes, primero, a través del ejercicio de una acción de inconstitucionalidad por el titular de un interés personal, legítimo y directo (art. 185 de la Constitución); o segundo, por vía incidental, en cualquier procedimiento judicial, como excepción que una parte oponga o de oficio por el Tribunal que conozca del asunto. En este caso de la vía incidental, el procedimiento debe suspenderse antes de dictarse sentencia y elevarse copia de las actuaciones a la Corte Suprema de Justicia.

Igual sucede en Chile, donde como se ha dicho, el control concentrado exclusivo de la constitucionalidad se ejerce por el Tribunal Constitucional desde la reforma constitucional de 2005, por vía de acción, de legitimación restringida a altos funcionarios del Estado y por vía incidental mediante requerimiento formulado por los tribunales (art. 93).

B. El carácter exclusivamente principal del método concentrado en los sistemas mixtos o integrales de control de la constitucionalidad

Ahora bien, en los sistemas mixtos o integrales de control de la constitucionalidad, donde a la vez existe un control difuso y concentrado de la constitucionalidad, en general, este último sólo se ejerce por vía principal, mediante el ejercicio de una acción o demanda de inconstitucionalidad. Esta acción también puede ser una acción popular, o sometida a condiciones particulares de legitimación.

a. La acción popular

El ejercicio del control concentrado de la constitucionalidad por vía principal mediante una *acción popular,* en sistemas de controles mixtos o integrales donde el método concentrado se ejerce combinado con el método difuso de control de constitucionalidad, existe en *Colombia* y *Venezuela.* La acción popular, en efecto, puede considerarse como el sistema más acabado de control de la constitucionalidad de las leyes. Sin embargo, su existencia no es frecuente, pues lo normal es que se limite el ejercicio de la acción directa a determinados funcionarios u órganos del Estado (Presidente del Gobierno, Ministerio Público, miembros del Parlamento), para acceder a los Tribunales Constitucionales, como sucede en Europa; o se exija una legitimación activa determinada (interés personal, directo) en caso de que se permita el ejercicio de la acción a los particulares, como sucede en *Uruguay, Honduras* y *Paraguay.*

En *Panamá,* también se ha establecido la *acción popular* como medio procesal para acceder a la Jurisdicción Constitucional de la Corte Suprema de Justicia. La diferencia, en todo caso, entre el sistema *panameño* y el de *Venezuela* y *Colombia,* radica en el objeto del control que es más amplio en *Panamá,* donde no sólo las leyes y demás actos estatales de rango o valor similar pueden ser impugnados por inconstitucionalidad mediante la acción popular, sino todos los actos estatales; y en que el sistema *panameño* de control es exclusivamente concentrado, en tanto que el *colombiano* y el *venezolano* es mixto o integral.

Debe señalarse, en todo caso, que además de los casos de *Colombia, Venezuela* y *Panamá,* también puede identificarse una acción popular de inconstitucionalidad en *El Salvador* y *Nicaragua.*

En efecto, el artículo 96 de la Constitución de 1950 de *El Salvador,* cuyo texto recoge el artículo 183 de la Constitución de 1992, establece la competencia de la Corte Suprema de Justicia, por medio de la Sala de lo Constitucional, como «único tribunal competente para declarar la inconstitucionalidad de las leyes, decretos y reglamentos, en su forma y contenido, de un modo general y obligatorio, y podrá hacerlo *a petición de cualquier ciudadano*».

Por su parte, el artículo 187 de la Constitución de *Nicaragua* de 1995, establece «el recurso por inconstitucionalidad contra toda ley, decreto o reglamento que se oponga a lo prescrito por la Constitución política, el *cual podrá ser instaurado por cualquier ciudadano*».

Se observa, en todo caso, que una pequeña diferencia podría identificarse en cuanto a la legitimación amplia de la *acción popular*: en *Venezuela* se otorga a cualquier persona, al igual que en *Panamá;* en cambio en *El Salvador* y *Nicaragua* al igual que en *Colombia,* se confiere a los ciudadanos, es decir, a quienes gozan de derechos políticos en los respectivos países. Por ello, en *Colombia,* los extranjeros y los nacionales menores de 18 años no pueden ejercer la acción popular lo que no sucede en *Venezuela,* donde la legitimación es más amplia y se refiere a cualquier persona, aún cuando no sea nacional o no goce de los derechos políticos.

En otros países, si bien la legitimación para ejercer la acción de inconstitucionalidad está sometida a algunas restricciones, en definitiva podría identificarse una acción popular de inconstitucionalidad, como es el caso de *Guatemala* y *Ecuador.* En *Guatemala* la Constitución de 1985, reguló los poderes de control de la constitucionalidad ejercidos por la Corte Constitucional, cuando se ejerce un recurso de inconstitucionalidad, concebido como una acción directa (art. 272,a) que puede ser interpuesta contra «las leyes y disposiciones de carácter general, objetadas parcial o totalmente de inconstitucionalidad» (arts. 267 y 272,a). Conforme a la Ley de Amparo, Exhibición personal y de constitucionalidad de 1986, tienen legitimación para plantear la inconstitucionalidad de leyes, reglamentos o disposiciones de carácter general, la Junta Directiva del Colegio de Abogados, el Ministerio Público, el Procurador de Derechos Humanos y «cualquier persona con el auxilio de tres abogados colegiados activos» (art. 134).

En el caso de *Ecuador,* la Constitución de 1995 si bien atribuye legitimación para intentar la demanda de inconstitucionalidad de las leyes y demás actos de similar rango a diversos funcionarios, en definitiva el Tribunal Constitucional puede conocer de las mismas a petición de mil ciudadanos o de cualquier persona, previo informe favorable del Defensor del Pueblo sobre la procedencia, lo que en definitiva equivale a una acción popular.

b. La legitimación específica para el ejercicio de la acción de inconstitucionalidad

Salvo los casos de previsión de una acción popular, el ejercicio del control concentrado de la constitucionalidad de las leyes, está sometido a condiciones de legitimación específicas, generalmente reservándose la acción a determinados funcionarios públicos. Excepcionalmente, el caso de Honduras, la acción de inconstitucionalidad de una ley sólo la pueden intentar quienes ostenten un interés personal, legítimo y directo.

Ahora bien, en *Brasil,* para que el Tribunal Supremo Federal controle la constitucionalidad de las leyes y otros actos normativos, la acción federal de inconstitucionalidad puede ser intentada no solamente por el Procurador General de la República, como estaba dispuesto antes de 1988, sino también por el Presidente de la República, el Presidente del Senado, el Presidente de la Cámara de Diputados o el Presidente de las Asambleas Legislativas de los Estados miembros. Por otra parte, esta acción también puede ser interpuesta por el Gobernador de un Estado miembro, por el Consejo Federal de la Orden de los Abogados, por los partidos políticos representados en el Parlamento, por una confederación sindical o por una entidad gremial nacional.

En cuanto a la acción de inconstitucionalidad genérica de los Estados, ésta se interpone por ante las Cortes Supremas de los Estados para juzgar la constitucionalidad de las leyes o actos normativos de los Estados o municipios, con respecto a la Constitución de los Estados miembros. Puede ser interpuesta por el

Gobernador del Estado, por la Asamblea Legislativa del Estado, por el Procurador General del Estado, por el Consejo de Abogados del Estado, por las entidades sindicales o gremiales a nivel del Estado o del municipio, siempre y cuando tengan algún interés jurídico en el caso, o por los partidos políticos representados en la Asamblea Legislativa del Estado o, si se trata de un acto normativo emitido por un municipio, por la Cámara correspondiente.

En el caso de *México*, de acuerdo con el artículo 105 de la Constitución, la acción de inconstitucionalidad puede ser interpuesta sólo por: a) El equivalente al treinta y tres por ciento de los integrantes de la Cámara de Diputados del Congreso de la Unión, en contra de leyes federales o del Distrito Federal expedidas por el Congreso de la Unión; b) El equivalente al treinta y tres por ciento de los integrantes del Senado, en contra de leyes federales o del Distrito Federal expedidas por el Congreso de la Unión o de tratados internacionales celebrados por el Estado Mexicano; c) El Procurador General de la República, en contra de leyes de carácter federal, estatal y del Distrito Federal, así como de tratados internacionales celebrados por el Estado Mexicano; d) El equivalente al treinta tres por ciento de los integrantes de alguno de los órganos legislativos estatales, en contra de leyes expedidas por el propio órgano, y e) El equivalente al treinta y tres por ciento de los integrantes de la Asamblea de Representantes del Distrito Federal, en contra de leyes expedidas por la propia Asamblea.

En *Perú*, las partes legitimadas para intentar la acción de inconstitucionalidad son: el Presidente de la República, la Corte Suprema de Justicia, el Procurador General, sesenta miembros del Congreso, veinte senadores, o cincuenta mil ciudadanos mediante una petición, cuyas firmas deben ser certificadas por el Consejo Supremo Electoral.

En *Guatemala*, conforme a la Ley de Amparo, Exhibición personal y de constitucionalidad de 1986, tienen legitimación para plantear la inconstitucionalidad de leyes, reglamentos o disposiciones de carácter general, la Junta Directiva del Colegio de Abogados, el Ministerio Público, el Procurador de Derechos Humanos y «cualquier persona con el auxilio de tres abogados colegiados activos». Este último convierte el recurso, materialmente, en una acción popular de inconstitucionalidad, como la que existe en *Colombia*, *Panamá* y *Venezuela*.

En sentido similar, en *Ecuador*, la Constitución de 1995 si bien establece una legitimación precisa para ejercer algunas demandas de inconstitucionalidad que pueden intentar el Presidente de la República, el Congreso Nacional, la Corte Suprema de Justicia, los Concejos Provinciales y Municipales y el Defensor del Pueblo, en los casos de demandas de inconstitucionalidad de leyes, decretos-leyes, decretos, ordenanzas y actos administrativos atribuyen la legitimación para accionar «a mil ciudadanos» o a «cualquier persona previo informe favorable del Defensor del Pueblo sobre la procedencia».

5. El poder de iniciativa del control concentrado de la constitucionalidad y la limitación a los poderes del juez constitucional

A. La ausencia de iniciativa del juez constitucional

Como viene de señalarse, en general, la cuestión de constitucionalidad referente a la validez de una ley en los sistemas concentrados de control, se plantea normalmente ante la Corte Suprema o la Corte Constitucional mediante el ejercicio de una acción o por remisión de un tribunal inferior. En ambos casos, el juez constitucional, no tiene iniciativa propia para actuar.

En esta forma, en la Jurisdicción Constitucional se aplica el principio *nemo judex sine actore*, pero una vez que la cuestión constitucional ha llegado a la Corte como consecuencia de una acción o de su remisión por parte de un tribunal inferior, el principio *in judex judicet ultra petitum partis* ya no es operante. Esto significa que la Corte Suprema o la Corte Constitucional, como juez constitucional, una vez requerida su actuación por un accionante o por un medio incidental, en general tiene poderes de oficio para considerar cuestiones de constitucionalidad distintas a las que han sido planteadas. Por otra parte, en los casos de control concentrado de la constitucionalidad por vía incidental, el juez ordinario no sólo debe actuar a instancia de parte, sino que en general tiene poderes *ex-officio* para plantear la cuestión constitucional.

B. La iniciativa de control de la constitucionalidad de los jueces ordinarios en el método incidental del sistema concentrado de control de la constitucionalidad

En efecto, en el método incidental de control concentrado de la constitucionalidad, en los casos en los cuales los tribunales inferiores remiten la cuestión constitucional al juez constitucional, estos no siempre están vinculados por lo que invoquen las partes o el Fiscal, de manera que cuando consideran el caso particular, pueden plantear la cuestión constitucional de oficio y transmitirla a la Corte Suprema para que ésta decida. Así sucede en *Panamá, Uruguay, Honduras, Costa Rica,* y *Chile.*

Esta es una consecuencia del principio de supremacía de la Constitución y del deber de los jueces de aplicar la ley. Por tanto, aun cuando en el sistema concentrado exclusivo de control de la constitucionalidad, la Constitución prohíba a los tribunales ordinarios actuar como jueces constitucionales en cuanto a las leyes y demás actos reglamentarios, esto no quiere decir que en caso de que estos consideren inconstitucional una disposición legal o reglamentaria aplicable a la decisión de un caso concreto, no tengan el poder para plantear la cuestión constitucional y no puedan transmitirla al juez constitucional. Lo contrario significaría una ruptura con el principio de la supremacía de la Constitución y con el papel de los jueces en la aplicación de la ley.

C. Los poderes inquisitivos del juez constitucional

Debe señalarse, por último, que en los casos de control concentrado de la constitucionalidad de las leyes ejercido por vía principal, la Corte Suprema de Justicia o el Tribunal Constitucional no pueden estar condicionados sólo por los motivos o vicios de inconstitucionalidad aducidos por el accionante, por lo que en general se admite el poder de control de oficio, respecto de otros motivos de inconstitucionalidad distintos a los invocados por el accionante. Así sucede en *Panamá, Colombia* y *Venezuela.*

El control de la constitucionalidad también puede abarcar otros preceptos de la ley respectiva no impugnados, si tienen conexión con el o los artículos cuestionados en la acción. Así sucede en *Costa Rica, Venezuela* y *Panamá.*

Por otra parte, la vida de la acción de inconstitucionalidad no siempre depende de la voluntad del accionante por lo que en algunos casos, a pesar de que este pueda desistir de la misma, la Corte tiene el poder de seguir conociendo del proceso. Así sucede en *Venezuela* y *Colombia*.

6. Los efectos de las decisiones en materia de control concentrado de la constitucionalidad

El último aspecto de la racionalidad del método concentrado de control de la constitucionalidad se refiere a los efectos de las decisiones dictadas por la Corte Suprema o por la Corte Constitucional relativas a la inconstitucionalidad de la ley, sea respecto a los destinatarios de la decisión, sea respecto al tiempo.

A. Efectos en cuanto a los destinatarios

El control concentrado de la constitucionalidad, en general, implica la atribución a un solo órgano estatal de la potestad anulatoria respecto de las leyes inconstitucionales, por lo que en general, los efectos de la decisión anulatoria son *erga omnes*. Sin embargo, en algunos sistemas concentrados de control, los efectos son *inter partes*, respecto del recurrente, aún cuando ello es excepcional.

a. Los efectos erga omnes de la decisión anulatoria

En lo que se refiere a quienes afecta la decisión del juez constitucional, la racionalidad del sistema concentrado de control de la constitucionalidad implica que la decisión dictada por la Corte Suprema o por la Corte Constitucional, actuando como juez constitucional, tiene efectos generales, *erga omnes*. Este es el valor de las sentencias anulatorias por inconstitucionalidad de la Corte Suprema de Justicia en *Venezuela, México, Costa Rica, Brasil, El Salvador, Honduras* y *Panamá*, y de la Corte o Tribunal Constitucional en *Colombia, Guatemala, Perú, Ecuador, Chile* y *Bolivia*, siguiendo, en este sentido, la situación general en el derecho comparado.

Esto sucede cuando el control de la constitucionalidad se ejerce mediante una acción directa interpuesta por ante la Corte Constitucional o la Corte Suprema, sin conexión con algún caso concreto contencioso. En estos casos, cuando se interpone una acción directa por ante un juez constitucional, la relación procesal no se establece entre un demandante y un demandado, sino más bien, fundamentalmente, entre un recurrente y una ley o acto estatal cuya constitucionalidad está cuestionada. En este caso, el objeto de la decisión acerca de la constitucionalidad de la ley es su anulación, y los efectos de la decisión son necesariamente *erga omnes*. Nunca deberían ser *inter partes*, particularmente debido a la ausencia de las partes propiamente dichas, en el procedimiento.

Por otra parte, en el sistema concentrado exclusivo de control de la constitucionalidad, iniciado por el método incidental, como sucede en *Panamá*, cuando se plantea una cuestión constitucional referente a una ley en un procedimiento concreto y el tribunal inferior la remite a la Corte Suprema para que sea objeto de una decisión, dicha decisión también debe adoptarse con base en aspectos de derecho y no con respecto a los hechos, por lo que también tiene efectos *erga omnes*, es decir, no limitados al juicio concreto en el que se planteó la cuestión constitucional ni a las partes del mismo.

b. Los efectos inter partes de la decisión declaratoria de la inconstitucionalidad

En contraste con los efectos *erga omnes* de las decisiones anulatorias de leyes por inconstitucionales que, como regla general tienen las que dictan los Tribunales Constitucionales o las Cortes Supremas cuando ejercen el control concentrado de la constitucionalidad, puede decirse que con excepción de Honduras, en todos los países en los cuales la acción o excepción de inconstitucionalidad sólo puede ser ejercida por quien alegue un interés personal y directo, como sucede en *Uruguay* y *Paraguay* los efectos de las decisiones que adopte el juez constitucional sólo afectan al accionante o a las partes en el proceso; es decir, tienen efectos *inter partes.*

En *Honduras,* en cambio, a pesar de que sólo los titulares de un interés personal, legítimo y directo son los que pueden intentar la acción de inconstitucionalidad u oponer la excepción de inconstitucionalidad ante que puede remitirse ante la Corte Suprema, la decisión de ésta tiene efectos *erga omnes.*

En el caso de *Chile,* cuando la decisión del Tribunal Constitucional a ejercer el control concentrado exclusivo de la constitucionalidad de las leyes, se adopta mediante el método incidental, a requerimiento de un tribunal inferior o requerimiento de parte en el proceso, la decisión del Tribunal es de efectos *inter partes.*

B. Efectos de las decisiones de inconstitucionalidad en el tiempo

El principio general en cuanto a los efectos temporales de las decisiones adoptadas en materia de control concentrado de la constitucionalidad de las leyes, es que si estas tienen efectos generales, *erga omnes,* dado su carácter anulatorio, entonces sólo tienen efectos constitutivos, *ex nunc, pro futuro*; es decir, no tienen efectos retroactivos.

Esta es la solución general del derecho comparado y la que existe en Panamá, Brasil, México, Colombia, Guatemala, Bolivia, Venezuela, Perú y Ecuador.

Las decisiones anulatorias por inconstitucionalidad, por tanto, no tienen efectos retroactivos, aún cuando excepcionalmente podrían tenerlos en protección de derechos constitucionales. Por ello, la Ley Orgánica del Tribunal Constitucional del *Perú,* luego de precisar que las decisiones anulatorias no tienen efectos retroactivos, establece que la decisión que declare la inconstitucionalidad de un acto normativo del Estado sólo puede servir de base para revisar un procedimiento judicial ya concluido, en el cual se hubiesen aplicado las normas constitucionales. Sin embargo, de conformidad con el principio general excepcional de la aplicabilidad retroactiva de las leyes en materia penal, fiscal y laboral, la Ley Orgánica permite la aplicación en forma retroactiva de la decisión del Tribunal en los procedimientos cuyos efectos pudieran ser favorables para la persona condenada, para el trabajador o para el contribuyente, según los casos.

Por ello, igualmente, la reciente Ley *mexicana* reguladora de la acción de inconstitucionalidad de 1995 precisó que:

> la declaración de invalidez de las sentencias no tendrá efectos retroactivos, salvo en materia penal, en la que regirán los principios generales y disposiciones legales aplicables de esta materia (art. 45).

En sentido similar, en *Colombia,* el Decreto N° 2067 de 1991 regulador de la Jurisdicción Constitucional había establecido que:

los fallos de la Corte sólo tendrán efecto hacia el futuro, salvo para garantizar el principio de favorabilidad en materia penal, policiva y disciplinaria y en el caso previsto en el artículo 149 de la Constitución.

Esta norma, sin embargo, fue declarada nula por inconstitucionalidad por la Corte Constitucional por sentencia Nº C-103/93 por considerarse que ello corresponde decidirlo a la propia Corte Constitucional y no es materia del legislador.

Puede decirse, que por ello, en *Venezuela*, aún cuando rige el principio general señalado, desde la Ley Orgánica de la Corte Suprema de 1976, el legislador no resolvió el asunto en forma expresa, sino que se limitó a señalar que el Tribunal puede determinar los efectos de su decisión «en el tiempo», lo que se repite en la ley Orgánica del Tribunal Supremo de Justicia de 2010 (art. 126). Sin embargo, para precisar los efectos de las sentencias que anulan una Ley por inconstitucionalidad, debe recordarse que en *Venezuela* existe un sistema mixto o integral de control de la constitucionalidad, lo que implica el funcionamiento de dos sistemas de justicia constitucional en paralelo: por un lado, el sistema difuso, ejercido por todos los jueces, y por otro, el sistema concentrado, ejercido por la Sala Constitucional del Tribunal Supremo de Justicia. Por consiguiente, no deben confundirse los efectos de las decisiones en materia de control de la constitucionalidad en uno y otro método.

En efecto, en relación a los casos de control difuso de la constitucionalidad, está claro que la decisión judicial de no aplicar una ley inconstitucional, incluso si tiene sólo y exclusivamente efectos *inter partes*, equivale a una decisión simplemente declarativa, con efectos retroactivos, *pro praeterito* o *ex tunc*. Al ejercer este control difuso, el juez no anula la ley, sino que declara o constata únicamente una inconstitucionalidad preexistente; de forma que ignora la existencia de la ley (es decir, que la considera inexistente) y no la aplica en el caso concreto que corresponde el conocimiento del juez.

Ahora bien, los efectos del control difuso de la constitucionalidad de las leyes son completamente diferentes de los efectos producidos por el ejercicio del control concentrado de la constitucionalidad, cuando la Sala Constitucional declara la nulidad de una ley por inconstitucionalidad. En esos casos, cuando la Sala Constitucional, en el ejercicio de sus atribuciones previstas en el artículo 336 de la Constitución *venezolana*, «declara la nulidad» de la ley, es decir anula la ley, ésta, en principio, es válida y efectiva hasta que se publique la sentencia de la Corte, habiendo producido todos sus efectos a pesar de su inconstitucionalidad, en virtud de la presunción de la constitucionalidad de las leyes.

Como el control de la constitucionalidad de las leyes atribuida a la Sala Constitucional por el artículo 336 de la Constitución es un control concentrado, ejercido mediante acción popular, resulta claro que la sentencia que anula la ley tiene efectos constitutivos, por lo que los efectos de la anulación de la ley por inconstitucionalidad, al no existir una norma expresa constitucional o legal que disponga la solución, sólo pueden producirse *erga omnes* pero hacia el futuro, es decir, que las sentencias son, en principio, constitutivas, *pro futuro* y con efectos *ex nunc*, que no pueden referirse al pasado (no pueden ser retroactivas). Se puede afirmar que ese es el criterio que sigue no sólo la doctrina *venezolana*, sino también, en general, la jurisprudencia de la Corte Suprema de Justicia.

En todo caso, como se dijo a partir de 1976, la vieja Ley Orgánica de la Corte Suprema de Justicia y luego las Leyes del Tribunal Supremo de Justicia de 2004 y

2010, particularmente estas últimas, atribuyen a la Sala Constitucional la potestad de determinar los efectos de su decisión «en el tiempo». Por consiguiente, la Sala puede corregir los efectos desfavorables que podría engendrar el efecto *ex nunc* de sus decisiones, particularmente en el campo de los derechos y garantías constitucionales, y podría atribuir a sus sentencias efectos retroactivos, *pro praeterito, ex tunc.*

Por tanto, en general, las sentencias anulatorias de inconstitucionalidad en los sistemas concentrados de control tienen efectos constitutivos (no declarativos), es decir, *ex nunc* y *pro futuro,* y por tanto, no tienen efectos retroactivos. La excepción a esta regla, sin embargo, la constituye el sistema de *Costa Rica,* cuya Ley de la Jurisdicción Constitucional establece el principio contrario, es decir, que los efectos de la declaración de inconstitucionalidad y anulación de la ley por parte de la Sala Constitucional son *ex tunc* y, por consiguiente, declarativos y retroactivos, salvo en lo referente a los derechos adquiridos de buena fe (art. 91) o respecto de situaciones consolidadas por prescripción, caducidad o en virtud de una sentencia judicial.

En *Guatemala,* en general los efectos de la decisión de la Corte Constitucional son *ex-nunc;* pero si la Corte ha decidido la suspensión provisional de los efectos de una ley durante el proceso, la decisión final tiene efectos *ex tunc,* de forma retroactiva, pero sólo hasta la fecha de la decisión de suspensión de los efectos de la ley cuestionada.

QUINTA PARTE

EL PROCESO DE AMPARO COMO INSTRUMENTO DE JUSTICIA CONSTITUCIONAL*

I. LA GENERALIZACIÓN DEL AMPARO EN AMÉRICA LATINA

El proceso de amparo es otro de los medios de justicia constitucional, al ser concebido en particular todos los países latinoamericanos, como un medio judicial extraordinario especialmente establecido para la protección de los derechos constitucionales, contra los agravios o amenazas infligidos contra los mismos por parte de autoridades y de particulares. Aun cuando ha sido indistintamente calificado como acción, recurso o juicio, en realidad, en todos los casos se trata de un proceso constitucional que normalmente concluye con una orden judicial de amparo, protección o tutela de los derechos violados o amenazados de violación.[1]

Este medio judicial extraordinario de protección no sólo es una de las piezas más importantes del sistema constitucional latinoamericano, sino quizás la más «latinoamericana» de todas las que lo conforman, habiendo incluso influido en la adopción en otros países de instituciones similares, como en años recientemente ocurrió en Filipinas con la creación del *Writ of amparo* a través de reglas dictadas por la Corte Suprema de ese país, en septiembre de 2007,[2] en la misma forma de regulación seguida en Chile.

---

* Este texto tiene su origen en la Nota introductoria que preparé para la obra: Allan R. Brewer-Carías, *Leyes de Amparo de América Latina,* (Presentación por José Guillermo Vallarta Plata y José de Jesús Naveja Macías), Instituto de Administración Pública de Jalisco y sus Municipios, Instituto de Administración Pública del Estado de México, Poder Judicial del Estado de México, Academia de Derecho Constitucional de la Confederación de Colegios y Asociaciones de Abogados de México, Jalisco 2009, 2 Vols. Una segunda edición ampliada de esa obra se publicó en la Colección Derecho Público Iberoamericano N° 3, Editorial Jurídica Venezolana International, Caracas - New York 2016, pp. 17-144

1 Véase en general, desde el punto de vista comparado, Héctor Fix-Zamudio y Eduardo Ferrer Mac-Gregor (Coord.), *El derecho de amparo en el mundo,* Edit. Porrúa, México 2006; Allan R. Brewer-Carías, *El amparo a los derechos y libertades constitucionales. Una aproximación comparativa,* Cuadernos de la Cátedra de Derecho Público, N° 1, Universidad Católica del Táchira, San Cristóbal 1993, 138 pp.; también publicado por el Instituto Interamericano de Derechos Humanos, (Curso Interdisciplinario), San José, Costa Rica, 1993, (mimeo), 120 pp. y en *La protección jurídica del ciudadano. Estudios en Homenaje al Profesor Jesús González Pérez,* Tomo 3, Editorial Civitas, Madrid 1993, pp. 2.695-2.740; Allan R. Brewer-Carías, *Mecanismos nacionales de protección de los derechos humanos (Garantías judiciales de los derechos*

En cuanto a los aspectos del sistema constitucional latinoamericano relativos a la protección de los derechos constitucionales, en términos generales los mismos han respondido a dos grandes tendencias: por una parte, la progresiva adopción y ampliación de las declaraciones constitucionales de derechos; y por la otra, la también progresiva constitucionalización de las garantías judiciales de los mismos, en particular mediante el proceso de amparo.

En efecto, si algo en esta materia ha sido característico del constitucionalismo latinoamericano, ha sido la larga tradición que todos nuestros países han tenido incorporando en el texto de las Constituciones extensas declaraciones de derechos, y no sólo de los civiles y políticos, sino de los sociales, culturales, económicos, ambientales y de los pueblos indígenas. Ello contrasta, por ejemplo, con la reducida lista de derechos que por ejemplo se enumeran en las primeras Enmiendas (*Bill of Rights*) a la Constitución de los Estados Unidos de América o con la total ausencia de declaración de derechos constitucionales en el orden interno del Reino Unido, sólo incorporada al mismo a través de las regulaciones de la Unión Europea.

La tradición declarativa latinoamericana comenzó hace 200 años, con la adopción, en 1811, de la «Declaración de los Derechos del Pueblo» por el Congreso Supremo de las Provincias de Venezuela, el 1 de julio de 1811, unos días antes de la declaración de Independencia de dichas provincias respecto de España; y luego, con la incorporación de un largo capítulo sobre derechos del hombre y de la sociedad, en la primera Constitución latinoamericana, que fue la «Constitución Federal de los Estados de Venezuela del 21 de diciembre de 1811».[3]

Es por ello que puede decirse que aun cuando nuestros países, por más de tres siglos fueron colonias del Imperio español, en la configuración inicial del constitucionalismo realmente no se pueden encontrar influencias del sistema constitucional español, sino más bien, influencias directas de los principios constitucionales que se derivaron de las Revoluciones americana y francesa del siglo XVIII, los cuales a la vez, y paralelamente, también fueron luego seguidos en España a partir de la sanción de la Constitución de la Monarquía Española de Cádiz de 1812.[4]

Otro aspecto que por supuesto está ligado a la tradición declarativa de derecho y que ha sido parte de la realidad constitucional latinoamericana, ha sido el desafortunado proceso de violación de los mismos por regímenes autoritarios, lo que lamentablemente y quizás en forma más sofisticada, incluso se produce en el presente, al haberse instalado en algunos países, gobiernos autoritarios en fraude a la Constitución y a la democracia misma.[5] Ello ha provocado que haya sido preci-

---

humanos en el derecho constitucional comparado latinoamericano), Instituto Interamericano de Derechos Humanos, San José 2005; *Constitucional Protection of Human Rights in Latin America. A Comparative Law Study on the amparo proceeding*, Cambridge University Press, New York, 2008; y «Ensayo de síntesis comparativa sobre el régimen del amparo en la legislación latinoamericana», en *Revista Iberoamericana de Derecho Procesal Constitucional,* nº 9 enero-junio 2008, Editorial Porrúa, Instituto Iberoamericano de Derecho Procesal Constitucional, México 2008, pp. 311-321.

2 «The Rule of the Writ of Amparo», Supreme Court of Philippines, 2007.

3 Véase Allan R. Brewer-Carías, *Las declaraciones de derechos del pueblo y del hombre de 1811 (Bicentenario de la Declaración de «Derechos del Pueblo» de 1º de julio de 1811 y de la «Declaración de Derechos del Hombre» contenida en la Constitución Federal de los Estados de Venezuela de 21 de diciembre de 1811)*, Prólogo de Román José Duque Corredor), Academia de Ciencias Políticas y Sociales, Caracas 2011.

samente en los períodos de transición democrática, donde normalmente se haya acentuado el esfuerzo por ampliar dichas declaraciones de derechos, a los efectos de reforzar su protección y agregar los nuevos derechos humanos, tanto individuales como colectivos.

En ese contexto también ha sido característico de nuestro constitucionalismo histórico, la incorporación en el texto de las Constituciones de la llamada «cláusula abierta» de los derechos humanos, siguiendo la tradición iniciada con la de la IX Enmienda de la Constitución de los Estados Unidos de América (1791), pero referida, no sólo a los otros derechos no enumerados en el texto constitucional que son «retenidos por el pueblo» como esta indica, sino a otros derechos que son inherentes a la persona humana o a la dignidad humana, o que derivan de la naturaleza de la persona humana, como se dispone en muchas de nuestras Constituciones. El resultado es que cláusulas de esta naturaleza se encuentran en todas las Constituciones latinoamericanas, excepto en las de Cuba, Chile, México y Panamá.

Por otra parte, esta progresiva expansión del contenido de las declaraciones constitucionales de derechos también ha provocado la incorporación expresa en las Constituciones, en muchos casos con rango constitucional, de los derechos declarados en tratados y convenciones internacionales de derechos humanos. A estos, por tanto, no sólo se les ha dado rango legal siguiendo la tradición constitucional también iniciada en Norteamérica, sino que en muchos casos incluso se les ha dado rango supra legal, rango constitucional y hasta rango supra constitucional. Algunas Constituciones, incluso, han conferido preeminencia a las previsiones de los tratados internacionales sobre derechos humanos en relación con las normas de la propia Constitución, cuando contengan previsiones más favorables al ejercicio de los derechos. Es el caso, por ejemplo, de la Constitución de Venezuela (art. 23), a pesar de que la jurisprudencia de la Sala Constitucional del Tribunal Supremo lo haya desconocido.[6]

En relación con este tema de la jerarquía de los tratados internacionales sobre derechos humanos en el derecho interno, aún en ausencia de disposiciones constitucionales expresas, en algunos países latinoamericanos el tema se ha resuelto mediante interpretación constitucional, al haberse incorporado en el texto mismo de las Constituciones, el principio de que en materia de derechos humanos, la interpretación del alcance de los mismos siempre debe ser hecha de acuerdo con lo establecido en dichos tratados internacionales de derechos humanos. Este es el caso, por ejemplo, de la Constitución de Colombia (art. 93) y del Código Procesal Constitucional del Perú (art. V).

Sin embargo, en este proceso de constitucionalización y de internacionalización de los derechos humanos, un específico tratado multilateral que ha tenido una importancia excepcional en la materia, ha sido como ha sido la Convención Americana de Derechos Humanos de 1969, y no sólo respecto del contenido de las declaraciones de derechos, sino en relación con el desarrollo de los mecanismos de protección judicial de los mismos, incluso a nivel internacional, con la creación de la Corte Interamericana de Derechos Humanos. Esta Convención, firmada en 1969 y ratificada por todos los países latinoamericanos con excepción de Cuba, ha sido un

---

4 Véase Allan R. Brewer-Carías, *Reflexiones sobre la Revolución Americana (1776), la Revolución Francesa (1789) y la Revolución Hispanoamericana (1811-1830) y sus aportes al Constitucionalismo Moderno,* Universidad Externado de Colombia, Bogotá 2008; Allan R. Brewer-Carías, *Sobre*

muy efectivo instrumento para la consolidación de un muy rico estándar mínimo sobre la regulación de los derechos civiles y políticos, común para todos los países. Lamentablemente, en 2013, Venezuela denunció la Convención Americana para escaparse de la jurisdicción de la Corte Interamericana de Derechos Humanos.[7]

Pero además de la progresiva ampliación de las declaraciones sobre derechos humanos, una segunda tendencia también caracteriza al sistema constitucional latinoamericano de protección de los mismos, que consiste en la expresa previsión en las Constituciones, precisamente de los mecanismos de protección judicial de los derechos, mediante la regulación de un específico medio judicial para ello, que ha sido llamado *Amparo* (Guatemala), *Juicio de amparo,* (México), *Proceso de amparo* (El Salvador, Perú), *Derecho de amparo* o *acción de amparo* (Venezuela), *Acción de amparo* (Argentina, República Dominicana, Honduras, Paraguay, Uruguay), *Recurso de amparo constitucional* (Bolivia, Costa Rica, Nicaragua, y Panamá), *Acción de tutela* (Colombia), *Recurso de protección* (Chile), *Acción de protección* (Ecuador), *Mandado de segurança* y *mandado de injunçao* (Brasil), y que en todos los casos, se rigen por reglas procesales diferentes a las generales que se han establecido en los Códigos de Procedimiento Civil para los procesos destinadas a la protección general de los derechos o interesas de las personas y de sus bienes.

Ello implica que la protección de los derechos constitucionales en nuestros países puede lograrse de dos maneras: por una parte, a través de las acciones o recursos ordinarios y extraordinarios que en general se han establecidos en los Códigos de Procedimiento Civil; y por la otra, además, mediante las acciones y recursos establecidos en forma separada para el específico propósito de proteger los derechos constitucionales, y que han dado origen al proceso constitucional de amparo.

Como antes se mencionó, esta última solución es la que ha sido seguida en los países de América Latina, siendo ella uno de los signos distintivos de mayor importancia del derecho constitucional de nuestros países. La misma contrasta, por ejem-

---

el constitucionalismo hispanoamericano pre-gaditano 1811-1812, Colección Cuadernos de la Cátedra Fundacional Charles Brewer Maucó, sobre Historia del Derecho, Universidad Católica Andrés Bello, N° 5, Editorial Jurídica Venezolana, Caracas 2013.

5 Fue el caso de Venezuela desde1999. Véase Allan R. Brewer-Carías, *Dismantling Democracy. The Chávez Authoritarian Experiment*, Cambridge University Press, New York 2010,.

6 Véase Allan R. Brewer-Carías, «La aplicación de los tratados internacionales sobre derechos humanos en el orden interno», en *Revista IIDH*, Instituto Interamericano de Derechos Humanos, N° 46, San José 2007, pp. 219-271.

7 Véase la comunicación N° 125 de 6 de septiembre de 2012 dirigida por el entonces Canciller de Venezuela, Nicolás Maduro, dirigida al Secretario General de la OEA, en http://www.minci.gob.ve/wp-content/uploads/2013/09/Carta-Retiro-CIDH-Firmada-y-sello.pdf. Véase sobre ello, Carlos Ayala Corao, «Inconstitucionalidad de la denuncia de la Convención Americana sobre Derechos Humanos por Venezuela» en *Revista Europea de Derechos Fundamentales*, Instituto de Derecho Público, Valencia, España, N° 20/2° semestre 2012; en *Estudios Constitucionales*, Centro de Estudios Constitucionales de Chile, Universidad de Talca, año 10, N° 2, Chile, 2012; en la *Revista Iberoamericana de Derecho Procesal Constitucional*, Instituto Iberoamericano de Derecho Procesal Constitucional y Editorial Porrúa, N° 18, Julio-Diciembre, 2012; en la *Revista de Derecho Público*, N° 131, Caracas, julio-septiembre 2012; en el *Anuario de Derecho Constitucional Latinoamericano 2013*, Anuario 2013, Konrad Adenauer Stiftung: Programa Estado de Derecho para Latinoamérica y Universidad del Rosario, Bogotá, Colombia 2013.

plo, con la seguida en el sistema constitucional de los Estados Unidos de América donde la protección efectiva de los derechos humanos se asegura mediante los remedios judiciales ordinarios del proceso o a través de los remedios extraordinarios de equidad (como las *injunctions*), las cuales también se utilizan para la protección de cualquier tipo de derechos o intereses de las personas (*civil rights injunctions*). En América latina, en cambio, y en parte dada la tradicional deficiencia de los medios judiciales generales y ordinarios para asegurar la protección efectiva de los derechos constitucionales, es que se ha desarrollado el proceso de amparo como un medio judicial específico para asegurar su protección.

Este medio específico de protección fue inicialmente introducido en México en 1847, con el nombre de juicio de amparo, el cual de acuerdo con la opinión unánime de los autores mexicanos tuvo su origen en el sistema de control judicial de constitucionalidad (*Judicial Review*) de los Estados Unidos de América, tal como había sido descrito por Alexis de Tocqueville en su obra *La democracia en América*, escrita sólo unos años después del caso *Malbury v. Madison* U.S. (1 Cranch), 137; 2 L. Ed. 60 (1803).[8]

Sin embargo, en su evolución posterior, el juicio de amparo mexicano, en una forma bien diferente al modelo norteamericano, se convirtió en la institución única y compleja de la actualidad, que sólo se encuentra en México, mediante la cual, además de asegurarse la protección de las garantías individuales (*amparo libertad*), comprende un variado y amplio grupo de otras medidas de protección judicial que se pueden ejercer contra el Estado y sus agentes, y que en los otros países latinoamericanos son siempre acciones o procesos separados. En ellos se incluyen, acciones para el control de la constitucionalidad de las leyes (*amparo contra leyes*), acciones para el control de legalidad e inconstitucionalidad de los actos administrativos (*amparo administrativo*), acciones para el control judicial de las sentencias (*amparo casación*), y acciones para la protección de los derechos campesinos (*amparo colectivo*).[9] Este carácter comprehensivo y único del juicio de amparo no se encuentra en ningún otro país de América Latina, lo que no ha impedido a que sea precisamente el amparo mexicano el que más se conozca fuera de América Latina.

En todo caso, después de su introducción en México, durante el mismo Siglo XIX el proceso de amparo comenzó a extenderse por América Latina, dando origen en todos los países a una diferente y específica acción o recurso, y a un proceso, establecido exclusivamente para la protección de los derechos y libertades constitucionales, llegando en algunos casos a convertirse, incluso, en una institución procesal más protectiva que el amparo mexicano,[10] particularmente antes de las reformas de 2013 de la ley de Amparo.

---

8 Véase Francisco Fernández Segado, «Los orígenes del control de la constitucionalidad y del juicio de amparo en el constitucionalismo mexicano de la primera mitad del siglo XIX. El impacto del Voto particular de don mariano Otero», en *Revista Iberoamericana de Derecho Procesal Constitucional*, N° 5, Instituto Iberoamericano de Derecho Procesal Constitucional, Ed. Porrúa, México 2006, pp. 67 ss.

9 Véase una sistematización del nuevo juicio y las acciones de amparo mexicano en FERRER MAC-GREGOR, Eduardo y SÁNCHEZ GIL, Rubén, *«El nuevo juicio de amparo»*, coedición de Porrúa, UNAM, México, 2013.

10 Véase Joaquín Brague Camazano, *La Jurisdicción constitucional de la libertad. Teoría general, Argentina, México, Corte Interamericana de Derechos Humanos*, Editorial Porrúa, México, 2005, pp. 156 ss.

En esta forma, además del recurso de habeas corpus que se generalizó en casi todos los países, el amparo fue introducido durante la segunda mitad del Siglo XIX en las Constituciones de Guatemala (1879), El Salvador (1886) y Honduras (1894); y durante el siglo XX, en las Constituciones de Nicaragua (1911), Brasil (*mandado de segurança* 1934), Panamá (1941), Costa Rica (1946), Venezuela (1961), Bolivia, Paraguay, Ecuador (1967), Perú (1979), Chile (*recurso de protección*, 1980, reforma 2001) Colombia (*acción de tutela*, 1991), República Dominicana (2010).

Desde 1957, y mediante precedentes judiciales, la acción de amparo había sido admitida en Argentina, habiendo sido regulada por Ley en 1966, y luego incorporada en la reforma constitucional de 1994. En la República Dominicana, desde 2000 la Corte Suprema también admitió el amparo, el cual también fue regulado posteriormente, en 2006, mediante la Ley de Amparo, y en 2010 en las normas de la Constitución; cuyas normas se desarrollaron en 2011, en la Ley Orgánica del Tribunal Constitucional y de los Procesos Constitucionales.

La consecuencia de este proceso constitucionalización de las garantías judiciales de los derechos humanos es que en todos los países latinoamericanos, con la excepción de Cuba, están reguladas las acciones de habeas corpus y amparo como medios judiciales específicos diseñados exclusivamente para la protección de los derechos y garantías constitucionales.

En todos los países, como se dijo, el amparo está regulado en expresas normas constitucionales; y en todos, excepto en Chile, el proceso de amparo está regulado en textos legislativos específicos. En Chile, el recurso de protección se encuentra regulado en un cuerpo normativo denominado «Auto Acordado» sancionado por la Corte Suprema de Justicia en 1992, cuya última reforma es de 2015.

En la actualidad, por tanto, las siguientes son las leyes que regulan el proceso de amparo en América Latina:

Argentina.	Ley N° 16.986. Acción de Amparo, 1966;
Bolivia.	Ley N° 254. Código Procesal Constitucional 2012.
Brasil.	Lei N° 12.016 Mandado de Segurança, 2009
Colombia.	Decretos Ley N° 2591, 306 y 1382. Acción de Tutela, 2000;
Costa Rica.	Ley N° 7135. Ley de la Jurisdicción Constitucional, 1989;
Ecuador.	Ley Orgánica de Garantías Constitucionales y Control de Constitucionalidad, 2009.
El Salvador.	Decreto 2996, Ley de Procedimientos Constitucionales, 1960;
Guatemala.	Decreto N° 1-86. Ley de Amparo. Exhibición personal y Constitucionalidad, 1986;
Honduras.	Ley sobre Justicia Constitucional, 2004;
México.	Ley de Amparo, reglamentaria de los artículos 103 y 107 de la Constitución Política, 2013;
Nicaragua.	Ley N° 49. Amparo, 1988;
Panamá.	Código Judicial, Libro Cuarto: Instituciones de Garantía, 1999;
Paraguay.	Ley N° 1.337/88. Código Procesal Civil, Titulo II. El Juicio de Amparo, 1988;
Perú.	Ley N° 28.237. Código Procesal Constitucional, 2005;
República Dominicana.	Ley Orgánica del Tribunal Constitucional y de los Procesos Constitucionales, 2011.

Uruguay. Ley N° 16.011. Acción de Amparo, 1988;
Venezuela. Ley Orgánica de Amparo sobre Derechos y Garantías Constitucionales, 1988.*

Estas leyes, en algunos casos, han sido sancionadas para regular exclusivamente la acción de amparo como sucede en Argentina, Brasil, Colombia, México, Nicaragua, Uruguay y Venezuela. En otros casos, la legislación dictada, además de regular la acción de amparo, también contiene regulaciones en relación con otros medios judiciales de protección de la Constitución, como las acciones de inconstitucionalidad y las acciones de habeas corpus y habeas data, como es el caso Bolivia, Guatemala, Perú, Costa Rica, Ecuador, El Salvador, Honduras y República Dominicana. Sólo en Panamá y en Paraguay el proceso de amparo está regulado en un Capítulo especial en los respectivos Códigos de Procedimiento Civil o judicial.

En la gran mayoría de los países latinoamericanos, además de la acción de amparo, las Constituciones siempre han regulado el recurso de habeas corpus como medio judicial aparte para la protección de la libertad e integridad personales. Es el caso de Argentina, Bolivia (acción de libertad), Brasil, Colombia, Costa Rica, Chile, República Dominicana, Ecuador, El Salvador, Honduras, Nicaragua, Panamá, Paraguay, Perú y Uruguay

Sólo en algunas Constituciones como la de Guatemala, México y Venezuela, el proceso de amparo está concebido como una acción para la protección de todos los derechos y libertades constitucionales, incluyendo la libertad personal, en cuyo caso el habeas corpus es considerado como un tipo de acción de amparo, denominado por ejemplo como acción de exhibición personal (Guatemala) o amparo para la protección de la libertad personal (Venezuela).

Por otra parte, más recientemente, en algunos países como Argentina, Bolivia, Ecuador, Paraguay, Perú y Venezuela, además de la acción de amparo y de la de habeas corpus, las Constituciones han establecido otra acción distinta, llamada de habeas data (o protección de privacidad), mediante la cual las personas pueden formular peticiones para obtener información sobre sí mismas que estén contenidas en archivos, registros y bancos de datos, públicos o privados, y en caso de información falsa, errada o discriminatoria, pueden solicitar su eliminación, confidencialidad o corrección.

Como resultado de todo este proceso protectivo de los derechos humanos, en la actualidad, las regulaciones constitucionales en la materia en América Latina, se han configurado en tres formas diferentes:

En primer lugar, previendo tres recursos o acciones diferentes, el *amparo, el habeas corpus y el habeas data,* como sucede en Argentina, Brasil, Bolivia (acción de protección de privacidad), Ecuador, Paraguay, Perú y República Dominicana;

En segundo lugar, estableciendo dos recursos diferentes, por una parte el *amparo y el habeas corpus,* como es el caso en Colombia, Costa Rica, Chile, El Salva-

* Aun cuando la Asamblea Nacional sancionó una reforma de la Ley Orgánica en 2014, y casi un año después, la Sala Constitucional del Tribunal Supremo de Justicia, mediante sentencia N° 1573 de 18 de noviembre de 2014, declaró como constitucional el carácter orgánico de la ley de reforma (Véase en (http://historico.tsj.gob.ve/decisiones/scon/noviembre/171652-1573-181114-2014-14-0771.HTML), dicha Ley nunca fue promulgada por el Ejecutivo ni publicada en *Gaceta Oficial.*

dor, Honduras, Nicaragua, Panamá y Uruguay; y por la otra, el *amparo y el habeas data,* como es el caso de Venezuela; y

En tercer lugar, regulando un solo recurso o acción de *amparo,* comprendiendo en el mismo la protección de la libertad personal, como es el caso de Guatemala, México y Venezuela.

A todo ello deben agregarse otras acciones de garantías de derechos como las acciones de incumplimiento o de acceso a la información que se han regulado en muchos países.

El proceso constitucional de amparo en América Latina, por otra parte, se ha configurado como una pieza más del sistema general de protección de la Constitución que desde el siglo XIX se ha venido desarrollando en nuestros países, es decir, dentro de los diversos sistemas nacionales de control de constitucionalidad de los actos estatales, en particular de las leyes. Siguiendo los criterios más tradicionales derivados del órgano llamado a ejercer el control de constitucionalidad, estos pueden clasificarse en tres grandes grupos:

En primer lugar están los países que han adoptado única y exclusivamente el método difuso de control de constitucionalidad, que en América Latina sólo es Argentina, donde además se regula el recurso de amparo.

En segundo lugar están los países que han adoptado también única y exclusivamente, el método de control concentrado de la constitucionalidad, atribuyéndolo a un Tribunal o Corte Constitucional o a la Corte Suprema de Justicia, los cuales a la vez se pueden clasificar en dos grupos, según que la acción de amparo también esté concentrada en la Jurisdicción Constitucional, como es el caso de Costa Rica y El Salvador (Sala Constitucional de la Corte Suprema); o que se pueda ejercer ante una universalidad de tribunales, como es el caso de Bolivia, Chile, Ecuador, Honduras, Panamá, Paraguay y Uruguay; y

En tercer lugar, están los países que han adoptado un sistema mixto de control de constitucionalidad que combinan el método difuso con el método concentrado, como es el caso de Brasil, Colombia, Guatemala, México, Nicaragua, Perú, República Dominicana y Venezuela.

En términos generales, los derechos constitucionales que pueden ser objeto de protección mediante el proceso constitucional de amparo son todos aquellos declarados en la Constitución o que se considere que tienen rango constitucional. En algunos países, incluso, se establece expresamente que mediante la acción de amparo también pueden protegerse los derechos declarados en los convenios internacionales (Argentina, Costa Rica, Ecuador y Venezuela) y en otros, los establecidos en leyes (Argentina, Bolivia, Guatemala y Paraguay).

Solo excepcionalmente algunas Constituciones reducen el ámbito de protección del amparo respecto de algunos derechos o garantías individuales o «derechos fundamentales» declarados en la Constitución, como es el caso de Colombia y Chile. Esta es la tendencia que por lo demás se ha seguido en Alemania y España con el recurso de protección individual o recurso de amparo, establecidos para la sola protección de los «derechos fundamentales», y que más recientemente se ha seguido en la regulación del *writ of amparo* en Filipinas, para la protección sólo del derecho a la vida, la libertad y la seguridad.

En todos los países latinoamericanos, la acción de amparo está concebida como una vía judicial extraordinaria, para cuyo ejercicio se establecen diversas regulaciones particularmente referidas a su relación con las vías ordinarias de protección:

En primer lugar, en algunos países se establece que la acción de amparo sólo se puede ejercer cuando no exista otro medio judicial adecuado para la inmediata protección constitucional, como es el caso de Argentina, Bolivia, Chile, Ecuador, El Salvador, Paraguay, República Dominicana, Uruguay y Venezuela.

En segundo lugar, en otros países se establece que la acción de amparo sólo puede ejercerse cuando se hayan agotado los otros medios judiciales idóneos existentes para proteger los derechos constitucionales, como es el caso de Brasil, Colombia, Guatemala, México y Perú.

En tercer lugar, en otros grupo de países lo que se establece es la inadmisibilidad de la acción de amparo cuando ya se hayan intentado otros recursos protectivos, como es el caso de Argentina, Chile, Ecuador, México y Perú.

En todo caso, en cuanto al procedimiento del proceso de amparo, en todos los países de América Latina, con excepción de Chile, se ha garantizado el carácter bilateral del proceso, debiendo en general iniciarse a instancia de parte. En Honduras y Guatemala, sin embargo, la legislación permite que en materia de habeas corpus los tribunales puedan iniciar el procedimiento de oficio.

En general, dado el carácter personal de la acción de amparo, es por tanto la parte injuriada o agraviada la que puede intentar la acción de amparo, aun cuando en algunas legislaciones se admite que otras personas distintas puedan intentar en nombre de la persona agraviada, tanto la acción de habeas corpus (Argentina, Bolivia, Guatemala, Honduras, México, Nicaragua, Perú y Venezuela) como la acción de amparo (Guatemala, Colombia y Perú), al igual que las acciones colectivas (Argentina, Brasil, Costa Rica, Colombia -acción popular-, y Perú).

Por otra parte, muchas legislaciones otorgan legitimación para intentar la acción de amparo en nombre de los agraviados o de la colectividad, al Defensor de los Derechos Humanos o Defensor del Pueblo, como es el caso de Argentina, Bolivia, Colombia, Ecuador, El Salvador, Guatemala, Perú, Nicaragua, Paraguay, Venezuela y México.

La acción o recurso de amparo se ha establecido en América Latina para la protección de los derechos constitucionales, de manera que ha sido su objeto el que realmente ha dado origen a este proceso constitucional extraordinario, independientemente de la persona o entidad que haya causado el agravio o violación del derecho. Por ello, la lógica del sistema protectivo es que el amparo debe proceder en cualquier caso de violación o amenaza, cualquiera haya sido el origen de la misma, sea un acto u omisión de una autoridad pública o de un individuo.

Sin embargo, si bien todos los países de América Latina admiten la acción de amparo contra funcionarios y autoridades públicas -incluso, el amparo, en su origen, fue concebido como un medio de protección frente al Estado- , no todos los países admiten la posibilidad de ejercer la acción contra particulares agraviantes.

En cuanto a la acción de amparo contra acciones u omisiones lesivas provenientes de autoridades y funcionarios, si bien en la mayoría de los países se establece como un medio general de protección sin ningún tipo de distinciones como sucede en Bolivia, Colombia, El Salvador, Guatemala, Perú, Nicaragua, Uruguay y Venezuela; en México, en cambio, se limita la posibilidad de intentarla sólo contra una «autoridad responsable», que es la que dicta, ordena, ejecuta o trata de ejecutar el acto que crea, modifica o extingue situaciones jurídicas en forma unilateral y obligatoria; u omita el acto que de realizarse crearía, modificaría o extinguiría dichas situaciones jurídicas (art. II.5, Ley de Amparo).

En otros países se excluye la acción de amparo sólo respecto de ciertas autoridades como son los cuerpos electorales, tal como sucede en Costa Rica, Ecuador, México, Nicaragua, Panamá, y Uruguay; o el Consejo de la Magistratura, como es el caso de Perú.

Excepto en los países en los cuales la acción de amparo sólo se admite contra autoridades, que son la minoría (Brasil, El Salvador, y Panamá), en el resto de los países latinoamericanos la acción de amparo se admite contra particulares, en algunos casos sin distinción de ningún tipo como sucede en Argentina, Bolivia, Chile, República Dominicana, Paraguay, Perú, Uruguay y Venezuela; y en otros casos, en forma restrictiva sólo respecto de ciertos individuos o empresas privadas concesionarias de servicios públicos, con poderes públicos delegados o que estén en ciertas situaciones de poder en relación con la colectividad, como es el caso de Colombia, Costa Rica, Ecuador, Guatemala y Honduras.

En el caso de México, con la reforma de la Ley de Amparo de 2013 se estableció también la posibilidad de amparo contra particulares (art. I,III, único) pero sólo cuando éstos «tengan la calidad de *autoridad responsable*», la cual en los términos del artículo 5.II de la Ley es «la que dicta, ordena, ejecuta o trata de ejecutar el acto que crea, modifica o extingue situaciones jurídicas en forma unilateral y obligatoria; u omita el acto que de realizarse crearía, modificaría o extinguiría dichas situaciones jurídicas», considerando la misma norma que los particulares tienen tal calidad, cuando «realicen actos equivalentes a los de autoridad, que afecten derechos en los términos de esta fracción, y cuyas funciones estén determinadas por una norma general» (art. 5.II).

En cuanto a la acción de amparo ejercida contra autoridades y funcionarios, el tratamiento de los actos estatales que pueden ser objeto de la acción de amparo tampoco es uniforme, en el sentido de que en muchos casos se establecen exclusiones puntuales.

Por ejemplo, en cuanto a actos ejecutivos, en México se excluyen de la acción de amparo ciertos actos presidenciales, y en Uruguay se excluyen los reglamentos ejecutivos; en Argentina y Perú se excluyen de la acción de amparo los actos estatales en los cuales se decidan cuestiones políticas, y en Argentina, además, los actos relativos a la defensa nacional. Igualmente, en Argentina y en Paraguay se excluyen de la acción de amparo los actos que afecten el funcionamiento de los servicios públicos.

En cuanto a los actos legislativos, en México se excluyen de la acción de amparo ciertos actos del Congreso; y en cuanto al amparo contra leyes, la mayoría de los países lo excluyen, como sucede en Argentina, Bolivia, Brasil, Colombia, Costa Rica, Chile, Ecuador, El Salvador, Nicaragua, Perú, Panamá, Paraguay, Republica Dominicana, Uruguay y Venezuela. En realidad, el amparo contra leyes sólo se admite en Honduras, donde sólo se aplica el método concentrado de control de constitucionalidad de las leyes; y en Guatemala y México, que han adoptado el sistema mixto de control de constitucionalidad de las leyes, en especial contra las leyes autoaplicativas.

En cuanto a los actos judiciales, también en la mayoría de los países de América Latina se excluye la acción de amparo contra los mismos, como es el caso de Argentina, Brasil, Costa Rica, Chile, Ecuador, El Salvador, Nicaragua, Paraguay, y Uruguay. En Bolivia se excluye contra resoluciones judiciales pero sólo si pudiesen ser modificadas o suprimidas por cualquier otro recurso del cual no se haya hecho uso (art. 53.3).En otros países, sin embargo, se admite la acción de amparo contra sentencias, como sucede en Colombia, Guatemala, Honduras, México, Panamá, Perú y Venezuela; aun cuando en algunos de ellos se excluye expresamente respecto de decisiones de las Cortes Supremas (México, Panamá, Venezuela) o de las decisiones dictadas en los juicios de amparo (Honduras, México). En Ecuador, sin embargo, se prevé una acción de protección extraordinaria contra sentencias que sólo se puede intentar ante la Corte Constitucional (art. 437, Constitución).

Por último, en esta síntesis comparativa del amparo en América Latina, debe hacerse mención al tratamiento que la legislación le da al tema de la revisión de las sentencias dictadas en los procesos de amparo, pues tratándose de procesos constitucionales, las leyes tienden a asegurar la uniformidad de la aplicación e interpretación de la Constitución, particularmente en aquellos casos, que son la mayoría, en los cuales la competencia judicial para conocer de la acción de amparo se ejerce por una universalidad de tribunales y no sólo por la Jurisdicción Constitucional, como sólo ocurre en Costa Rica, El Salvador y Nicaragua.

En todos los otros países, en todo caso, para la búsqueda de la uniformidad de la interpretación constitucional se han establecido mecanismos judiciales de revisión de manera que en una forma u otra las decisiones dictadas en los procesos de amparo puedan llegar a ser revisadas por las Cortes Supremas o los Tribunales Constitucionales.

En tal sentido, en Argentina, que sólo aplica el método difuso de control de constitucionalidad, las sentencias dictadas en los juicios de amparo y en materias constitucionales, pueden ser objeto de un recurso extraordinario de revisión ante el la Corte Suprema.

En los países que sólo aplican el método concentrado de control de constitucionalidad de las leyes pero donde los juicios de amparo se desarrollan ante tribunales inferiores, se han establecido mecanismos de revisión obligatoria (Bolivia) o discrecional (Ecuador, Honduras) por la Corte Constitucional o por la Sala Constitucional del Tribunal Supremo de Justicia, respectivamente.

En los países que aplican el sistema mixto de control de constitucionalidad, en unos casos se han establecido mecanismos de revisión automáticos por los Tribunales Constitucionales discrecional (Colombia); y en otros, se han previsto mecanismos de revisión, mediante recursos o apelaciones, por las Cortes Supremas o los Tribunales Constitucionales, también de carácter obligatorio (Brasil, Guatemala, Perú) o discrecional (México, Venezuela).

II. EL AMPARO COMO DERECHO EN LOS INSTRUMENTOS INTERNACIONALES DE NACIONES UNIDAS: Declaración Universal de Derechos Humanos de las Naciones Unidas y en el Pacto Internacional de Derechos Civiles y Políticos de Naciones Unidas

Este derecho de amparo, por otra parte, también tiene consagración en los instrumentos internacionales sobre derechos humanos de Naciones Unidas, los cuales en Venezuela, de acuerdo con el artículo 23 de la Constitución, tienen rango constitucional. Por ello, estimamos necesario analizar sus disposiciones en materia de amparo para confrontarlas con la regulación nacional[11].

El Pacto Internacional de Derechos Civiles y Políticos de Naciones Unidas, en efecto, en nuestro criterio estableció el derecho de amparo, siendo su antecedente inmediato, la Declaración Universal de los Derechos Humanos adoptada por la Asamblea General de las Naciones Unidas el 10 de diciembre de 1948. Esta, además de establecer la garantía del debido proceso (Art. 12), puede decirse que consagró como derecho de todas las personas el derecho de amparo a los derechos fundamentales, en los siguientes términos:

> «*Artículo 8.* Toda persona tiene derecho a un recurso efectivo, ante los tribunales nacionales competentes, que la ampare contra actos que violen sus derechos fundamentales reconocidos por la constitución o la ley».

Este derecho fundamental establecido en la Declaración se puede considerar como un derecho que tiene toda persona a que sus derechos fundamentales sean amparados judicialmente mediante un recurso efectivo, lo que en el mundo contemporáneo ha dado lugar al desarrollo de la acción o recurso de amparo, consagrado incluso después de la segunda post guerra en Alemania y en España. Como se dijo, dicho derecho se estableció separado del derecho al debido proceso que el artículo 12 de la Declaración consagró en los siguientes términos:

> «*Artículo 12.* Toda persona tiene derecho, en condiciones de plena igualdad, a ser oída públicamente y con justicia por el tribunal independiente e imparcial, para la determinación de sus derechos y obligaciones o para el examen de cualquier acusación contra ella en materia penal».

Ese derecho de amparo, puede decirse que también se recogió en el Proyecto de la Constitución Europea de 2003 (art. II,47, párrafo primero), en forma separada respecto del derecho fundamental que tiene toda persona en el ejercicio de sus derechos e intereses legítimos, a que se le asegure el acceso a la justicia y a obtener una tutela judicial efectiva por parte de los jueces, con garantía del debido proceso y del derecho a la defensa (art. II,47, párrafos segundo y tercero).

Entre uno y otro derecho podría establecerse una relación de género a especie: el derecho a la tutela judicial efectiva general sería el género, vinculado al derecho al debido proceso y a la defensa en relación con todos los derechos (y no sólo los fundamentales) e intereses legítimos de las personas; y el derecho de amparo o a la tutela judicial efectiva individual, se refiere en concreto al derecho de las personas a disponer específicamente de «un recurso efectivo» ante los tribunales, que las amparen contra actos que particularmente violen sus derechos fundamentales reconocidos no sólo en la Constitución sino en las leyes. Se trata, sin duda, del derecho de amparo que se traduce en el derecho a un recurso efectivo para la específica protección de los derechos fundamentales.

---

[11] Véase Allan R. Brewer-Carías, «El Proyecto de Constitución Europea, el derecho al debido proceso y la acción de amparo», Ponencia al *VII Congreso Iberoamericano de Derecho Constitucional*, Sevilla, 5 de diciembre 2003; Allan R. Brewer-Carías, *Judicial Protection of Human Rights in Latin America. A Comparative Constitutional Law Study on the Latin American Injunction for he Protection of Constitutional Rights (Amparo Proceeding),* Columbia Law School, Course material, New York, 2006.

En todo caso, casi 20 años después de la Declaración Universal, en el Pacto Internacional de Derechos Civiles y Políticos adoptado en el seno de las Naciones Unidas el 19 de diciembre de 1966, también se estableció como un compromiso de los Estados Partes en el Pacto, además de garantizar el derecho al debido proceso en una detallada norma (Art.14), el garantizar que:

> «*Art. 2,3,a).* Toda persona cuyos derechos y libertades reconocidos en el presente Pacto hayan sido violados podrá interponer un recurso efectivo, aún cuando tal violación hubiera sido cometida por personas que actuaban en ejercicio de sus funciones oficiales;
>
> b) La autoridad competente, judicial, administrativa o legislativa, o cualquiera otra autoridad competente prevista por el sistema legal del Estado, decidirá sobre los derechos de toda persona que interponga tal recurso, y a desarrollar las posibilidades de recurso judicial;
>
> c) Las autoridades competentes cumplirán toda decisión en que se haya estimado procedente el recurso».

En esta norma del Pacto, en la misma línea de la Declaración Universal, de nuevo se garantizó internacionalmente el derecho de amparo de los derechos fundamentales y no sólo el derecho al debido proceso o a la tutela judicial en general, perfeccionándose incluso su consagración, al otorgarse a toda persona el derecho de interponer un recurso efectivo cualquiera que sea la causa de la violación a los derechos y libertades reconocidos en el Pacto, y no sólo ante las violaciones provenientes de «actos», como señalaba la Declaración Universal. Además, se precisó que dicho recurso procede contra cualquiera que sea el agraviante o sujeto activo de la violación, incluso si se tratase de funcionarios públicos o, en general, de personas que actúan en ejercicio de sus funciones oficiales. El derecho de amparo que consagra el Pacto Internacional, sin embargo, sólo se refiere a la protección de los derechos y libertades reconocidos en el propio Pacto, sin hacer alusión a los que se establecen en las Constituciones y leyes de los Estados.

Ateniéndonos sólo a las regulaciones contenidas en la Declaración Universal de los Derechos Humanos y en el Pacto Internacional de los derechos Civiles y políticos, como se ha dicho, en esos instrumentos internacionales, independientemente del derecho a la tutela judicial efectiva, se ha establecido el derecho de toda persona a un recurso efectivo ante los jueces o tribunales nacionales competentes para que la amparen contra las violaciones a sus derechos y libertades fundamentales reconocidos en las respectivas Constituciones, en las leyes y en la propia Declaración Universal y en el Pacto Internacional.

De estas normas internacionales puede decirse que se derivan los contornos de lo que debería ser este recurso de amparo de los derechos fundamentales en el derecho interno de los países, delineados, por lo demás, en forma mucho más amplia de la que existe en los sistemas alemán y español, y que podrían identificarse con base en los siguientes principios:

En *primer lugar,* tanto la Declaración Universal como el Pacto Internacional conciben el amparo como un derecho fundamental. Estimamos que ello deriva de la indicación de que toda persona «tiene derecho» a un recurso efectivo o de un derecho a interponer un «recurso efectivo» para obtener el amparo judicial a sus derechos; de lo que resulta, incluso, que no sólo se trata de que toda persona tenga una garantía adjetiva concretizada en un solo recurso o a una acción de amparo, tutela o protección, sino que toda persona tiene derecho a la protección o amparo judicial. Este es el sentido, por ejemplo, en nuestro criterio de la regulación de la Constitución española. Por ello, en realidad, se puede decir que estamos en presencia de un derecho fundamental de carácter internacional y constitucional de las personas, a tener a su disposición un medio judicial efectivo de protección de sus derechos constitucionales.

En *segundo lugar,* conforme a la Declaración Universal y al Pacto Internacional, el derecho de amparo que en ellos se regula se le debe garantizar a «toda persona» sin distingo de ningún tipo, por lo que corresponde a las personas naturales y a las personas jurídicas o morales; a las personas nacionales y a las extranjeras; a las hábiles y no hábiles; a las personas de derecho público y a las de derecho privado. Es decir, corresponde a toda persona en el sentido más universal.

En *tercer lugar,* el «recurso efectivo» de protección de los derechos y libertades fundamentales de carácter judicial a los que se refieren tanto la Declaración Universal como el Pacto Internacional, puede ser de cualquier clase. Por ello, en realidad, consideramos que puede tratarse de cualquier medio judicial de protección y no necesariamente de una sola y única acción de amparo. Es decir, ni la Declaración Universal ni el Pacto Internacional necesariamente se refieren a un solo medio adjetivo de protección, sino que puede y debe tratarse de un conjunto de medios de protección, lo que puede implicar, incluso, la posibilidad de utilizar los medios judiciales ordinarios si estos garantizan la efectividad de la protección constitucional, o como lo señala la Constitución española, si tienen procedimientos basados en los principios de preferencia y sumariedad.

Por tanto, no puede tratarse de cualquier medio judicial para que se asegure el derecho de amparo, sino que por sobre todo tiene tratarse de un recurso «efectivo», es decir, que permita obtener la protección al derecho violado en forma rápida y con el resultado protectivo deseado.

En *cuarto lugar,* la Declaración Universal y el Pacto Internacional señalan que el recurso judicial de protección o amparo puede interponerse ante los tribunales nacionales competentes, de lo que resulta que la intención de las regulaciones es que no se trate de un solo y único tribunal competente, como sucede en el caso alemán y español donde la competencia para conocer de la acción de amparo se atribuye al Tribunal Constitucional. Ello, por supuesto, se debe regular en el ordenamiento constitucional interno, pero el fundamento de la regulación de la Declaración Universal y del Pacto Internacional es que ésta sea esencialmente la función del Poder Judicial.

En *quinto lugar,* conforme a la Declaración Universal y al Pacto Internacional este derecho a un recurso efectivo de protección ante los tribunales, se establece para la protección de todos los derechos y libertades fundamentales que estén en la Constitución, en la ley o en los propios instrumentos internacionales, los cuales se denominan derechos fundamentales o constitucionales; y no sólo de ciertos derechos constitucionales, como los específicamente denominados «derechos fundamentales» o libertades individuales en Constituciones como las de Alemania y España.

En *sexto lugar,* la protección que regula el Pacto Internacional es contra cualquier violación a los derechos fundamentales, la cual puede provenir de cualquier acto, omisión, hecho o actuación que viole los derechos y libertades y, por supuesto, también que amenace violarlos, porque no tendría sentido esperar que la violación se produzca para poder acudir a interponer el recurso efectivo de protección. Es decir, este recuro de amparo o de protección tiene que poder interponerse antes de que la violación se produzca, frente a la amenaza efectiva de la violación y, por supuesto, frente a toda violación o amenaza de violación provenga de quien sea.

En *séptimo lugar,* el recurso efectivo que regula tanto la Declaración Universal como el Pacto Internacional se puede interponer contra cualquiera que sea el sujeto activo de la violación, por lo que no puede ni debe haber acto ni actuación alguna excluidas de la protección del amparo, así emane de los particulares o de los poderes públicos. Por ello, la aclaratoria que formula el Pacto Internacional de que el recurso efectivo de protección o amparo también se puede intentar cuando la violación a los derechos y libertades hubiera sido cometida por personas que actúen en ejercicio de sus funciones oficiales, es decir, por funcionarios públicos, lo que hace es dejar por sentado que la acción de amparo también puede interponerse contra particulares, lo cual está sin embargo excluido en Alemania y España.

Por último, en *octavo lugar,* en los casos de violaciones que sean cometidas por personas que actúan en ejercicio de sus funciones oficiales, ni la Declaración Universal ni el Pacto Internacional indican específicamente en ejercicio de cuál Poder Público aquellos actúan, por lo que el recurso efectivo de protección o amparo podría interponerse contra cualquier acto que emane de cualquier funcionario público, sea una ley, un acto administrativo, una sentencia judicial, una vía de hecho, en fin, contra cualquier actuación u omisión realizada en ejercicio de la función pública.

Esto implica, por otra parte, que el recurso de amparo se podría interponer directamente contra el acto lesivo, sin que se tengan que agotar otras vías judiciales, es decir, sin que tenga que tener un carácter subsidiario como sucede en Alemania y en España, donde en definitiva el recurso siempre se tiene que interponer contra la decisión judicial que agote las vías ordinarias previas.

Ese es, en realidad, el marco que establecen la Declaración Universal y el Pacto Internacional de Naciones Unidas, y es ese el que debería prevalecer en los derechos internos de los países que han ratificado esos instrumentos. Ese parámetro, por otra parte, quizás fue tomado en cuenta para la consagración en el Proyecto de Constitución Europea de este derecho de amparo, más allá del derecho a la tutela judicial efectiva general.

III. EL DERECHO DE AMPARO EN LA CONVENCIÓN AMERICANA DE DERECHOS HUMANOS

En la misma línea de regulación del Pacto Internacional de Derechos Civiles y Políticos debe mencionarse el texto de la Convención Americana sobre Derechos Humanos adoptada por la Conferencia Especializada sobre Derechos Humanos el 22 de noviembre de 1969, la cual también estableció tanto el derecho al debido proceso con todas sus garantías judiciales en una detalladísima norma (Art. 8), como el derecho de amparo; este último, delineándolo con mayor precisión incluso como institución latinoamericana, establecida como la garantía judicial por excelencia de los derechos humanos, tanto de los regulados en las Constituciones y otras normas del derecho interno, como de los enumerados en los instrumentos internacionales[12].

En tal sentido, el artículo 25.1 de la Convención dispone:

> «Toda persona tiene derecho a un recurso sencillo y rápido o a cualquier otro recurso efectivo ante los jueces o tribunales competentes, que la ampare contra actos que violen sus derechos fundamentales reconocidos por la Constitución, la ley o la presente Convención, aun cuando tal violación sea cometida por personas que actúen en ejercicio de sus funciones oficiales».

En esta forma., además de haber sido consagrado en las Constituciones y en la legislación interna de los países de América latina, se consagra así el amparo en la Convención Americana, como un derecho de toda persona a ser amparada en sus derechos humanos y garantías previstos en la Convención y en las Constituciones nacionales, el cual, como hemos visto, a pesar de la más que centenaria tradición de la cual goza en América Latina, en muchos países aún no ha encontrado su cabal efectividad, al menos en los amplios términos que lo concibe la Convención Americana en el marco del derecho a la protección judicial.

De esta norma resulta que el derecho de amparo que encuentra su fundamento en la misma no sólo es un derecho aplicable en todos los Estados miembros, sino que del mismo resulta la obligación internacional que les ha sido impuesta a los mismos con el objeto de asegurarle a todas las personas, no sólo la existencia sino la efectividad de ese recurso efectivo, sencillo y rápido para la protección de sus derechos. Para ello, la propia Convención dispuso que los Estados Partes se comprometen «a garantizar que la autoridad competente prevista por el sistema legal del Estado decidirá sobre los derechos de toda persona que interponga tal recurso» (artículo 25.2.a). Ello lo ha puntualizado la Corte Interamericana en innumerables sentencias al recordar:

> «El deber general del Estado de adecuar su derecho interno a las disposiciones de dicha Convención para garantizar los derechos en ella consagrados, establecido en el artículo 2, incluye la expedición de normas y el desarrollo de prácticas conducentes a la observancia efectiva de los derechos y libertades consagrados en la misma, así como la adopción de medidas para suprimir las normas y prácticas de cualquier naturaleza que entrañen una violación a las garantías previstas en la Convención. Este deber general del Estado Parte implica que las medidas de derecho interno han de ser efectivas (principio del *effet utile)*, para lo cual el Estado debe adaptar su actuación a la normativa de protección de la Convención».[13]

Ahora bien, es bien sabido que la Corte Interamericana de Derechos Humanos desde sus primeras Opiniones Consultivas identificó el recurso previsto en el

---

[12] Véase Allan R. Brewer-Carías, «El amparo en América Latina: La universalización del Régimen de la Convención Americana sobre los Derechos Humanos y la necesidad de superar las restricciones nacionales en *Ética y Jurisprudencia*, 1/2003, Enero-Diciembre, Universidad Valle del Momboy, Facultad de Ciencias Jurídicas y Políticas, Centro de Estudios Jurídicos «Cristóbal Mendoza», Valera, Estado Trujillo, 2004, pp. 9-34.

[13] Véase sentencia en el caso *Yatama Vs. Nicaragua* de 23 de junio de 2005, (Párr. 170), en http://www.corteidh.or.cr/docs/casos/articulos/seriec_127_esp.pdf

artículo 25.1 de la Convención con la institución latinoamericana del amparo. Así lo expuso en su Opinión Consultiva OC-8/87 del 30 de enero de 1987, *El habeas corpus bajo suspensión de garantías (arts. 27.2, 25.1 y 7.6 Convención Americana sobre Derechos Humanos)*, señaló que el artículo 25.1 de la Convención era «una disposición de carácter general que recoge la institución del amparo, entendido como el procedimiento judicial sencillo y breve que tiene por objeto la tutela de todos los derechos reconocidos por las constituciones y las leyes de los Estados partes y por la Convención».[14] Y también en la Opinión Consultiva OC-9/87 del 6 de octubre de 1987, *Garantías judiciales en estados de emergencia (arts. 27.2, 25 y 8, Convención Americana sobre Derechos Humanos)*, donde la Corte precisó que «para que tal recurso exista, no basta con que esté previsto por la Constitución o la ley o con que sea formalmente admisible, sino que se requiere que sea realmente idóneo para establecer si se ha incurrido en una violación a los derechos humanos y proveer lo necesario para remediarla»; al punto de establecer que su falta de consagración en el derecho interno, es decir, «la inexistencia de un recurso efectivo contra las violaciones a los derechos reconocidos por la Convención constituye una transgresión de la misma por el Estado Parte en el cual semejante situación tenga lugar».[15]

La Corte Interamericana, en sus decisiones posteriores y luego de una larga evolución, variado su interpretación, indicando que el artículo 25.1, al consagrar el derecho al recurso efectivo como derecho de amparo, lo ha hecho en el sentido más amplio, de derecho humano a la «protección judicial» efectiva, incluyendo el derecho de acceso a la justicia, siguiendo la orientación fijada inicialmente por el juez Antonio Cançado Trindade en su Voto al caso *Genie Lacayo Vs. Nicaragua* de 29 de enero de 1997 cuando consideró que la norma era, no sólo uno de los pilares básicos de la Convención, sino «de todo el Estado de derecho en una sociedad democrática según el sentido de la Convención»;[16] concepto que se reiteró con posterioridad en la jurisprudencia de la Corte Interamericana a partir de la sentencia del caso *Castillo Páez vs. Perú* de 3 de noviembre de mismo año.[17]

En este contexto, por supuesto más amplio, el derecho de amparo no es más que una de las piezas de ese pilar básico de la democracia que es el derecho humano a la protección judicial, y no lo agota; de manera que la acción de amparo se subsume en dicho sistema de recursos judiciales rápidos, sencillos y eficaces (con el signo en este caso de la inmediatez de la protección por tratarse de derechos humanos) a los cuales las personas tienen derecho de acceder (acceso a la justicia) con las garantías del debido proceso que derivan del artículo 25.1 en conexión con el artículo 8 sobre garantías judiciales, los cuales en conjunto son los que constituyen el

---

14 Véase Opinión Consultiva OC-8/87, del 30 de enero de 1987, *El habeas corpus bajo suspensión de* garantías *(arts. 27.2, 25.1 y 7.6 Convención Americana sobre Derechos Humanos*, en http://www.corteidh.or.cr/docs/opiniones/seriea_08_esp.pdf

15 Véase Opinión Consultiva OC-9/87 del 6 de octubre de 1987, *Garantías judiciales en estados de emergencia (arts. 27.2, 25 y 8, Convención Americana sobre Derechos Humanos* (Párr. 24), en http://www.corteidh.or.cr/docs/opiniones/seriea_09_esp.pdf

16 Voto Disidente de Antonio Augusto Cançado Trindade en la sentencia del *Caso Genie Lacayo vs. Nicaragua* (*Solicitud de Revisión de la Sentencia de Fondo, Reparaciones y Costas)* de 13 de septiembre de 1997 (Párr. 18), en http://www.corteidh.or.cr/docs/casos/articulos/se-riec_21_esp.pdf

17 Véase sentencia del caso *Castillo Páez vs. Perú* de 3 de noviembre de 1997 (Párr. 82), en http://www.corteidh.or.cr/docs/casos/articulos/seriec_34_esp.pdf.

pilar de la democracia.[18] Como lo dijo la Corte Interamericana en la sentencia del caso de *La Masacre de las Dos Erres vs. Guatemala* de 24 de noviembre de 2009, luego de expresar que «el recurso de amparo por su naturaleza es el procedimiento judicial sencillo y breve que tiene por objeto la tutela de todos los derechos reconocidos por las constituciones y leyes de los Estados partes y por la Convención»; que «tal recurso *entra* en el ámbito del art. 25 de la Convención Americana, por lo cual tiene que cumplir con varias exigencias, entre las cuales se encuentra la idoneidad y la efectividad».[19]

La consecuencia de ello es que independientemente de que el artículo 25.1 de la Convención no se agote en una única acción de amparo, ni se lo considere ahora por la jurisprudencia de la Corte Interamericana solamente como la consagración de un recurso de amparo, lo cierto es que dicha norma al establecer el «derecho de amparo» como derecho humano, ha fijado los parámetros mínimos conforme a los cuales los Estados miembros deben cumplir la obligación de asegurarle a todas las personas no sólo la existencia sino la efectividad de ese o esos recursos efectivos, sencillos y rápidos para la protección de sus derechos, lo que debe asegurarse en particular cuando regulen y establezcan la «acción de amparo» para la protección de los derechos previstos en la Constitución y en la propia Convención.

Ese artículo 25.1 es, por tanto, en nuestro criterio, el marco que establece la Convención Americana conforme al cual tanto la Corte Interamericana como los jueces y tribunales nacionales, deberían ejercer el control de convencionalidad[20] en relación con los actos y decisiones de los Estados para asegurar el derecho de amparo para la protección de los derechos humanos, con el objeto de superar las restricciones nacionales a la institución del amparo que, como antes se comentó

---

[18] Por ello, Anamari Garro Vargas considera que «no es lo mismo afirmar que el sistema de recursos judiciales eficaces es uno de los pilares de la Convención y del Estado de Derecho en un sistema democrático, que sostener que uno de esos pilares es un recurso sencillo y eficaz para proteger los derechos fundamentales». Véase Anamari Garro Vargas, *La improcedencia del recurso de amparo contra las resoluciones y actuaciones jurisdiccionales del Poder Judicial a la luz de la Constitución costarricense y del artículo 25 de la Convención Americana sobre Derechos Humanos*, Tesis para optar al grado de Doctor en Derecho, Universidad de los Andes, Santiago de Chile 2012 (Versión mimeografiada), p. 213.

[19] Véase la sentencia del caso *La Masacre de las Dos Erres vs. Guatemala* de 24 de noviembre de 2009 C211/2009 (Párr. 107) en http://www.corteidh.or.cr/docs/casos/articulos/seriec_211_esp.pdf

[20] Véase sobre el control de convencionalidad: Ernesto Rey Cantor, *Control de Convencionalidad de las Leyes y Derechos Humanos*, México, Editorial Porrúa-Instituto Mexicano de Derecho Procesal Constitucional, 2008; Juan Carlos Hitters, «Control de constitucionalidad y control de convencionalidad. Comparación», en *Estudios Constitucionales*, Centro de Estudios Constitucionales de Chile, Universidad de Talca, Año 7, N° 2, 2009, pp. 109-128; Susana Albanese (Coordinadora), El control de convencionalidad, Buenos Aireas, Ed. Ediar, 2008; Eduardo Ferrer Mac-Gregor, «El control difuso de convencionalidad en el Estado constitucional», en Fix-Zamudio, Héctor, y Valadés, Diego (Coordinadores), *Formación y perspectiva del Estado mexicano*, México, El Colegio Nacional-UNAM, 2010, pp. 151-188; Eduardo Ferrer Mac-Gregor, «Interpretación conforme y control difuso de convencionalidad el nuevo paradigma para el juez mexicano», en *Derechos Humanos: Un nuevo modelo constitucional*, México, UNAM-IIJ, 2011, pp. 339-429; Carlos Ayala Corao, *Del diálogo jurisprudencial al control de convencionalidad*, Editorial Jurídica Venezolana, Caracas 2013, pp. 123 ss.. Véase igualmente, Jaime Orlando Santofimio y Allan R. Brewer-Carías, *Control de Convencionalidad y Responsabilidad del Estado*, Universidad Externado de Colombia, Bogotá, 2013.

someramente, todavía persisten en muchos países. Así se deriva por ejemplo, de lo que la Corte Interamericana consideró como «el sentido de la protección otorgada por el artículo 25 de la Convención» consistente en:

> «la posibilidad real de acceder a un recurso judicial para que la autoridad competente y capaz de emitir una decisión vinculante determine si ha habido o no una violación a algún derecho que la persona que reclama estima tener y que, en caso de ser encontrada una violación, el recurso sea útil para restituir al interesado en el goce de su derecho y repararlo».[21]

Por ello hemos sostenido que de dicha norma de la Convención, al consagrar el «derecho de amparo», no permite que se puedan establecer restricciones al mismo, lo que es particularmente importante cuando se trata de regular en el ámbito interno una «acción de amparo» para precisamente asegurar la protección de los derechos humanos, de cuyo ámbito, por tanto, no pueden quedar excluidos de protección determinados derechos, ni pueden determinados actos estatales quedar excluidos de control, ni pueden quedar personas que no estén protegidas, ni pueden quedar agraviantes que no puedan ser juzgados por sus violaciones mediante el recurso sencillo rápido y eficaz. Otra cosa, por supuesto, es que la regulación que exista en el derecho interno sobre el proceso de amparo, cuando se establece con una amplitud inusitada, convierta a la institución llamada a proteger los derechos humanos en una técnica procesal que en la práctica impida asegurar la protección efectiva, sencilla y rápida de los derechos.

Debe destacarse que la Corte Interamericana, en este aspecto, ha ejercido un importante control de convencionalidad en la sentencia del caso de *La Masacre de las Dos Erres vs. Guatemala* de 24 de noviembre de 2009, en la cual, a pesar de que estimó que en Guatemala el recurso de amparo era «adecuado para tutelar los derechos humanos de los individuos»,[22] observó sin embargo, que su «uso indebido», su «estructura actual» y las «disposiciones que lo regulaban», aunado a «la falta de debida diligencia y la tolerancia por parte de los tribunales al momento de tramitarlo, así como la falta de tutela judicial efectiva, han permitido el uso abusivo del amparo como práctica dilatoria en el proceso»,[23] de manera que «su uso indebido ha impedido su verdadera efectividad, al no haber permitido que produzca el resultado para el cual fue concebido».[24] La Corte, en dicho caso, constató además, que si bien al momento de dictar la sentencia el Estado había informado que estaba en curso de discusión una reforma a la Ley de Amparo, consideró que «aún no han sido removidos los obstáculos para que el amparo cumpla con los objetivos para los cuales ha sido creado».[25] De lo anterior, la Corte Interamericana concluyó su control de convencionalidad indicando que:

> «De acuerdo a lo expuesto la Corte considera que, en el marco de la legislación vigente en Guatemala, en el presente caso el recurso de amparo se ha transformado en un medio para dilatar y entorpecer el proceso judicial y en

---

21 Véase la sentencia en el caso *Jorge Castañeda Gutman vs. México* de 6 de agosto de 2008 (Párr. 100) en http://www.corteidh.or.cr/docs/casos/articulos/seriec_184_esp.pdf.

22 Véase la sentencia del caso *La Masacre de las Dos Erres vs. Guatemala* de 24 de noviembre de 2009 C211/2009 (Párr. 121) en http://www.corteidh.or.cr/docs/casos/articulos/seriec_211_esp.pdf

23 *Ídem*. Párr. 120.

24 *Ídem*, Párr. 121.

25 *Ídem*. Párr. 123.

un factor para la impunidad. En consecuencia, este Tribunal considera que en el presente caso el Estado violó los derechos a las garantías judiciales y a la protección judicial, que configuran el acceso a la justicia de las víctimas, reconocidos en los artículos 8.1 y 25.1 de la Convención, e incumplió con las disposiciones contenidas en los artículos 1.1 y 2 de la misma».[26] (Párr. 124).

En consecuencia, no sólo la deficiente regulación del amparo cuando es restrictiva, sino también cuando es excesivamente permisiva pueden hacer inefectiva, complicada y lenta la protección judicial, de lo cual en este caso de *La Masacre de las Dos Erres vs. Guatemala* la Corte consideró que en Guatemala el Estado también tenía el deber general de «adecuar su derecho interno a las disposiciones de la Convención Americana para garantizar los derechos en ella consagrados», considerando que precisamente en materia del recurso de amparo, «la expedición de normas y el desarrollo de prácticas conducentes a la efectiva observancia de dichas garantías»[27] de manera que en el caso, incluso, las partes habían «coincidido en considerar abusivo el uso del recurso de amparo como práctica dilatoria».[28]

Pero regular adjetivamente la acción de amparo para hacerla real y efectivamente un medio rápido y sencillo de protección judicial de los derechos humanos, tarea que corresponde a los Estados en el marco de la regulación del artículo 25.1 de la Convención Americana, no puede conducir a restringir o limitar los aspectos sustantivos del instrumento de protección. Por ello no compartimos la expresión utilizada por la Corte Interamericana en otra sentencia dictada en el caso *Jorge Castañeda Gutman vs. México* de 6 de agosto de 2008, al aceptar que los Estados pueden establecer límites a la admisibilidad del «recurso de amparo», y estimar «que no es en si mismo incompatible con la Convención que un Estado limite el recurso de amparo a algunas materias».[29]

Ante todo, debe observarse que excluir del recurso de amparo en «algunas materias» no puede considerarse como un tema de «admisibilidad», pues no es un tema adjetivo. Excluir el derecho de amparo, por ejemplo, la protección de un derecho o el control de determinados actos estadales, son aspectos sustantivos que no admiten exclusión conforme al artículo 25.1 de la Convención Americana. Otra cosa distinta es la legitimidad que puedan tener los Estados para establecer condiciones adjetivas de admisibilidad de las acciones judiciales. Como lo ha dicho la Corte Interamericana en el caso *Trabajadores Cesados del Congreso (Aguado Alfaro y otros) v. Perú* de 24 de noviembre de 2006, en el orden interno de los Estados, «pueden y deben establecerse presupuestos y criterios de admisibilidad de los recursos internos, de carácter judicial o de cualquier otra índole».[30] Sin embargo, ello no puede nunca significar la negación del propio derecho a la protección judicial o específicamente al amparo respecto de determinados derechos humanos o actos estatales que los violen.

---

26 *Ídem*. Párr. 124.
27 *Ídem*. Párr. 122.
28 *Ídem*. Párr. 122.
29 Véase sentencia en el caso *Jorge Castañeda Gutman vs. México* de 6 de agosto de 2008 (Párr. 92) en http://www.corteidh.or.cr/docs/casos/articulos/seriec_184_esp.pdf.
30 Véase sentencia en el caso *Trabajadores Cesados del Congreso (Aguado Alfaro y otros) vs. Perú* de 24 de noviembre de 2006, Serie C Nº 158, (Párr. 126), en http://www.corte-idh.or.cr/docs/casos/articulos/seriec_158_esp.pdf.

En todo caso, la afirmación de la Corte Interamericana, aún cuando se refiera a límites a un «recurso de amparo», por ser formulada en relación con una norma de la Convención que lo que regula es el «derecho de amparo», la consideramos esencialmente contraria a la Convención; lo que por otro lado se confirma con la «aclaratoria» que la misma Corte hizo en la misma sentencia a renglón seguido de esa frase, indicando que la restricción que se pudiera establecer por los Estados no sería incompatible con la Convención «siempre y cuando provea otro recurso de similar naturaleza e igual alcance para aquellos derechos humanos que no sean de conocimiento de la autoridad judicial por medio del amparo».[31] Ello, lo que confirma es que no es posible restringir el derecho de amparo, pues si no está garantizado en las normas procesales que regulan una específica «acción de amparo» debe estar garantizado en otras normas adjetivas relativas a otros recursos, los cuales, si son «de similar naturaleza e igual alcance», son medios judiciales de amparo.

La aclaratoria de la Corte, en todo caso, a lo que obliga, al realizar el control de convencionalidad, al igual que obliga a los jueces y tribunales nacionales, es a que tienen que hacer el escrutinio de todo el orden procesal para determinar si restringida en la ley nacional la admisibilidad de una específica «acción de amparo», en el ordenamiento procesal del Estado se establece «otro recurso de similar naturaleza e igual alcance» para la protección del derecho, es decir, otro medio judicial de amparo. Por ello, precisamente, en el caso *Jorge Castañeda Gutman vs. México* de 6 de agosto de 2008, la Corte interamericana concluyó que para la protección del derecho político a ser electo, «dado que el recurso de amparo no resulta procedente en materia electoral», no habiendo en México otro recurso efectivo para la protección, consideró que el Estado no ofreció a la víctima «un recurso idóneo para reclamar la alegada violación de su derecho político a ser elegido, y por tanto violó el artículo 25 de la CADH, en relación con el art. 1.1 del mismo instrumento».[32]

Le faltó a la Corte Interamericana en esta sentencia, sin embargo, completar el control de convencionalidad y ordenarle al Estado mexicano la reforma de la Ley de Amparo para que en ausencia de ese inexistente «otro recurso idóneo de protección» de los derechos electorales, procediera a eliminar la restricción de admisibilidad de la acción de amparo contra decisiones de autoridades en materia electoral. En esta materia la Corte Interamericana, en realidad, se limitó a recordar que «La obligación contenida en el artículo 2 de la Convención reconoce una norma consuetudinaria que prescribe que, cuando un Estado ha celebrado un convenio internacional, debe introducir en su derecho interno las modificaciones necesarias para asegurar la ejecución de las obligaciones internacionales asumidas».[33] Pero, sin embargo, se abstuvo en realidad de ejercer el control de convencionalidad.

Ahora bien, considerando entonces que el artículo 25 de la Convención Americana sobre Derechos Humanos, cuya redacción y lenguaje sigue los del Pacto Internacional de los Derechos Civiles y Políticos,[34] establece un derecho de amparo

---

31 Véase sentencia en el caso *Jorge Castañeda Gutman vs. México* de 6 de agosto de 2008 (Párr. 92) en http://www.corteidh.or.cr/docs/casos/articulos/seriec_184_esp.pdf.

32 *Ídem,* Par 131.

33 *Ídem.,* Párr. 132.

34 Véase Allan R. Brewer-Carías, «El derecho al debido proceso y el derecho de amparo en el proyecto de Constitución Europea», en Juan Pérez Royo, Joaquín Pablo Urías Martínez, Manuel Carrasco Durán, Editores), en *Derecho Constitucional para el Siglo XXI. Actas del Congreso* Iberoamericano *de Derecho Constitucional,* Tomo I, Thomson-Aranzadi, Madrid 2006, pp. 2151-2162.

de los derechos humanos, sea mediante una acción de amparo o mediante otro recurso sencillo, rápido y eficaz para la protección de los mismos, es posible derivar de dicho artículo los contornos fundamentales que debe tener la institución de la acción de amparo, de tutela o de protección de los derechos fundamentales en los derechos internos, cuyo sentido[35] se puede conformar por los siguientes elementos:

Conforme a dicho artículo 25 de la Convención Americana sobre Derechos Humanos, cuya redacción y lenguaje sigue los del Pacto Internacional de los Derechos Civiles y Políticos, entonces, toda persona tiene derecho a un recurso sencillo y rápido o a cualquier otro recurso efectivo ante los jueces o tribunales competentes, que la amparen contra actos que violen sus derechos fundamentales reconocidos en la respectiva Constitución y en las leyes, y en la propia Convención Americana[36].

De esta norma internacional puede decirse que se derivan los contornos de lo que debería tener esta acción de amparo, de tutela o de protección de los derechos fundamentales en los derechos internos, los cuales lamentablemente en muchos países se encuentran parcialmente restringidos. El sentido de la regulación contenida en la Convención es en consecuencia, el siguiente:

En *primer* lugar, la Convención Americana concibe al amparo como un derecho fundamental[37] en sí mismo y no sólo como una garantía adjetiva, en una concepción que, sin embargo, no se ha seguido generalmente en América Latina. En realidad sólo en Venezuela el amparo ha sido concebido en la Constitución como un derecho humano, más que como una sola garantía adjetiva.[38] Se indica en la Convención, en efecto, que toda persona «tiene derecho» a un recurso, lo que no significa que solamente tenga derecho a una específica garantía adjetiva que se concretiza en un solo recurso o en una acción de amparo, de tutela o de protección

---

35 Véase Allan R. Brewer-Carías, *Mecanismos nacionales de protección de los derechos humanos* (Garantías *judiciales de los derechos humanos en el derecho constitucional comparado latinoamericano),* Instituto Interamericano de Derechos Humanos (IIDH), Costa Rica, San José 2005; *Constitutional Protection of Human Rights in Latin America. A Comparative Study of the Amparo Proceedings*, Cambridge University Press, New York, 2008; «El amparo en América Latina: La universalización del régimen de la Convención Americana sobre los Derechos Humanos y la necesidad de superar las restricciones nacionales», en *Ética y Jurisprudencia,* 1/2003, Enero-Diciembre, Universidad Valle del Momboy, Facultad de Ciencias Jurídicas y Políticas, Centro de Estudios Jurídicos «Cristóbal Mendoza», Valera, Estado Trujillo, 2004, pp. 9-34.

36 Véase Allan R. Brewer-Carías, «El fortalecimiento de las instituciones de protección de los derechos humanos en el ámbito interno» en *Reflexiones sobre el constitucionalismo en América,* Editorial Jurídica Venezolana, Caracas 2001, pp. 88 y ss.; y *Mecanismos nacionales de protección de los derechos humanos,* Instituto Interamericano de derechos Humanos, San José, 2005.

37 Véase en general, Héctor Fix-Zamudio, Ensayos sobre el derecho de amparo, Porrúa, México 2003; y Héctor Fix-Zamudio and Eduardo Ferrer Mac-Gregor (Coordinadores), *El derecho de amparo en el mundo,* Porrúa, México 2006.

38 Véase Allan R. Brewer-Carías, «El derecho de amparo y la acción de amparo», en *Revista de Derecho Público,* N° 22, Editorial Jurídica Venezolana, Caracas, abril junio 1985, pp. 51-61; e *Instituciones Políticas y Constitucionales,* Vol. V, Derecho y Acción de Amparo, Universidad Católica del Táchira - Editorial Jurídica Venezolana, Caracas - San Cristóbal 1998. Véase además, Héctor Fix Zamudio, «La teoría de Allan R. Brewer-Carías sobre el derecho de amparo latinoamericano y el juicio de amparo mexicano», en *El derecho público a comienzos del Siglo XXI. Estudios en homenaje al profesor Allan R. Brewer-Carías,* Ed. Civitas, Universidad Central de Venezuela, Madrid 2003, Tomo I, pp. 1125-1163.

específica. El derecho se ha concebido más amplio, como derecho a la protección constitucional de los derechos o al amparo de los mismos. Por eso, en realidad, estamos en presencia de un derecho fundamental de rango internacional y constitucional de las personas, a tener a su disposición medios judiciales efectivos, rápidos y eficaces de protección. Y uno de ellos, es precisamente la acción de amparo, de tutela o de protección.

Por ello, en *segundo* lugar, los mecanismos judiciales de protección de los derechos humanos a los que se refiere la Convención Americana pueden ser variados, y deben ser efectivos, rápidos y sencillos. Pueden ser de cualquier clase, a través de cualquier medio judicial y no necesariamente una sola y única acción de protección o de amparo. Es decir, la Convención no necesariamente se refiere a un solo medio adjetivo de protección, sino que puede y debe tratarse de un conjunto de medios de protección, lo que puede implicar, incluso, la posibilidad de utilizar los medios judiciales ordinarios, , como por ejemplo sucede con los *writs* en el derecho angloamericano, cuando sean efectivos como recursos rápidos y sencillos de protección.

En *tercer* lugar, debe destacarse que la Convención regula un derecho que se le debe garantizar a «toda persona» sin distingo de ningún tipo, por lo que en el derecho interno corresponde a las personas naturales y jurídicas o morales; nacionales y extranjeras; hábiles y no hábiles; de derecho público y derecho privado. Es decir, corresponde a toda persona en el sentido más universal.

En *cuarto lugar*, la Convención señala que el medio judicial de protección o la acción de amparo puede interponerse ante los tribunales competentes, de lo que resulta que la intención de la Convención es que no se trata de un solo y único tribunal competente. Ello, por supuesto, se debe regular en el ordenamiento interno, pero el fundamento de la regulación de la Convención es que ésta debe ser esencialmente la función del Poder Judicial, como también sucede, por ejemplo, en los sistemas anglo-americanos donde el amparo existe sin que se lo denomine como tal. En esos sistemas los jueces cotidianamente dictan órdenes o decisiones de *mandamus*, *injunctions* y *prohibitions*, es decir, todos los tipos de decisiones judiciales que equivalen al amparo en América Latina, como parte de la cotidianidad de la acción del juez, sin que tengan una característica adjetiva especial.

En *quinto* lugar, conforme a la Convención, este derecho a un medio efectivo de protección ante los tribunales se establece para la protección de todos los derechos humanos que estén en la Constitución, en la ley, en la propia Convención Americana o que sin estar en texto expreso, sean inherentes a la persona humana, por lo que también son protegibles aquellos establecidos en los instrumentos internacionales. Por ello, aquí adquieren todo su valor las cláusulas enunciativas de los derechos, que los protegen aún cuando no estén enumerados en los textos, pero que siendo inherentes a la persona humana y a su dignidad, deban ser objeto de protección constitucional. La garantía del artículo 25.1, en todo caso, en el derecho interno, se refiere a la protección de los derechos constitucionales sin que quepa distinguir en estos, unos que sean «fundamentales» y otros que no lo son. La expresión «derechos fundamentales» en el artículo 25.1 de la Convención, en el ámbito interno, equivale a derechos constitucionales, o que integran el bloque de constitucionalidad.

En *sexto* lugar, la protección que regula la Convención es contra cualquier acto, omisión, hecho o actuación de cualquier autoridad que viole los derechos y, por supuesto, también, que amenace violarlos, porque no hay que esperar que la violación se produzca para poder acudir al medio judicial de protección. Es decir, este medio de protección tiene que poder existir antes de que la violación se produzca, frente a la amenaza efectiva de la violación y, por supuesto, frente a toda violación o amenaza de violación que provenga del Estado y de sus autoridades. Es decir, no puede ni debe haber acto ni actuación pública alguna excluida del amparo, en cualquier forma, sea una ley, un acto administrativo, una sentencia, una vía de hecho, una actuación o una omisión.

Y en *séptimo* lugar, la protección que consagra la Convención es también contra cualquier acto, omisión, hecho o actuación de los entes públicos y sus funcionarios o de los particulares, individuos o empresas de cualquier naturaleza, que violen o amenacen violar los derechos fundamentales.

Este es, en realidad, en nuestro criterio, el parámetro que establece la Convención Americana sobre el derecho de amparo, y es ese el que debería prevalecer en los derechos internos cuando se establece la acción o recurso de amparo, donde hay que realizar un importante esfuerzo de adaptación para superar el cuadro de restricciones constitucionales o legislativas que en algunos aspectos ha sufrido la institución del amparo; que teniendo una concepción tan amplia en el texto de la Convención Americana, en muchos casos ha sido restringid.

Por lo demás, no hay que olvidar que en la mayoría de los países latinoamericanos la Convención tiene rango constitucional o rango supra legal, e incluso, en algunos tiene rango supra constitucional[39], lo que implica la necesidad jurídica de que la legislación interna se adapte a la misma. Además, la amplitud de la regulación de la Convención Americana sobre Derechos humanos, así como el proceso de constitucionalización de sus regulaciones que ha ocurrido en América Latina, plantean tanto a la propia Corte Interamericana como a los jueces y tribunales nacionales, en ejercicio del control de convencionalidad y en ausencia de reformas legales, el reto de procurar adaptar las previsiones de la legislación interna a las exigencias de la Convención, cuyo contenido constituye, en definitiva, un estándar mínimo común para todos los Estados.

Ello implica, si nos adentramos en las regulaciones de derecho interno de muchos de nuestros países, la necesidad, por ejemplo, de que se amplíe la protección constitucional de manera que la pueda acordar cualquier juez o tribunal y no sólo un Tribunal Constitucional o Sala Constitucional del Tribunal Supremo; mediante el ejercicio de todas las vías judiciales y no sólo a través de un sólo recurso

---

[39] En relación a la clasificación de los sistemas constitucionales de acuerdo con el rango de los tratados internacionales, véase Rodolfo E. Piza R., *Derecho internacional de los derechos humanos: La Convención Americana*, San José 1989; Carlos Ayala Corao, «La jerarquía de los instrumentos internacionales sobre derechos humanos», en *El nuevo derecho constitucional latinoamericano*, IV Congreso venezolano de Derecho constitucional, Vol. II, Caracas, 1996 y *La jerarquía constitucional de los tratados sobre derechos humanos y sus consecuencias*, México, 2003; Florentín Meléndez, *Instrumentos internacionales sobre derechos humanos aplicables a la administración de justicia. Estudio constitucional comparado*, Cámara de Diputados, México 2004, pp. 26 ss.; y Humberto Henderson, «Los tratados internacionales de derechos humanos en el orden interno: la importancia del principio *pro homine*», en *Revista IIDH, Instituto Interamericano de Derechos Humanos*, N° 39, San José 2004, pp. 71 y ss. Véase también, Allan R. Brewer-Carías, *Mecanismos nacionales de protección de los derechos humanos, Instituto Internacional de Derechos Humanos*, San José, 2004, pp. 62 ss.

o acción de amparo como sucede en la gran mayoría de los países; en relación con todas las personas y para la protección de absolutamente todos los derechos constitucionales, y no sólo algunos; y contra todo acto u omisión provenga de quién provenga, incluyendo de particulares, superando las restricciones que en este aspecto existen en muchos de nuestros países.

En el caso de Venezuela, el sistema constitucional en el país, puede decirse que sigue completamente lo dispuesto en la Convención, desde que se creó la institución en el artículo 49 de la Constitución de 1961, en el cual, como lo afirmó Héctor Fix-Zamudio, «consagró definitivamente el derecho de amparo como instrumento procesal para proteger todos los derechos fundamentales de la persona humana consagrados constitucionalmente», en lo que calificó como «uno de los aciertos más destacados en la avanzada Carta Fundamental de 1961»[40]. Esta orientación se afianzó en el artículo 27 de la Constitución de 1999, conforme a las previsiones de la *Ley Orgánica de Amparo sobre Derechos y Garantías Constitucionales de 1988,*[41] del cual resulta lo siguiente:

Primero, que el amparo se consagra como un derecho fundamental de toda persona, a ser amparado por los tribunales en el goce y ejercicio de los derechos y garantías constitucionales.

Segundo, se trata de un derecho que corresponde a «toda persona» en el sentido de toda persona natural que se encuentre en el territorio nacional o de toda persona jurídica domiciliada o que tengan intereses en el mismo.

Tercero, es un derecho que permite ser amparado en el goce y ejercicio de todos los derechos y garantías que se establecen y enumeran en la Constitución y en los tratados internacionales; y de aquellos que no estando expresamente enunciados en la Constitución y en esos instrumentos, sean inherentes a la persona humana. Por tanto, todos los derechos son justiciables por la vía del amparo.

Cuarto, es un derecho, el de ser amparado, que puede ejercerse para buscar protección judicial contra cualquier violación o amenaza de violación de esos derechos o garantías constitucionales, provengan de actos, hechos u omisiones de funcionarios o entidades públicas o de otros particulares.

Quinto, para que proceda el ejercicio del derecho a ser amparado ante los tribunales, se requiere que el derecho o garantía constitucional sea directamente lesionado en su goce o ejercicio, sea que con ello se viole directamente la Constitución, los instrumentos internacionales o las leyes que conforme a la Constitución regulan o garantizan el derecho.

---

40 Véase Héctor Fix Zamudio, «Algunos aspectos comparativos del derecho de amparo en México y Venezuela», *Libro Homenaje a la Memoria de Lorenzo Herrera Mendoza,* UCV, Caracas, 1970, Tomo II, pp. 333-390. Véase además, Héctor Fix Zamudio, «La teoría de Allan R. Brewer-carías sobre el derecho de amparo Latinoamericano y el juicio de amparo mexicano», en *El derecho público a comienzos del siglo XXI. Estudios en homenaje al Profesor Allan R. Brewer-Carías, Editorial Thomson Civitas,* Madrid, 2002, Tomo I, pp. 1125 ss.

41 *Véase* en *Gaceta Oficial* N° 33.891 de 22 de enero de 1988. La Ley Orgánica fue reformada en 27-9-88, publicada en *Gaceta Oficial* N° 34.060 de 27-9-88. Véase Allan R. Brewer-Carías, «Introducción general al régimen del derecho de amparo a los derechos y garantías constitucionales» en Allan R. Brewer-Carías y Carlos Ayala Corao, *Ley Orgánica de Amparo sobre Derechos y Garantías Constitucionales,* Caracas, 1988.

Sexto, la Constitución atribuye competencia judicial para conocer de las pretensiones de amparo a «los tribunales», con lo cual expresamente se apartó de los sistemas que regulan el amparo como un medio adjetivo único que debe ejercerse ante un solo órgano jurisdiccional (Tribunal Constitucional). Además la protección del amparo puede pedirse, sea conjuntamente con el ejercicio de las acciones o recursos ordinarios o extraordinarios previstos en el ordenamiento procesal, sea mediante una acción autónoma de amparo. Adicionalmente, se establece que todo tiempo es hábil y el tribunal debe tramitar el amparo con preferencia a cualquier otro asunto

Séptimo, la Constitución exige que el procedimiento ante los Tribunales para el ejercicio del derecho de amparo debe ser oral, público, breve, gratuito y no sujeto a formalidad (y efectivo, en los términos de la Declaración Universal), teniendo el Juez competente potestad «para restablecer inmediatamente la situación jurídica infringida o la situación que más se le asemeje».

SEXTA PARTE:

LOS JUECES CONSTITUCIONALES COMO LEGISLADORES POSITIVOS. UNA APROXIMACIÓN COMPARATIVA*

COMENTARIOS PRELIMINARES

1. La subordinación de los jueces constitucionales a la constitución

En todos los países democráticos del mundo contemporáneo, los jueces constitucionales[1] tienen como función primordial el interpretar y aplicar la Constitución con el fin de preservar y garantizar su supremacía, particularmente cuando ejercen el control de la constitucionalidad o de la convencionalidad de las leyes,[2]

---

* Este trabajo tiene su origen en la exposición verbal que hice de la Ponencia general en el XVIII Congreso Internacional de Derecho Comparado, de la Academia Internacional de Derecho Comparado, celebrado en Washington, Julio 2010. El texto original se publicó como «Constitutional Courts as Positive Legislators», en Karen B. Brown y David V. Snyder (Editors), *General Reports of the XVIIIth Congress of the International Academy of Comparative Law- Rapports Généraux du XVIIIème Congrès de l'Académie Internationale de Droit Comparé*, Springer, 2012, pp. 549-569. La versión en castellano, se publicó con el mismo título en: *Isotimia, Revista Internacional de Teoría Política y Jurídica, N° 4 Monográfico. Estudios sobre metodología del derecho comparado,* Homenaje a Lucio Pegoraro, Universidad Autónoma de Nuevo León, Editorial Porrúa, México 2011, pp. 17-53; y como «Prólogo» al libro de Daniela Urosa Maggi, *La Sala Constitucional del Tribunal Supremo de Justicia como legislador Positivo,* Academia de Ciencias Políticas y Sociales, Serie Estudios No. 96, Caracas 2011, pp. 9-70.

1 Para los efectos de este estudio, debido a la variedad de soluciones que existen en el mundo contemporáneo en materia de justicia constitucional, la expresión «juez constitucional» la hemos utilizado refiriéndonos, en general, tanto a los Tribunales y Cortes Constitucionales o a los Tribunales Supremos cuando ejercen la Jurisdicción Constitucional, como a los jueces ordinarios cuando ejercen la justicia constitucional.

2 Para los efectos de este estudio, dentro de la expresión «control de la constitucionalidad» hemos incluido no sólo el control de la constitucionalidad de las leyes en su conformidad con la Constitución, sino también el «control de la convencionalidad» de las mismas en el sentido de su conformidad con las Convenciones Internacionales, particularmente en materia de derechos humanos; así como de su conformidad con las «Convenciones Constitucionales», como es el caso, por ejemplo, en el Reino Unido. Véase en general, Ernesto Rey Cantor, *El control de convencionalidad de las leyes y derechos humanos*, Ed. Porrúa, México 2008; Juan Carlos Hitters, «Control de constitucionalidad y control de convencionalidad. Comparación (Criterios fijados por la Corte Interamericana de Derechos Humanos), en *Estudios Constitucionales*, Año 7, N° 2, Santiago de Chile 2009, pp. 109-128.

así como cuando garantizan la vigencia del principio democrático y la efectividad de los derechos fundamentales, rol en el cual, también asumen el papel de adaptar la Constitución cuando los cambios sociales y el tiempo así lo requieren.

Ese rol del Juez Constitucional puede decirse que es común en todos los sistemas de justicia constitucional, particularmente si se tiene en cuenta que en las últimas décadas, en el mundo contemporáneo, se ha venido consolidado un proceso de convergencia progresiva de principios y soluciones entre dichos sistemas,[3] que en muchos casos incluso dificultan que se pueda establecer aquella otrora clásica y clara distinción entre los clásicos sistemas concentrados y difusos de control de constitucionalidad,[4] que dominaron la materia por mucho tiempo.[5]

En todos los sistemas, en todo caso, el principio básico que se puede identificar es que los jueces constitucionales, al cumplir su papel, siempre tienen que estar subordinados a la Constitución, sin que puedan invadir el campo del Legislador o el del poder constituyente. Lo contrario equivaldría, como lo ha afirmado

---

3 Véase Lucio Pegoraro, «Clasificaciones y modelos de justicia constitucional en la dinámica de los ordenamientos», en *Revista Iberoamericana de Derecho Procesal Constitucional*, N° 2, Instituto Iberoamericano de Derecho Procesal Constitucional, Editorial Porrúa, México 2004, pp. 131 ss.; Alfonse Celotto, «La justicia constitucional en el mundo: formas y modalidades», en *Revista Iberoamericana de Derecho Procesal Constitucional*, N° 1, Instituto Iberoamericano de Derecho Procesal Constitucional, Editorial Porrúa, México 2004, pp. 3 ss.

4 Véase por ejemplo, Francisco Fernández Segado, *La justicia constitucional ante el siglo XXI. La progresiva convergencia de los sistemas americano y europeo-kelseniano*, Librería Bonomo Editrice, Bologna 2003, pp. 40 ss.; Francisco Fernández Segado, «La obsolecencia de la bipolaridad 'modelo Americano-modelo europeo-kelseniano' como criterio analítico del control de constitucionalidad y la búsqueda de una nueva tipología explicativa», en su libro *La Justicia Constitucional: Una visión de derecho comparado*, Tomo I, Ed. Dykinson, Madrid 2009, pp. 129-220; Guillaume Tusseau, *Contre les «modèles» de justice constitutionnelle: essai de critique métodologique*, Bononia University Press, Edition bilingue: français-italien, 2009; Guillaume Tusseau, «Regard critique sur les outils méthodologique du comparatisme. L'example des modèles de justice constitutionnelle», en *IUSTEL, Revista General de Derecho Público Comparado*, N° 4, Madrid, enero 2009, pp. 1-34.

5 Véase Mauro Cappelletti, *Judicial Review in Contemporary World*, Indianapolis 1971, p.45; Mauro Cappellettiy y J.C. Adams, «Judicial Review of Legislation: European Antecedents and Adaptations», en *Harvard Law Review*, 79, 6, April 1966, p. 1207; Mauro Cappelletti, «El control judicial de la constitucionalidad de las leyes en el derecho comparado», en *Revista de la Facultad de Derecho de México*, 61, 1966, p. 28; Allan R. Brewer-Carías, *Judicial Review in Comparative Law*, Cambridge University Press, Cambridge 1989; Allan R. Brewer-Carías, *Étutes de droit pubic comparé*, Bruilant, Bruxelles 2000, pp. 653 ss. En relación con dicha diferencia, que hemos utilizado con gran frecuencia, se puede afirmar que el único aspecto de la misma que aún permanece constante, es el que se refiere al órgano jurisdiccional de control, en el sentido de que en el sistema difuso de control de constitucionalidad el mismo corresponde a todos los tribunales y jueces, siendo todos ellos «jueces constitucionales» sin la necesidad de que sus poderes estén establecidos expresamente en la Constitución; mientras que en el sistema concentrado de control de constitucionalidad, es la Constitución la que debe establecer la Jurisdicción Constitucional en forma expresa, asignando a una sola Corte, Tribunal o Consejo Constitucional, o al Tribunal o Corte Suprema existente, la facultad exclusiva de controlar la constitucionalidad de las leyes y de poder anularlas cuando sean inconstitucionales.

Sandra Morelli, a desarrollar un «totalitarismo judicial irresponsable»[6] el cual, por supuesto, forma parte del capítulo de la patología del control de constitucionalidad.

Es decir, los jueces constitucionales pueden ayudar al Legislador a llevar a cabo sus funciones; sin embargo, no pueden sustituirlo ni promulgar leyes, ni poseen base política discrecional alguna para crear normas legales o disposiciones que no puedan ser deducidas de la Constitución misma.

Es en este sentido, que es posible afirmar como principio general, que los jueces constitucionales aún siguen siendo considerados -como Hans Kelsen solía decir: «Legisladores Negativos»;[7] por oposición a ser «Legisladores Positivos» en el sentido de que, como lo afirman Richard Kay y Laurence Claus, los mismos no pueden elaborar ni crear leyes *ex novo* que sean producto «de su propia concepción», ni adoptar «reformas» respecto de leyes que han sido concebidas por otros actores legislativos.[8]

2. El nuevo papel de los jueces constitucionales y la cuestión de su rol como Legisladores Positivos

Este sigue siendo, sin duda, el principio general sobre la justicia constitucional en el derecho comparado en su relación con el Legislador, aún cuando en las últimas décadas el papel de los jueces constitucionales haya cambiado considerablemente, en particular porque su rol no se limita a solo declarar la inconstitucionalidad o no de las leyes, o a anularlas o no por razones de inconstitucionalidad.

En efecto, en todos los sistemas de justicia constitucional se han venido desarrollado nuevos enfoques conforme a los cuales, por ejemplo, basados en el principio de conservación de las leyes, y debido a la presunción de constitucionalidad de la cual gozan, los jueces constitucionales tienden a evitar anularlas o a declararlas inconstitucionales (aún cuando sean contrarias a la Constitución), y proceden cada vez con más frecuencia a interpretarlas de acuerdo o en conformidad con la Constitución o en armonía con la misma. Ello ha permitido al juez constitucional evitar crear vacíos legislativos y, en algunos casos, incluso, llenarlos en forma temporal y

---

[6] Véase Sandra Morelli, *La Corte Constitucional: un papel por definir*, Academia Colombiana de Jurisprudencia, 2002; y «*The Colombian Constitutional Court: from Institutional Leadership, to Conceptual Audacity*», Colombian National Report, XVIII International Congress of Comparative Law, Washington, July, 2010, p. 3. Véase también, Allan R. Brewer-Carías, «*Quis Custodiet Ipsos Custodes*: De la interpretación constitucional a la inconstitucionalidad de la interpretación», en *VIII Congreso Nacional de derecho Constitucional, Perú*, Fondo Editorial 2005, Colegio de Abogados de Arequipa, Arequipa, Septiembre 2005, pp. 463-489, y en *Revista de Derecho Público*, Nº 105, Editorial Jurídica Venezolana, Caracas 2006, pp. 7-27; *Crónica sobre la «In» Justicia Constitucional. La Sala Constitucional y el autoritarismo en Venezuela*, Editorial Jurídica Venezolana, Caracas 2007; y *Reforma Constitucional y Fraude a la Constitución*, Academia de Ciencias Políticas y Sociales, Caracas 2009.

[7] Véase Hans. Kelsen, «La garantie juridictionnelle de la constitution (La Justice constitutionnelle)», en *Revue du droit public et de la science politique en France et a l'ètranger*, Librairie Général de Droit et the Jurisprudence, París 1928, pp. 197-257; Hans Kelsen, *La garantía jurisdiccional de la Constitución (La justicia constitucional)*, Universidad Nacional Autónoma de México, México 2001.

[8] Véase Laurence Claus y Richard S. Kay, «*Constitutional Courts as 'Positive Legislators' in the United States*», U.S. National Report, XVIII International Congress of Comparative Law, Washington, July, 2010, pp. 3, 5.

hasta permanente cuando los mismos pudieran ser originados por una eventual declaración de nulidad o inconstitucionalidad de la ley.

Además, en la actualidad es aún más frecuente constatar cómo los jueces constitucionales, en lugar de estar controlando la constitucionalidad de leyes existentes, cada vez más controlan la ausencia de tales leyes o las omisiones o abstenciones absolutas o relativas en las que hubiese incurrido el Legislador. Al controlar estas omisiones legislativas, el juez constitucional, en muchos casos, asume el papel de ayudante o de auxiliar del Legislador, creando normas que normalmente derivan de la Constitución; y aún, en algunos casos, sustituyendo al propio Legislador, asumiendo un papel abierto de «Legislador Positivo», expidiendo reglas temporales y provisionales para ser aplicadas en asuntos específicos que aún no han sido objeto de regulación legislativa, pero que deducen de la propia Constitución.

Una de las principales herramientas que han acelerado este nuevo papel de los jueces constitucionales ha sido la aplicación de principios como el de la progresividad y de la prevalencia de los derechos humanos,[9] tal y como ha ocurrido, por ejemplo, con el «redescubrimiento» del derecho a la igualdad y a la no discriminación que han hecho los jueces constitucionales en todos los sistemas. En estos casos, en interés de la protección de los derechos y garantías de los ciudadanos, lo cierto es que no han existido dudas para aceptar la legitimidad del activismo de los jueces constitucionales, aun cuando interfieran con las funciones Legislativas, al aplicar principios y valores constitucionales.

En relación con esto, en realidad, la discusión principal actual no se enfoca ya en tratar de rechazar estas actividades «legislativas» por parte de los jueces constitucionales, sino en determinar el alcance y los límites de sus decisiones y el grado de interferencia permitido en relación con las funciones legislativas. Como lo ha expresado Francisco Fernández Segado, el objetivo en realidad es evitar «convertir al guardián de la Constitución en soberano». [10]

Del estudio de derecho comparado que he venido realizando sobre este tema de los jueces constitucionales actuando como «Legisladores Positivos»,[11] he podido identificar cuatro tendencias principales que identifican a los mismos interfiriendo no sólo con el Legislador, sino también con el Poder Constituyente, y que son las siguientes:

En primer lugar, el papel de los jueces constitucionales cuando interfieren en relación con el Poder Constituyente, promulgando reglas constitucionales y hasta mutando la Constitución;

---

9 Véase Pedro Nikken, *La protección internacional de los derechos humanos: su desarrollo progresivo,* Instituto Interamericano de Derechos Humanos, Ed. Civitas, Madrid 1987; Mónica Pinto, «El principio *pro homine.* Criterio hermenéutico y pautas para la regulación de los derechos humanos», en *La aplicación de los tratados sobre derechos Humanos por los tribunales locales,* Centro de Estudios Legales y Sociales, Buenos Aires, 1997, p. 163.

10 Véase Francisco Fernández Segado, «Algunas reflexiones generales en torno a los efectos de las sentencias de inconstitucionalidad y a la relatividad de ciertas fórmulas esterotipadas vinculadas a ellas», en *Anuario Iberoamericano de Justicia Constitucional,* Centro de Estudios Políticos y Constitucionales, N° 12, 2008, Madrid 2008, p. 161.

11 Para la preparación de la *Ponencia General* para el Congreso de Washington de Julio de 2010, recibí un total de 36 Ponencias Nacionales de 31 países: 19 de Europa (incluyendo 6 de países de Europa Oriental), 10 del Continente Americano (3 de América del Norte, 5 de América del Sur y 2 de América Central); uno de Asia y uno de Australia.

En segundo lugar, el papel de los jueces constitucionales cuando interfieren con la legislación existente, asumiendo la tarea de auxiliares del Legislador, complementando disposiciones legales, agregando nuevas disposiciones a las existentes y también determinando los efectos temporales de la leyes;

En tercer lugar, el papel de los jueces constitucionales cuando interfieren con la ausencia de legislación, por las omisiones absolutas o relativas del legislador, actuando en algunos casos como «Legisladores Provisionales»; y

En cuarto lugar, el papel de los jueces constitucionales como Legisladores en materias relativas al propio control de constitucionalidad de las leyes, en decir, en materia de justicia constitucional.

I. LOS JUECES CONSTITUCIONALES INTERFIRIENDO CON EL PODER CONSTITUYENTE

La primera tendencia que nos muestra el derecho comparado en la materia, es el papel de los jueces constitucionales cuando interfieren con el «Legislador Constitucional», es decir, con el Poder Constituyente, promulgando, en algunos casos, reglas de orden constitucional, por ejemplo, cuando resuelven controversias o conflictos constitucionales entre órganos del Estado; cuando ejercen el control de constitucionalidad respecto de disposiciones constitucionales o sobre enmiendas constitucionales; y cuando realizan mutaciones legítimas a la Constitución mediante la adaptación de sus disposiciones a los tiempos modernos, dándoles significado concreto.

1. Los jueces constitucionales resolviendo controversias constitucionales en los Estados Federales, promulgando reglas constitucionales

El primer caso se refiere a los jueces constitucionales cuando interfieren con el Poder Constituyente, resolviendo conflictos constitucionales o controversias entre órganos del Estado, papel que es común en los Estados Federales, tal como lo ha resaltado Konrad Lachmayer, refiriéndose a la Corte Constitucional Austríaca, la misma ha actuado como un «legislador positivo», «promulgando normas de rango constitucional» al ejercer poderes positivos en relación con la división de competencias entre la Federación y los «*Länder*», (o Estados Federados) reservándose la última palabra en la materia.[12]

También ha sido el caso en los Estados Unidos, donde la Corte Suprema ha ido determinando de manera progresiva las facultades del gobierno federal en relación con los estados, basándose en la «*commerce clause*», siendo difícil hoy en día imaginar cualquier cosa que el Congreso no pueda regular.[13] A través de multitud de decisiones relativas a asuntos relacionados con la forma federal del Estado y la distribución vertical de competencias, la Corte Suprema, sin lugar a dudas, ha promulgado reglas constitucionales en la materia.

En otros países con forma federal del Estado, como Venezuela, sin embargo, el poder de control de constitucionalidad en materia de distribución de competen-

---

12 Véase Konrad Lachmayer, «*Constitutional Courts as 'Positive Legislators,'*» Austrian National Report, XVIII International Congress of Comparative Law, Washington, July, 2010, pp. 1-2.

13 Véase Erwin Chemerinsky, *Constitutional Law. Principles and Policies*, Aspen Publishers, New York 2006, pp. 259-260.

cias entre el Poder Nacional y el de los Estados, ha servido para arrebatarle competencias a los Estados, centralizándolas, en una mutación ilegítima de la Constitución realizada por la Sala Constitucional del Tribunal Supremo de Justicia.[14] Tema que, por supuesto, forma parte del capítulo relativo a la patología de la justicia constitucional.

2. Los jueces constitucionales ejerciendo el control de constitucionalidad en relación con disposiciones constitucionales

La segunda forma en la cual los jueces constitucionales pueden participar en la conformación de normas constitucionales es cuando se les otorga la facultad para controlar la constitucionalidad de las normas de la Constitución misma, como también sucede en Austria, donde se ha facultado a la Corte Constitucional para confrontar la Constitución con sus propios principios básicos, como el principio democrático, el de la forma federal del Estado, el principio del *Rechtsstaat*, la separación de poderes y el sistema general de derechos humanos.[15]

3. Los jueces constitucionales ejerciendo el control de constitucionalidad respecto de las reformas y enmiendas constitucionales

La tercera forma en la cual los jueces constitucionales interfieren con el Poder Constituyente, es cuando tienen el poder para revisar la constitucionalidad de las reformas y enmiendas constitucionales, como se prevé en Colombia, Ecuador y Bolivia, aún cuando dicho poder esté limitado a los aspectos procedimentales de las reformas.[16]

En todo caso, en esos y otros países ha habido discusiones en torno a las posibilidades de que los jueces constitucionales puedan también controlar la constitucionalidad del mérito o fondo de las reformas o enmiendas constitucionales, por ejemplo en relación con las cláusulas constitucionales inalterables (*cláusulas pétreas*) expresamente definidas como tales en las Constituciones.

El principio básico en estos casos, es que las facultades de los jueces constitucionales tienen como norte mantener y garantizar la supremacía constitucional y, en particular, la supremacía de las cláusulas constitucionales pétreas, pudiendo ejercer el control de constitucionalidad respecto de reformas o enmiendas que preten-

---

14 Sentencia de la Sala Constitucional N° 565 de 15 de abril de 2008, Caso: Procurador General de la República, *interpretación del artículo 164.10 de la Constitución de 1999*, en http://www.tsj.gov.ve/de-cisiones/scon/Abril/565-150408-07-1108.htm Véase los comentarios en Allan R. Brewer-Carías, «La ilegitima mutación de la Constitución y la legitimidad de la jurisdicción constitucional: la «reforma» de la forma federal del Estado en Venezuela mediante interpretación constitucional», en *Memoria del X Congreso Iberoamericano de Derecho Constitucional,* Instituto Iberoamericano de Derecho Constitucional, Asociación Peruana de Derecho Constitucional, Instituto de Investigaciones Jurídicas-UNAM y Maestría en Derecho Constitucional-PUCP, IDEMSA, Lima 2009, tomo 1, pp. 29-51.

15 Sentencia de la Corte Constitucional VfSlg 16.327/2001. Véase en Konrad Lachmayer, «*Constitutional Courts as 'Positive Legislators»*, Austrian National Report, XVIII International Congress of Comparative Law, Washington, July, 2010, p. 6 (nota 20).

16 Véase las referencias en Allan R. Brewer-Carías, *Reforma Constitucional y Fraude a la Constitución. Venezuela 1999-2009*, Academia de Ciencias Políticas y Sociales, Caracas 2009, pp. 78 ss.

dan modificarlas en contra de lo previsto en la Constitución.[17] En tales casos, sin embargo, para no confrontar la voluntad del pueblo ni sustituir al poder constituyente originario mismo, dicho control de constitucionalidad debe ejercerse antes de que la propuesta de reforma o enmienda haya sido aprobada mediante voto popular, cuando éste sea el caso.

No obstante, aun en ausencia de una autorización constitucional expresa, existen casos en los cuales los jueces constitucionales han controlado la constitucionalidad de las reformas y enmiendas constitucionales en cuanto al fondo. Éste fue el caso, por ejemplo, en Colombia, cuando la Corte Constitucional en sentencia de 26 de Febrero de 2010 anuló la Ley N° 1,354 de 2009 que convocaba a un referendo con el propósito de aprobar una reforma a la Constitución encaminada a permitir la reelección por un tercer período del Presidente de la República, al considerar que tal reforma contenía «violaciones sustanciales del principio democrático», e introducía reformas que implicaban la «sustitución o subrogación de la Constitución».[18]

En otros casos, como en la India, la Corte Suprema ha sido la que ha impuesto límites «tácitos» a la facultad del Parlamento para enmendar la Constitución, excluyendo de su alcance las previsiones básicas referidas a la estructura de la misma,[19] como sería por ejemplo, la facultad para efectuar el control de constitucionalidad,[20] convirtiéndose así la Corte Suprema, como lo afirmó Surya Deva, «probablemente, en la corte más poderosa de cualquier democracia».[21]

4. El rol de los jueces constitucionales adaptando la Constitución en materias relativas a los derechos fundamentales

El cuarto caso en el cual los jueces constitucionales interfieren con el Poder Constituyente, se produce cuando asumen el rol de adaptar las disposiciones constitucionales a los tiempos presentes, mediante su interpretación, particularmente en materias relativas a la protección y vigencia de los derechos fundamentales. En estos casos, como lo afirman Laurence Claus y Richard S. Kay, los jueces constitucionales «realizan legislación constitucional positiva» particularmente cuando el fallo que «dictan, crea obligaciones públicas «afirmativas» a cargo de los entes públicos[22].

---

17 Véase Allan R. Brewer-Carías, *Reforma Constitucional y Fraude a la Constitución. Venezuela 1999-2009*, Academia de Ciencias Políticas y Sociales, Caracas 2009, pp. 78 ss.; y «La reforma constitucional en América Latina y el control de constitucionalidad», en *Reforma de la Constitución y control de constitucionalidad. Congreso Internacional, Pontificia Universidad Javeriana, Bogotá Colombia, junio 14 al 17 de 2005*, Bogotá, 2005, pp. 108-159.

18 La sentencia, en septiembre de 2010, aún no había sido publicada. Véase el Comunicado sobre su texto publicado por la Corte Constitucional, N° 9 de 26 de febrero de 2010, en www.corteconstitucional.com. Véanse los comentarios en Sandra Morelli, «*The Colombian Constitutional Court: from Institutional Leadership, to Conceptual Audacity*», Colombian National Report, XVIII International Congress of Comparative Law, Washington, July, 2010, pp. 13-16.

19 Caso *Kesvananda Bharti v State of Kerala*, Corte Suprema de la India, en Surya Deva, «*Constitutional Courts as 'Positive Legislators: The Indian Experience*», *Indian National Report, XVIII International Congress of Comparative Law, Washington*, July, 2010, pp. 5-6.

20 Casos *Waman Rao v Union of India* AIR 1981 SC 271; *S P Sampath Kumar v Union of India* AIR 1987 SC 386; y *L Chandra Kumar v Union of India* AIR 1997 SC 1125, en *Idem*, p. 6 (nota 41).

21 *Idem*, p. 6.

22 Véase Laurence Claus y Richard S. Kay, «*Constitutional Courts as 'Positive Legislators' in the United States*», U.S. National Report, XVIII International Congress of Comparative Law, Washington, July 2010, p. 6.

Este papel de los jueces constitucionales, sin duda, ha sido el resultado de un proceso de «redescubrimiento» de derechos fundamentales no expresamente establecidos en las Constituciones, con lo que se ha ampliado, así, el alcance de sus disposiciones, manteniéndose «viva» la Constitución.[23] El papel de la Corte Suprema de los Estados Unidos de Norteamérica en la elaboración de principios y valores constitucionales, tal como lo refieren Laurence Claus y Richard S. Kay, proporciona tal vez en esta materia «el ejemplo más destacado de legislación positiva en el transcurso de la jurisprudencia constitucional estadounidense».[24]

Así sucedió, en efecto, partiendo del caso *Brown v. Board of Education of Topeka*, 347 U.S. 483 (1954), cuando la Corte Suprema interpretó la cláusula de «igualdad de protección» de la Cuarta Enmienda con el fin de ampliar la naturaleza del principio de igualdad y no discriminación; o cuando decidió acerca de la garantía constitucional del «debido proceso» (Enmiendas V y XIV), o sobre la cláusula abierta de la Enmienda IX, con el propósito de desarrollar el sentido de la «libertad». Han dicho estos autores que este proceso transformó a la Corte Suprema en «el legislador [constitucional] actual más poderoso de la nación».[25]

Lo mismo ha ocurrido por ejemplo, en Francia, donde no conteniendo la Constitución una declaración de derechos fundamentales, el papel del Consejo Constitucional durante las últimas décadas ha sido precisamente la de transformar la Constitución, ampliando el *bloc de constitutionnalité*, otorgándole rango constitucional, mediante el Preámbulo de la Constitución de 1958, al Preámbulo de la Constitución de 1946, y finalmente, a la Declaración de los Derechos del Hombre y de los Ciudadanos de 1789.[26]

Este papel de los jueces constitucionales adaptando las Constituciones con el fin de garantizar los derechos fundamentales, descubriéndolos dentro de sus textos, o deduciéndolos de los previstos en los mismos, puede considerarse en la actualidad como una tendencia principal en el derecho comparado, la cual puede ser identificada en muchos países con diferentes sistemas de control de constitucionalidad, como es el caso de Suiza, Alemania, Portugal, Austria, Polonia, Croacia, Grecia y la India, donde los jueces constitucionales han efectuado cambios importantes a la Constitución, extendiendo el alcance de los derechos fundamentales.[27]

---

[23] Véase Mauro Cappelletti, «El formidable problema del control judicial y la contribución del análisis comparado», en *Revista de estudios políticos*, 13, Madrid 1980, p. 78; «The Mighty Problem» of Judicial Review and the Contribution of Comparative Analysis», en *Southern California Law Review*, 1980, p. 409.

[24] Véase en Laurence Claus y Richard S. Kay, «*Constitutional Courts as 'Positive Legislators' in the United States*», U.S. National Report, XVIII International Congress of Comparative Law, Washington, July, 2010, pp. 12-13.

[25] *Idem*, p. 20.

[26] Véase Louis Favoreu, «Le principe de Constitutionalité. Essai de definition d'apres la jurisprudence du Conseil Constitutionnel», *Recueil d'étude en Hommage a Charles Eisenman*, París 1977, p. 34. Véase también, en el derecho comparado, Francisco Zúñiga Urbina, *Control de Constitucionalidad y sentencia*, Cuadernos del Tribunal Constitucional, N° 34, Santiago de Chile 2006, pp. 46-68.

[27] Véase Tobias Jaag, «*Constitutional Courts as 'Positive Legislators:' Switzerland*», Swiss National Report, XVIII International Congress of Comparative Law, Washington, July 2010, p 11; I. Härtel, «*Constitutional Courts as Positive Legislators*», German National Report, XVIII International Congress of Comparative Law, Washington, July 2010, p. 12; Marek Safjan, «*The Constitutional Courts as a Positive Legislator*», Polish National

5. Las mutaciones a la Constitución en materia institucional

Por otra parte, en asuntos que no tienen relación con los derechos fundamentales, también es posible identificar casos de mutaciones constitucionales legítimas realizadas por los jueces constitucionales en asuntos constitucionales claves relacionados con la organización y el funcionamiento del Estado. El Tribunal Federal Constitucional Alemán, por ejemplo, en el caso *AWACS-Urteil* decidido en 12 de julio de 1994,[28] resolvió respecto del despliegue militar en tiempos de paz, de misiones de las Fuerzas Armadas Alemanas en otros países, que aún cuando la Constitución no lo establece, la decisión respectiva debe tener el consentimiento del Parlamento, entendiéndose que ello se derivaba del texto constitucional. En este caso, sin duda, el Tribunal mutó la Constitución, incluso dictando detalladas prescripciones legislativas sustitutivas ordenando al Legislador y al Ejecutivo proceder de acuerdo con ellas, hasta tanto se dictase la legislación correspondiente.

La Corte Constitucional de Austria, en esta materia de mutaciones constitucionales puede decirse que ha creado un nuevo marco constitucional que debe ser seguido por el Parlamento en áreas que no han sido reguladas de manera expresa en la Constitución, como sucedió, por ejemplo, en el caso de los procesos de privatización, imponiendo reglas obligatorias a todas las autoridades del Estado.[29]

El Consejo de Estado de Grecia también ha impuesto límites a los órganos del Estado en asuntos relacionados con las privatizaciones excluyendo de su ámbito, por ejemplo, los poderes de policía.[30]

La Corte Constitucional de la República de Eslovaquia, por ejemplo, ha reformulado las disposiciones constitucionales en relación con la posición y autoridad del Presidente de la República dentro de la organización general del Estado,

---

Report, XVIII International Congress of Comparative Law, Washington, July 2010, p. 9; Sanja Bariæ and Petar Baèiæ, "*Constitutional Courts as positive legislators. National Report: Croatia*», Croatian National Report, XVIII International Congress of Comparative Law, Washington, July 2010, p. 23 ss.; Julia Iliopoulos-Strangas and Stylianos-Ioannis G. Koutna, «*Constitutional Courts as Positive Legislators. Greek National Report*», XVIII International Congress of Comparative Law, Washington, July 2010, p. 14; Joaquim de Sousa Ribeiro and Esperança Mealha, «*The Constitutional Courts as a Positive Legislator*», Portuguese National Report, XVIII International Congress of Comparative Law, Washington, July 2010, pp. 9-10; Surya Deva, «*Constitutional Courts as 'Positive Legislators: The Indian Experience*», Indian National Report, XVIII International Congress of Comparative Law, Washington, July 2010, p. 4.

28 Casos: BVferG, July 12, 1994, BVeffGE 90, 585-603, en Christian Behrendt, *Le judge constitutionnel, un législateur-cadre positif. Un analyse comparative en droit francais, belge et allemande*, Bruylant, Bruxelles 2006, pp. 352-356.

29 Casos: «Austro Control» VfSlg 14.473/1996; «Bundeswertpapieraufsicht» (Federal Bond Authority) VfSlg 16.400/2001; «E-Control» VfSlg 16.995/2003; «Zivildienst-GmbH» (Compulsory community service Ltd), VfSlg 17.341/2004, en Konrad Lachmayer, «*Constitutional Courts as 'Positive Legislators'*» Austrian National Report, XVIII International Congress of Comparative Law, Washington, July, 2010, p. 11 (nota 31).

30 Sentencia del Consejo de Estado N° 1934/1998, *ToS* 1998, 598 (602-603), en Julia Iliopoulos-StrangasyStylianos-Ioannis G. Koutna, «*Constitutional Courts as Positive Legislators.* Greek National Report, XVIII International Congress of Comparative Law, Washington, July, 2010, p. 16 (nota 125).

convirtiéndose, como lo indican Ján Svák y Lucia Bertisová, en «la creadora directa del sistema constitucional de la República de Eslovaquia».[31]

Por último, la Corte Suprema de Canadá, a través del muy importante instrumento de las «decisiones referenciales» (*referal judgements*) ha creado y declarado las reglas constitucionales que, por ejemplo, rigen en procesos constitucionales importantes como el relativo a la «patriación» de la Constitución de Canadá que la separó del Reino Unido (*Patriation Reference,* 1981)[32]; y la posible secesión de Quebec del resto de Canadá, (*Quebec Secession Reference,* 1998)[33] determinando, como lo mencionó Kent Roach, reglas constitucionales básicas que sirven de guía a los cambios constitucionales, y destinadas además evitar crisis constitucionales potenciales.

Pero también en materia de mutaciones constitucionales, el derecho comparado muestra lamentables ejemplos de mutaciones ilegítimas, que en lugar de reforzar el constitucionalismo, lo que han hecho es romper el principio democrático y el Estado de derecho, como las que han ocurrido en Venezuela en la década 2000-2010, durante la cual la Sala Constitucional del Tribunal Supremo, al servicio del autoritarismo, ha modificado la Constitución para incluso implementar mediante sus sentencias diversas reformas constitucionales que fueron rechazadas por el pueblo mediante referendo en diciembre de 2007.[34] De nuevo, sin duda, se trata de temas que forman parte del capítulo de la patología de la justicia constitucional.

II. LOS JUECES CONSTITUCIONALES INTERFIRIENDO CON LA LEGISLACIÓN EXISTENTE

El papel más importante y común de los jueces constitucionales, sin duda, se desarrolla en relación con la legislación existente, no sólo al declarar su

---

31 Sentencia N° I. ÚS 39/93, en Ján Svák y Lucia Berdisová, «*Constitutional Court of the Slovak Republic as Positive Legislator via Application and Interpretation of the Constitution*», Slovak National Report, XVIII International Congress of Comparative Law, Washington, July, 2010, p. 4.

32 Sentencia [1981] 1 S.C.R. 753, en Kent Roach, «*Constitutional Courts as Positive Legislators:* Canada Country Report», XVIII International Congress of Comparative Law, Washington, July, 2010, p. 9.

33 Sentencia [1998] 2 S.C.R. 217, en Kent Roach, «*Constitutional Courts as Positive Legislators:* Canada Country Report», XVIII International Congress of Comparative Law, Washington, July, 2010, p. 9.

34 Véanse los comentarios sobre algunos casos en Allan R. Brewer-Carías, «El juez constitucional al servicio del autoritarismo y la ilegítima mutación de la Constitución: el caso de la Sala Constitucional del Tribunal Supremo de Justicia de Venezuela (1999-2009)», en *Revista de Administración Pública,* N° 180, Madrid 2009, pp. 383-418; «El Juez Constitucional vs. La alternabilidad republicana (La reelección continua e indefinida), en *Revista de Derecho Público,* N° 117, (enero-marzo de 2009), Caracas 2009, pp. 205-211; «La ilegítima mutación de la constitución por el juez constitucional: la inconstitucional ampliación y modificación de su propia competencia en materia de control de constitucionalidad», en *Libro Homenaje a Josefina Calcaño de Temeltas,* Fundación de Estudios de Derecho Administrativo (FUNEDA), Caracas 2009, pp. 319-362; «La ilegitima mutación de la Constitución y la legitimidad de la jurisdicción constitucional: la «reforma» de la forma federal del Estado en Venezuela mediante interpretación constitucional», en *Memoria del X Congreso Iberoamericano de Derecho Constitucional,* Instituto Iberoamericano de Derecho Constitucional, Asociación Peruana de Derecho Constitucional, Instituto de Investigaciones Jurídicas-UNAM y Maestría en Derecho Constitucional-PUCP, IDEMSA, Lima 2009, tomo 1, pp. 29-51; *Dismantling Democracy in Venezuela. The Chávez Authoritarian Experiment,* Cambridge University Press, New York, 2010, 418 pp.

inconstitucionalidad e incluso anular las leyes, sino al interpretarlas de conformidad o en armonía con la Constitución, proporcionando directrices o pautas al Legislador en su tarea de legislar.

1. Los jueces constitucionales complementado funciones legislativas al interpretar las leyes en armonía con la Constitución

Tradicionalmente, el papel de los jueces constitucionales controlando la constitucionalidad de las leyes había estado condicionada por la aplicación del clásico binomio: *inconstitucionalidad / invalidez-nulidad* que conformó la actividad inicial de los jueces constitucionales en su calidad de «Legisladores Negativos».[35] Ese rol, en la actualidad, puede decirse que ha sido superado, de manera que los jueces constitucionales progresivamente han venido asumido un papel más activo en la interpretación de la Constitución y de las leyes con el fin, no sólo de anularlas o de no aplicarlas cuando fueren consideradas inconstitucionales, sino de interpretarlas en conformidad con la Constitución,[36] entre otros propósitos, para preservar la propia acción del Legislador y de las leyes que ha promulgado. En esta forma, los jueces constitucionales se han convertido en importantes instituciones de orden constitucional en la tarea de ayudar y cooperar con el Legislador en sus funciones legislativas.

En este carácter, los jueces constitucionales cada vez con más frecuencia han venido dictando decisiones interpretativas, tal como ha ocurrido en Italia, España, Francia y Hungría,[37] donde en muchos casos han decidido no anular la ley impugnada, resolviendo en cambio, modificar su significado al establecer un contenido nuevo, como resultado de la interpretación constitucional que han hecho de la ley acorde con la Constitución. [38]

En estos casos, la interferencia de los jueces constitucionales con la legislación existente ha seguido dos líneas de acción principales: primero, complementando las funciones legislativas como Legisladores provisionales o agregando reglas a la

---

35 Véase F. Fernández Segado, «*El Tribunal Constitucional como Legislador Positivo,* Spanish National Report, XVIII International Congress of Comparative Law, Washington, July, 2010, pp. 8 ss.

36 Caso *Ashwander v. TVA,* 297 U.S. 288, 346-48 (1936), Corte Suprema de los Estados Unidos (Juez Brandeis). El principio se formuló por primera vez en el caso *Crowell v. Benson,* 285 U.S. 22, 62 (1932). Véase «Notes. Supreme Court Interpretation of Statutes to avoid constitutional decision», *Columbia Law Review,* Vol. 53, N° 5, New York, May 1953, pp. 633-651.

37 Véase Gianpaolo Parodi, «*The Italian Constitutional Court as 'Positive Legislator,'*» Italian National Report, XVIII International Congress of Comparative Law, Washington, July, 2010, p. 3; Francisco Fernández Segado, «*El Tribunal Constitucional como Legislador Positivo,* Spanish National Report, XVIII International Congress of Comparative Law, Washington, July, 2010, p. 34; Bertrand Mathieu, «*Le Conseil constitutionnel 'législateur positif. Ou la question des interventions du juge constitutionnel français dans l'exercise de la function legislative*», French National Report, XVIII International Congress of Comparative Law, Washington, July, 2010, p. 13; Lóránt Csink, Józef Petrétei and Péter Tilk, «*Constitutional Court as Positive Legislator. Hungarian National Report*», XVIII International Congress of Comparative Law, Washington, July, 2010, p. 4.

38 Véase Francisco Javier Díaz Revorio, *Las sentencias interpretativas del Tribunal Constitucional,* Lex Nova, Valladolid 2001, pp. 59 ss; y en José Julio Fernández Rodríguez, *La justicia constitucional europea ante el Siglo XXI,* Tecnos, Madrid 2007, pp. 129 ss.

Legislación existente mediante decisiones interpretativas; y segundo, interfiriendo en relación con los efectos temporales de la legislación existente.

2. Los jueces constitucionales complementando al Legislador al «agregar» nuevas normas a las disposiciones legislativa existentes, otorgándole un nuevo significado

En relación con el proceso de interpretación de las leyes en armonía o en conformidad con la Constitución al momento de poner a prueba su inconstitucionalidad, los jueces constitucionales, con el fin de evitar la anulación o invalidación de la ley, con frecuencia han creado nuevas normas legislativas, en algunas ocasiones incluso alterando el significado de la disposición particular, agregando a su redacción lo que se ha considerado que le falta.

Este tipo de decisiones, llamadas «sentencias aditivas», han sido emitidas con frecuencia por la Corte Constitucional Italiana. Como lo ha explicado Gianpaolo Parodi, con estas decisiones, a pesar de que no alteran «el texto de la disposición que se declara como inconstitucional», la Corte ha «transformado su significado normativo, en ocasiones reduciendo y en otras ampliando su esfera de aplicación, pero no sin dejar de introducir una nueva norma al sistema legal», o «crear» nuevas normas.[39] Fue el caso, por ejemplo, de la decisión adoptada por la Corte Constitucional italiana en 1969 en relación con la constitucionalidad del artículo 313.3 del Código Penal donde la posibilidad de acusación por vilipendio contra la Corte Constitucional estaba sujeta a la previa autorización del Ministerio de Justicia y Gracia. La Corte consideró que tal autorización contrariaba su independencia y era inconstitucional, deduciendo subsecuentemente que la autorización debía ser dada por la propia Corte,[40] forzando la norma -como lo ha dicho Díaz Revorio-, a decir que no decía, incluso si se eliminaba la parte de la misma que se consideraba incompatible con la independencia de la Corte.[41] Estas decisiones aditivas también han sido aplicadas de manera regular, por ejemplo, en Alemania por parte de la Corte Constitucional Federal, y en Perú, por el Tribunal Constitucional.

Estas decisiones aditivas en la modalidad de «sentencias substitutivas» se han utilizado en forma regular, por ejemplo, de nuevo, en casos relacionados con la protección al derecho a la igualdad y a la no discriminación, buscando eliminar las diferencias establecidas en la ley. Es el caso en España, donde el Tribunal Constitucional, por ejemplo, ha extendido el beneficio de las pensiones de la Seguridad Social a «hijos y hermanos» cuando en la ley solo está concedido a «hijas y hermanas»,[42] o ha otorgado a quienes viven en unión marital de hecho y estable, los

---

[39] Véase Gianpaolo Parodi, «*The Italian Constitutional Court as 'Positive Legislator,'*» Italian National Report, XVIII International Congress of Comparative Law, Washington, July, 2010, p. 6.

[40] Sentencia Nº 15, de 15 de febrero de 1969, en Francisco Javier Díaz Revorio, *Las sentencias interpretativas del Tribunal Constitucional,* Lex Nova, Valladolid 2001, pp. 151-152.

[41] *Idem,* p. 152.

[42] Sentencia STC 3/1993, January 14, 1993, en Francisco Javier Díaz Revorio, *Las sentencias interpretativas del Tribunal Constitucional,* Lex Nova, Valladolid 2001, pp. 177, 274; F. Fernández Segado, «*El Tribunal Constitucional como Legislador Positivo*», Spanish National Report, XVIII International Congress of Comparative Law, Washington, July, 2010, p. 42.

derechos otorgados a los casados en matrimonio;[43] casos en los cuales, como lo ha afirmado Francisco Fernández Segado, es posible considerar al Tribunal Constitucional Español como un «real legislador positivo».[44]

Una situación similar se puede encontrar en Portugal, donde el Tribunal Constitucional, por ejemplo, ha extendido al viudo los derechos de pensión asignadas a la viuda;[45] a las uniones *de hecho*, los derechos de las personas casadas; y a los hijos producto de las uniones *de hecho*, los derechos que se otorgan a los hijos legítimos. De acuerdo con de Sousa Ribeiro, estas decisiones se pueden considerar como sentencias aditivas, pues su implementación cambia el ámbito de las normas legislativas, independientemente de cualquier reforma a la letra de las mismas.[46]

De manera similar, en Sudáfrica, la Corte Constitucional ha extendido algunos derechos típicos de parejas casadas, a las uniones del mismo sexo que se encuentren en situación estable.[47]

En Canadá, la Corte de Apelaciones de Ontario deshizo la definición de matrimonio como «la unión de un hombre y una mujer» y la sustituyó por concepto genérico neutral de una «unión entre personas», para permitir los matrimonios entre personas del mismo sexo. Estas decisiones, como lo afirmó Kent Roach, «equivalen a enmiendas o adiciones judiciales a la legislación».[48]

Una solución similar de decisiones aditivas para reforzar el derecho a la igualdad y a la no discriminación se puede encontrar en muchos casos similares en los Países Bajos, en Perú, Costa Rica, Argentina, Hungría, Polonia, la República Checa y Francia.[49] En este último, por ejemplo, el Consejo Constitucional en un caso relacio-

---

43 Sentencia STC 222/1992, December 11, 1992, en Francisco Javier Díaz Revorio, *Las sentencias interpretativas del Tribunal Constitucional*, Lex Nova, Valladolid 2001, pp. 181, 182, 275; F. Fernández Segado, «*El Tribunal Constitucional como Legislador Positivo*», Spanish National Report, XVIII International Congress of Comparative Law, Washington, July, 2010, p. 41.

44 Véase F. Fernández Segado, «*El Tribunal Constitucional como Legislador Positivo*», Spanish National Report, XVIII International Congress of Comparative Law, Washington, July, 2010, p. 48.

45 Sentencia N° 449/87 del Tribunal Constitucional, en Joaquim de Sousa Ribeiro y Esperança Mealha, «*Constitutional Courts as «Positive Legislators»*, Portuguese National Report, International Congress of Comparative Law, Washington, July, 2010, p. 8.

46 *Idem*, p. 9.

47 Véase en Iván Escobar Fornos, «Las sentencias constitucionales y sus efectos en Nicaragua», en *Anuario Iberoamericano de Justicia Constitucional*, Centro de Estudios Políticos y Constitucionales, N° 12, 2008, Madrid 2008, pp. 111-112.

48 Véase Kent Roach, «*Constitutional Courts as Positive Legislator*», Canadian National Report, XVIII International Congress of Comparative Law, Washington Julio 2010, p. 7.

49 Véase por ejemplo, Marek Safjan, «*The Constitutional Courts as a Positive Legislator*», Polish National Report, XVIII International Congress of Comparative Law, Washington, Julio 2010, pp. 13-14; Lóránt Csink, Józef Petrétei and Péter Tilk, «*Constitutional Court as Positive Legislator. Hungarian National Report*», Hungarian National Report, XVIII International Congress of Comparative Law, Washington, Julio 2010, p. 5; Zdenek Kühn, «*Czech Constitutional Court as Positive Legislator*», Czech National Report, XVIII International Congress of Comparative Law, Washington, Julio 2010, p. 9; J. Uzman T. Barkhuysen & M.L. van Emmerik, «*The Dutch Supreme Court: A Reluctant Positive Legislator?*», Dutch National Report, XVIII International Congress of Comparative Law, Washington, Julio 2010, p. 14; Fernán Altuve Febres, «*El Juez Constitucional como legislador positivo en el Perú*», Peruvian National Report, XVIII International Congress of Comparative Law, Washing-

nado con el derecho a obtener oportuna respuesta en asuntos relativos a las comunicaciones televisivas, como lo mencionó Bertrand Mathieu, simplemente, «sustituyó la voluntad del legislador»,[50] cambiando la letra de la ley.

3. Los jueces constitucionales complementando las funciones legislativas al interferir con los efectos temporales de la legislación

El segundo papel de los jueces constitucionales cuando interfieren con la legislación existente, se refiere a la facultad que tienen para determinar los efectos temporales de las leyes. Hace algunas décadas, el asunto de los efectos temporales de las decisiones emitidas por los jueces constitucionales constituía uno de los aspectos principales de la distinción entre el sistema difuso y el sistema concentrado de control de constitucionalidad. Hoy en día, puede decirse que este elemento distintivo ha desaparecido por completo, y en su lugar lo que se encuentra es un proceso de convergencia entre todos los sistemas de justicia constitucional, siendo común el rol de los jueces constitucionales interfiriendo con los efectos temporales de la legislación.

Este rol se identifica en el derecho comparado, en tres situaciones diferentes: cuando el juez constitucional pospone el inicio de los efectos de sus decisiones de inconstitucionalidad; cuando el juez constitucional aplica en forma retroactiva o prospectiva los efectos de sus decisiones; y cuando el juez constitucional, como consecuencia del ejercicio del control de constitucionalidad, revive una legislación ya derogada.

A. La facultad de los jueces constitucionales para determinar en el futuro cuándo una ley anulada por inconstitucional deja de tener efecto: el aplazamiento de los efectos de las sentencias anulatorias

El primero de los casos en los cuales los jueces constitucionales interfieren con la vigencia de las leyes se da cuando modulan los efectos temporales de sus decisiones declaratorias de inconstitucionalidad o nulidad de una ley, estableciendo una *vacatio sentenciae*. En estos casos, el juez constitucional determina cuándo una ley anulada dejará de tener efecto en el futuro, posponiendo el inicio de los efectos de su propia decisión y, por tanto, extendiendo la aplicación de la ley declarada inconstitucional. Ésta interferencia, por ejemplo, se ha producido en Austria, Grecia, Bélgica, la República Checa, Francia, Croacia, Brasil, Polonia y Perú.[51] En México,

---

ton, Julio 2010, pp. 14-15; Rubén Hernández Valle, «*Las Cortes Constitucionales como Legisladores positivos*», Costa Rican National Report, XVIII International Congress of Comparative Law, Washington, Julio 2010, p. 38; Alejandra Rodríguez Galán and Alfredo Mauricio Vítolo, «*Constitutional Courts as «Positive Legislators»*, Argentinean National Report, XVIII International Congress of Comparative Law, Washington, Julio 2010, p. 17.

50 Véase en Bertrand Mathieu, «*Le Conseil constitutionnel 'législateur positif. Ou la question des interventions du juge constitutionnel français dans l'exercise de la function legislative*», French National Report, XVIII International Congress of Comparative Law, Washington, Julio 2010, p. 16.

51 Véase Konrad Lachmayer, «*Constitutional Courts as 'Positive Legislators,'*» Austrian National Report, XVIII International Congress of Comparative Law, Washington, Julio 2010, p. 7; Julia Iliopoulos-Strangas and Stylianos-Ioannis G. Koutna, «*Constitutional Courts as Positive Legislators. Greek National Report*», XVIII International Congress of Comparative Law, Washington, Julio 2010, p. 20; Christian Behrendt, *Le judge constitutionnel, un législateur-cadre positif. Un analyse comparative en droit francais, belge et*

igualmente, si bien es cierto que, en principio, las decisiones de la Suprema Corte tienen efectos generales desde su fecha de publicación, la Corte puede establecer otra fecha futura distinta con el fin de evitar vacíos legislativos, proporcionando al mismo tiempo al Legislador la oportunidad de promulgar la nueva legislación en sustitución de la anulada.[52]

La misma solución se da en Alemania, aunque sin una disposición clara como la que existe en Bélgica, Francia o Croacia, sólo basada en una norma de la Ley del Tribunal Constitucional Federal que le otorga la facultad para disponer la forma de ejecutar sus decisiones.[53]

También en Italia, donde, aun cuando la Constitución establece de manera clara que cuando la Corte Constitucional declara la inconstitucionalidad de una disposición legal, ésta deja de tener efecto al día siguiente posterior a su publicación (Artículo 136),[54] existen fallos importantes de la Corte Constitucional aplazando los efectos en el tiempo de la decisión declarando la inconstitucionalidad de una norma.[55] Lo mismo ha ocurrido en España, y en Canadá, donde, en ausencia de una norma legal que regule la materia, los jueces constitucionales han asumido la facultad de posponer el inicio de los efectos de sus decisiones de nulidad;[56] situación que

---

allemande, Bruylant, Bruxelles 2006, p. 87, 230, 235, 286, 309; P. Popelier, «*L'activité du judge constitutional belge comme législateur*», Belgium National Report, XVIII International Congress of Comparative Law, Washington, Julio 2010, pp. 4-7; Zdenek Kühn, «*Czech Constitutional Court as Positive Legislator,*" Czech National Report, XVIII International Congress of Comparative Law, Washington, Julio 2010, p. 12; Sanja Bariæ and Petar Baèiæ, "*Constitutional Courts as positive legislators. National Report: Croatia*», XVIII International Congress of Comparative Law, Washington, Julio 2010, p. 17; Jairo Gilberto Schäfer and Vânia Hack de Almeida, «O controle de constitutionalidade no dereitto brasileiro e a possibilidade de modular os efeitos da decisão de inconstitutionalidade», en *Anuario Iberoamericano de Justicia Constitucional*, N° 12, 2008, Centro de Estudios Políticos y Constitucionales, Madrid 2008, p. 384; Domingo García Belaúnde y Gerardo Eto Cruz, «Efectos de las sentencias constitucionales en el Perú», en *Anuario Iberoamericano de Justicia Constitucional*, N° 12, 2008, Centro de Estudios Políticos y Constitucionales, Madrid 2008, pp. 283-284.

52 Véase «Tesis jurisprudencial» P./J 11/2001, en SJFG, Tomo XIV, Sept. 2001, p. 1008, en Héctor Fix Zamudio y Eduardo Ferrer Mac Gregor, *Las sentencias de los Tribunales Constitucionales*, Ed. Porrúa, México, pp. 69; y en «Las sentencias de los tribunales constitucionales en el ordenamiento mexicano», en *Anuario Iberoamericano de Justicia Constitucional*, N° 12, 2008, Centro de Estudios Políticos y Constitucionales, Madrid 2008, pp. 247-248.

53 Caso *BVferG*, May 22, 1963 (Circuitos Electorales), en Christian Behrendt, *Le judge constitutionnel, un législateur-cadre positif. Un analyse comparative en droit francais, belge et allemande*, Bruylant, Bruxelles 2006, pp. 299-300. Caso *BVferG*, November 7, 2006 (Impuesto sucesoral), en I. Härtel, «*Constitutional Courts as Positive Legislators*», German National Report, International Congress of Comparative Law, Washington, July, 2010, p. 7.

54 En un proyecto de reforma constitucional de 1997, que no fue aprobado, se buscaba autorizar a l Tribunal Constitucional para poder posponer por un año los efectos de las decisiones de nulidad. Véase Francisco Javier Díaz Revorio, *Las sentencias interpretativas del Tribunal Constitucional*, Lex Nova, Valladolid 2001, p. 125 (nota 166).

55 Sentencia Nos. 370/2003; 13 y 423/2004 (en material de educación), en Gianpaolo Parodi, «*The Italian Constitutional Court as 'Positive Legislator*», Italian National Report, XVIII International Congress of Comparative Law, Washington, Julio 2010, p. 13.

56 Caso *Manitoba Language Reference* [1985] 1 S.C.R. 721, en Kent Roach, «*Constitutional Courts as Positive Legislator*», Canadian National Report, XVIII International Congress of Comparative Law, Washington, julio de 2010, p. 7 (nota 8).

también se da en Argentina, que cuenta con un sistema difuso de control de constitucionalidad.[57]

B. La facultad de los jueces constitucionales para determinar desde cuándo una ley anulada habrá dejado de tener efectos: los efectos retroactivos o prospectivos de sus propias decisiones

Otro aspecto relacionado con los efectos temporales de las decisiones de los jueces constitucionales y su incidencia respecto de la legislación, se refiere a los efectos retroactivos o prospectivos de las mismas, materia en la cual también ha ocurrido un proceso de convergencia entre todos los sistemas de justicia constitucional, y donde ahora ya no es posible encontrar soluciones rígidas.

a. La posibilidad de limitar los efectos retroactivos, *ex tunc* en relación con las sentencias declarativas

El principio clásico en esta materia, ha sido que en el sistema difuso de control de constitucionalidad de las leyes, las sentencias declarativas de inconstitucionalidad eran consideradas efectivamente como «declarativas», con efectos *ex tunc*, *ab initio* y retroactivos. Éste fue, por ejemplo, el principio tradicional en los Estados Unidos, donde se asignaba efectos retroactivos a las decisiones de la Corte Suprema, de manera particular en asuntos penales.[58] La realidad actual, sin embargo, es otra, habiendo sido el principio progresivamente flexiblilizado en la práctica judicial debido a sus posibles consecuencias negativas o injustas en relación con los efectos ya producidos por la ley declarada inconstitucional. De ello ha resultado que la antigua «regla absoluta» ha sido abandonada, reconociendo la Corte Suprema su autoridad para otorgar o rechazar efectos retroactivos a sus decisiones. La misma solución, en definitiva se ha seguido en Argentina;[59] y en los Países Bajos, en relación con el control de la «convencionalidad» de las leyes.[60]

La misma flexibilización del principio ha ocurrido en países con un sistema concentrado de control de constitucionalidad donde el mismo principio de la retroactividad de las decisiones del juez constitucional fue adoptado para decisiones de anulación. Éste ha sido el caso de Alemania donde a pesar de que los efectos declarativos constituían el principio aplicable por parte del Tribunal Constitucional Federal, en la práctica puede decirse que no es común encontrar decisiones que anulen leyes sólo con efectos *ex tunc*.[61] En Polonia, Portugal y Brazil, por otra parte,

---

57 Caso *Rosza*, *Jurisprudencia Argentina*, 2007-III-414, en Néstor P. Sagües, «Los efectos de las sentencias constitucionales en el derecho argentino», en *Anuario Iberoamericano de Justicia Constitucional*, Centro de Estudios Políticos y Constitucionales, N° 12, 2008, Madrid 2008, p. 352.

58 Caso *Norton v. Selby County*, 118 US 425 (1886), p. 442. Sobre la crítica a este fallo véase J.A.C. Grant, «The Legal Effect of a Ruling that a Statute is Unconstitutional», en *Detroit College of Law Review*, 1978, (2), p. 207.

59 Caso *Itzcovich*, *Jurispudencia Argentina* 2005-II-723, en Néstor P. Sagües, «Los efectos de las sentencias constitucionales en el derecho argentino», en *Anuario Iberoamericano de Justicia Constitucional*, Centro de Estudios Políticos y Constitucionales, N° 12, 2008, Madrid 2008, p. 351.

60 Caso *Boon v. Van Loon* de 27 de noviembre de 1981, *NJ* 1982/503, en J. Uzman T. Barkhuysen & M.L. van Emmerik, *The Dutch Supreme Court: A Reluctant Positive Legislator?» Dutch National Report*, XVIII International Congress of Comparative Law, Washington Julio 2010, p. 42 (nota 138).

61 Véase Francisco Fernández Segado, «*El Tribunal Constitucional como Legislador Positivo*, Spanish National Report, XVIII International Congress of Comparative Law, Washington, July, 2010, pp. 8, 14.

los jueces constitucionales están autorizadas para restringir los efectos retroactivos de sus decisiones y asignarle a las decisiones efectos *ex nunc, pro futuro*».[62]

b. La posibilidad de asignar efectos retroactivos, a las decisiones constitutivas, *ex nunc*

Por otra parte, en países con sistemas concentrados de control de constitucionalidad, aún cuando el principio inicial conforme a la concepción de Kelsen, adoptado en la Constitución Austriaca de 1920, fue el de otorgar efectos constitutivos a las sentencias de los jueces constitucionales que anulaban una ley, teniendo en principio efectos *ex-nunc, pro futuro* o prospectivos,[63] dicho principio ha sido mitigado, de manera particular en casos penales, aceptando los efectos retroactivos de la decisión de anulación. Esta es hoy la tendencia general aplicable por ejemplo, en España, Perú, Francia, Croacia, Serbia, la República Eslovaca, México y Bolivia.[64] En otros países como Venezuela, Brasil, Colombia y Costa Rica, el principio es que la Corte Constitucional está autorizada para determinar los efectos temporales de sus decisiones en el tiempo, lo que puede o no implicar asignarle efectos retroactivos según el caso.[65]

---

62 Véase por ejemplo, Marek Safjan, «*The Constitutional Courts as a Positive Legislator*», Polish National Report, XVIII International Congress of Comparative Law, Washington, July, 2010, p. 5; Maria Fernanda Palma, «O Legislador negativo e o interprete da Constitucão», en *Anuario Iberoamericano de Justicia Constitucional*, Centro de Estudios Políticos y Constitucionales, N° 12, 2008, Madrid 2008, p. 174; 329; Francisco Fernández Segado, «Algunas reflexiones generales en torno a los efectos de las sentencias de inconstitucionalidad y a la relatividad de ciertas fórmulas esterotipadas vinculadas a ellas», en *Anuario Iberoamericano de Justicia Constitucional*, Centro de Estudios Políticos y Constitucionales, N° 12, 2008, Madrid 2008, p. 174; Iván Escovar Fornos, *Estudios Jurídicos*, Tomo I, Ed. Hispamer, Managua 2007, p. 493; Joaquim de Sousa Ribeiro y Esperança Mealha, «*Constitutional Courts as «Positive Legislators»*», Portuguese National Report, XVIII International Congress of Comparative Law, Washington, July, 2010,pp. 6; Thomas Bustamante y Evanlida de Godoi Bustamante, «*Constitutional Courts as «Negative Legislators:» The Brazilian Case*», Brazil National Report, XVIII International Congress of Comparative Law, Washington, July, 2010, p. 26.

63 Véase Konrad Lachemayer, «*Constitutional Courts as 'Positive Legislators,'*» *Austrian National Report*, XVIII International Congress of Comparative Law, Washington, July, 2010, pp. 7-8.

64 Véase por ejemplo, Francisco Javier Díaz Revorio, Las *sentencias interpretativas del Tribunal Constitucional*, Ed. Lex Nova, Valladolid, 2001, pp. 104-105; 126-127; Francisco Fernández Segado, «Algunas reflexiones generales en torno a los efectos de las sentencias de inconstitucionalidad y a la relatividad de ciertas fórmulas esterotipadas vinculadas a ellas», en *Anuario Iberoamericano de Justicia Constitucional*, Centro de Estudios Políticos y Constitucionales, N° 12, 2008, Madrid 2008, p. 192-194; Domingo García Belaúnde y Gerardo Eto Cruz, «Efectos de las sentencias constitucionales en el Perú», en *Anuario Iberoamericano de Justicia Constitucional*, Centro de Estudios Políticos y Constitucionales, N° 12, 2008, Madrid 2008, p. 281-282.

65 Véase por ejemplo, Allan R. Brewer-Carías, «Algunas consideraciones sobre el control jurisdiccional de la constitucionalidad de los actos estatales en el derecho venezolano», en *Revista de Administración Pública*, N° 76, Madrid 1975, pp. 419-446; y en *Justicia Constitucional. Procesos y Procedimientos Constitucionales*, Universidad Nacional Autónoma de México, Mexico 2007, pp. 343 ss.; Jairo Gilberto Schäfer y Vânia Hack de Almeida, «O controle de constitucionalidade no dereito brasileiro e a possibilitade de modular os effeitos de decisão de inconstitucionalidade», en *Anuario Iberoamericano de Justicia Constitucional*, Centro de Estudios Políticos y Constitucionales, N° 12, 2008, Madrid 2008, pp. 383-384; Héctor Fix Zamudio y Eduardo Ferrer Mac Gregor, *Las sentencias de los Tribunales Constitucionales*, Ed.

4. El poder de los jueces constitucionales para revivir la legislación derogada

Finalmente, aún cuando como principio fundamental, también de acuerdo con las propuestas de Hans Kelsen de 1928,[66] las decisiones de los jueces constitucionales declarando la nulidad de una disposición legal no implicaba que la legislación anterior que la ley anulada había derogado reviviera, el principio contrario fue el adoptado en Austria, y es el que se aplica en Portugal y Bélgica.[67] En otros países como Polonia, México y Costa Rica, corresponde a los propios jueces constitucionales decidir sobre el tema.[68]

III. LOS JUECES CONSTITUCIONALES INTERFIRIENDO CON LA AU-SENCIA DE LEGISLACIÓN O CON LAS OMISIONES LEGISLATIVAS

Pero en el mundo contemporáneo, uno de los roles de mayor importancia de los jueces constitucionales no es ya el control de la constitucionalidad de las leyes existentes, sino el control de constitucionalidad de la ausencia de dichas leyes o de las omisiones que contengan las leyes sancionadas, cuando el Legislador no cumple su obligación constitucional de legislar en asuntos específicos o cuando la legislación ha sido sancionada de manera incompleta o discriminatoria.

Este control de la constitucionalidad de las omisiones legislativas varía según se trate de omisiones absolutas y relativas, estando ambas sujetas a control de constitucionalidad.[69]

1. Los jueces constitucionales controlando las omisiones legislativas absolutas

En relación con el control de constitucionalidad de las omisiones legislativas absolutas, este se desarrolla por los jueces constitucionales a través de dos medios judiciales distintos: *primero*, al decidir acciones directas ejercidas contra las omisiones absolutas e inconstitucionales del Legislador; y *segundo*, cuando deciden acciones de amparo o de protección de derechos fundamentales presentadas contra la omisión del Legislador que en el caso particular, impide al accionante la posibilidad de efectivamente gozar de su derecho.

Porrúa, México, pp. 69; y «Las sentencias de los Tribunales Constitucionales en el ordenamiento mexicano», en *Anuario Iberoamericano de Justicia Constitucional*, Centro de Estudios Políticos y Constitucionales, N° 12, 2008, Madrid 2008, p. 248.

[66] Véase Hans Kelsen, *La garantía jurisdiccional de la Constitución (La justicia constitucional)*, Universidad Nacional Autónoma de México, Mexico 2001, p. 84.

[67] Véase por ejemplo, Christian Behrendt, *Le judge constitutionnel, un législateur-cadre positif. Un analyse comparative en droit francais, belge et allemande*, Bruylant, Bruxelles 2006, pp. 280, 281; 436-437.

[68] Véase por ejemplo Héctor Fix Zamudio y Eduardo Ferrer Mac Gregor, *Las sentencias de los Tribunales Constitucionales*, Ed. Porrúa, México, pp. 63-64, 74; y «Las sentencias de los Tribunales Constitucionales en el ordenamiento mexicano», en *Anuario Iberoamericano de Justicia Constitucional*, Centro de Estudios Políticos y Constitucionales, N° 12, 2008, Madrid 2008, p. 252. Véase Iván Escovar Fornos, *Estudios Jurídicos*, Tomo I, Ed. Hispamer, Managua 2007, p. 513; y en «Las sentencias constitucionales y sus efectos en Nicaragua», en *Anuario Iberoamericano de Justicia Constitucional*, Centro de Estudios Políticos y Constitucionales, N° 12, 2008, Madrid 2008, p. 114.

[69] Véase José Julio Fernández Rodríguez, *La inconstitucionalidad por omisión. Teoría general. Derecho comparado. El caso español, Civitas*, Madrid 1998, pp. 33, 114 ss.

A. La acción directa contra las omisiones legislativas absolutas

La acción directa de inconstitucionalidad contra las omisiones legislativas absolutas se estableció por primera vez en el mundo contemporáneo en la Constitución de la antigua Yugoslavia de 1974 (artículo 377), habiendo influido, dos años después, en su incorporación en la Constitución de Portugal de 1976, donde se le asignó la legitimación activa para accionar a determinados altos funcionarios públicos.[70] La acción se conservó en la Constitución de 1982, teniendo las decisiones (*Parecer*) del Tribunal Constitucional, en estos casos, el sólo efecto de informar al órgano legislativo competente sobre la decisión de inconstitucionalidad de la omisión, en las cuales se puede recomendar la adopción de la legislación correspondiente.[71]

Algunos años después, la acción directa de inconstitucionalidad contra las omisiones legislativas absolutas se adoptó en algunos países latinoamericanos, en particular en Brasil (1988),[72] y luego en Costa Rica, Ecuador y Venezuela, donde se ha usado extensivamente. Una importante diferencia debe sin embargo destacarse, y es que en estos últimos países, la legitimación se ha ampliado, y en el caso de Venezuela, incluso, la acción contra las omisiones legislativas absolutas ha sido concebida como una acción popular.[73] Además, en el caso de Venezuela, la Sala Constitucional del Tribunal Supremo ha sido dotada de facultades expresas en la Constitución (artículo 336.7) para establecer no solo la inconstitucionalidad de la omisión, sino también los términos y, de ser necesario, los lineamientos para la corrección de la omisión legislativa. En esta materia, además, la propia Sala Constitucional ha ampliado sus propias facultades en los casos de control de la omisión legislativa absoluta en relación con actos legislativos no normativos, y en 2004, por ejemplo, después de que la Asamblea Nacional no cumplió su función de designar a los miembros del Consejo Nacional Electoral, la Sala no solo declaró la inconstitucionalidad de la omisión, sino que procedió a designar directamente a dichos altos funcionarios, usurpando sin duda las facultades exclusivas de la Asamblea Nacional, lamentablemente asegurando de esta manera el control total por parte del Poder Ejecutivo del Poder Electoral.[74] Otro caso, sin duda, del capítulo de la patología de la justicia constitucional.

También en Hungría, la Constitución permite a la Corte Constitucional decidir *ex officio* o mediante petición de cualquier solicitante, en relación con la inconstitucionalidad de las omisiones legislativas, pudiendo instruir al Legislador sobre el sentido en el cual debe llevar a cabo su tarea en un lapso de tiempo

---

70 Véase Jorge Campinos, «Brevísimas notas sobre a fiscalizacão da constitucionalidade des leis em Portugal», en Giorgo Lombardi (Coord.), *Constituzione e giustizia constitutionale nel diritto comparato*, Maggioli, Rímini, 1985; y *La Constitution portugaise de 1976 et sa garantie*, UNAM, Congreso sobre La Constitución y su Defensa, (mimeo), México, Agosto 1982, p. 42.

71 Véase en José Julio Fernández Rodríguez, *La inconstitucionalidad por omisión. Teoría general. Derecho comparado. El caso español, Civitas*, Madrid 1998, pp. 265-266.

72 Véase por ejemplo, Marcia Rodrigues Machado, «Inconstitutionalidade por omissão», en *Revista da Procuradoria Greal de São Paulo*, N° 30, 1988, pp. 41 ss.;

73 Véase Allan R. Brewer-Carías y Víctor Hernández Mendible, *Ley Orgánica del Tribunal Supremo de Justicia*, Caracas 2010.

74 Véase los comentarios a las decisiones N° 2073 de 4 de agosto de 2003 (Caso: *Hermánn Escarrá Malaver y otros*) y N° 2341 de 25 de agosto de 2003 (Caso: *Hermánn Escarrá M. y*

específico, y hasta definiendo el contenido de las reglas que deben ser sancionadas.[75] Esta facultad también ha sido atribuida en Croacia a la Corte Constitucional, la cual también puede proceder *ex officio*.[76]

B. La protección de los derechos fundamentales contra las omisiones legislativas absolutas por medio de acciones de amparo o protección

El otro medio comúnmente utilizado por los jueces constitucionales para ejercer el control de constitucionalidad en relación con las omisiones legislativas inconstitucionales son las acciones de amparo,[77] o las acciones judiciales específicas de protección de los derechos fundamentales que pueden intentarse contra los daños o amenazas que tales omisiones puedan provocar sobre dichos derechos.

En este sentido, en Alemania, la acción de amparo o de protección constitucional de los derechos fundamentales (*Verfassungsbeschwerde*),[78] ha sido utilizada por el Tribunal Constitucional Federal como un medio para ejercer el control de constitucionalidad de las omisiones legislativas, lo que se ha aplicado, por ejemplo, en casos relacionados con los derechos de los hijos ilegítimos, imponiendo la aplicación de las mismas condiciones de los legítimos, exhortando al Legislador a reformar el Código Civil en un período específico de tiempo.[79]

En la India, también, la Corte Suprema ha controlado las omisiones legislativas, al decidir acciones de protección de derechos fundamentales, como en fue el importante caso relacionado con el «acoso escolar» (*ragging / bullying*) en las Universidades, en el cual la Corte no solo exigió que el Legislador promulgara la legislación omitida, sino que prescribió los pasos detallados que debían adoptarse a los efectos de frenar la nociva práctica, delineando los diferentes modos de castigo que las autoridades educativas podían utilizar. La Corte Suprema de la India incluso designó, en el 2006, a un Comité de seguimiento de las medidas judiciales adoptadas, ordenando, en el 2007, la implementación de sus recomendaciones.[80]

---

otros), en Allan R. Brewer-Carías, «El secuestro del Poder Electoral y la confiscación del derecho a la participación política mediante el referendo revocatorio presidencial: Venezuela 2000-2004», en *Boletín Mexicano de Derecho Comparado*, Instituto de Investigaciones Jurídicas, Universidad Nacional Autónoma de México, N° 112. México, enero-abril 2005 pp. 11-73.

75 Véase en Lóránt Csink, Józef Petrétei y Péter Tilk, «*Constitutional Court as Positive Legislator*», Hungarian National Report, XVIII International Congress of Comparative Law, Washington, July, 2010, pp. 5-6.

76 Véase Sanja Bariæ y Petar Baèiæ, "*Constitutional Courts as positive legislators*», Croatian National Report, XVIII International Congress of Comparative Law, Washington, July, 2010, pp. 12-13.

77 Véase en general en el derecho comparado: Allan R. Brewer-Carías, *Constitutional Protection of Human Rights in Latin America. A Comparative Study of Amparo Proceeding*, Cambridge University Press, New York 2009, pp. 324 ss.

78 Véase en general, Francisco Fernández Segado, «El control de las omisiones legislativas por el Bundesverfassungsgericht», en *Revista de Derecho*, N° 4, Universidad Católica del Uruguay, Konrad Adenauer Stiftung, Montevideo 2009, pp. 137-186.

79 Sentencia del Tribunal Constitucional Federal N° 26/1969 of January 29, 1969, en I. Härtel, «*Constitutional Courts as Positive Legislators*», German National Report, XVIII International Congress of Comparative Law, Washington, July, 2010, p. 19.

80 Casos *Vishwa Jagriti Mission v Central Government* AIR 2001 SC 2793, y *University of Kerala v Council of Principals of Colleges of Kerala*, en Surya Deva, «*Constitutional Courts as 'Positive*

En una orientación similar, mediante los *equitable remedies*, como las *injunctions*, la Corte Suprema de los Estados Unidos ha desarrollado en forma progresiva el sistema de protección judicial de los derechos fundamentales (*civil right injunctions*), llenando el vacío originado por las omisiones legislativas, en particular, dictando medidas coercitivas y prohibitivas, así como de carácter estructural (*structural injunctions*).[81]

Esto tuvo un desarrollo muy importante, particularmente después de la decisión de la Corte Suprema adoptada en el caso de *Brown v. Board of Education,* 347 U.S. 483 (1954); 349 U.S. 294 (1955) en el cual se declaró discriminatorio el sistema escolar dual que existía, permitiendo que los tribunales asumieran la supervisión de las políticas y prácticas institucionales del Estado con el fin de evitar la discriminación racial.[82] Este activismo judicial mediante las *injunctions* fue aplicado, después, en otros importantes casos litigiosos sobre derechos individuales relacionados con el tema de las reasignaciones de circunscripciones electorales, los hospitales psiquiátricos, las cárceles, las prácticas comerciales y el medio ambiente. También, al adoptar estas soluciones equitativas para la protección de los derechos fundamentales, la Corte Suprema de los Estados Unidos ha terminado creando una «legislación judicial complementaria», por ejemplo, en relación con las condiciones para las detenciones y allanamientos policiales, cuando están relacionadas con la investigación y persecución de delitos.

En América Latina, las acciones de amparo constitucional también han sido el instrumento que ha utilizado el juez constitucional para la protección de los derechos fundamentales contra las omisiones legislativas.[83] Este es especialmente el caso del *mandado de injunção* brasileño, el cual funciona precisamente como una orden judicial concedida precisamente en los casos en los cuales la ausencia de disposiciones legislativas que hacen imposible o dificultoso el ejercicio de los derechos y libertades constitucionales. Con las decisiones judiciales resultantes declarando la inconstitucionalidad de la omisión, los tribunales no sólo han otorgado al Congreso un plazo para corregir su omisión, sino que han establecido las reglas, algunas veces por analogía, que deben aplicarse en caso de que la omisión persista, lo que ha ocurrido por ejemplo en materia del régimen de la seguridad social y del derecho de huelga de los trabajadores del sector público.[84]

En Argentina, también es posible encontrar la misma tendencia general en los casos en los cuales la Corte Suprema ha terminado actuando como órgano comple-

---

Legislators: The Indian Experience», Indian National Report, XVIII International Congress of Comparative Law, Washington, July, 2010p. 9 (footnote 58).

81 Véase William Tabb y Elaine W. Shoben, *Remedies,* Thomson West, 2005, p. 13; Owen M. Fiss, *The Civil Rights Injunctions*, Indiana University Press, 1978, pp. 4-5; Owen M. Fiss y Doug Rendelman, *Injunctions*, The Foundation Press, 1984, pp. 33-34; y Allan R. Brewer-Carías, *Constitutional Protection of Human Rights in Latin America*, Cambridge University Press, New York 2009, pp. 69 ss.

82 Caso *Missouri v. Jenkins*, 515 U.S. 70 (1995), en Laurence Claus y Richard S. Kay, «*Constitutional Courts as 'Positive Legislators' in the United States*», US National Report, XVIII, International Congress of Comparative Law, Washington, July, 2010, p. 31 (footnote 104).

83 Véase Allan R. Brewer-Carías, *Constitutional Protection of Human Rights in Latin America*, Cambridge University Press, New York 2009.

84 Véase Thomas Bustamante y Evanlida de Godoi Bustamante, «*Constitutional Courts as «Negative Legislators:» The Brazilian Case*», Brazil National Report, XVIII, International Congress of Comparative Law, Washington, July 2010, p. 19.

mentario del Legislador en asuntos relacionados con la protección de derechos fundamentales, al decidir recursos de amparo.[85] También en Colombia, al decidir recursos de *tutela*, incluso referidos a violaciones masivas de derechos humanos como las ocurridas con las personas desplazadas, la Corte Constitucional ha creado, *ex officio*, lo que se conoce con el nombre de «*estado de cosas inconstitucionales*», configurándose una situación jurídica que ha desembocado en la sustitución de los jueces ordinarios, del Legislador y de la Administración en la definición y coordinación de las políticas públicas.[86]

En Canadá, de manera muy similar a la acción de amparo latinoamericano, conforme a la Constitución, los tribunales tienen la potestad de adoptar una amplia variedad de decisiones de protección de los derechos fundamentales, incluso exigiendo al gobierno la realización de acciones positivas con el propósito de cumplir con la Constitución y de solucionar los efectos de violaciones constitucionales. Estos poderes judiciales han sido usados ampliamente, por ejemplo, para hacer cumplir la protección de las idiomas minoritarios, y garantizar las obligaciones que en materia de bilingüismo que tienen las Provincias; en asuntos de justicia penal, debido a la ausencia de disposiciones legislativas para asegurar juicios expeditos y la presentación de evidencias al acusado por parte del fiscal acusador; y en asuntos de extradición de las personas que podrían enfrentar la pena de muerte en el Estado solicitante.[87]

En cierta forma, en el Reino Unido, a pesar de que el principio constitucional básico continúa siendo que los tribunales no pueden sustituir ni interferir en las tareas del Parlamento, también es posible identificar importantes decisiones de los mismos en materia constitucional de protección de derechos humanos, estableciendo lineamientos que suplementan las atribuciones del Parlamento o del Gobierno. Esto ha ocurrido, por ejemplo, en materia de esterilización de adultos intelectualmente discapacitados y de personas en estado vegetativo permanente, casos en los cuales los tribunales han establecidos reglas para su aplicación en ausencia de la legislación pertinente.[88]

También en la República Checa, la Corte Constitucional ha llenado el vacío derivado de la omisión legislativa en asuntos como el relacionado con el aumento de alquileres en apartamentos, en los que la Corte consideró que «su rol de protectora de la constitucionalidad no puede quedar limitada a una mera posición de legislador «negativo».[89]

---

85 Véase en Alejandra Rodríguez Galán y Alfredo Mauricio Vítolo, «*Constitutional Courts as «Positive Legislators»*, Argentinean National Report, XVIII, International Congress of Comparative Law, Washington, July, 2010, p. 17.

86 Véase en Sandra Morelli, «*The Colombian Constitutional Court: from Institutional Leadership, to Conceptual Audacity*», Colombian National Report, XVIII, International Congress of Comparative Law, Washington, July, 2010, p. 5.

87 Casos: *Reference re Manitoba Language Rights* [1985] 1 S.C.R. 721; [1985] 2 S.C.R. 347; [1990] 3 S.C.R. 1417n; [1992] 1 S.C.R. 212; *R. v. Stinchcombe* [1991] 3 S.C.R. 326, en Kent Roach, «*Constitutional Courts as Positive Legislators: Canada Country Report*», XVIII, International Congress of Comparative Law, Washington, July, 2010, pp. 11-12.

88 Casos *Re F (Mental Patient: Sterilisation)* [1990] 2 *AC 173; y Airedale NHS Trust v Bland*, en John Bell, «*Constitutional Courts as 'Positive Legislators': United Kingdom*», British National Report, XVIII, International Congress of Comparative Law, Washington, July, 2010, p. 7

89 Sentencia Pl. ÚS 8/02, *Rent Control II*, N° 528/2002 Sb. de 20 de noviembre de 2002; y Pl. ÚS 2/03, *Rent Control III*, no. 84/2003 Sb, de 19 de marzo de 2003, en Zdenek Kühn, «*Czech Constitutional Court as Positive Legislator*», Czech National Report, XVIII, International Congress of Comparative Law, Washington, July, 2010, p. 14 (nota 58).

2. El juez constitucional llenando el vacío creado por las omisiones legislativas relativas

Durante las últimas décadas, en particular, en los sistemas de control concentrado de constitucionalidad, en los casos del control de las omisiones legislativas cuando se trata de previsiones legales deficientes o inadecuadas que afectan específicamente el goce o ejercicio de los derechos fundamentales, los jueces constitucionales han venido desarrollado la técnica de declarar la inconstitucionalidad de dichas disposiciones insuficientes, pero sin anularlas, enviando en cambio directrices, lineamientos y recomendaciones y hasta mandatos al Legislador, con el fin de lograr que se corrijan las omisiones legislativas inconstitucionales.

En todos estos casos, puede decirse que los jueces constitucionales han actuado como ayudantes y colaboradores del Legislador, especialmente también con el fin de proteger el derecho a la igualdad y a la no discriminación. Estas instrucciones o directrices que emanan de los jueces constitucionales dirigidas al Legislador en algunos casos son meras recomendaciones no vinculantes; en otros casos tienen carácter obligatorio; y en otros, son concebidas como «leyes» provisionales.

A. Los jueces constitucionales emitiendo directrices no vinculantes dirigidas al Legislador

En términos generales, en relación con las recomendaciones judiciales no obligatorias emanadas de los jueces constitucionales, la Corte Constitucional italiana ha dictado las llamadas sentencias exhortativas o delegadas o *sentenze indiritzzo,*[90] mediante las cuales declara la inconstitucionalidad de una disposición legislativa, pero sin introducir la norma que debería aplicarse mediante la interpretación, dejando esta tarea al Legislador. En otros casos, la instrucción dirigida al legislador puede tener carácter condicional en relación con la potestad de la Corte Constitucional en materia de control de constitucionalidad, en el sentido de que si el Legislador no legisla y llena el vacío legislativo, la Corte procedería a anular la ley. En Italia también se ha desarrollado la fórmula llamada de la *doppia pronuncia,*[91] que opera cuando el Legislador no ejecuta las recomendaciones de la Corte, en cuyo caso esta declararía la inconstitucionalidad de la ley impugnada en una segunda decisión.

Este tipo de decisiones judiciales de tipo exhortativo también se han aceptado en Alemania donde se denominan «decisiones de apelación», mediante las cuales el Tribunal Constitucional Federal puede emitir «advertencias al Legislador», contentivas de directrices legislativas y estableciendo un plazo para que se promulgue la disposición omitida.[92]

Esta misma técnica ha sido aplicada en Francia y en Bélgica, donde el Consejo Constitucional y la Corte Constitucional, respectivamente, también han dictado

---

[90] Véase L. Pegoraro, *La Corte e il Parlamento. Sentenze-indirizzo e attivitá legislativa*, Cedam, Padova 1987, pp. 3 ss.; Francisco Javier Díaz Revorio, Las *sentencias interpretativas del Tribunal Constitucional,* Ed. Lex Nova, Valladolid, 2001, p. 268.

[91] Véase Iván Escovar Fornos, *Estudios Jurídicos*, Tomo I, Ed. Hispamer, Managua 2007, p. 504.

[92] Véase Francisco Javier Díaz Revorio, *Las sentencias interpretativas del Tribunal Constitucional,* Ed. Lex Nova, Valladolid, 2001, pp.264; y Iván Escovar Fornos, *Estudios Jurídicos*, Tomo I, Ed. Hispamer, Managua 2007, p. 505.

este tipo de directrices dirigidas al Legislador, las cuales, aún sin tener efectos directos sobre la normativa a dictar, pueden establecer un marco para la futura acción legislativa.[93] Una técnica similar se ha aplicado en Polonia, llamada de las «señalizaciones», por medio de la cual el Tribunal Constitucional llama la atención del legislador sobre problemas de naturaleza general.[94] También se ha aplicado en Serbia, la República Checa y México.[95]

En países con sistemas de control difuso de constitucionalidad, como en Argentina, estas decisiones judiciales tipo exhorto también han sido dictadas por la Corte Suprema, en casos relacionados con acciones colectivas de amparo, exhortando a las autoridades involucradas a sancionar nuevas disposiciones legales con el fin de atender, por ejemplo, la situación de sobrepoblación y degradación del sistema penitenciario.[96] Estas facultades también han sido utilizadas en casos de control judicial de «convencionalidad» en relación con la Convención Americana de los Derechos Humanos. Una situación similar se ha producido con decisiones de la Corte Suprema de los Países Bajos, enviando al Legislador «consejos exhortativos».[97]

B. Los jueces constitucionales emitiendo órdenes y directrices vinculantes para el Legislador

En muchos casos de control de la constitucionalidad de las omisiones legislativas relativas, generalmente basadas también en la violación del derecho a la no discriminación y a la igualdad, los jueces constitucionales han declarado la inconstitucionalidad de la omisión relativa, pero sin anular la disposición, asumiendo, en cambio, de manera progresiva un papel más positivo, emitiendo en relación con el Legislador, no sólo directrices sino también mandatos o instrucciones con el fin de que aquél reforme o corrija las leyes de la manera indicada por el juez. Esto ha transformado a los jueces constitucionales en un tipo de auxiliar legislativo, imponiéndole al Legislador ciertas tareas, estableciendo un plazo preciso para el desarrollo de las mismas.

Esta técnica de control de constitucionalidad ha sido utilizada en Alemania, donde el Tribunal Constitucional Federal, por medio de decisiones mandatorias ha emitido órdenes al Legislador, por ejemplo, en asuntos relacionados con el régimen de pensión alimenticia, con las incompatibilidades profesionales, con el reembolso

---

93 Sentencia BVerfG, de 19 de Julio de 1966, BVerfGE 20, 56 (114-115), en Christian Behrendt, *Le judge constitutionnel, un législateur-cadre positif. Un analyse comparative en droit francais, belge et allemande*, Bruylant, Bruxelles 2006, pp. 176-179, 185 ss.

94 Véase por ejemplo la «señalización» en relación con la protección de inquilinos de 29 de junio de 2005, OTK ZU 2005/6A/77, en Marek Safjan, «*The Constitutional Courts as a Positive Legislator*», *Polish National Report*, International Congress of Comparative Law, Washington, July, 2010, p. 16 (nota 45).

95 Véase por ejemplo, Héctor Fix Zamudio y Eduardo Ferrer Mac Gregor, «Las sentencias de los tribunales constitucionales en el ordenamiento mexicano», en *Anuario Iberoamericano de Justicia Constitucional*, N° 12, 2008, Centro de Estudios Políticos y Constitucionales, Madrid 2008, p. 252.

96 Caso *Verbitsky*, CSIJ, Fallos. 328:1146, en Néstor P. Sagües, «Los efectos de las sentencias constitucionales en el derecho argentino», en *Anuario Iberoamericano de Justicia Constitucional*, Centro de Estudios Políticos y Constitucionales, N° 12, 2008, Madrid 2008, p. 340.

97 Caso *Harmonisation Act de 1989, en* J. Uzman T. Barkhuysen & M.L. van Emmerik, «*The Dutch Supreme Court: A Reluctant Positive Legislator?*», Dutch National Report, XVIII, International Congress of Comparative Law, Washington, July, 2010, p. 6.

de gastos en las campañas electorales, con las condiciones de los profesores, con el aborto y el servicio civil alternativo, incluso indicando al Legislador lo que no debe hacer a los efectos de evitar agravar las desigualdades consideradas inconstitucionales.[98]

Similares decisiones emitidas por Cortes Constitucionales puede encontrarse en Bélgica, Austria, Croacia y Colombia.[99] En el caso de Francia, debido al tradicional sistema de control de constitucionalidad *a priori* de las leyes ejercido por el Consejo Constitucional, uno de los medios más importantes para asegurar el cumplimiento de sus decisiones han sido las directrices, llamadas «*réserves d'interprétation*» o «*réserves d'application*», aunque no dirigidas al legislador sino a las autoridades administrativas que deben emitir los reglamentos de la ley y a los jueces que deben aplicar la ley.[100]

3. Los jueces constitucionales como Legisladores provisionales

Finalmente, en muchos otros casos de control de la constitucionalidad de las omisiones legislativas, los jueces constitucionales no se han limitado sólo a emitir mandatos al Legislador buscando que sancione disposiciones legislativas a los efectos de llenar los vacíos producidos por sus omisiones, sino que han asumido directamente el papel de «legisladores provisionales» al incluir en sus decisiones, cuando declaran la inconstitucionalidad de previsiones legales, medidas o normas que han de aplicarse a los asuntos específicos considerados como inconstitucionales, hasta que el Legislador sancione la ley que está obligado a producir.

En estos casos, el juez constitucional declara la anulación o invalidez de la disposición inconstitucional, pero además para evitar que se materialice el vacío legislativo que la nulidad origina, establece en forma temporal ciertas normas en la materia para ser aplicadas hasta la promulgación de nueva legislación que debe emitirse.[101] Los jueces constitucionales, en estos casos, en la práctica, puede decirse que actúan como «legisladores sustitutivos» aunque no para usurpar las funciones del Legislador sino para preservar su propia libertad legislativa.[102]

Esta técnica también ha sido aplicada en Alemania por el Tribunal Constitucional Federal, el cual ha asumido «un poder legislativo auxiliar» y ha actuado como una

---

98 Sentencias BVerfG, de 14 de Julio de 1981, BVerfGE 57, 381; BVerfG, de 15 de febrero de 1967, BVerfGE 21, 183; BVerfG, de 9 de marzo de 1976, BVerfGE 41, 414, en I. Härtel, «*Constitutional Courts as Positive Legislators*», German National Report, XVIII, International Congress of Comparative Law, Washington, July, 2010, p. 9.; y Christian Behrendt, *Le judge constitutionnel, un législateur-cadre positif. Un analyse comparative en droit francais, belge et allemande*, Bruylant, Bruxelles 2006, pp. 259-288

99 Véase por ejemplo, Mónica Liliana Ibagón, «Control jurisdiccional de las omisiones legislativas en Colombia», en Juan Vega Gómez y Edgar Corzo Sosa, *Instrumentos de tutela y justicia constitucional. Memoria del VII Congreso Iberoamericano de Derecho Constitucional*, Universidad Nacional Autónoma de México, México 2002, pp. 322-323.

100 Véase Bertrand Mathieu, «*Le Conseil constitutionnel 'législateur positif. Ou la question des interventions du juge constitutionnel français dans l'exercise de la function legislative*», French National Report, XVIII International Congress of Comparative Law, Washington, July, 2010, p. 10.

101 Véase Christian Behrendt, *Le judge constitutionnel, un législateur-cadre positif. Un analyse comparative en droit francais, belge et allemande*, Bruylant, Bruxelles 2006, pp. 333 ss.

102 Véase Otto Bachof, «Nuevas reflexiones sobre la jurisdicción constitucional entre derecho y política», en *Boletín Mexicano de Derecho Comparado*, XIX, N° 57, México 1986, pp. 848-849.

especie de «organización de reparación parlamentaria»[103] como sucedió en 1975, cuando decidió sobre la impugnación de las normas legales relativas a la despenalización parcial del aborto. En dicho proceso, después de declarar como inconstitucionales las disposiciones respectivas del Código Penal, el Tribunal consideró que «en el interés de la transparencia de la ley» era apropiado establecer una «regulación provisional» en la materia a ser aplicable hasta que las nuevas disposiciones fuesen sancionadas por el Legislador»,[104] procediendo entonces a dictar una «legislación provisional» muy detallada sobre el asunto la cual se aplicó durante casi 15 años, hasta 1992, cuando el parlamento sancionó la esperada reforma del Código. Pero la misma fue nuevamente impugnada por inconstitucional ante el Tribunal Constitucional Federal, el cual, en 1993, en una nueva decisión, después de declarar de nuevo, la reforma, como contraria a la Constitución,[105] estableció una vez más en forma por lo demás muy detallada, como «legislador real», todas las normas reguladoras sobre el aborto en el país.

En Suiza, la Corte Suprema en diferentes casos ha dictado normas con el fin de llenar el vacío creado por omisiones legislativas en materias relativas a la aplicación de derechos constitucionales, como ha ocurrido, por ejemplo, en relación con los procesos relacionados con la detención de extranjeros; el derecho de asilo; y las reglas sobre expropiaciones.[106]

También en la India, la Corte Suprema ha asumido el papel de legislador provisional en asuntos relativos a la protección de derechos fundamentales, en casos relacionados con las capturas y arrestos realizados por la policía, emitiendo avisos destinados a todos los entes gubernamentales estableciendo en detalle los requerimientos que debían seguirse en todos los casos de arresto y captura hasta que se dictasen las respectivas disposiciones legales. En este caso, aún cuando la normativa judicial era de carácter provisional y temporal, en la práctica han seguido conformando la «legislación» aplicables en la materia.[107] La Corte Suprema también ha ejercido los mismos poderes protegiendo los derechos de las mujeres trabajadoras contra el acoso sexual en los lugares de trabajo, emitiendo órdenes «para la protección de estos derechos con el fin de llenar el vacío legislativo».[108]

---

103 Véase Christian Behrendt, *Le judge constitutionnel, un législateur-cadre positif. Un analyse comparative en droit francais, belge et allemande*, Bruylant, Bruxelles 2006, p. 341, notas 309 y 310.

104 Sentencia BVerfG, de 25 de febrero de 1975, BVerfGE 39, 1, (68), en Christian Behrendt, *Le judge constitutionnel, un législateur-cadre positif. Un analyse comparative en droit francais, belge et allemande*, Bruylant, Bruxelles 2006, pp. 342 ff; y I. Härtel, «*Constitutional Courts as Positive Legislators*», German National Report, XVIII International Congress of Comparative Law, Washington, July, 2010, p. 14.

105 Sentencias BVerfG, de 25 de mayo de 1993 (*Schwangerrschaftsabbruch II*), y BVerfGE 88, 203, de 25 de febrero de 1975, en Christian Behrendt, *Le judge constitutionnel, un législateur-cadre positif. Un analyse comparative en droit francais, belge et allemande*, Bruylant, Bruxelles 2006, pp. 346-351.

106 Sentencias BGE 91 I 329 ss. (expropiación sustantiva); BGE 94 I 286 ss. (apropiación de derechos de vecinos). Véase en Tobias Jaag, «*Constitutional Courts as 'Positive Legislators:' Switzerland*», Swiss National Report, XVIII International Congress of Comparative Law, Washington, July, 2010, p. 16 (nota 89).

107 Caso *D K Basu v State of West Bengal*, (1997) 1 SCC 416, en Surya Deva, *Constitutional Courts as 'Positive Legislators: The Indian Experience*», Indian National Report, XVIII International Congress of Comparative Law, Washington, July, 2010, pp. 6-7.

108 Caso *Vishaka v State of Rajasthan*, 1997 SC 3011, en Surya Deva, *Constitutional Courts as 'Positive Legislators: The Indian Experience*», *Indian National Report*, XVIII International Congress of Comparative Law, Washington, July, 2010, p. 8 (nota 49).

Dentro de este tipo de decisiones de control de constitucionalidad que incluyen normas provisionales establecidas mediante la interpretación de la Constitución, es posible incluir a las llamadas «*súmula vinculante*» emitidas por el Tribunal Supremo Federal de Brasil, como por ejemplo, las relativas a la prohibición del nepotismo en el Poder Judicial, y a la delimitación de las tierras de los pueblos indígenas.[109]

También en Venezuela es posible hallar casos en los que la Sala Constitucional del Tribunal Supremo, en ausencia de leyes reguladoras correspondientes, ha emitido decisiones que contienen disposiciones normativas, resultado del ejercicio por la Sala Constitucional de la llamada «jurisdicción normativa», mediante la cual ha establecido normas completas reguladoras de ciertas situaciones que no han sido objeto de regulación legislativa, como por ejemplo, en relación con las relaciones estables *de facto* entre hombres y mujeres, y en asuntos relativos a la fertilización in vitro.[110]

IV. LOS JUECES CONSTITUCIONALES COMO LEGISLADORES EN MATERIA DE JUSTICIA CONSTITUCIONAL

Por último, la cuarta tendencia que puede identificarse en el derecho comparado en relación con los jueces constitucionales actuando como «legisladores positivos», se relaciona con la actividad normativa que tradicionalmente han desplegado en relación con la legislación en materia de control de constitucionalidad o de justicia constitucional. En este sentido, los jueces constitucionales no sólo han dictado normas en relación con sus propios poderes de revisión o control cuando ejercen la justicia constitucional y con las acciones que pueden ser interpuestas ante ellos, sino en relación con el procedimiento aplicable en los procesos constitucionales. Esta situación varía, por supuesto según el sistema de control de constitucionalidad que se haya adoptado.

1. Los jueces constitucionales creando sus propias facultades de control de constitucionalidad

A. La creación por el juez constitucional de sus propios poderes de control en el sistema difuso de control de constitucionalidad

En el sistema difuso o descentralizado de control de constitucionalidad, el poder-deber de todos los tribunales y jueces de desechar la aplicación de leyes que estimen contrarias a la Constitución, aplicando ésta preferentemente al decidir ca-

---

109 *Súmula vinculante* N° 13, STF, *DJ* 1°.set.2006, ADC 12 MC/DF, Rel. Min. Carlos Britto, y STF, *DJ* 25.set.2009, Pet 3388/RR, Rel. Min. Carlos Britto, en Luis Roberto Barroso et al, «Notas sobre a questão do Legislador Positivo» (*Brazil*), XVIII International Congress of Comparative Law, Washington, July, 2010, pp. 33-37; 43-46.

110 Sentencia N° 1682 de 15 de Julio de 2005, caso *Carmela Manpieri, Interpretación del artículo 77 de la Constitución*, en http://www.tsj.gov.ve/decisiones/scon/Julio/1682-150705-04-3301.htm; y sentencia N° 1456 de 27 de julio de 2006, caso *Yamilex Núñez de Godoy*, en http://www.tsj.gov.ve/deci-siones/scon/Julio/1456-270706-05-1471.htm Véase Daniela Urosa Maggi, «*Cortes Constitucionales como 'Legisladores Positivos:' La experiencia venezolana*», Venezuelan Nacional Report, XVIII International Congress of Comparative Law, Washington, July, 2010, p. 19-20.

sos concretos, no necesita estar expresamente establecido en la Constitución. Estos poderes derivan del principio de supremacía de la Constitución tal como lo delineó el Juez John Marshall, en la conocida decisión de la Corte Suprema de Estados Unidos en el caso *Marbury* vs. *Madison* 1 Cranch 137 (1803). En consecuencia, en los Estados Unidos, debido a este vínculo esencial entre la supremacía de la Constitución y la *judicial review*, el poder de los jueces de controlar la constitucionalidad de las leyes fue una creación de la Suprema Corte, como también lo fue unas décadas después en Noruega, en Grecia, y en Argentina,[111] donde el control de constitucionalidad también fue producto de la creación jurisprudencial de sus respectivas Cortes Supremas de Justicia.

B. La extensión de las facultades de control de constitucionalidad para asegurar la protección de los derechos fundamentales

Por otra parte, y en particular en relación con la protección de los derechos y libertades fundamentales, dado los principios de progresividad y prevalencia arraigados ya en el constitucionalismo contemporáneo, los jueces constitucionales en su carácter de intérpretes supremos de la Constitución, en ausencia de la legislación pertinente, han creado incluso la misma acción de amparo como un medio judicial para la protección de aquellos. Este fue el caso, también de Argentina en 1957, de la República Dominicana en 1999,[112] y en la República de Eslovaquia, donde la Corte Constitucional «creó» un medio específico de protección de los derechos fundamentales.[113]

En materia específica de la protección de los derechos e intereses difusos y colectivos establecidos en la Constitución, en Venezuela, la Sala Constitucional ha admitido la acción directa del amparo en la materia, fijando su regulación;[114] y en la India, la Corte Suprema ha expandido la acción para la protección de los derechos fundamentales, para abarcar la protección de dichos derechos colectivos y difusos, conformando los llamados «litigios de interés público».[115]

---

[111] Véase Allan R. Brewer-Carías, *Judicial Review in Comparative Law*, Cambridge University Press, Cambridge 1989.

[112] Véase Allan R. Brewer-Carías, *Constitutional Protection of Human Rights in Latin America,* Cambridge University Press, New York, 2010.

[113] Sentencia de la Corte Constitucional N° III. ÚS 117/01, en Ján SvákyLucia Berdisová, «*Constitutional Court of the Slovak Republic as Positive Legislator via Application and Interpretation of the Constitution*», *Slovak National Report*, XVIII International Congress of Comparative Law, Washington, July, 2010, p. 9.

[114] Sentencias N° 656 de 30 de junio de 2000, caso *Dilia Parra Guillen (Peoples' Defender),* en http://www.tsj.gov.ve/decisiones/scon/Junio/656-300600-00-1728%20.htm; N° 1395 de 21 de noviembre de 2000, caso *William Dávila* Case, en *Revista de Derecho Público*, N° 84, Editorial Jurídica Venezolana, Caracas, 2000, pp. 330; N° 1571 de 22 de agosto de 2001, caso *Asodeviprilara,* en http://www.tsj.gov.ve/decisiones/scon/Agosto/1571-220801-01-1274%20.htm. Véase Daniela Urosa Maggi, «*Cortes Constitucionales como 'Legisladores Positivos:' La experiencia venezolana*», Venezuelan National Report, XVIII International Congress of Comparative Law, Washington, July, 2010, p. 11-12.

[115] Casos *S P Gupta v Union of India* AIR 1982 SC 149; *PUDR v Union of India* AIR 1982 SC 1473; *Bandhua Mukti Morcha v Union of India* (1984) 3 SCC 161, en Surya Deva, «*Constitutional Courts as 'Positive Legislators: The Indian Experience*», Indian National Report, XVIII International Congress of Comparative Law, Washington, July, 2010, p. 2, 4-5.

2. La necesidad de contar con una disposición expresa en la Constitución estableciendo la Jurisdicción Constitucional en los sistemas de control concentrado, y sus desviaciones

En contraste con lo que ocurre en los sistemas de control difuso de control de constitucionalidad, en los sistemas de control concentrado, la facultad exclusiva de los Tribunales o Cortes Constitucionales o de las Cortes Supremas de controlar la constitucionalidad de los actos legislativos, como Jurisdicción Constitucional, tiene que estar siempre establecida en forma expresa en la Constitución, no pudiendo ser establecida por deducción a través de decisiones judiciales.[116]

Sin embargo, si bien este principio general se ha mantenido incólume, en algunos casos, los jueces constitucionales lo que han hecho es ampliar o adaptar sus competencias de control de constitucionalidad, como ocurrió, por ejemplo, en los casos en los cuales los Tribunales o Cortes Constitucionales han aplicado la técnica de declarar la inconstitucionalidad de las leyes, pero sin anularlas, o cuando han asumido la facultad de extender la aplicación de la ley declarada inconstitucional durante un tiempo, o cuando han emitido directrices destinadas al legislador a los efectos de que legisle en armonía con la Constitución. Esta ha sido, como se ha visto, por ejemplo, la técnica desarrollada en Alemania, incluso como lo indicó Inés Härtel, «sin autorización legal, de hecho, *contra legem*».[117] En España, el Tribunal Constitucional ha aplicado la misma técnica también a pesar de la disposición contraria contenida en la Ley Orgánica del Tribunal Constitucional.[118]

Pero en otros casos, los jueces constitucionales han creado sus propias facultades de revisión judicial no establecidas en la Constitución, como ha sucedido en Venezuela, donde la Sala Constitucional del Tribunal Supremo ha creado un nuevo medio de control de constitucionalidad no previsto en la Constitución, como el llamado «recurso abstracto para la interpretación constitucional»,[119] que puede ser intentado por cualquier persona interesada en resolver las dudas que resulten

---

116 Véase Allan R. Brewer-Carías, *Judicial Review in Comparative Law*, Cambridge University Press, Cambridge 1989, pp. 185 ss.; y Jorge Carpizo, *El Tribunal Consitucional y sus límites*, Grijley Ed, Lima 2009, p. 41.

117 Véase I. Härtel, «*Constitutional Courts as Positive Legislators*», German National Report, XVIII International Congress of Comparative Law, Washington, July, 2010, p. 8; Francisco Fernández Segado, «Algunas reflexiones generales en torno a los efectos de las sentencias de inconstitucionalidad y a la relatividad de ciertas fórmulas esterotipadas vinculadas a ellas», en *Anuario Iberoamericano de Justicia Constitucional*, Centro de Estudios Políticos y Constitucionales, N° 12, 2008, Madrid 2008, p. 162.

118 Véase F. Fernández Segado, *El Tribunal Constitucional como Legislador Positivo», Spanish National Report*, XVIII International Congress of Comparative Law, Washington, July, 2010, p. 6, 11.

119 Sentencia N° 1077 de 22 de septiembre de 2000, caso *Servio Tulio León*, en *Revista de Derecho Público*, N° 83, Editorial Jurídica Venezolana, Caracas 2000, pp. 247 ss. Véase Allan R. Brewer-Carías, «Le Recours d'Interprétation Abstrait de la Constitution au Vénézuéla», en *Renouvau du droit constitutionnel. Mélanges en l'honneur de Louis Favoreu*, París 2007, pp. 61-70; y «La ilegítima mutación de la constitución por el juez constitucional: la inconstitucional ampliación y modificación de su propia competencia en materia de control de constitucionalidad», en *Libro Homenaje a Josefina Calcaño de Temeltas*, Fundación de Estudios de Derecho Administrativo (FUNEDA), Caracas 2009, pp. 319-362.

de disposiciones constitucionales ambiguas u oscuras. Este recurso ha permitido a la Sala Constitucional emitir muchos importantes y con frecuencia controversiales fallos, y más grave aún, a través de su ejercicio por el Procurador General, la Sala Constitucional ha mutado ilegítimamente, importantes disposiciones constitucionales. Fue el caso, por ejemplo, de las decisiones adoptadas en relación con los referendos consultivo y revocatorio entre 2002 y 2004, mediante los cuales la Sala transformó el referendo revocatorio en un referendo ratificatorio no establecido en la Constitución.[120] Estas decisiones, sin duda, también pertenecen al capítulo de la patología de la justicia constitucional.

3. Los jueces constitucionales creando normas procesales para los procesos constitucionales

Finalmente, en relación con la interferencia judicial en las funciones legislativas, también puede mencionarse el proceso de creación de normas procesales por los jueces constitucionales para el ejercicio de sus funciones de control de constitucionalidad, cuando las mismas no se han establecido en la legislación respectiva.

Con tal fin, como ha sucedido en el Perú, el Tribunal Constitucional ha afirmado poseer «autonomía procesal», habiendo ejercido facultades ampliadas en el desarrollo y complementación de las reglas procesales aplicables a los procesos constitucionales, en aspectos no regulados en forma expresa en la ley.[121]

En Alemania, igualmente se ha utilizado el mismo principio de la autonomía procesal (*Verfahrensautonomie*) para explicar las facultades desarrolladas por el Tribunal Constitucional Federal para complementar las normas procesales en el trámite del control de constitucionalidad basándose en la interpretación del artículo 35 de la Ley del Tribunal Constitucional Federal relacionado con la ejecución de sus decisiones.

En otros casos, la interferencia judicial en asuntos legislativos en relación con las normas procesales en materia de control de constitucionalidad ha sido más

---

120 La mutación constitucional tuvo precisamente por objeto evitar en 2004 la revocación del mandato del Presidente de la República, Hugo Chávez. Este había sido electo en agosto de 2000 con 3,757,744 votes; siendo suficiente para revocarle el mandato de acuerdo con la Constitución, que los votos por su revocatoria fuesen superiores a esa cifra. El número de votos a favor de la revocatoria del mandato del Presidente expresados en el referendo que tuvo lugar el 15 de agosto de 2004 fue de 3,989,008, por lo que su mandato fue constitucionalmente revocado. Sin embargo, el Consejo nacional Electoral el 27 de agosto de 2004), en virtud de que en el mismo referendo la opción por la no revocación del mandato obtuvo 5.800.629 votos, decidió «ratificar» al Presidente en su cargo hasta la terminación de su mandato en enero de 2007. Véase *El Nacional*, Caracas, 28 de agosto de 2004, pp. A-1 y A-2. Véase los comentarios al caso en Allan R. Brewer-Carías, «La Sala Constitucional vs. El derecho ciudadano a la revocatoria de mandatos populares o de cómo un referendo revocatorio fue inconstitucionalmente convertido en un «refrendo ratificatorio», en *Crónica sobre la «in» justicia constitucional. La Sala Constitucional y el autoritarismo en Venezuela*, Colección Instituto de Derecho Público, Universidad Central de Venezuela, N° 2, Editorial Jurídica Venezolana, Caracas 2007, pp. 350 ss.

121 Decisión del Tribunal Constitucional, Exp. N° 0020-2005-AI/TC, FJ 2, en Francisco Eguiguren y Liliana Salomé, «*Función contra-mayoritaria de la Jurisdicción Constitucional, su legitimidad democrática y los conflictos entre el Tribunal Constitucional y el Legislador*», Peruvian National Report, XVIII International Congress of Comparative Law, Washington, July, 2010, p. 14; y Fernán Altuve-Febres, «*El Juez Constitucional como legislador positivo en el Perú*», *Peruvian National Report II*, XVIII International Congress of Comparative Law, Washington, July, 2010, pp. 22-23.

intensa, como ha sucedido en Colombia, donde la Corte Constitucional ha asumido incluso la competencia exclusiva para establecer los efectos de sus propias decisiones, sustrayendo la materia del ámbito de las competencias del legislador.[122]

En Venezuela, la Sala Constitucional del Tribunal Supremo de Justicia, también ha invocado su «jurisdicción normativa»[123] para establecer normas procesales aplicables en los procesos constitucionales cuando la materia no se ha regulado en las leyes, como ha sucedido, en particular, en los procesos destinados a controlar la omisión legislativa absoluta,[124] y de habeas data, estableciendo en detalle las normas procesales «con el fin de llenar el vacío existente».[125] El vacío legislativo, en todo caso, fue luego llenado con las previsiones de la Ley Orgánica del Tribunal Supremo de Justicia de 2010.[126]

COMENTARIOS FINALES

La conclusión principal que resulta del estudio comparado del rol de los jueces constitucionales actuando como «Legisladores Positivos» en el mundo contemporáneo, es que, sin duda, los mismos han venido asumiendo de manera progresiva una ingerencia activa en áreas que hace sólo unas décadas pertenecían exclusivamente al Poder Constituyente o al Legislador, en algunos casos descubriendo y deduciendo normas constitucionales, en particular en asuntos relacionados con los derechos humanos no expresamente consagrados en la Constitución y que incluso, en muchos casos no podían siquiera ser considerados como derivados de la intención de un Constituyente antiguo y original, al sancionar una Constitución concebida para una sociedad diferente.

En otros casos, los jueces constitucionales han asumido de manera progresiva funciones legislativas, complementando al Legislador en su papel de creador de leyes, en muchos casos llenando los vacíos resultantes de las omisiones legislativas, en otros, mandando lineamientos y ordenes al Legislador, y además, adoptando legislación provisional resultante del ejercicio de sus funciones de control de constitucionalidad.

---

122 Véase Decisión C-113/93. Véase en Germán Alfonso López Daza, *«Le juge constitutionnel colombien, législateur-cadre positif: un gouvernement des juges Colombian National Report I,* XVIII International Congress of Comparative Law, Washington, July, 2010, p. 9.

123 Véase Mario Pesci Feltri Martínez, «La jurisdicción normativa y los artículos 335 y 336 de la Constitución», en *El Derecho Público a comienzos del siglo XXI. Estudios homenaje al Profesor Allan R. Brewer-Carías,* Tomo I, Instituto de Derecho Público, UCV, Civitas Ediciones, Madrid, 2003, pp. 1029-1054.

124 Sentencia N° 1556 of July 9, 2002, caso *Alfonzo Albornoz y Gloria de Vicentini*, en http://www.tsj.gov.ve/decisiones/scon/Julio/1556-090702-01-2337%20.htm. Véase Daniela Urosa Maggi, *«Cortes Constitucionales como 'Legisladores Positivos:' La experiencia venezolana»*, Venezuelan National Report, XVIII International Congress of Comparative Law, Washington, July, 2010, pp. 10-11.

125 Sentencia N° 1511 of November 9, 2009, caso *Mercedes Josefina Ramírez, Acción de Habeas Dat,* en http://www.tsj.gov.ve/decisiones/scon/Noviembre/1511-91109-2009-09-0369.html. Véase Allan R. Brewer-Carías, «El proceso constitucional de las acciones de habeas data en Venezuela: las sentencias de la Sala Constitucional como fuente del Derecho Procesal Constitucional» en Eduardo Andrés Velandia Canosa (Coordinador), *Homenaje al Maestro Héctor Fix Zamudio. Derecho Procesal Constitucional. Memorias del Primer Congreso Colombiano de Derecho Procesal Constitucional* Mayo 26, 27 y 28 de 2010, Bogotá 2010, pp. 289-295; y Daniela Urosa Maggi, *«Cortes Constitucionales como 'Legisladores Positivos:' La experiencia venezolana»*, Venezuelan National Report, XVIII International Congress of Comparative Law, Washington, July, 2010, p. 13.

126 Véase Allan R. Brewer-Carías y Víctor Hernández Mendible, *Ley Orgánica del Tribunal Supremo de Justicia*, Editorial Jurídica Venezolana, Caracas 2010.

Estas tendencias comunes, que pueden identificarse en diferentes países y en todos los sistemas legales, son, por supuesto, más numerosas e importantes que las posibles diferencias esenciales y excepcionales que pudieren existir entre los diversos sistemas. Por ello, en materia de control de constitucionalidad, los jueces constitucionales, con el fin de desarrollar sus propias competencias y ejercer sus facultades de control para proteger los derechos fundamentales y para asegurar la supremacía de la Constitución, han comenzado de manera progresiva a estudiar y analizar el trabajo similar desarrollado por jueces constitucionales de otros países, enriqueciendo así sus decisiones. En esa tarea, sin duda, el derecho comparado ha ejercido un rol determinante.

En consecuencia, es posible decir que hoy en día, tal vez con la excepción de la Corte Suprema de los Estados Unidos, es común encontrar en las decisiones de los Tribunales o Cortes Constitucionales, o de las Cortes Supremas ejerciendo facultades de justicia constitucional, referencias constantes a decisiones emitidas en asuntos o casos similares por otros jueces constitucionales. Por ello se puede decir que en general, en esta materia, en el mundo actual, no existe animadversión alguna en utilizar elementos de derecho extranjero para interpretar la Constitución, cuando el mismo sea aplicable.

Ese, sin embargo, no es el caso en los Estados Unidos donde aún es posible oír expresiones como las emitidas por la Juez Sonia Sotomayor quien, en la audiencia en el Senado para su confirmación como para integrar la Corte Suprema, afirmó por ejemplo, que la «Ley norteamericana no permite el uso del derecho extranjero o internacional para interpretar la Constitución» siendo esto una cuestión «dada» en relación con la cual «no hay debate».[127] Al contrario, sin embargo, la Juez Ruth Bader Ginsburg de la misma Corte Suprema, ha dicho que: «francamente no comprendo todo el reciente alboroto del Congreso y de algunos de mis colegas acerca de las referencias al derecho extranjero», explicando que la controversia estaba basada en el malentendido de que si se cita un precedente extranjero ello podría significar que la Corte se podría encontrar limitada por el derecho extranjero». En realidad, argumentó la propia Juez Ginsburg que la cita de precedentes de Cortes o Tribunales Constitucionales extranjeros, no se diferencia de la cita que pueda hacerse de de un artículo de un profesor extranjero, preguntándose: ¿Por qué no debemos voltear nuestra mirada hacia la sabiduría de un juez del extranjero con al menos la misma facilidad con la que leeríamos un artículo redactado por un profesor?»[128]

Y esto es precisamente lo que actualmente ocurre en todas las Cortes Supremas y Jurisdicciones Constitucionales, donde los jueces constitucionales comúnmente toman en consideración el derecho extranjero cuando tienen que decidir acerca del mismo asunto basándose en los mismos principios. En tales casos, de la misma manera en que se estudia el asunto de acuerdo con la opinión y el análisis de distintos autores de libros y artículos, también ellos han confiado en las soluciones y decisiones de los tribunales de otros países. Ello, sin duda, ha sido muy útil pues el ejercicio no se ha reducido al sólo análisis de soluciones teóricas, sino de las soluciones prácticas en casos específicos que han sido aplicadas por otros jueces. Y es ahí, precisamente, donde el derecho comparado es una herramienta por lo demás útil e importante.

---

127 Expresiones de la juez Sonia Sotomayor, en las audiencias de confirmación ante el Senado de los Estados Unidos, el 15 de julio de 2009, en «Sotomayor on the Issues», *The New York Times*, 16 de Julio de 2009, p. A-18.

128 Véase Adam Liptak, «Ginsburg Shares Views on Influence of Foreign Law on Her Court, and Vice Versa», en *The New York Times*, 12 de abril de 2009, p. 14.

SÉPTIMA PARTE:

ALGUNOS RETOS DE LA JUSTICIA CONSTITUCIONAL EN AMÉRICA LATINA A COMIENZOS DEL SIGLO XXI*

INTRODUCCIÓN

La aceptación generalizada de la justicia constitucional como potestad asignada a los jueces para controlar la constitucionalidad de las leyes y demás actos de los órganos del Estado a los efectos de garantiza la supremacía de la Constitución, fue la culminación de la configuración del Estado Constitucional de derecho de nuestro tiempo[1]. Ello se completó en el mundo contemporáneo, en general después de la segunda guerra mundial, con base en varios de los principios fundamentales del constitucionalismo contemporáneo, entre los cuales están:

Primero, el principio de que la soberanía reside en el pueblo, y que ningún órgano del Estado es ni puede ser soberano, con lo cual se puso fin a la antigua soberanía del Parlamento y de la ley como supuesta expresión de la voluntad general.

En segundo lugar, el principio de que el pueblo, en ejercicio de su soberanía, es el que otorga la Constitución, de manera que la misma sólo puede ser modificada por el pueblo o mediante los mecanismos por éste dispuestos en la propia Constitución.

En tercer lugar, el principio de que la Constitución otorgada por el pueblo es la ley suprema del Estado y la sociedad, la cual se impone a todos, gobernantes y gobernados, en la cual se regula no sólo el ejercicio mismo de la soberanía, sino la organización del Estado con las competencias y límites de los órganos que ejercen

---

* Texto de la Ponencia elaborada para el *I Congreso Panameño de Derecho Procesal Constitucional* y el *III Congreso Internacional: Proceso y Constitución,* Panamá, 27-29 junio de 2012. Enviado para su publicación en David Aníbal Ortiz Gaspar y Katty Aquize Cáceres (Coordinadores), *Tendencias actuales del Estado Constitucional contemporáneo: apuntes para una discusión*», Editorial ARA Editores, Lima Perú, 2013.

1 Tal como lo señaló Manuel García Pelayo, al referirse al Tribunal Constitucional, el mismo es «un órgano constitucional instituido y directamente estructurado por la Constitución», el cual «como regulador de la constitucionalidad de la acción estatal, está destinado a dar plena existencia al Estado de derecho y a asegurar la vigencia de la distribución de poderes establecida por la Constitución, ambos componentes inexcusables, en nuestro tiempo, del verdadero «Estado constitucional». Véase en Manuel García Pelayo, «El Status del Tribunal Constitucional», en *Revista Española de Derecho Constitucional,* Nº 1, Madrid, 1981, p. 15.

el Poder Público; el régimen político democrático para el funcionamiento de la sociedad; y la declaración y reconocimiento de los derechos humanos, entre los cuales se destaca el propio derecho a la Constitución y a su supremacía.

Estos tres principios implican que todos los actos estatales, incluidas las leyes, están sujetos a la Constitución y, por tanto, al control de constitucionalidad que los ciudadanos tiene derecho de requerir para garantizar la supremacía constitucional, mediante el ejercicio de acciones y recursos ante los órganos jurisdiccionales a los cuales se asigna competencia para no aplicar las leyes que estimen inconstitucionales cuando decidan casos concretos, o para declarar su nulidad con efectos *erga omnes*[2].

Estos tres principios del constitucionalismo fueron en definitiva, los que originaron la justicia constitucional como potestad estatal para garantizar la Constitución[3], que fue desarrollada en América desde comienzos del siglo XIX, y en Europa desde comienzos del siglo XX, pero afianzada particularmente después de la segunda guerra mundial al ponerse fin a la soberanía del parlamento.

Esos mismos principios, en todo caso, ante la práctica constitucional experimentada en América Latina en los últimos lustros, continúan planteando los retos fundamentales que sigue teniendo la justicia constitucional en el mundo contemporáneo, entre los cuales se destacan:

Primero, que el juez constitucional debe efectivamente actuar como comisario del poder constituyente, de manera que la soberanía permanezca siempre en el pueblo y no sea usurpada por los órganos constituidos;

Segundo, que el juez constitucional, como garante de la Constitución, debe efectivamente asegurar que las modificaciones o reformas a la misma se realicen conforme a lo que ha sido la voluntad del pueblo plasmada en sus normas;

Tercero, que el juez constitucional como comisario del poder constituyente y garante de la Constitución en si mismo, en su carácter de poder constituido, tiene que estar sometido a la Constitución misma, sin poderla mutar ilegítimamente;

Cuarto, que el juez constitucional como garante del régimen político previsto en la constitución, debe asegurar que el acceso y el ejercicio del poder solo se haga conforme a sus previsiones; y

Quinto, que el juez constitucional como garante de los derechos fundamentales, debe asegurar su efectiva vigencia y protección sobre la base del principio de la progresividad.

---

2 *V.*, en general sobre los sistemas de justicia constitucional, Allan R. Brewer-Carías, «La Justicia Constitucional», en *Revista Jurídica del Perú,* N° 3, 1995, Trujillo, Perú, pp. 121 a 160; Allan R. Brewer-Carías, «Control de la constitucionalidad. La justicia constitucional» en *El Derecho Público de finales de Siglo. Una perspectiva iberoamericana,* Fundación BBV, Editorial Civitas, Madrid 1996, pp. 517-570; Allan R. Brewer-Carías, *Judicial Review in Comparative Law, Law,* Cambridge 1989; *Instituciones Políticas y Constitucionales,* T. VI, *La Justicia Constitucional,* Universidad Católica del Táchira-Editorial Jurídica Venezolana, Caracas, San Cristóbal, 1996, 21 ss; Allan R. Brewer-Carías, *La Justicia Constitucional.* Procesos *y procedimientos constitucionales,* UNAM, México 2007; *Derecho Procesal Constitucional. Instrumentos para la Justicia Constitucional,* Ed. Investigaciones Jurídicas, San José Costa Rica 2012. Procesos.

3 *V.*, H. Kelsen. «La garantie juridictionnelle de la Constitution (La justice constitutionnelle)», en *Revue du Droit public et de la Science politique en France et à l'étranger,* París, 1928, p. 214.

Mi intención, en estas notas, particularmente de cara a las recientes experiencias constitucionales en algunos países de América Latina, donde se han arraigado autoritarismos tanto en fraude a la Constitución como a la propia voluntad popular, es referirme ahora a los tres primeros de los retos mencionados, a cuyo efecto destacaré en contraste, los casos más importantes de lo que puede denominarse la patología de la justicia constitucional, y que hay que insistir en advertir a los efectos de evitar que el mal desarrollado se propague, conforme a la cual el juez constitucional en lugar de ser efectivamente el guardián de la Constitución, ha terminado siendo el verdugo del Estado constitucional.

PRIMER RETO: QUE EL JUEZ CONSTITUCIONAL EFECTIVAMENTE ACTÚE COMO COMISARIO DEL PODER CONSTITUYENTE, DEMANERA QUE LA SOBERANÍA PERMANEZCA SIEMPRE EN EL PUEBLO Y NO SEA USURPADA POR LOS ÓRGANOS CONSTITUIDOS

Como lo indicó Eduardo García de Enterría, un Tribunal Constitucional es el «comisario del poder constituyente, encargado de defender la Constitución y de velar por que todos los órganos constitucionales conserven su estricta calidad de poderes constituidos»,[4] por lo cual el primer reto que tiene la justicia constitucional en América Latina, particularmente frente a las experiencias constitucionales recientes, es precisamente asegurar que la soberanía permanezca en el pueblo como poder constituyente y que no se asuma ni se usurpe por órgano constituido alguno del Estado.

Por ello, en un régimen de Estado constitucional, es esencial la distinción entre el poder constituyente que corresponde al pueblo, y los poderes constituidos que corresponden a los órganos del Estado, incluyendo en estos a las llamadas Asambleas Constituyentes, de manera que el juez constitucional pueda frenar las pretensiones incluso de estas de pretender ejercer en si mismas un poder constituyente «originario» o con «plenos poderes» para imponer su voluntad sobre los órganos constituidos, sobre todo porque como lo afirmó el Tribunal Supremo de Venezuela en la sentencia citada, «Una reforma constitucional sin ningún tipo de límites, constituiría un fraude constitucional».

Eso sucedió precisamente con la Asamblea Nacional Constituyente de Venezuela de 1999[5], y la Asamblea Constituyente de Ecuador en 2007, con el agravante de que ninguna de las dos estaba prevista en las Constituciones vigentes en esos países como mecanismo de reforma de la Constitución, de manera que incluso su elección y conformación no tenía base constitucional. La misma se estableció ad hoc, a la medida y mediante sendos referendos consultivos, totalmente manipulado desde el poder, con los cuales se barrió el principio de supremacía constitucional.

El primer reto que la justicia constitucional tiene en América Latina en el futuro, por tanto, es el asumir efectivamente el rol de guardián del poder constituyente e impedir que los órganos constituidos del Estado, incluyendo los circunstanciales, asuman o usurpen el poder constituyente del pueblo[6].

---

4 *V.*, E. García de Enterría, *La Constitución como norma y el Tribunal constitucional*, Madrid, 1985, p. 198.

5 *V.*, Allan R. Brewer-Carías, *Reforma Constitucional y Fraude a la Constitución (1999-2009)*, Academia de Ciencias Políticas y Sociales, Caracas 2009.

6 Ello fue precisamente lo que hicieron los tribunales contencioso administrativos en Honduras, incluyendo la Corte Suprema de Justicia en 2009 al decidir como jueces constitu-

1. Las enseñanzas del caso venezolano de 1999: una Asamblea Constituyente con poderes de «poder constituyente originario» cuyos actos el Juez Constitucional los consideró inmunes al control de constitucionalidad

En tal sentido debe recordarse el caso del proceso constituyente venezolano de 1999, desarrollado al margen de la Constitución, por una Asamblea Constituyente que asumió poderes constituyentes originarios que el pueblo no le había atribuido[7].

A tal efecto, el mismo día en el cual el Presidente Hugo Chávez tomó posesión de su cargo para el cual había sido electo conforme a las previsiones de la Constitución de 1961, el 2 de febrero de 1999, dictó un Decreto N° 3 para la realización de un referendo consultivo buscando que el pueblo se pronunciase «sobre la convocatoria de una Asamblea Nacional Constituyente» (Art. 1) que no estaba prevista en la Constitución de 1961 como un mecanismo de reforma constitucional; «con el propósito de transformar el Estado y crear un nuevo ordenamiento jurídico que permita el funcionamiento efectivo de una Democracia Social y Participativa» (primera pregunta). Con dicho decreto el Presidente buscaba que el pueblo lo autorizara, pura y simplemente, para que fuera él mismo quien fijase «mediante un Acto de Gobierno [...], oída la opinión de los sectores políticos, sociales y económicos, las bases del proceso comicial en el cual se elegirán los integrantes de la Asamblea Nacional Constituyente» (Segunda pregunta)[8]. Es decir, pretendió el Presidente que mediante un referendo, el pueblo le delegara la potestad constituyente de establecer el estatuto de una Asamblea Constituyente no establecida en la Constitución que proponía se eligiera.

Del contenido del Decreto de convocatoria, sin embargo, se evidenciaba que lo que se convocaba no era un referendo consultivo que era lo único que autorizaba el artículo 181 de la Ley Orgánica del Sufragio y Participación Política que se había

---

cionales la suspensión de los efectos de los actos de convocatoria de una Asamblea Constituyente por el Presidente de la República, no prevista en la Constitución, para modificar una cláusula pétrea constitucional como as la prohibición de la reelección presidencial. Lamentablemente, en ese caso, la labor del juez constitucional, fue empañada por una actuación militar que expulsó al Presidente de la República del territorio, originando una crisis política continental. Véase en general sobre este caso, Allan R. Brewer-Carías, «Reforma Constitucional, Asamblea Nacional Constituyente y Control judicial contencioso administrativo: El caso de Honduras (2009) y el precedente venezolano (1999)», en *Revista de la Facultad de Derecho,* N° 60-61, (2005-2009), Universidad Católica Andrés Bello, Caracas 2009, pp. 63-112; en *Revista Mexicana Statum Rei Romanae de Derecho Administrativo. Homenaje de Nuevo León a Jorge Fernández Ruiz,* Con. 3, Julio-Dic. 2009, Asociación Mexicana de Derecho Administrativo, Facultad de Derecho y Criminología de la Universidad Autónoma de Nuevo León, Monterrey, México 2009, pp. 11-77; y en *Revista Aragonesa de Administración Pública,* N° 34, (junio 2009), Gobierno de Aragón, Zaragoza 2009, pp. 481-529. Véase igualmente Allan R. Brewer-Carías, *Reforma Constitucional, Asamblea Constituyente, y Control Judicial: Honduras (2009), Ecuador (2007) y Venezuela (1999),* Serie Derecho Administrativo N° 7, Universidad Externado de Colombia, Bogotá 2009, 144 pp.

7 *V.,* Allan R. Brewer-Carías, *Asamblea Constituyente y Ordenamiento Constitucional,* Serie Estudios N° 53, Biblioteca de la Academia de Ciencias Políticas y Sociales, Caracas 1999, 328 pp. Sobre las sentencias de la Corte Suprema de Justicia de 22 de enero de 1999 que avalaron el desencadenamiento del proceso constituyente véase: Allan R. Brewer-Carías, *Poder Constituyente Originario y Asamblea Nacional Constituyente,* Caracas 1999.

8 *V.,* en *Gaceta Oficial* N° 36.634 de 02-02-99.

invocado como su base legal, de manera que de las preguntas lo que realmente se evidenciaban es que lo que se estaba convocando en realidad, era un referendo decisorio y autorizatorio no regulado ni previsto en dicha norma legal[9]. Además la convocatoria que se pretendía no era para que la Asamblea reformara la Constitución, sino para que asumiera un poder total y pudiera incluso sustituir a los poderes constituidos aún antes de la aprobación de una nueva Constitución, buscando delegar además en el Presidente de la República el poder soberano mismo de decidir el estatuto de la Constituyente, lo que vulneraba los principios más elementales del Estado de derecho y era incompatible con los valores supremos de una sociedad democrática.

Como era de esperarse, a las pocas semanas, el Decreto N° 3 fue impugnado por inconstitucional ante la Sala Político-Administrativa de la Corte Suprema de Justicia[10], por ser un instrumento destinado a servir para un fraude a la Constitución, impugnándose igualmente los actos del Consejo Supremo Electoral convocando el referendo. Una de las acciones de nulidad fue decidida por la Sala Político Administrativa en sentencia de 18 de marzo de 1999, mediante la cual se anuló la segunda de las preguntas propuestas por el Presidente en la convocatoria al referendo, considerando que el estatuto de la Constituyente tenía que aprobarse por el pueblo[11]. Para ello, la sentencia afirmó que la actuación de una Asamblea Constituyente era posible porque lo permitía la Constitución de 1961, lo que implicaba considerar que la misma no podía perder vigencia alguna durante la actuación de la Asamblea Nacional Constituyente, la cual debía encontrar en dicho texto el límite de su actuación. Ello significaba que durante el funcionamiento de la Asamblea, los poderes constituidos debían continuar actuando conforme a la Constitución que estaba vigente, no pudiendo la Asamblea ni disolverlos ni asumir directamente sus competencias constitucionales.

Días antes de ser publicada dicha sentencia, sin embargo, el día 10 de marzo de 1999, y sin duda ya advertido, el Presidente de la República, emitió un nuevo acto administrativo reformatorio del Decreto N° 3, mediante el cual ordenó publicar en *Gaceta Oficial* la propuesta del Ejecutivo Nacional mediante la cual fijaba las bases de la convocatoria de la Asamblea Nacional Constituyente, conforme a lo que luego decidió la Corte, esta vez disponiendo que las mismas serían *sometidas a la aprobación del pueblo en el referendo* convocado[12]. En esas bases, sin embargo, se incorporó una frase en la Décima Base, en la cual se afirmaba que:

---

9 Como lo señaló Ricardo Combellas, «Estamos hablando de un referendo consultivo, no de un referendo decisorio, cuya aprobación demanda necesariamente en Venezuela, tal como lo propuso con visión avanzada la Comisión Bicameral, una reforma constitucional» en *¿Qué es la Constituyente? Voz para el futuro de Venezuela,* COPRE, Caracas 1998.

10 *V.,* el texto de la acción de nulidad en Allan R. Brewer-Carías, *Asamblea Constituyente y Ordenamiento Constitucional,* Academia de Ciencias Políticas y Sociales, Caracas 1999, pp. 255 a 321. *V.,* la relación de todas las acciones de nulidad intentadas en Carlos M. Escarrá Malavé, *Proceso Político y Constituyente,* Caracas 1999, anexo 4.

11 *V.,* el texto de la sentencia en Allan R. Brewer-Carías, *Poder Constituyente Originario y Asamblea Nacional Constituyente,* Caracas 1999, pp. 169 a 185; y en *Revista de Derecho Público,* N° 77-80, Editorial Jurídica Venezolana, Caracas 1999, pp. 73 y ss.

12 Contenido en un «Aviso Oficial» publicado en *G.O.* N° 36.658 de 10-03-99, con las bases de la convocatoria de la asamblea nacional constituyente, para ser sometida para la aprobación del pueblo en el referéndum convocado para el 25 de abril de 1999.

«Una vez instalada la Asamblea Nacional Constituyente, como poder originario que recoge la soberanía popular, deberá dictar sus propios estatutos de funcionamiento, teniendo como límites los valores y principios de nuestra historia republicana, así como el cumplimiento de los tratados internacionales, acuerdos y compromisos válidamente suscritos por la República, el carácter progresivo de los derechos fundamentales del hombre y las garantías democráticas dentro del más absoluto respeto de los compromisos asumidos».

Este texto fue reproducido por el Consejo Nacional Electoral en la nueva convocatoria que tuvo que hacer para el referendo consultivo, de manera que la Resolución respectiva que dictó fue de nuevo impugnada por considerarse que desacataba el fallo de la Corte Suprema del 18 de marzo de 1999, cuando le pretendía atribuir «carácter originario» a la futura Asamblea Nacional Constituyente.

Dicha impugnación fue resuelta por la Sala Político Administrativa de la Corte Suprema, en la sentencia de 13 de abril de 1999[13], en la cual observó que ciertamente:

«en la sentencia dictada por esta Sala el 18 de marzo de 1999 se expresó con *meridiana claridad* que la Asamblea Constituyente a ser convocada, 'no significa, en modo alguno, por estar precisamente vinculada su estructuración al propio espíritu de la Constitución vigente, bajo cuyos términos se producirá su celebración, la alteración de los principios fundamentales del Estado democrático de derecho', y que 'en consecuencia, es la Constitución vigente la que permite la preservación del Estado de derecho y la actuación de la Asamblea Nacional Constituyente, en caso de que la voluntad popular sea expresada en tal sentido en la respectiva consulta».

En consecuencia, a los efectos de que no se indujera «a error al electorado y a los propios integrantes de la Asamblea Nacional Constituyente, si el soberano se manifestase afirmativamente acerca de su celebración, en lo atinente a su alcance y límites», la Sala ordenó que se eliminase la frase *«como poder originario que recoge la soberanía popular»*, a cuyo efecto corrigió y reformuló expresamente el texto de la base comicial octava, sin dicha frase.

Después de todas estas vicisitudes judiciales[14], y de la corrección del Decreto Nº 3 de 2 de febrero de 1999, que fue el primer acto violatorio de la Constitución de 1961 en todo aquél proceso, el proceso constituyente quedó abierto, habiéndose celebrado el referendo consultivo el 25 de abril de 1999, en el cual se aprobó la propuesta de convocar una Asamblea Constituyente la cual fue electa el 25 de julio de 1999, integrada con una mayoría abrumadora de constituyentes propuestos por el Presidente Chávez[15].

---

13 *V.*, el texto en Allan R. Brewer-Carías, *Poder Constituyente Originario y Asamblea Nacional Constituyente*, Caracas 1999, pp. 190 a 198. Igualmente en *Revista de Derecho Público*, Nº 77-80, Editorial Jurídica Venezolana, Caracas 1999, pp. 85 y ss.

14 *V.*, sobre las diversas sentencias dictadas en el proceso de conformación de la Constituyente, Allan R. Brewer-Carías, «La configuración judicial del proceso constituyente en Venezuela de 1999 o de cómo el guardián de la Constitución abrió el camino para su violación y para su propia extinción», en *Revista de Derecho Público*, N° 77-80, Editorial Jurídica Venezolana, Caracas 1999, pp. 453-514.

15 De un total de 131 constituyentes electos, 125 con el apoyo del Presidente Chávez, con lo que la «oposición» quedó formada por sólo 6 constituyentes electos como independientes. Cuatro electos en la circunscripción nacional (Allan R. Brewer-Carías, Alberto Franceschi, Claudio Fermín y Jorge Olavarría) y dos en las circunscripciones regionales (Antonio Di'Giampaolo y Virgilio Ávila Vivas).

La Asamblea, en todo caso, estaba sometida a las bases aprobadas por la voluntad popular expresada en el referendo consultivo del 25 de abril de 1999; razón por la cual, durante su funcionamiento debió haber respetado la vigencia de la Constitución de 1961, la cual sólo podía perder vigencia cuando el pueblo se pronunciara, mediante posterior referendo aprobatorio sobre la nueva Constitución. Sin embargo, ello no fue así, y fue la Asamblea Constituyente la que materializó el golpe de Estado contra la Constitución[16], desacatando además las órdenes judiciales emanadas de la Corte Suprema, para lo cual sus miembros incurrieron expresamente en el «error» que quiso evitar la Corte, y, contrariando su decisión, desde su instalación el 3 de agosto de 1999 asumieron expresamente lo que se denominó un «poder constituyente originario» que el pueblo no le había conferido[17].

En esa oportunidad, en efecto, al aprobar su Estatuto de Funcionamiento en forma inconstitucional por violación a la voluntad popular expresada en el referendo consultivo del 25 de abril[18], la Asamblea se declaró a si misma «*depositaria de la voluntad popular y expresión de su Soberanía con las atribuciones del Poder Originario para reorganizar el Estado Venezolano y crear un nuevo ordenamiento jurídico democrático*», disponiendo además, que «en uso de las atribuciones que le son inherentes, *podrá limitar o decidir la cesación de las actividades de las autoridades que conforman el Poder Público*» (artículo 1). Como consecuencia de ello, la Asamblea también resolvió que «todos los organismos del Poder Público *quedaban subordinados*» a la misma y, en consecuencia, que estaban en la obligación de *cumplir y hacer cumplir* los «actos jurídicos estatales» que emitiera (parágrafo primero, artículo 1°).

En esta forma, la Asamblea se auto atribuyó potestades públicas por encima tanto de la Constitución de 1961 como de las «normas constitucionales» contenidas en la expresión de la voluntad soberana del pueblo en las «bases comiciales» votadas en el referendo de 25 de abril de 1999. En cuanto a las previsiones de la Constitución entonces vigente de 1961, por disposición de la propia Asamblea, en su Estatuto de Funcionamiento se dispuso que sólo se mantendrían en vigencia «en todo aquello que no colida o sea contrario con los actos jurídicos y demás decisiones de la Asamblea Nacional Constituyente» (art. 1, parágrafo segundo)[19].

---

16 *V.*, Allan R. Brewer-Carías, *Golpe de Estado y proceso constituyente en Venezuela, op. cit*, p. 160.

17 En el acto de instalación, el discurso dado por quien venía de ser electo presidente de la Asamblea concluyó con estas frases «la Asamblea Nacional Constituyente es originaria y soberana», en *Gaceta Constituyente (Diario de Debates), Agosto-Septiembre 1999*, Sesión de 03-08-99, N° 1, p. 4. Véase nuestro voto salvado respecto de la aprobación de dicho Estatuto por la Asamblea Constituyente, en Allan R. Brewer-Carías, *Debate Constituyente (Aportes a la Asamblea Nacional Constituyente)*, Fundación de Derecho Público, Editorial Jurídica Venezolana, T. I (8 agosto-8 septiembre 1999), Caracas 1999, pp. 15 a 39.

18 *V., Gaceta Constituyente* (Diario de Debates), Agosto-Septiembre 1999, Sesión de 07-08-99, N° 4, p. 151. Véase también nuestro voto salvado por razones de inconstitucionalidad respecto de la aprobación del Estatuto en *Gaceta Constituyente* (Diario de Debates), Agosto-Septiembre 1999, Sesión de 07-08-99, N° 4, pp. 6 a 13.

19 *V.*, en *Gaceta Constituyente (Diario de Debates), Agosto-Septiembre 1999*, Sesión de 07-08-99, N° 4, p. 144. Véase el texto, además, en *Gaceta Oficial* N° 36.786 de 14-09-99. Como ha señalado Lolymar Hernández Camargo, con la aprobación del Estatuto «quedó consumada la inobservancia a la voluntad popular que le había impuesto límites a la Asamblea Nacional Constituyente... Se auto proclamó como poder constituyente originario, absoluto e ilimitado, con lo cual el Estado perdió toda razón de ser, pues si se mancilló la voluntad popular y su manifestación normativa (la Constitución), no es posible calificar al Estado como de derecho ni menos aun democrático», en *La Teoría del Poder Constituyente, cit.*, p. 73.

Con la asunción de este poder, la Asamblea había consumado el golpe de Estado, pues se daba a sí misma una carta blanca para violar una Constitución que estaba vigente, y someter a todos los órganos del Poder Público constituido y electos a estarle «subordinados», imponiéndoles la obligación de cumplir sus «actos jurídicos estatales»; ruptura del hilo constitucional que luego se materializó mediante sucesivos actos constituyentes que la propia antigua Corte Suprema de Justicia como juez constitucional no supo controlar hasta que fue cesada, víctima de su propia debilidad o complicidad. Entre dichos actos constituyentes dictados como «poder constituyente originario» que conformaron el golpe de Estado contra la Constitución de 1961, se destacan:

En *primer lugar*, el «Decreto mediante el cual se declara la *reorganización de todos los órganos del Poder Público*» de fecha 12 de agosto de 1999[20], para cuya emisión la Asamblea invocó que supuestamente ejercía «el poder constituyente otorgado por este [el pueblo] mediante referendo..».; es decir, que ejercía un «poder constituyente» que supuestamente le había otorgado el «poder constituyente» (pueblo) en el «referendo», lo cual no era cierto, por lo cual en realidad la Asamblea se fundamentó para aprobar el Decreto, en «lo dispuesto en el artículo primero del Estatuto de esta Asamblea» mediante el cual se había auto conferido, a sí misma, dicho supuesto carácter de poder constituyente originario..

En *segundo lugar*, el decreto de 19 de agosto de 1999 mediante el cual la Asamblea Nacional Constituyente resolvió declarar «al Poder Judicial en emergencia» (Art. 1°), creando una Comisión de Emergencia Judicial, que asumió el proceso de intervención de la Justicia[21], lesionando la autonomía e independencia del Poder Judicial, suplantando los órganos regulares del gobierno y administración de la Justicia[22]. El Decreto tuvo la misma fundamentación que los anteriores «en ejercicio del poder constituyente originario» supuestamente otorgado por el pueblo a la Asamblea mediante referendo, lo cual no era cierto, pues fue mediante el artículo 1° del Estatuto de Funcionamiento de la propia Asamblea y el artículo único del Decreto de la Asamblea que declaró la reorganización de todos los Poderes Públicos constituidos, con los cuales la Asamblea se auto confirió a dicho poder. Este proceso de intervención política del poder judicial incluso fue formalmente conocido por la Corte Suprema de Justicia, la cual, como juez constitucional, adoptó el 23 de agosto de 1999 un desafortunado Acuerdo[23], en el cual «fijó posición» ante la ilegítima intervención llegando aceptarla mediante la designación de uno de sus propios magistrados como integrante de la ilegítima Comisión de Emergencia Judicial nombrada por la Asamblea.

En *tercer lugar*, el «Decreto mediante el cual *se regulan las funciones del Poder Legislativo*»[24] dictado por la Asamblea el 25 de agosto de 1999, reformado cinco días

[20] *Gaceta Oficial* N° 36.764 de 13-08-99. Véase en Allan R. Brewer-Carías, *Debate Constituyente*, T. I, *op. cit.*, pp. 43 a 56; y en *Gaceta Constituyente (Diario de Debates), Agosto-Septiembre de 1999, cit.*, Sesión de 12-08-99, N° 8, pp. 2 a 4.

[21] *Gaceta Oficial* N° 36.772 de 25-08-99 reimpreso en *Gaceta Oficial* N° 36.782 de 08-09-99.

[22] *V.*, en Allan R. Brewer-Carías, *Debate Constituyente*, T. I, *op. cit.*, p. 57 a 73; y en *Gaceta Constituyente (Diario de Debates), Agosto-Septiembre de 1999, cit*, Sesión de 18-08-99, N° 10, pp. 17 a 22. *V.*, el texto del Decreto en *Gaceta Oficial* N° 36.782 de 08-09-99.

[23] *V.*, nuestros comentarios sobre el Acuerdo en Allan R. Brewer-Carías, *Debate Constituyente*, T. I, *op. cit.*, pp. 141 y ss. *V.*, además, los comentarios de Lolymar Hernández Camargo, *La Teoría del Poder Constituyente, cit*, pp. 75 y ss.

[24] *Gaceta Oficial* N° 36.772 de 25-08-99.

después, el 30 de agosto de 1999[25]; arrogándose esta vez directa y abiertamente un «poder constituyente originario» que nadie le había otorgado, sino ella misma en su propio Estatuto de funcionamiento. Mediante este Decreto, la Asamblea, materialmente, declaró la cesación de las Cámaras Legislativas (Senado y Cámara de Diputados), cuyos miembros habían sido electos unos meses antes, en noviembre de 1998, atribuyéndole además, inconstitucionalmente, la función legislativa del Estado a la Comisión Delegada del Congreso y a la propia Asamblea Constituyente[26]. En el Decreto de regulación del Poder Legislativo, la Asamblea también intervino y eliminó las Asambleas Legislativas de los Estados de la Federación, violando la Constitución y vulnerando la autonomía de los Estados, al disponer que las funciones de las mismas serían ejercidas por unas Comisiones Delegadas de cada una, regulando la forma de su integración (Art. 11); y además, revocando el mandato de los Diputados de las Asambleas que no integrasen las Comisiones delegadas respectivas (Art. 12).

Finalmente, en *cuarto lugar*, el Decreto del «Régimen de Transición del Poder Público»,[27] dictado el 22 de diciembre de 1999, dos días después de la «proclamación» de la nueva Constitución luego de haber sido aprobada por el pueblo, pero una semana antes de su entrada formal en vigencia, pues la publicación de la Constitución en *Gaceta Oficial* había sido deliberadamente demorada hasta el 30 de diciembre de 1999[28], mediante el cual la Asamblea modificó la propia Constitución (y su régimen transitorio) recién aprobada (15-12-1999), sin someter ese «acto constitucional» a la aprobación popular».

El juez constitucional, frente a todos estos actos «constituyentes» dictados en ejercicio de un pretendido «poder constituyente originario», que no tenía atribuido, simplemente se abstuvo de controlar efectivamente su constitucionalidad, para lo cual adoptó varias decisiones avalando el golpe de Estado que se había consumado. Entre ellas se destacan:

Primero, una confusa sentencia del 14 de octubre de 1999 (caso: *Impugnación del Decreto de Regulación de las Funciones del Poder Legislativo*)[29] mediante la cual, la antigua Corte Suprema, cambiando el criterio que previamente había sustentado en la sentencia anterior de la Sala Político Administrativa del 18 de marzo de 1999, desligó formalmente y *ex post facto* a la Asamblea de su sometimiento a la Constitución de 1961, permitiendo que aquélla pudiera desconocerla, con lo cual «legitimó» el golpe de Estado que la Asamblea había dado al desconocer la Constitución de 1961,

---

[25] *Gaceta Oficial* N° 36.776 de 31-08-99.

[26] *V.*, en Allan R. Brewer-Carías, *Debate Constituyente,* T. I, *op. cit.*, pp. 75 a 113; y en *Gaceta Constituyente (Diario de Debates), Agosto-Septiembre 1999, cit.*, Sesión de 25-08-99, N° 13, pp. 12 a 13 y 27 a 30 y Sesión de 30-08-99, N° 16, pp. 16 a 19. *V.*, el texto del Decreto en *Gaceta Oficial* N° 36.772 de 26-08-99. Con posterioridad, sin embargo, y con la intermediación de la Iglesia Católica, el 9-9-99, la directiva de la Asamblea llegó a un acuerdo con la directiva del Congreso, con lo cual, de hecho, se dejó sin efecto el contenido del Decreto, siguiendo el Congreso funcionando conforme al régimen de la Constitución de 1961. Véase el texto del Acuerdo en *El Nacional,* Caracas 10-9-99, p. D-4.

[27] *V.*, en *Gaceta Oficial* N° 36.859 de 29-12-99.

[28] *V.*, en *Gaceta Constituyente (Diario de Debates), Noviembre 1999-Enero 2000, cit.*, Sesión de 22-12-99, N° 51, pp. 2 y ss. Véase *Gaceta Oficial* N° 36.859 de 29-12-99; y *Gaceta Oficial* N° 36.860 de 30-12-99.

[29] *V.*, en *Revista de Derecho Público*, N° 77-80, Editorial Jurídica Venezolana, Caracas 1999, pp. 111 y ss.

particularmente en los diversos actos «constituyentes» e inconstitucionales que había adoptado en los dos meses precedentes.

Segundo, otra sentencia dictada esta vez con motivo de la impugnación del Decreto sobre el Régimen de Transición del Poder Público, y por el nuevo Tribunal Supremo de Justicia cuyos integrantes habían sido nombrados en dicho Decreto, la Sala Constitucional en sentencia Nº 4 de fecha 26 de enero de 2000 (Caso *Eduardo García*), decidiendo en su propia causa reconoció que dicho Decreto, a pesar de que no era emanación de la voluntad popular (no había sido aprobado en el referendo aprobatorio de la Constitución), era «un acto de rango y naturaleza constitucional», concluyendo que:

> «dado el carácter originario del poder conferido por el pueblo de Venezuela a la Asamblea Nacional Constituyente, mediante la pregunta Nº 1 y la Base Comicial Octava del referendo consultivo nacional, aprobado el 25 de abril de 1999, y por tanto la no sujeción de este poder al texto constitucional vigente para la época, la demanda propuesta, al fundamentar las presuntas transgresiones en la referida Constitución y no en los parámetros y principios consagrados en las bases fijadas en le citado referendo, conduce forzosamente a su improcedencia».

Con ello, *ex post facto*, el juez constitucional no sólo aceptó que la Asamblea Constituyente había sido titular de un «poder constituyente originario» que supuestamente le había conferido el pueblo, lo cual no era cierto, sino que dispuso que los actos de la Asamblea Constituyente no habían estado sujetos a la Constitución de 1961, vigente durante su funcionamiento. Con ello, la Sala Constitucional del Tribunal Supremo en definitiva dispuso la inmunidad jurisdiccional respecto de los actos constituyentes. Ello lo ratificó el Tribunal Supremo en sentencia Nº 6 de fecha 27 de enero de 2000, al declarar de nuevo, como improcedente, otra acción de nulidad interpuesta contra el referido Decreto, indicando que la Sala entendía:

> «que hasta la fecha de la publicación de la nueva Constitución, la que le precedió (1961) estuvo vigente, lo cual se desprende de la Disposición Derogatoria Única; y como los actos de la Asamblea Nacional Constituyente no estaban sujetos a la Constitución derogada, los mismos sólo podrían estar regulados co-mo fuera señalado por la sentencia de la Corte Suprema de Justicia en Pleno antes referida por normas supraconstitucionales. Así, por argumento en contrario, sólo los actos dictados por la Asamblea Nacional Constituyente con posterioridad a la publicación de la nueva Constitución estarían sujetos a ésta».

De todo lo anterior resultó que el acto de la Asamblea Nacional Constituyente (Decreto sobre el Régimen de Transición del Poder Público) impugnado en esta oportunidad, publicado en la *Gaceta Oficial* número 36.859 del 29 de diciembre de 1999, esto es, con anterioridad a la entrada en vigencia de la nueva Constitución de Venezuela de 1999, se consideró que no estaba sujeto ni a ésta ni a la Constitución precedente de 1961. Reconoció, así, el Tribunal Supremo de Justicia, rango constitucional al régimen transitorio inventado por la Asamblea Nacional Constituyente, pero desligándolo tanto de la Constitución de 1961 como de la propia Constitución de 1999; régimen transitorio que además contenía el acto de designación de los propios Magistrados. Lo menos que podían haber hecho ichos magistrados era inhibirse, pero no fue así; y esa y otras sentencias que juzgaron sobre dicho régimen, constituyeron violación del principio elemental del Estado de derecho conforme al cual nadie puede ser juez en su propia causa.

Tercero, otra sentencia, la N° 186 de 28-03-2000 (*caso: Allan R. Brewer-Carías y otros*), dictada con motivo de declarar sin lugar la demanda de nulidad intentada contra el Estatuto Electoral del Poder Público dictado el 30 de enero de 2000[30] por la propia Asamblea Constituyente sin tener potestad alguna para ello, la Sala Constitucional legitimó de nuevo el rango constitucional de las disposiciones de «Transición del Poder Público» argumentando esta vez que la Asamblea Nacional Constituyente, para cumplir su misión de transformar el Estado, crear un nuevo ordenamiento jurídico y dictar una nueva Constitución que sustituyera a la de 1961, supuestamente tenía varias alternativas para regular el régimen constitucional transitorio: *Una*, elaborar unas «Disposiciones Transitorias» que formaran parte de la Constitución para ser aprobada por el pueblo mediante referendo; y *otra*, dictar actos constituyentes aparte, de valor y rango constitucional, que originarían un régimen transitorio constitucional paralelo, no aprobado por el pueblo. Ello, sin embargo no era cierto, pues conforme a la voluntad popular expresada en el referendo de 25 de abril de 1999, sólo el propio pueblo podía aprobar la Constitución mediante referendo aprobatorio, por lo que no podía existir ninguna otra norma de rango constitucional que no fuera aprobada por el propio pueblo. Por tanto, partiendo del falso supuesto de que conforme al referendo del 25 de abril de 1999, la Asamblea Nacional Constituyente podía poner en vigencia normas constitucionales no aprobadas por el pueblo, el Tribunal Supremo de Justicia consideró que el Estatuto Electoral impugnado, al tener rango constitucional, no podía violar la Constitución de 1999, como fue lo que habíamos alegado en el recurso de nulidad[31].

De esta premisa fundamental, falsa y contradictoria, el Tribunal Supremo de Justicia entonces derivó su decisión, en la cual:

Primero: Reconoció la existencia de un vacío legal (que sólo la Asamblea había creado) en las Disposiciones Transitorias de la Constitución de 1999, y pretendió llenarlo con una interpretación violatoria de la soberanía popular. El «limbo jurídico» que refiere con toda diligencia la sentencia había sido inventado por la Asamblea Nacional Constituyente, y no fue originado por el pueblo al aprobar las Disposiciones Transitorias de la Constitución. Al haber sido creado por dicha Asamblea, por su arbitrariedad, de lo que se requería era de un remedio judicial constitucional por parte del Tribunal Constitucional y no de una bendición. Este, en efecto, lo que hizo fue aceptar la violación constitucional y forzando la interpretación, trató de enderezar un entuerto constitucional.

Segundo: Incurrió en contradicción, al considerar que el régimen transitorio de orden constitucional iniciado el 25 de abril de 1999 «finalizó con la aprobación de la Constitución» del 30 de diciembre de 1999 por el pueblo, y paralelamente, admitió la existencia de otro régimen transitorio «paraconstitucional» no aprobado por el pueblo.

Tercero: Contradijo la sentencia de la propia Sala Constitucional del 27 de febrero de 2000, que había establecido la sumisión de los actos de la Asamblea Nacional Constituyente dictados con posterioridad a la publicación de la Constitu-

---

30 *V.*, en *Gaceta Oficial* N° 36.884 de 03-02-00.
31 *V.*, Allan R. Brewer-Carías, *La Constitución de 1999*, 3ª Edición, Caracas 2001, pp. 270 y ss.

ción el 30 de diciembre 1999, a la Constitución de 1999, pues en esta nueva sentencia señaló que los actos de la Asamblea Nacional Constituyente dictados después de esa fecha también tenían rango «constitucional». No es que eran «supraconstitucionales» sino de igual rango que la Constitución aprobada por referendo, sin estar ello regulado en las Disposiciones Transitorias de la propia Constitución y sin haber sido aprobadas por el pueblo.

Cuarto: Contradijo y desconoció el poder derogatorio expreso de la nueva Constitución en relación con todas las normas preconstitucionales contrarias a sus disposiciones y no sólo las dictadas con base en la Constitución de 1961. No hay Disposición Transitoria alguna en la Constitución de 30 de diciembre de 1999 que hubiera asegurado la supervivencia de normas dictadas por la Asamblea Nacional Constituyente, que después de publicada la Constitución, contrariasen sus disposiciones. El Tribunal Supremo de Justicia, así, pretendió de nuevo suplir el vacío producido por la arbitrariedad de la Asamblea Nacional Constituyente, y marginó la voluntad popular.

Sin embargo, el aspecto más importante de la sentencia que se comenta del Tribunal Supremo es que dejó sentado el principio de que supuestamente la Asamblea Nacional Constituyente podía dictar normas de rango constitucional, no aprobadas por el pueblo mediante referendo, y que por tanto escapaban de todo control judicial por el juez constitucional. Esto, sin duda, era un criterio violatorio de la base comicial novena del referendo del 25 de abril de 1999, que la antigua Corte Suprema de Justicia en Corte Plena, en la citada sentencia de 14 de octubre de 1999 (Caso: *Henrique Capriles Radonski vs. Decreto de Regulación de funciones del Poder Legislativo)* había considerado de rango «supraconstitucional».

En efecto, la base comicial novena del referendo del 25 abril de 1999, que, se insiste, se había considerado de rango supraconstitucional por lo que a ella estaba sometida la Asamblea Nacional Constituyente en su actuación, estableció que la nueva Constitución que elaborara la Asamblea sólo entraría en vigencia una vez aprobada mediante referendo. De ello se deducía que la voluntad popular en Venezuela, expresada en el referendo del 25 de abril de 1999, fue que la Asamblea Nacional Constituyente -a diferencia de lo que había ocurrido en Colombia en 1991- no podía poner en vigencia la nueva Constitución ni norma constitucional alguna, sino que éstas tenían que ser aprobadas por el pueblo, mediante referendo.

Al dictar esta sentencia, el Tribunal Supremo se había olvidado consultar la base comicial Novena (la sentencia sólo hizo referencia a las bases primera y octava) que imponía, con carácter supraconstitucional, la exigencia de que la Constitución y toda norma de rango constitucional producto de la Asamblea Nacional Constituyente tenía que ser aprobada por el pueblo mediante referendo, para poder considerarse aprobada definitivamente. Eso ocurrió con el texto de la Constitución y sus Disposiciones Transitorias aprobadas en el referendo del 15 de diciembre de 1999, pero no ocurrió con el «Régimen Transitorio del Poder Público» dictado por la Asamblea con posterioridad y, al cual, sin embargo, el Tribunal Supremo le reconoció «rango análogo a la Constitución» con vigencia «paralelamente a la Constitución vigente».

La Sala Constitucional, sin embargo, simplemente aceptó que el régimen transitorio dictado al margen de la Constitución de 1999, no aprobado por el pueblo, había sido «emanación del poder constituyente», es decir, habían surgido «del régimen nacido del referendo del 25 de abril de 1999, que es un régimen de producción originaria de rango análogo a la Constitución misma», lo que como se ha visto, no era cierto. Lo grave de la decisión del juez constitucional, además, fue que dispuso, sobre la vigencia de dicho régimen de transición del Poder Público, que el mismo «tendrá vigencia hasta la implantación efectiva de la organización y funcionamiento de las instituciones previstas por la Constitución aprobada, de conformidad con la legislación que a los efectos apruebe la Asamblea Nacional». Con ello, la Constitución de 1999, por decisión del juez constitucional, quedó con muchas de sus disposiciones en suspenso, prolongándose la transitoriedad a veces hasta por una década, como ocurrió con la intervención del Poder Judicial, cuya Comisión de Reorganización sobrevivió hasta 2011.

De lo anterior resulta, por tanto, que conforme a la doctrina sentada por el juez constitucional, en Venezuela, a partir de 2000 existieron dos regímenes constitucionales paralelos: uno contenido en la Constitución de 1999 que fue aprobada por el pueblo; y otro, dictado por la Asamblea Nacional Constituyente con posterioridad a dicha aprobación, no aprobado por el pueblo y de vigencia imprecisa hasta que se aprobase toda la legislación que preveía la propia Constitución de 1999, lo cual en muchos casos ha durado lustros. El Tribunal Supremo de Justicia, lamentablemente, en lugar de cumplir su deber como contralor de la constitucionalidad, quiso resolver el vacío creado por la Asamblea Constituyente después de aprobada la Constitución de 1999 por referendo popular, y así violentó el ordenamiento constitucional y frustró la esperanza de que pudiera apuntalar el Estado de Derecho, precisamente cuando comenzaba a entrar en aplicación la nueva Constitución.

Todo este sistema de doble régimen constitucional paralelo y yuxtapuesto lo confirmó la Sala Constitucional, posteriormente, en el auto dictado el 12 de diciembre de 2000 con motivo de resolver sobre la pretensión de amparo que había acumulado la Defensora del Pueblo a la acción de nulidad por inconstitucionalidad que intentó contra la Ley Especial para la Ratificación o Designación de los Funcionarios y Funcionarias del Poder Ciudadano y Magistrados y Magistradas del Tribunal Supremo de Justicia para el Primer Período Constitucional de 14 de noviembre de 2000[32], en el cual señaló que «a partir de la aprobación de las bases comiciales y la instalación de la Asamblea Nacional Constituyente [...], hasta la promulgación de la actual Constitución» [...] siguió vigente la Constitución de la República de Venezuela de 1961, coexistiendo con los actos que dictó la Asamblea Nacional Constituyente, [que] en lo que contraríen a dicha Constitución, adquirieron la categoría de actos constitucionales, ya que es el pueblo soberano, por medio de sus representantes, quien deroga puntualmente disposiciones constitucionales, creando así un doble régimen, donde como ya lo ha señalado esta Sala, coexistía la Constitución de 1961 con los actos constituyentes».

Es insólito que un tribunal constitucional, encargado de velar por la supremacía constitucional, pudiera llegar a considerar que el Régimen de Transición del Poder Público dictado por la Asamblea Nacional Constituyente, después de aprobada popularmente la Constitución de 1999 y de haber sido proclamada por la propia Asamblea, pudiera tener el mismo rango que la propia Constitución sin haber sido aprobado por el pueblo. ¿Para qué, entonces, la realización de un referendo aproba-

---

[32] *Gaceta Oficial* N° 37.077 de 14-11-00.

torio de la Constitución, si la Asamblea Nacional Constituyente supuestamente podía, a su discreción, poner en vigencia normas de rango constitucional, sin aprobación popular? Este papel del Tribunal Supremo de Justicia en relación con el proceso constituyente venezolano, sin duda, como lo afirmamos en 2002, «se recordará, sí, en los anales de nuestra historia constitucional, pero no precisamente por su apego a la constitucionalidad»[33].

2. Las enseñanzas del caso ecuatoriano de 2007: una Asamblea Constituyente con «plenos poderes» que se auto declaró inmune al control de constitucionalidad por el Juez Constitucional

En Ecuador, en 2007 puede decirse que sucedió algo similar a lo que ocurrió en Venezuela 1999[34]. El presidente Rafael Correa, en lo que materialmente fue su primer decreto de gobierno dictado también en el mismo día de la toma de posesión de su cargo, el 15 de enero de 2007, dictó el Decreto N°. 2 convocando a una consulta popular para que se convocara e instalase una Asamblea Constituyente que no estaba prevista en la Constitución vigente en ese momento como mecanismo para reformar la Constitución, en términos muy similares al Decreto N° 3 antes comentado del presidente Hugo Chávez de Venezuela de 1999.

El Decreto presidencial ecuatoriano N° 2, convocando una consulta popular, fue para que el pueblo se pronunciara sobre la siguiente pregunta:

> ¿Aprueba usted que se convoque e instale una Asamblea Constituyente *con plenos poderes*, de conformidad con el Estatuto Electoral que se adjunta, para que transforme el marco institucional del Estado, y elabore una nueva Constitución?

El Decreto, ya siguiendo la lección del caso venezolano, sin embargo, dispuso que no sería el Presidente el que pretendía dictar el Estatuto de la Constituyente, sino que en la papeleta de votación se debía incorporar dicho Estatuto relativo a su elección, instalación y funcionamiento cuyo texto, sin embargo, igual que en el caso venezolano, el Presidente propuso en forma unilateral, sin debate alguno en el país. En dicho Estatuto, sobre la «naturaleza y finalidad de la Asamblea Constituyente» se dispuso en su artículo 1°, lo siguiente:

> Artículo 1. Naturaleza y finalidad de la Asamblea Constituyente. La Asamblea Constituyente es convocada por el pueblo ecuatoriano y *está dotada de plenos poderes* para transformar el marco institucional del Estado, y para elaborar una nueva Constitución. La Asamblea Constituyente respetará, profundizando en su contenido social y progresivo, los derechos fundamentales de los ciudadanos y ciudadanas. El texto de la Nueva Constitución será aprobado mediante Referéndum Aprobatorio.

Es decir, en el decreto presidencial del Ecuador, como también se expresó en el mismo sentido de las bases comiciales que había propuesto el Presidente venezo-

---

33 *V.*, Allan R. Brewer-Carías, *Golpe de Estado y proceso constituyente en Venezuela,* Universidad Nacional Autónoma de México, México 2002, p. 363

34 Véase sobre el proceso en Ecuador: Allan R. Brewer-Carías, «El inicio del proceso constituyente en Ecuador en 2007 y las lecciones de la experiencia venezolana de 1999», en José Mª. Serna de la Garza (Coordinador), *Procesos Constituyentes contemporáneos en América latina. Tendencias y perspectivas,* Universidad Nacional Autónoma de México, México 2009, pp. 451-505; y *Reforma Constitucional, Asamblea Constituyente, y Control Judicial: Honduras (2009), Ecuador (2007) y Venezuela (1999),* Serie Derecho Administrativo N° 7, Universidad Externado de Colombia, Bogotá 2009.

lano en 1999, se planteó la convocatoria de una Asamblea Constituyente «*con plenos poderes* para que transforme el marco institucional del Estado, y elabore una nueva Constitución». Esto planteaba otro tema y era el relativo a si la Asamblea Constituyente, durante su funcionamiento, estaba sometida, como todos los órganos del Estado y los individuos, a la Constitución de 1998 que le había dado origen, la cual conforme se deducía del propio Estatuto de la Asamblea, debería permanecer vigente hasta que el pueblo, mediante referendo, aprobase la nueva Constitución. Ello, como hemos señalado, no quedó claro en Venezuela en 1999, y la Asamblea Nacional Constituyente de ese año, una vez electa, se apartó de la Constitución alegando que tenía poder constituyente originario, que en la terminología utilizada en Ecuador era con «plenos poderes», interviniendo y disolviendo los poderes constituidos, todo al margen de la Constitución entonces vigente.

En Ecuador en todo caso sucedió algo similar, siendo el tema de los plenos poderes que se querían atribuir a la Asamblea Constituyente uno de los temas centrales en el debate parlamentario, donde en la Comisión de Asuntos Constitucionales se presentaron propuestas para la modificación de la pregunta de la consulta, para reducir los «plenos poderes» sólo para elaborar una nueva Constitución, y para elimina la propuesta inicial para que la Asamblea tuviera la posibilidad de modificar el marco institucional del Estado, circunscribiéndose su labor específica a emitir una nueva Carta Política. Así, por ejemplo, el la sesión del 8 de febrero de 2007, se buscaba generar consenso en cuanto al tema de la consulta popular y posterior instalación de la Asamblea Constituyente, de manera que la misma respetara «los poderes constituidos y garantizara la participación de todos los ciudadanos». Agregaba la propuesta de uno de los diputados que la Constituyente debía «respetar las funciones de las instituciones legalmente constituidas», aclarando que «dar plenos poderes se corre el riesgo no únicamente de una disolución del Congreso, sino del Ejecutivo, Corte Suprema, tribunales Constitucional y Supremo Electoral, algo que podría desarticular el aparto institucional del Estado, lo cual nadie apoya». A ello respondió el 9 febrero el Ministro de Gobierno, indicando «que no se pretende, a través de la Asamblea, disolver los poderes del Estado». Otros diputados consideraban, al contrario que «la Asamblea Nacional Constituyente es de plenos poderes aunque otros digan lo contrario, ya que está establecido en diferentes doctrinas que una Asamblea tiene plenos poderes, a diferencia de una reforma constitucional que se podría hacer desde el Congreso».

De acuerdo con este debate, una de las propuestas en el Congreso, apuntaba a que la Asamblea Constituyente respetara «los períodos del Ejecutivo, Legislativo, prefectos, alcaldes, consejeros, concejales y delegados a Juntas Parroquiales», y no interfiriera en sus funciones; otros congresistas plantearon la necesidad de que se le dieran «atribuciones ilimitadas a la Asamblea». En todo caso, el 13 de febrero de 2007, con 57 votos, el Congreso Nacional aprobó dar paso a la consulta popular como paso previo a la instalación de una Asamblea Constituyente, pero con una serie de modificaciones al proyecto original. El Presidente de la República el 14 de febrero consideraba que con esa decisión, el Congreso «se había sometido a la voluntad popular al haber aprobado la consulta popular con 57 votos»; y en esa misma fecha, se anunciaba la decisión del Tribunal Supremo Electoral, de que la convocatoria oficial de la consulta popular se haría el 1 de marzo y la votación se realizaría el 15 de abril de 2007; aún cuando se encontraba a la espera de «una posible modificación al estatuto para la Asamblea Constituyente, por parte del Ejecutivo». En la misma fecha del 14 de febrero, el Presidente de la República, ya manifestaba su posición sobre el tema central del debate parlamentario, cuestionando la decisión del Congreso y anunciando que «una vez que se haya instalado la Asamblea Nacional Constituyente pondrá a disposición su cargo y pedirá la disolución del Congreso Nacional»; ello a pesar de que el Parlamento en día anterior había negado la posibilidad de que la Constituyente destituya a las dignidades elegidas el 15 de octubre y el 26 de noviembre.

El 27 de febrero, en todo caso, consecuencia del debate, el Presidente de la República emitió un nuevo decreto N° 148, conservando el texto de la pregunta formulada en el Decreto inicial N° 2 del 15 de febrero, anexando el Estatuto Electoral en el cual se incorporaron modificaciones diversas, el cual fue entregado al Tribunal Supremo Electoral el 28 de febrero. Con esos instrumentos el Tribunal Supremo Electoral procedió a la convocatoria de la consulta popular sobre la Asamblea Constituyente, sucediéndose varios debates y conflictos institucionales entre el Poder Ejecutivo, el Tribunal Electoral, el Congreso y el Tribunal Constitucional.

El resultado fue que Congreso, el 2 de marzo, aprobó demandar ante el Tribunal Constitucional la inconstitucionalidad de la convocatoria de consulta popular realizada por el Tribunal Supremo Electoral, la cual se presentó el 9 de marzo, con expresa solicitud de celeridad, expresando el Presidente de la Comisión de Asuntos Constitucionales que se trataba de un «primer paso para frenar una dictadura». Sobre dicha demanda de inconstitucionalidad que preparó el Congreso, el Presidente de la República el 6 de marzo ya declaraba que la misma no cabía, y que sería una obstrucción a un proceso electoral en marcha, y obstruirlo «sería una descarada intromisión de un poder del Estado en otro poder en principio independiente», advirtiendo que ello no se permitiría «decida lo que decida la mayoría anti patriota, anti histórica, anti ciudadana corrupta», y anunciado que el Gobierno garantizaba «el funcionamiento de este Tribunal Supremo Electoral y la ejecución de la consulta popular».

El 9 de marzo, el Presidente del Tribunal Constitucional, rechazaba las declaraciones del Presidente de la República de que no acatará los fallos de esa institución. El Presidente del Tribunal Supremo Electoral, por su parte, sobre la demanda expresó que un eventual pronunciamiento de inconstitucionalidad a la consulta popular, planteada por el Congreso Nacional al Tribunal Constitucional, «no puede obstaculizar un referéndum ya convocado, puesto que su decisión no tendría un carácter retroactivo». Agregó además, amenazando al Tribunal Constitucional, que «en estos momentos del periodo electoral nada ni nadie puede detener el proceso», y otro miembro del organismo señalaba que «un fallo en contra de la consulta sería ilegítimo», agregando que «si los vocales del Tribunal Constitucional pretenden tramitar incluso esa demanda, y peor aún resolverla, también están atentando en contra del proceso electoral y serán juzgados».

Las amenazas contra el Tribunal Constitucional siguieron, y el 13 de marzo el Tribunal Supremo Electoral dio a conocer que los vocales de la Comisión de Admisibilidad del Tribunal Constitucional serían sancionados por haber dado acogida y acceder a tramitar la demanda presentada por el Congreso Nacional para evitar la realización de la consulta popular el 15 de abril. Además, uno de los integrantes del Tribunal Supremo Electoral consideró que los vocales del Tribunal Constitucional debían «inadmitir cualquier demanda en contra del Tribunal, el artículo 155 así lo establece porque se trataría de una interferencia más al proceso electoral que está en marcha».

La reacción del Tribunal Supremo Electoral contra todos los congresistas que votaron por la «demanda de inconstitucionalidad en contra de la consulta popular y también por la destitución del presidente del Tribunal» no se hizo esperar, y todos quienes el 9 de marzo habían votado fueron destituidos. El Presidente del Congreso solicitó al Tribunal Constitucional que dirimiera la constitucionalidad de las actuaciones del Tribunal Supremo Electoral, de destituir a esos 57 legisladores, lo cual no fue admitido por el Tribunal según decisión del 13 de marzo. La razón para ello habría sido que el pedido fue presentado por el Presidente del Congreso, sin ponerlo a consideración de los diputados, por lo que en el caso se carecía de resolución del Congreso Nacional en el que se hubiera autorizado al Presidente a presentar la demanda de «dirimencia de competencia». El Tribunal Constitucional en esta forma se salía del debate y renunció a ser el garante de la supremacía constitucional.

La destitución de los congresistas, que conformaban en número una mayoría del parlamento, por supuesto paralizó al órgano legislativo. Algunos congresistas destituidos intentaron diversos recursos de amparo contra la decisión del Tribunal Supremo Electoral, los cuales, al ser admitidos, provocó la destitución de los jueces que los habían acordado por parte del Tribunal Supremo Electoral. El 2 de abril de 2007, el Tribunal Supremo Electoral ratificó la resolución que había adoptado el 7 marzo mediante la cual había destituido de su cargo a 57 legisladores, frente a lo cual el Presidente del Congreso clamaba en la prensa para que el Tribunal Constitucional decidiera la cuestión; «Ni los unos ni los otros, el Tribunal Constitucional es el que tiene la última palabra y voy a acatar lo que diga el Tribunal Constitucional». Conforme a la Ley de Control Constitucional del Ecuador, el Tribunal Constitucional es el «órgano supremo del control constitucional» (artículo 3), y ante un conflicto constitucional como el que se evidencia del recuento de las vicisitudes jurídicas planteadas en tres meses, desde el 15 de enero al 15 de abril de 2007, tenía que haber decidido. Llama la atención, sin embargo, que en ese período, antes de la votación de la consulta popular, el Tribunal Constitucional no decidió ninguna de las acciones intentadas en su sede, de manera que el 15 de abril de 2007, se efectuó la consulta popular, habiendo resultado aprobado con abrumadora mayoría la convocatoria a la Constituyente.

Sin embargo, posteriormente, y ya quizás demasiado tarde, fue cuando mediante sentencia del 5 de julio de 2007[35] el Tribunal Constitucional decidió la acción de inconstitucionalidad que habían interpuesto los Congresistas contra la Resolución PLE-TSE-13-13-2-2007 del Tribunal Supremo Electoral básicamente por el temor a que se produjera una clausura del Congreso. En la decisión, el Tribunal Constitucional se pronunció en relación con la atribución a la Asamblea Constituyente ya electa y los «plenos poderes» que se le asignaron en el artículo 1° del Estatuto, considerando que dicha norma no le otorgaba a la Asamblea Constituyente el poder de asumir facultades de los poderes constituidos sino que quedaba limitada a dictar el nuevo texto constitucional y que mientras ejerciese el poder constituyente el orden constitucional establecido seguiría vigente.

Pero como se dijo, la decisión adoptada después de electa la Asamblea, y n antes como procedía, fue tarde, y la justicia tarde a veces no es justicia. Por ello, una vez electa la Asamblea Constituyente en la cual los partidarios del presidente Co-

[35] Resolución N° 008-07-TC, R.O. N° 133, 24 de julio de 2007

rrea obtuvieron una mayoría superior al 80 % de los escaños, la Asamblea, en su primera decisión, que fue el del Mandato Constituyente N° 1 del 29 de noviembre de 2007[36] (Artículos 2, 3, 5, 6 y 7), contrariando la decisión del Tribunal Constitucional, hizo su propia interpretación de los «plenos poderes» que le asignaba la pregunta sometida a consulta popular, y procedió a establecer que sus decisiones eran superiores a cualquier otra norma del orden jurídico y que, por ello, no podían ser susceptibles de control o impugnación por parte de los poderes constituidos, lo que por supuesto incluía al propio Tribunal Constitucional. La Asamblea Constituyente estableció, además, que los jueces y tribunales que tramitaran cualquier acción contraria a sus decisiones serían destituidos de su cargo y sometidos al enjuiciamiento correspondiente. La Asamblea Constituyente, además, asumió la función legislativa del Estado, y procedió a cesar a los parlamentarios que habían sido electos el año anterior, el 15 de octubre de 2006. Al mes siguiente, al aprobar su Reglamento de Funcionamiento del 11 de diciembre de 2007[37], la Asamblea Constituyente estableció que el ordenamiento jurídico se mantendría vigente «con la excepción de lo que resuelva en sentido contrario la asamblea constituyente».

En el Ecuador, por tanto, el Tribunal Constitucional se abstuvo de ejercer oportunamente el control de constitucionalidad de los de convocatoria de la Asamblea Constituyente; y luego no fue que el Tribunal Constitucional el cual declarara la inmunidad jurisdiccional de los actos de la Asamblea Constituyente, como sucedió en Venezuela y se ha analizado anteriormente mediante la asignación a los mismos de un rango «para constitucional», sino que fue la propia Asamblea Constituyente la cual declaró a sus actos inmunes al control de constitucionalidad, lo cual fue aceptado por el Tribunal Constitucional.

Estos dos casos de experiencias constitucionales recientes en América Latina muestran, sin duda, cómo el primero de los retos de la justicia constitucional sigue siendo el que el Juez Constitucional asuma efectivamente el rol de guardián del poder constituyente que sólo corresponde al pueblo, e impida que los órganos constituidos del Estado, incluyendo los circunstanciales Asambleas Constituyentes, asuman o usurpen el poder constituyente del pueblo.

SEGUNDO RETO: QUE EL JUEZ CONSTITUCIONAL, COMO GARANTE DE LA CONSTITUCIÓN, EFECTIVAMENTE ASEGURE QUE LAS MODIFICACIONES A LA MISMA SE REALICEN CONFORME A SUS NORMAS

El segundo reto de la justicia constitucional al cual me quería referir en estas notas, es que el Juez Constitucional, como garante de la Constitución, efectivamente asegure que las modificaciones a la misma se realicen conforme a sus propias normas, es decir, conforme a la voluntad del pueblo expresada en la Constitución.

Es decir, las Constituciones, como manifestaciones de la voluntad popular, establecen expresamente los mecanismos y procedimientos para su reforma, los cuales confirman el principio de la rigidez, y ellos deben respetarse por los órganos constituidos del Estado. De ello resulta que toda manipulación de las normas constitucionales para producir su reforma o modificación sin sujetarse a los procedimientos constitucionales no sólo es inconstitucional sino que puede calificarse como un «fraude a la Constitución». Sobre ello se refirió hace ya varias décadas, G. Liet-Veaux al estudiar

---

[36] R.O. N° 223, Suplemento, 30 de noviembre de 2007.

[37] Disposición final primera, R.O. N° 236, suplemento, 30 de diciembre de 2007.

las revoluciones de Italia, Alemania y Francia cuando se establecieron los regímenes fascista y nacional-socialista, precisando que el fraude constitucional consiste en crear un nuevo órgano de revisión encargado de dictar una nueva Constitución, distinto al previsto en esta; o en la utilización del procedimiento de reforma para, sin romper con el sistema de legalidad establecido, proceder a la creación de un nuevo régimen político y un ordenamiento constitucional diferente[38].

Como lo expresó hace unos años la Sala Constitucional del Tribunal Supremo de Justicia de Venezuela en la sentencia N° 74 de 25 de enero de 2006, un *fraude a la Constitución* ocurre cuando se destruyen las teorías democráticas «mediante el procedimiento de cambio en las instituciones existentes *aparentando respetar las formas y procedimientos* constitucionales», o cuando se utiliza «del procedimiento de reforma constitucional para proceder a la creación de un nuevo régimen político, de un nuevo ordenamiento constitucional, sin alterar el sistema de legalidad establecido, como ocurrió con el *uso fraudulento de los poderes* conferidos por la ley marcial en la Alemania de la Constitución de *Weimar*, forzando al Parlamento a conceder a los líderes fascistas, en términos de dudosa legitimidad, la plenitud del poder constituyente, otorgando un poder legislativo ilimitado»[39].

De lo anterior resulta que la Constitución como manifestación de la voluntad del pueblo como poder constituyente originario, debe prevalecer sobre la voluntad de los órganos constituidos, por lo que su modificación sólo puede llevarse a cabo conforme se dispone en su propio texto, como expresión-imposición de la voluntad popular producto de ese poder constituyente originario que le corresponde en exclusiva.

Este postulado de la supremacía de la Constitución en tanto que norma fundamental, que además se encuentra expresado en artículos de muchas de nuestras constituciones (p.e. el artículo 7 de la Constitución venezolana de 1999), es uno de los pilares fundamentales del Estado Constitucional, que comenzó a desarrollarse desde los propios albores del constitucionalismo moderno, cuando en 1788, Alexander Hamilton en *The Federalist,* afirmó que «ningún acto legislativo contrario a la Constitución, puede ser válido», al punto de que «negar esto significaría afirmar que ... «los representantes del pueblo son superiores al pueblo mismo; que los hombres que actúan en virtud de poderes, puedan hacer no sólo lo que sus poderes no les autorizan sino también lo que les prohíben»[40].

La contrapartida de la obligación de los órganos constituidos de respetar la Constitución, de manera que el poder constituyente originario prevalezca sobre la voluntad de dichos órganos estatales constituidos, es el derecho constitucional que todos los ciudadanos tienen en un Estado Constitucional, a que se respete la voluntad popular expresada en la Constitución, es decir, *el derecho fundamental a la supremacía constitucional.* Nada se ganaría con señalar que la Constitución, como manifestación de la voluntad del pueblo, debe prevalecer sobre la de los órganos del Estado, si no existiere el derecho de los integrantes del pueblo de exigir el respeto de esa Constitución, y además, la obligación de los órganos jurisdiccionales de velar por dicha supremacía.

---

38 *V.*, G. Liet-Veaux, «La fraude à la Constitution», *Revue du Droit Public,* París 1943, pp. 116-150.

39 *V.*, en *Revista de Derecho Público* N° 105, Editorial Jurídica Venezolana, Caracas 2006, pp. 76 y ss.

40 *The Federalist* (ed. B.F. Wright), Cambridge, Mass. 1961, pp. 491-493.

El constitucionalismo moderno, por tanto, no sólo está montado sobre el principio de la supremacía constitucional, sino que como consecuencia del mismo, también está montado sobre el derecho del ciudadano a esa supremacía[41], que se concreta, conforme al principio de la separación de poderes, en un derecho fundamental a la tutela judicial efectiva de la supremacía constitucional, es decir, a la justicia constitucional.

Por ello, el mismo Hamilton, al referirse al papel de los Jueces en relación con dicha supremacía constitucional también afirmó:

> «Una Constitución es, de hecho, y así debe ser considerada por los jueces, como una ley fundamental. Por tanto, les corresponde establecer su significado así como el de cualquier acto proveniente del cuerpo legislativo. Si se produce una situación irreconciliable entre ambos, por supuesto, la preferencia debe darse a la que tiene la mayor obligatoriedad y validez, o, en otras palabras, la Constitución debe prevalecer sobre las Leyes, así como la intención del pueblo debe prevalecer sobre la intención de sus representantes».

Con base en estos postulados se desarrolló, no sólo la doctrina de la supremacía de la Constitución, sino también, aún más importante, la doctrina de «los jueces como guardianes de la Constitución», tal como lo expresó el mismo Hamilton al referirse a la Constitución como limitación de los poderes del Estado y, en particular, de la autoridad legislativa, afirmando que:

> «Limitaciones de este tipo sólo pueden ser preservadas, en la práctica, mediante los Tribunales de justicia, cuyo deber tiene que ser el de declarar nulos todos los actos contrarios al tenor manifiesto de la Constitución. De lo contrario, todas las reservas de derechos o privilegios particulares, equivaldrían a nada»[42].

De estos postulados puede decirse que en el constitucionalismo moderno surgió el sistema de justicia constitucional en sus dos vertientes, como protección de la parte orgánica de la Constitución, y como protección de su parte dogmática, es decir, de los derechos y libertades constitucionales, lo que en definitiva, no es más que la manifestación de la garantía constitucional del derecho fundamental del ciudadano al respecto de la supremacía constitucional.

Tratándose de un derecho fundamental de los ciudadanos dado el principio de la reserva legal es evidente que sólo la Constitución podría limitarlo, es decir, sería incompatible con la idea misma del derecho fundamental de la supremacía constitucional que se postula, cualquier limitación legal al mismo, sea manifestada en actos estatales excluidos del control judicial de constitucionalidad; sea en derechos constitucionales cuya violación no fuera amparable en forma inmediata.

La supremacía constitucional es una noción absoluta, que no admite excepciones, por lo que el derecho constitucional a su aseguramiento tampoco puede admitir excepciones, salvo por supuesto, las que establezca la propia Constitución. Todos los actos estatales, por tanto, incluso aquellos que se dicten con motivo de los

---

41 *V.*, Allan R. Brewer-Carías, «El amparo a los derechos y libertades constitucionales (una aproximación comparativa)» en *La protección jurídica del ciudadano. Estudios en Homenaje al Profesor Jesús González Pérez*, T. III, Madrid 1993, pp. 2.696 y 2.697.

42 *The Federalist* (ed. B.F. Wright), Cambridge, Mass. 1961, pp. 491-493.

procedimientos de revisión o reforma constitucional, cualquiera que sea su naturaleza, en tanto que sean manifestaciones de voluntad de los poderes constituidos, están sometidos a la Constitución y al control judicial de constitucionalidad. De lo contrario, no tendría sentido ni la supremacía constitucional ni el derecho ciudadano a dicha supremacía constitucional.

Ejemplos hay del ejercicio de este poder de control por el juez constitucional, así como de la ilegítima renuncia del juez constitucional a ejercerlo, bajo el peso del autoritarismo. En el primer caso está la decisión del la Corte Constitucional de Colombia de 2010, respecto de la Ley sobre la reforma constitucional referida al tema de la reelección presidencial, la cual fue declarada inexequible por violar la Constitución[43], de lo que resultó que el Presidente de la República no pudiese volver a ser reelecto. Lamentablemente, las enseñanzas del caso venezolano conducen a otro panorama.

1. Las enseñanzas del caso venezolano: el juez constitucional renunciando a controlar la constitucionalidad de los procedimientos de reforma constitucional desarrollados en violación de la Constitución

En efecto, en contraste, en Venezuela, en 2007 la Jurisdicción Constitucional atribuía a la Sala Constitucional del Tribunal Supremo de Justicia, violando la misma Constitución, renunció a ejercer el control de la constitucionalidad de los actos de los poderes constituidos cumplidos para llevar adelante una «reforma constitucional» propuesta a iniciativa del Presidente de la República conforme al procedimiento de «reforma constitucional» regulado en los artículos 342 y siguientes de la Constitución», cuando por las trasformaciones fundamentales al Estado que contenía el proyecto, debía haberse sometido al procedimiento de la «Asamblea Nacional Constituyente» conforme al artículo 347 y siguientes del texto fundamental.

Con la reforma propuesta en 2007, en efecto, se pretendía cambiar radicalmente el modelo de Estado descentralizado, democrático, pluralista y social de derecho que se había venido construyendo y consolidando desde la segunda guerra mundial, por el de un Estado Socialista, centralizado, policial y militarista, con una doctrina oficial «bolivariana», que se identificó como «el Socialismo del Siglo XXI», con un sistema económico socialista de capitalismo de Estado[44]. El procedimiento seguido para buscar dicha reforma violaba por tanto abiertamente la Constitución, y aún cuando el pueblo fue el que se encargó de rechazar la reforma en el referendo convocado para su aprobación del 2 de diciembre de 2007, en el proceso seguido quedó evidenciada la patología de la justicia constitucional manifestada en la negativa de la Jurisdicción Constitucional en juzgar sobre la constitucionalidad del procedimiento de reforma seguido.

Con ocasión del irregular procedimiento de reforma constitucional que se desarrollo, se interpusieron diversas acciones de amparo constitucional, que se ejer-

[43] *V.*, la sentencia de la Corte Constitucional sobre la Ley N° 1354 de 2009, en Comunicado N° 9, de 26 de febrero de 2010, en www.corteconstitucional.com

[44] *V.*, el Proyecto de Exposición de Motivos para la Reforma Constitucional, Presidencia de la República, Proyecto Reforma Constitucional. Propuesta del presidente Hugo Chávez, Agosto 2007, p. 19. *V.*, sobre esta reforma Allan R. Brewer-Carías, *Hacia la consolidación de un Estado Socialista, Centralizado, Policial y Militarista*. Comentarios sobre el sentido y alcance de las propuestas de reforma constitucional 2007, Colección Textos Legislativos, N° 42, Editorial Jurídica Venezolana, Caracas 2007.

cieron contra los actos estatales que se sucedieron en el mismo, en cuyas sentencias dictadas por la Sala Constitucional del Tribunal Supremo, la misma desconoció el derecho ciudadano a la supremacía constitucional y a la tutela judicial efectiva, y fue declarando inadmisibles o que no había lugar a ellas. Con tal fin, la Sala, consideró, por una parte, que no había legitimación alguna de parte de los recurrentes para intentar las acciones, y por la otra, con el absurdo argumento de que los actos estatales dictados en el procedimiento de reforma constitucional (la presentación del proyecto y la sanción de la Asamblea Nacional) no eran actos que producían efectos jurídicos externos, ni podían causar gravamen a los derechos de los ciudadanos, concluyó que los mismos solamente hubieran podido ser impugnados cuando concluyera el procedimiento con el referendo aprobatorio de la reforma[45].

En estas decisiones, la Sala Constitucional, en definitiva, no fue que declaró «inadmisible» la acción, sino que lo que hizo fue negar el derecho ciudadano de acceso a la justicia y a la tutela judicial efectiva consagrados en la Constitución (art. 26), al «inventar» un tipo de «decisión» judicial no prevista en la Ley que rige sus funciones, de declarar que «no ha lugar a la acción», lo que equivale a decidir, que el ciudadano en ese caso, no tiene derecho de acceder a la justicia. Ello fue la negación misma del Estado de derecho[46].

Es decir, la Sala Constitucional, al declarar la inadmisibilidad de estas acciones de amparo constitucional, en definitiva, lo que consideró fue que la norma del artículo 342 supuestamente no contenía derecho constitucional alguno, concluyendo, como lo dijo en una de las sentencias dictadas, N° 2042 (Caso *Néstor Luís Romero*) de 2 de noviembre de 2007, que el accionante no tenía «legitimación activa alguna para incoar la presente acción de amparo constitucional, por cuanto no señaló, ni se evidencia de autos, de qué manera las actuaciones denunciadas como lesivas son susceptibles de vulnerar sus derechos constitucionales», por lo cual declaró inadmisible la acción de conformidad conforme a lo dispuesto en el artículo 19,5, de la Ley Orgánica del Tribunal Supremo de Justicia, «por la falta de legitimación del accionante».

Pero no quedó allí la actuación de la Sala Constitucional ante la reforma, sino que en adición, y con motivo de conocer, también, diversas acciones de inconstitucionalidad que se intentaron contra los diversos actos estatales adoptados en el procedimiento de reforma constitucional (iniciativa presidencial, aprobación por la Asamblea Nacional y convocatoria por el Consejo Nacional Electoral), le Sala Constitucional simplemente las declaró como «improponibles», luego de que

[45] *V.*, por ejemplo sentencia del Tribunal Supremo de Justicia en Sala Constitucional N° 1974 de 23-10-2007, Caso *José Ignacio Guedez Yépez* en http://www.tsj.gov.ve/decisiones/scon/Octubre/1974-231007-07-1055.htm; sentencia del Tribunal Supremo de Justicia en Sala Constitucional N° 2042 del 2 de Noviembre de 2007, Caso *Néstor Luis Romero Méndez* en http:// www. tsj.gov.ve/decisiones /scon/Noviembre/2042-021107-07-1374.htm; Véase la sentencia del Tribunal Supremo de Justicia en Sala Constitucional No 2108 del 7 de Noviembre de 2007, Caso *Jorge Paz Nava y otros* en http://www.tsj.gov.ve/ decisiones/scon/Noviembre/2108-071107-07-1484.htm

[46] *V.*, el estudio de las respectivas sentencias en Allan R. Brewer-Carías, «El juez constitucional vs. la supremacía constitucional. O de cómo la Jurisdicción Constitucional en Venezuela renunció a controlar la constitucionalidad del procedimiento seguido para la «reforma constitucional» sancionada por la Asamblea Nacional el 2 de noviembre de 2007, antes de que fuera rechazada por el pueblo en el referendo del 2 de diciembre de 2007", en *Revista de Derecho Público*, N° 112, Editorial Jurídica Venezolana, Caracas, 2007, pp. 661-694.

la Presidenta de dicha Sala había hecho un anuncio público en la materia. En efecto, desde el día 17 de agosto de 2007, sólo dos días después de que el Presidente de la República había presentado su Anteproyecto de reforma ante la Asamblea Nacional para intentar, en fraude a la Constitución, iniciar el procedimiento de «reforma constitucional», la Presidenta de la Sala Constitucional del Tribunal Supremo (es decir, de la Jurisdicción Constitucional) y del propio Tribunal Supremo, quien a la vez era miembro del Consejo Presidencial designado para elaborar esa reforma constitucional, adelantándose a cualquier posible y previsible impugnación por inconstitucionalidad de la iniciativa presidencial y del trámite parlamentario, y emitiendo opinión impunemente, prejuzgando cualquier asunto, dijo lo siguiente conforme se reseñó en la prensa:

> «dejó en claro que la Sala Constitucional no tramitará ninguna acción relacionada con las modificaciones al texto fundamental, hasta tanto éstas no hayan sido aprobadas por los ciudadanos en el referendo. «Cualquier acción debe ser presentada después del referendo cuando la reforma ya sea norma, porque no podemos interpretar una tentativa de norma. Después de que el proyecto sea una norma podríamos entrar a interpretarla y a conocer las acciones de nulidad»[47].

Y eso fue, precisamente, lo que decidió la Sala Constitucional en múltiples sentencias, como por ejemplo, en su sentencia N° 2189 de Noviembre de 2007 (Caso *Confederación de Profesionales Universitarios de Venezuela (CONFEPUV)* y otros), en la cual participó la Presidenta quien no se inhibió como hubiera correspondido en un Estado de derecho al haber adelantado públicamente opinión sobre lo decidido, comprometiendo su imparcialidad[48], y en la cual más bien declaró como «improponible» una acción de inconstitucionalidad contra el acto de la Asamblea Nacional que había sancionado la reforma constitucional[49]. Es decir, el juez constitucional, simplemente, se negó a ejercer el control de constitucionalidad e incluso, negó el derecho ciudadano acceder a la justicia y a obtener tutela judicial. Consideró la Sala en la sentencia, que «la decisión conforme a la cual el Presidente en Consejo de Ministros hubiere acordado presentar una iniciativa de Reforma; la remisión mediante la cual dicha autoridad ejerció la potestad de iniciativa del procedimiento de Reforma de la Constitución, como los pronunciamientos o decisiones posteriores que ha venido emitiendo o tomando la Asamblea Nacional con ocasión del ejercicio de aquélla potestad, son actos de trámite, y en tal sentido resultan inimpugnables de forma separada e independiente»[50]. En otra sentencia, la

---

47 Reseña del periodista Juan Francisco Alonso, en *El Universal*, Caracas 18-08-07.

48 Conforme al artículo 8 del Código de Ética del Juez, «La imparcialidad constituye supuesto indispensable para la correcta administración de justicia, y por ello el magistrado...juez... que se hallare incurso en alguna causal de inhibición o recusación o viere comprometida su imparcialidad por alguna circunstancia previa o sobreviniente al proceso del cual deba conocer, debe separarse inmediatamente del mismo sin esperar a que se le recuse».

49 *V.*, la sentencia del Tribunal Supremo de Justicia en Sala Constitucional N° 2189 de 22 de Noviembre de 2007, Caso *Confederación de Profesionales Universitarios de Venezuela (CONFEPUV) y otros*, en http://www.tsj.gov.ve/decisiones/scon/Noviembre/2189-221107-07-1596.htm

50 *V.*, sentencia del Tribunal Supremo de Justicia en Sala Constitucional N° 2108 del 7 de Noviembre de 2007, Caso *Jorge Paz Nava y otros* en http://www.tsj.gov.ve/decisiones/scon/Noviembre/2108-071107-07-1484.htm

misma Sala Constitucional argumentó que «el proyecto de reforma constitucional sancionado por la Asamblea Nacional el día 2 de noviembre de 2007, al tratarse de un acto normativo no perfeccionado, no puede producir efectos jurídicos externos y, por lo tanto, no es posible controlar jurisdiccionalmente *a priori* su contenido»; razón por la cual en este caso, también declaró «improponible en derecho la acción popular de inconstitucionalidad intentada»[51].

El Juez constitucional «inventando» una nueva categoría de decisiones de la Jurisdicción Constitucional, distinta a la inadmisibilidad, o a declarar sin lugar la acción, lo que hizo fue negar del derecho ciudadano de accionar, es decir, de acceso a la justicia y a una tutela judicial efectiva que consagra el artículo 26 de la Constitución. Con todas las sentencias dictadas en el mismo sentido, la Sala Constitucional del Tribunal Supremo de Justicia, como Jurisdicción Constitucional, deliberadamente y tal como lo había anunciado públicamente, con anterioridad, su Presidenta, renunció a ejercer el control de constitucionalidad sobre los actos de los poderes constituidos relativos a la reforma constitucional, lo que sin duda contrasta con lo que sucede en otros países latinoamericanos y con lo que incluso se regula expresamente en muchas Constituciones.

Fue el caso, por ejemplo, de lo que sucedió en Colombia, no sólo en 2009, sino antes desde 2003. Conforme a la Constitución colombiana, en efecto, la Corte Constitucional tiene a su cargo la guarda de la integridad y supremacía de la Constitución, y *en particular de los procedimientos para la revisión constitucional*, (arts. 241, 379). Sobre ello, la Corte Constitucional en sentencia N° C-551 del 9 de julio de 2003, por ejemplo, con ocasión del proceso de reforma de la que propuso el Presidente de la República y fue aprobada por el Congreso de la República a través de la Ley N° 796 de 2003, decidió que:

> «La Constitución ha establecido «un control reforzado sobre la convocatoria de un referendo, porque además del control automático que ejerce la Corte sobre la ley de referendo, es viable la acción pública de inconstitucionalidad contra el acto reformatorio de la Constitución». Y este control reforzado es razonable por cuanto, como lo señaló el citado auto, la «reforma a la Constitución por medio de un referendo es un procedimiento que comprende diversas etapas. Por ende, conforme al artículo 241 ord. 2, la Corte ejerce el control automático definitivo sobre la ley que somete a decisión del pueblo un proyecto de reforma constitucional, sin perjuicio de lo señalado en el artículo 379 superior». Concluyó entonces el citado auto que la «Corte ejerce un control automático sobre todos los eventuales vicios de procedimiento en la formación de la ley que convoca a referendo».

Por otra parte, debe recordarse que en la Constitución de Costa Rica, el artículo 10, b) atribuye a la Sala Constitucional de la Corte Suprema de Justicia, competencia para conocer de las *consultas sobre proyectos* de reforma constitucional; que en la Constitución de Chile, el artículo 82, 2 atribuye al Tribunal Constitucional competencia para resolver las *cuestiones sobre constitucionalidad que se susciten durante la tramitación de los proyectos* de reforma constitucional.

No es posible, por tanto, realizar una reforma constitucional mediante un procedimiento distinto al establecido en la propia Constitución, por lo que los

---

51 *Ídem.*

procedimientos de reforma o enmienda constitucional que no se desarrollen conforme a las normas constitucionales que los regulan, o que versen por ejemplo sobre asuntos o materias que la Constitución prohíbe, son inconstitucionales y pueden ser controlados por la Jurisdicción Constitucional, que en el caso de Venezuela, es la Sala Constitucional del Tribunal Supremo de Justicia; órgano que sin embargo, como se ha analizado anteriormente, renunció a ejercer la justicia constitucional, con el argumento de que había que esperar que el procedimiento constitucional culminase en todas sus etapas, incluso con la «aprobación» mediante referendo, para que una vez publicada la nueva Constitución en Gaceta Oficial, una reforma constitucional inconstitucionalmente realizada pudiera impugnarse. Para ese momento, sin duda, entonces, como hecho cumplido, hasta hubiera podido surgir una eventual tesis de la prevalencia de la voluntad popular expresada como poder constituyente originario en el referendo frente a la supremacía constitucional. Sobre ello tenemos experiencia en Venezuela[52].

En todo caso, en cuanto al procedimiento de «reforma constitucional» desarrollado inconstitucionalmente en Venezuela entre agosto y diciembre de 2007, sin embargo, como se dijo, fue el pueblo el que se encargó de ponerle fin, mediante el masivo rechazo popular a la reforma, la cual no fue aprobada en el referendo del 2 de diciembre de 2007.

2. Otras enseñanzas del caso venezolano: el juez constitucional absteniéndose de controlar la constitucionalidad de la inconstitucional implementación de la reforma constitucional rechazada por el pueblo mediante leyes y decretos leyes

Sin embargo, la patología de la justicia constitucional en Venezuela no sólo se manifestó en la abstención por parte del Juez Constitucional de controlar la constitucionalidad del procedimiento seguido para la reforma constitucional de 2007, sino en que la misma reforma tramitada inconstitucionalmente y rechazada por el pueblo mediante referendo, fue implementada mediante leyes y decretos leyes evidentemente inconstitucionales que la Sala Constitucional se abstuvo de controlar. En este caso, también fue la abstención del Juez Constitucional lo que permitió la implementación de la rechazada reforma en violación de la Constitución[53].

Así ocurrió, por ejemplo, con los Decretos Leyes que fueron dictados con fundamento en la Ley habilitante de febrero de 2007[54], y que en la orientación del

52 *V.*, Allan R. Brewer-Carías, «El desequilibrio entre soberanía popular y supremacía constitucional y la salida constituyente en Venezuela en 1999», en la *Revista Anuario Iberoamericano de Justicia Constitucional,* N° 3, 1999, Centro de Estudios Políticos y Constitucionales, Madrid 2000, pp. 31-56.

53 *V.*, los trabajos de Lolymar Hernández Camargo, «Límites del poder ejecutivo en el ejercicio de la habilitación legislativa: Imposibilidad de establecer el contenido de la reforma constitucional rechazada vía habilitación legislativa», en *Revista de Derecho Público,* N° 115 *(Estudios sobre los Decretos Leyes),* Editorial Jurídica venezolana, Caracas 2008, pp. 51 ss.; Jorge Kiriakidis, «Breves reflexiones en torno a los 26 Decretos-Ley de Julio-Agosto de 2008, y la consulta popular refrendaría de diciembre de 2007», *Idem,* pp. 57 ss.; y José Vicente Haro García, Los recientes intentos de reforma constitucional o de cómo se está tratando de establecer una dictadura socialista con apariencia de legalidad (A propósito del proyecto de reforma constitucional de 2007 y los 26 decretos leyes del 31 de julio de 2008 que tratan de imponerla)», *Ídem,* pp. 63 ss

54 *Gaceta Oficial* 38.617, de fecha 1° de febrero de 2007.

proyecto de reforma constitucional rechazado popularmente tendiente a consolidad un Estado Socialista, tuvieron como objetivo establecer un sistema socialista de planificación centralizada,[55] un sistema económico socialista[56], y la Fuerza Armada Bolivariana con una Milicia no prevista en la Constitución[57].

También ocurrido con la sanción de leyes, como la dictada para regular el Distrito Capital como una entidad territorial totalmente dependiente del Poder Nacional[58], reviviéndose el desaparecido «Distrito Federal» de 1864, contrariando abiertamente la Constitución que lo concibe como una entidad con autonomía política.

Todas estas leyes fueron objeto de recursos de inconstitucionalidad, no habiendo sido los mismos siquiera decididos por el Juez Constitucional. Lamentablemente para el Estado de derecho, el Presidente de la república estaba absolutamente seguro de que la sumisa Sala Constitucional que controlaba, jamás ejercería el control de constitucionalidad sobre esos textos inconstitucionales.

Y lo mismo ocurrió con el conjunto de leyes dictadas por la Asamblea Nacional después de que se realizaron las elecciones legislativas de septiembre de 2010. En las mismas el gobierno perdió la mayoría del voto popular y la mayoría calificada que tenía en la Asamblea, pero sin embargo, antes de que tomaran posesión los nuevos diputados y se instalara la nueva Asamblea electa, la ya deslegitimada Asamblea Nacional procedió a sancionar un conjunto de Leyes Orgánicas con el deliberado propósito de regular, al margen de la Constitución, el marco normativo de un nuevo Estado, *distinto y paralelo al Estado Constitucional*, que no es otra cosa que el Estado Socialista, Centralizado, Militarista y Policial que se quiso regular en la rechazada reforma constitucional, denominado «Estado Comunal» o «Estado del Poder Popular». Dichas Leyes Orgánicas en efecto, fueron las del Poder Popular, de las Comunas, del Sistema Económico Comunal, de Planificación Pública y Comunal y de Contraloría Social[59].

Además, en el mismo marco de estructuración del Estado Comunal montado sobre el Poder Popular, igualmente en diciembre de 2010 se reformó la Ley Orgánica del Poder Público Municipal eliminándose las Juntas parroquiales, y se reformó las Leyes de los Consejos Estadales de Planificación y Coordinación de Políticas Públicas, y de los Consejos Locales de Planificación Pública[60].

---

55 *V.*, por ejemplo, Allan R. Brewer-Carías, «Comentarios sobre la inconstitucional creación de la Comisión Central de Planificación, centralizada y obligatoria», *Revista de Derecho Público*, N° 110, (abril-junio 2007), Editorial Jurídica Venezolana, Caracas 2007, pp. 79-89.

56 Por ejemplo, Ley Orgánica de Seguridad y Soberanía Agroalimentaria, y Ley para el fomento y desarrollo de la economía popular, *Gaceta Oficial* N° 5.890 Extraordinaria de 31 julio de 2008.

57 *V.*, Ley sobre la Ley Orgánica de la Fuerza Armada Nacional, *Gaceta Oficial* con fecha 31 de julio de 2008.

58 *Gaceta Oficial* N° 39.156 de 13 de abril de 2009.

59 *V.*, en *Gaceta Oficial* N° 6.011 Extra. de 21-12-2010. Respecto de todas dichas leyes, la Sala Constitucional declaró en cada caso la constitucionalidad del carácter orgánico de las mismas. Véase por ejemplo, sentencia N° 1330 de 17-12-2010 en http://www.tsj.gov.ve/decisiones/scon/Diciembre/1330-171210-2010-10-1436.html; sentencia N° 1329 de 16-12-2010 en http://www.tsj.gov.ve/decisiones/scon/ Diciembre/1329-161210-2010-10-1434.html; y sentencia N° 1329 de 16-12-2010 en http://www. tsj.gov.ve/decisiones/scon/Diciembre/%201328-161210-2010-10-1437.html.

60 *V.*, en *Gaceta Oficial* N° 6.015 Extra. de 30-12-2010.

Dichas leyes, todas, implementaron aspectos de la rechazada reforma constitucional y todas fueron impugnadas ante la Jurisdicción Constitucional por violar la Constitución y el derecho de participación de los ciudadanos en el proceso de su formación[61]. Pero frente a ello, la respuesta del Juez Constitucional hasta ahora ha sido el silencio, es decir, la abstención de decidir los recursos de nulidad por inconstitucionalidad intentados, permitiendo así el propio juez constitucional, la implementación de la reforma constitucional de 2007, contra la voluntad popular que la había rechazado.

TERCER RETO: QUE EL JUEZ CONSTITUCIONAL, COMO PODER CONSTITUIDO QUE ES, TIENE QUE CUMPLIR SU FUNCIÓN DE GARANTE DE LA CONSTITUCIÓN CON SUJECIÓN LA MISMA, SIN PODERLA MUTAR ILEGÍTIMAMENTE

El tercer reto que tiene en la actualidad el Juez Constitucional que quería destacar en esta exposición, es que el mismo, como poder constituido que es, por más máximo intérprete que sea de la Constitución, ante todo está sometido a la misma, de manera que siempre tiene que cumplir su función de garante de la aquella sometido a sus previsiones, las cuales no puede cambiar o mutar ilegítimamente. Como lo expresó hace años la Sala Constitucional del Tribunal Supremo de Justicia de Venezuela en una sentencia N° 74 de 25 de enero de 2006, cuando el Juez Constitucional otorga «a las normas constitucionales una interpretación y un sentido distinto del que realmente tienen, que es, en realidad, una modificación no formal de la Constitución misma», lo que ocurre es un *falseamiento de la Constitución*»[62].

De ello resulta, además, que las modificaciones a la Constitución, conforme al texto expreso de la misma, no pueden realizarse por la Jurisdicción Constitucional por más poder que tenga de interpretar la Constitución, sino sólo mediante los procedimientos precisos que se establecen en las propias Constituciones.

Cualquier modificación de la Constitución efectuada fuera de dichos procedimientos, es inconstitucional e ilegítima, razón por la cual la Jurisdicción Constitucional, al ejercer su facultad de interpretación del contenido y alcance de las normas constitucionales no puede, en forma alguna, «modificar» la Constitución, sobre todo si no se trata de normas que sean ambiguas, imprecisas, mal redactadas y con errores de lenguaje. Si lo hace, lo que estaría realizando sería un falseamiento de la Constitución, es decir, una «mutación» ilegítima y fraudulenta de la misma, que falsea su contenido[63].

---

61 *V.*, el texto del recurso de nulidad por inconstitucionalidad de todas esas leyes en José Ignacio Hernández, Jesús María Alvarado, Luis A. Herrera Orellana, «Los vicios de inconstitucionalidad de la Ley Orgánica del Poder Popular», en Allan R. Brewer-Carías *et al.*, *Leyes Orgánicas sobre el Poder Popular y el Estado Comunal*, Editorial Jurídica Venezolana, Caracas 2011, pp. 507-593. *V.*, además, Allan R. Brewer-Carías, «La desconstitucionalización del Estado de derecho en Venezuela: del Estado Democrático y Social de derecho al Estado Comunal Socialista, sin reformar la Constitución», en *Estado Constitucional*, Año 1, N° 2, Editorial Adrus, Lima, junio 2011, pp. 217-236.

62 *V.*, en *Revista de Derecho Público* N° 105, Editorial Jurídica Venezolana, Caracas 2006, pp. 76 y ss.

63 *V.*, Néstor Pedro Sagües, *La interpretación judicial de la Constitución*, Buenos Aires 2006, pp. 56-59, 80-81, 165 y ss.

La mutación constitucional ocurre en efecto cuando como resultado de una interpretación de la Constitución realizada por el Juez Constitucional, el resultado es que «se modifica el contenido de una norma constitucional de tal forma que aún cuando la misma conserva su contenido, recibe una significación diferente»[64]. Hay por supuesto mutaciones constitucionales legítimas, lo que ocurre cuando mediante la interpretación de normas constitucionales por el Juez Constitucional con base en la aplicación de los principios fundamentales establecidos en el propio texto fundamental, como por ejemplo el principio de la progresividad, o el principio *pro homine,* en materia de derechos humanos[65], se interpreta el alcance de las normas reguladoras de tales derechos en sentido garantista o protectivo más allá de las previsiones formales del articulado constitucional. En tal sentido puede decirse que el rol del Juez Constitucional «adaptando» la Constitución a los efectos de garantizar la protección de los derechos fundamentales, incluso de aquellos no enumerados expresamente en la Constitución, y además, a veces sin que siquiera exista una cláusula abierta que proteja los derechos «inherentes a la persona humana», puede decirse que se ha aceptado con gran frecuencia en el mundo contemporáneo[66], particularmente cuando el Juez Constitucional como consecuencia de su labor interpretativa formula y crea «deberes afirmativos» a cargo de las entidades públicas para asegurar la protección de los derechos[67]. Pero en otros casos, la mutación constitucional, desligada de la protección de los derechos humanos, puede resultar en un ilegítimo falseamiento de la Constitución al servicio de un proyecto político autoritario. Por ello, si bien es cierto que los jueces constitucionales pueden considerarse como un vehículo fenomenal, con base en la aplicación de los principios constitucionales democráticos, para procurar la adaptación de la Constitución, reafirmando el Estado de derecho; también es cierto que pueden convertirse en el instrumento más diabólico de dictadura constitucional, cuando en un marco de ausencia de efectiva separación de poderes, adaptan la Constitución democrática a un modelo autoritario, convalidan o se abstienen de controlar violaciones constitucionales realizadas por regímenes autoritarios; no estando sujetos en si mismo a control alguno[68].

---

64 *V.,* Salvador O. Nava Gomar, «Interpretación, mutación y reforma de la Constitución. Tres extractos» en Eduardo Ferrer Mac-Gregor (coordinador), *Interpretación Constitucional,* T. II, Ed. Porrúa, Universidad Nacional Autónoma de México, México 2005, pp. 804 ss. Véase en general sobre el tema, Konrad Hesse, «Límites a la mutación constitucional», en *Escritos de derecho constitucional,* Centro de Estudios Constitucionales, Madrid 1992.

65 *V.,* Pedro Nikken, *La protección internacional de los derechos humanos: Su desarrollo progresivo,* Instituto Interamericano de Derechos Humanos, Ed. Civitas, Madrid 1987; Mónica Pinto, «El principio *pro homine*: Criterio hermenéutico y pautas para la regulación de los derechos humanos», en *La aplicación de los tratados sobre derechos Humanos por los tribunales locales,* Centro de Estudios Legales y Sociales, Buenos Aires 1997, p. 163.

66 *V.,* en general, Allan R. Brewer-Carías, *Constitutional Courts as Positive Legislators,* Cambridge University Press, New York 2011, pp. 79 y ss.

67 Para poner un solo ejemplo, véase en relación con la evolución de la protección al derecho a la no discriminación en los Estados Unidos, en Laurence Claus y Richard S. Kay, «Constitutional Courts as Positive Legislators in the United States», en Allan R. Brewer-Carías, *Constitutional Courts as Positive Legislators,* Cambridge University Press, New York 2011, pp. 816 y ss.

68 *V.,* Allan R. Brewer-Carías, «La reforma constitucional en América Latina y el control de constitucionalidad», en *Reforma de la Constitución y control de constitucionalidad. Congreso Internacional junio 14 al 17 de 2005*), Pontificia Universidad Javeriana, Bogotá, 2005, pp. 108-159.

En tiempos recientes, en alguno de nuestros países de América Latina se puede destacar apreciar esta tendencia del Juez Constitucional de mutar ilegítimamente la Constitución, abandonando su rol de poder constituido garante de la misma, procediendo, desligándose de la misma, a «adaptarla» a un proyecto autoritario o a la política gubernamental del momento. Ha sido el caso, por ejemplo, de la Sala Constitucional del Tribunal Supremo de Venezuela, implementando a fuerza de interpretación constitucional, la rechazada reforma constitucional de 2007, y de la Sala Constitucional de la Corte Suprema de Nicaragua, declarando «inconstitucional» una norma de la Constitución para permitir la reelección presidencial.

1. Las enseñanzas del caso venezolano: el juez constitucional mutando ilegítimamente la Constitución para implementar directamente la reforma constitucional rechazada por el pueblo

En Venezuela, en efecto, la Sala Constitucional del Tribunal Supremo de Justicia, una vez que la reforma constitucional propuesta por el Presidente de la república en 2007 fue rechazada por el pueblo en referendo, ha procedido en forma ilegítima a implementarla, no sólo como antes se ha dicho, por su activa omisión en ejercer su función de guardián de la Constitución ante leyes y decretos leyes inconstitucionales que la han implementado, sino también por su positiva acción realizando interpretaciones constitucionales abstractas, en general a petición del propio Poder Ejecutivo, que han conducido a ilegítimas mutaciones constitucionales en fraude a la voluntad popular y a la propia Constitución[69].

Entre las múltiples mutaciones ilegítimas que ha efectuado la Sala Constitucional[70], se destacan tres que quiero referir destinadas específicamente a la implementación de la reforma constitucional rechazada de 2007, relativas al régimen de protección internacional de los derechos humanos, a la forma federal del Estado y al financiamiento público de los partidos políticos.

A. Las mutaciones constitucionales en materia de protección internacional de los derechos humanos

Siguiendo una tendencia universal contemporánea, que ha permitido a los tribunales constitucionales la aplicación directa de los tratados internacionales en materia de derechos humanos para su protección, ampliando progresivamente el elenco de los mismos, en el propio texto de las Constituciones se ha venido progresivamente reconociendo en forma expresa el rango normativo de los referidos tratados,[71] al punto de que en Venezuela el artículo 23 de la Constitución dispuso

---

[69] *V.*, Allan R. Brewer-Carías, «El juez constitucional al servicio del autoritarismo y la ilegítima mutación de la Constitución: el caso de la Sala Constitucional del Tribunal Supremo de Justicia de Venezuela (1999-2009)», en *IUSTEL, Revista General de Derecho Administrativo*, N° 21, junio 2009, Madrid, ISSN-1696-9650.

[70] *V.*, en general, Allan R. Brewer-Carías, *Constitutional Courts as Positive Legislators*, Cambridge University Press, New York 2011, pp. 79 y ss.

[71] En relación con esta clasificación general, *v.*: Rodolfo E. Piza R., *Derecho internacional de los derechos humanos: La Convención Americana*, San José 1989; y Carlos Ayala Corao, «La jerarquía de los instrumentos internacionales sobre derechos humanos», en *El nuevo derecho constitucional latinoamericano*, IV Congreso venezolano de Derecho constitucional, Vol. II, Caracas 1996 y *La jerarquía constitucional de los tratados sobre derechos humanos y sus consecuencias*, México, 2003; Humberto Henderson, «Los tratados internacionales de dere-

que «los tratados, pactos y convenciones relativos a derechos humanos, suscritos y ratificados por Venezuela, tienen jerarquía constitucional y prevalecen en el orden interno, en la medida en que contengan normas sobre su goce y ejercicio más favorables a las establecidas en esta Constitución y en las leyes de la República».

Esta norma, sin duda, fue uno de las más importantes en materia de derechos humanos en el país pues por una parte, le otorga a los tratados internacionales en materia de derechos humanos no sólo rango constitucional, sino rango *supra constitucional,* es decir, un rango superior respecto de las propias normas constitucionales, los cuales deben prevalecer sobre las mismas en caso de regulaciones más favorables a su ejercicio. Además, por otra parte, el artículo establece el principio de la aplicación inmediata y directa de dichos tratados por los tribunales y demás autoridades del país. Su inclusión en la Constitución, sin duda, fue un avance significativo en la construcción del esquema de protección de los derechos humanos, que se aplicó por los tribunales declarando la prevalencia de las normas de Convención Americana de Derechos Humanos en relación con normas constitucionales y legales.

Sin embargo, en sentencia N° 1.939 de 18 de diciembre de 2008 (Caso *Gustavo Álvarez Arias y otros*) la Sala Constitucional al declarar inejecutable una sentencia de la Corte Interamericana de Derechos Humanos, de fecha 5 de agosto de 2008, dictada en el caso de los ex-magistrados de la Corte Primera de lo Contencioso Administrativo (*Apitz Barbera y otros («Corte Primera de lo Contencioso Administrativo» vs. Venezuela*), resolvió definitivamente que el artículo 23 citado de la Constitución «no otorga a los tratados internacionales sobre derechos humanos rango «supraconstitucional», reservándose la Sala la potestad de determinar cuál sería la norma aplicable. En esta forma, la Sala Constitucional en Venezuela dispuso una ilegítima mutación constitucional, reformando el artículo 23 de la Constitución al eliminar el carácter supranacional de la Convención Americana de Derechos Humanos en los casos en los cuales contenga previsiones más favorables al goce y ejercicio de derechos humanos respecto de las que están previstas en la propia Constitución.

Debe advertirse, por otra parte, que tan se trata de una reforma constitucional ilegítima, que esa fue una de las propuestas de reforma que se formularon por el «Consejo Presidencial para la Reforma de la Constitución», designado por el Presidente de la República[72], en informe de junio de 2007[73], en el cual, en relación con el artículo 23 de la Constitución, lo que se buscaba era eliminar totalmente la jerarquía constitucional de las previsiones de los tratados internacionales de derechos humanos y su prevalencia sobre el orden interno, proponiéndose la formulación de la norma sólo en el sentido de que: «los tratados, pactos y convenciones relativos a derechos humanos, suscritos y ratificados por Venezuela, mientras se mantenga

chos humanos en el orden interno: la importancia del principio *pro homine*», en *Revista IIDH*, Instituto Interamericano de Derechos Humanos, N° 39, San José 2004, pp. 71 y ss. Véase también, Allan R. Brewer-Carías, *Mecanismos nacionales de protección de los derechos humanos*, Instituto Internacional de Derechos Humanos, San José, 2004, pp. 62 y ss.

72 *V.*, Decreto N° 5138 de 17-01-2007, *Gaceta Oficial* N° 38.607 de 18-01-2007.

73 El documento circuló en junio de 2007 con el título Consejo Presidencial para la Reforma de la Constitución de la República Bolivariana de Venezuela, «Modificaciones propuestas». El texto completo fue publicado como *Proyecto de Reforma Constitucional. Versión atribuida al Consejo Presidencial para la reforma de la Constitución de la república Bolivariana de Venezuela*, Editorial Atenea, Caracas 01 de julio de 2007, 146 pp.

vigentes, forma parte del orden interno, y son de aplicación inmediata y directa por los órganos del Poder Público».

Esa propuesta de reforma constitucional que afortunadamente no llegó a cristalizar, era un duro golpe al principio de la progresividad en la protección de los derechos que se recoge en el artículo 19 de la Constitución, que no permite regresiones en la protección de los mismos[74]. Sin embargo, lo que no pudo hacer el régimen autoritario mediante una reforma constitucional, la cual al final fue rechazada por el pueblo, lo hizo la Sala Constitucional del Tribunal Supremo en su larga carrera al servicio del autoritarismo[75].

Pero en materia de derechos humanos, el articulo 23 de la Constitución además dispuso que las normas de los tratados, pactos y convenciones internacionales relativos a los son «de aplicación inmediata y directa por los tribunales y demás órganos del Poder Público» (art. 23). Sobre esta norma, sin embargo, la Sala Constitucional del Tribunal Supremo, al reivindicar un carácter de máximo y último intérprete de la Constitución y de los tratados, pactos y convenios sobre derechos humanos que no tiene, pues todas las Salas del Tribunal Supremo lo tienen, ha establecido en sentencia N° 1492 de 15 de julio de 2003 (Caso: *Impugnación de diversos artículos del Código Penal*), que por adquirir los mencionados tratados jerarquía constitucional e integrarse a la Constitución vigente, «*el único capaz de interpretarlas*, con miras al derecho venezolano, es el juez constitucional, conforme al artículo 335 de la vigente Constitución, en especial, al intérprete nato de la Constitución de 1999, y, que es la Sala Constitucional, y así se declara». De allí la Sala señaló que

> «es la Sala Constitucional quien determina cuáles normas sobre derechos humanos de esos tratados, pactos y convenios, prevalecen en el orden interno; al igual que cuáles derechos humanos no contemplados en los citados instrumentos internacionales tienen vigencia en Venezuela»[76].

Con esta decisión inconstitucional, la Sala Constitucional ha mutado ilegítimamente la Constitución, pues conforme a la norma de su artículo 23, esa potestad no sólo corresponde a la Sala Constitucional, sino a todos los tribunales de la República cuando actúen como juez constitucional, por ejemplo, al ejercer el control difuso de la constitucionalidad de las leyes o al conocer de acciones de amparo. La pretensión de la Sala Constitucional en concentrar toda la justicia constitucional no se ajusta a la Constitución y al sistema de justicia constitucional que regula, de carácter mixto e integral; y menos aún en materia de derechos humanos, cundo es la propia Constitución la que dispone que los tratados, pactos e instrumentos internacionales sobre derechos humanos ratificados por la República son «de aplicación inmediata y directa por los tribunales» (art. 23).

Por último, en materia de derechos humanos, la Sala Constitucional en la sentencia antes indicada N° 1.939 de 18 de diciembre de 2008 (Caso *Gustavo Álvarez*

---

74 *V.*, esta proyectada reforma constitucional Allan R. Brewer-Carías, *Hacia la consolidación de un Estado Socialista, Centralizado, Policial y Militarista. Comentarios sobre el sentido y alcance de las propuestas de reforma constitucional 2007*, Colección Textos Legislativos, N° 42, Editorial Jurídica Venezolana, Caracas 2007, pp. 122 y ss.

75 *V.*, entre otros aspectos, los contenidos en el libro Allan R. Brewer-Carías, *Crónica sobre la «In» Justicia Constitucional. La Sala Constitucional y el autoritarismo en Venezuela*, Colección Instituto de Derecho Público, Universidad Central de Venezuela, N° 2, Caracas 2007.

76 *V.*, en *Revista de Derecho Público*, N° 93-96, Editorial Jurídica Venezolana, Caracas 2003, pp. 135 y ss.

Arias y otros) que en realidad debería identificarse como Caso *Estado venezolano vs. La Corte Interamericana de Derechos Humanos*, además, desconoció las decisiones de la Corte Interamericana de Derechos Humanos, declarándolas inejecutables, contrariando el régimen internacional de los tratados.

Con dicha sentencia, en efecto, dictada en juicio iniciado por la Procuraduría General de la República que es un órgano dependiente del Ejecutivo Nacional, la Sala Constitucional declaró «inejecutable» en Venezuela la sentencia de la Corte Interamericana de Derechos Humanos de fecha 5 de agosto de 2008», que se había dictado en el caso de unos ex-magistrados de la Corte Primera de lo Contencioso Administrativo (*Apitz Barbera y otros («Corte Primera de lo Contencioso Administrativo» vs. Venezuela*), separados ilegítima e inconstitucionalmente de sus cargos, y en la cual se había condenado al Estado Venezolano por violación de sus garantías judiciales[77].

Ahora bien, en Venezuela es la propia Constitución en el artículo 31 la que garantiza expresamente en Venezuela el acceso de las personas a la protección internacional en materia de derechos humanos, con la obligación del Estado de ejecutar las decisiones de los órganos internacionales[78].

La decisión de la sala Constitucional, por tano, fue un acto de rebelión contra la justicia internacional y contra la propia Constitución.

En América latina, sin embargo, no era la primera vez que ello ocurría. En Perú había ocurrido en relación con la sentencia de la Corte Interamericana en el *Caso Castillo Petruzzi* de 30 de mayo de 1999 (Serie C, núm. 52), la cual después de que declarar que el Estado peruano había violado masivamente las garantía judiciales del interesado[79], la Sala Plena del Consejo Supremo de Justicia Militar del Perú se negó a ejecutar el fallo, considerando que la misma desconocía la Constitución Política del Perú y la sujetaba a «la Convención Americana sobre Derechos Humanos en la interpretación que los jueces de dicha Corte efectúan *ad-libitum* en esa sentencia»[80].

---

77 *V.*, en www.corteidh.or.cr. Excepción Preliminar, Fondo, Reparaciones y Costas, Serie C N° 182.

78 Artículo 31. Toda persona tiene derecho, en los términos establecidos por los tratados, pactos y convenciones sobre derechos humanos ratificados por la República, a dirigir peticiones o quejas ante los órganos internacionales creados para tales fines, con el objeto de solicitar el amparo a sus derechos humanos. // El Estado adoptará, conforme a procedimientos establecidos en esta Constitución y en la ley, las medidas que sean necesarias para dar cumplimiento a las decisiones emanadas de los órganos internacionales previstos en este artículo.

79 Como consecuencia, en la sentencia la Corte Interamericana declaró «la invalidez, por ser incompatible con la Convención, del proceso en contra de los señores Jaime Francisco Sebastián Castillo Petruzzi» y otros, ordenando «que se les garantice un nuevo juicio con la plena observancia del debido proceso legal», y además, «al Estado adoptar las medidas apropiadas para reformar las normas que han sido declaradas violatoria de la Convención Americana sobre Derechos Humanos en la presente sentencia y asegurar el goce de los derechos consagrados en la Convención Americana sobre derechos Humanos a todas las personas que se encuentran bajo su jurisdicción, sin excepción alguna». *V.*, en http://www. tsj.gov.ve/decisiones/scon/Diciembre/1939-181208-2008-08-1572.html

80 Precisamente frente a esta declaratoria por la Sala Plena del Consejo Supremo de Justicia Militar del Perú sobre la inejecutabilidad del fallo de 30 de mayo de 1999 de la Corte Interamericana de Derechos Humanos en el Perú, fue que la misma Corte Interamericana

En 2008, entonces, le correspondió a Venezuela seguir los pasos del régimen autoritario del Presidente Fujimori en el Perú, y la Sala Constitucional del Tribunal Supremo también declaró en la mencionada decisión N° 1.939 de 18 de diciembre de 2008 (Caso *Abogados Gustavo Álvarez Arias y otros*), como «inejecutable» la sentencia de la Corte Interamericana de Derechos Humanos Primera de 5 de agosto de 2008 en el caso *Apitz Barbera y otros («Corte Primera de lo Contencioso Administrativo» vs. Venezuela* acusando a la Corte Interamericana de haber usurpado el poder del Tribunal Supremo[81]. En su decisión, la Sala Constitucional, citando precisamente como precedente la decisión antes señalada de 1999 de la Sala Plena del Consejo Supremo de Justicia Militar del Perú, precisó que la Corte Interamericana de Derechos Humanos, no podía «pretender excluir o desconocer el ordenamiento constitucional interno», y que había dictado «pautas de carácter obligatorio sobre gobierno y administración del Poder Judicial que son competencia exclusiva y excluyente del Tribunal Supremo de Justicia» y establecido «directrices para el Poder Legislativo, en materia de carrera judicial y responsabilidad de los jueces, violentando la soberanía del Estado venezolano en la organización de los poderes públicos y en la selección de sus funcionarios, lo cual resulta inadmisible». Acusó además, a la Corte Interamericana de haber utilizado su fallo «para intervenir inaceptablemente en el gobierno y administración judicial que corresponde con carácter excluyente al Tribunal Supremo de Justicia», argumentando que con la «sentencia cuestionada» la Corte Interamericana pretendía «desconocer la firmeza de decisiones administrativas y judiciales que han adquirido la fuerza de la cosa juzgada, al ordenar la reincorporación de los jueces destituidos».

Posteriormente, la Sala Constitucional del Tribunal Supremo de Justicia mediante otra sentencia N° 1547 de fecha 17 de octubre de 2011 (Caso *Estado Venezolano vs. Corte Interamericana de Derechos Humanos*)[82], también declaró «inejecutable» otra decisión de la Corte Interamericana de Derechos Humanos de 1° de septiembre de

---

dictó el fallo subsiguiente, antes indicado, de 7 de noviembre de 1999, declarando que «el Estado tiene el deber de dar pronto cumplimiento a la sentencia de 30 de mayo de 1999 dictada por la Corte Interamericana en el caso Castillo Petruzzi y otros». Sergio García Ramírez (Coord.), *La Jurisprudencia de la Corte Interamericana de Derechos Humanos*, Universidad Nacional Autónoma de México, Corte Interamericana de Derechos Humanos, México, 2001, p. 629 Ello ocurrió durante el régimen autoritario que tuvo el Perú en la época del Presidente Fujimori, y que condujo a que dos meses después de dictarse la sentencia de la Corte Interamericana del 30 de mayo de 1999, el Congreso del Perú aprobase el 8 de julio de 1999 el retiro del reconocimiento de la competencia contenciosa de la Corte, lo que se depositó al día siguiente en la Secretaría General de la OEA/ Este retiro fue declarado inadmisible por la propia Corte Interamericana, en la sentencia del caso *Ivcher Bronstein* de 24 de septiembre de 1999, considerando que un «Estado parte sólo puede sustraerse a la competencia de la Corte mediante la denuncia del tratado como un todo». *Ídem*, pp. 769-771. En todo caso, posteriormente en 2001 Perú derogó la Resolución de julio de 1999, restableciéndose a plenitud la competencia de la Corte interamericana para el Estado .

81 El tema, ya lo había adelantado la Sala Constitucional en su conocida sentencia N° 1.942 de 15 de julio de 2003 (Caso: *Impugnación de artículos del Código Penal, Leyes de desacato*) (*V.*, en *Revista de Derecho Público*, N° 93-96, Editorial Jurídica Venezolana, Caracas 2003, pp. 136 y ss.) en la cual al referirse a los Tribunales Internacionales «comenzó declarando en general, que en Venezuela «por encima del Tribunal Supremo de Justicia y a los efectos del artículo 7 constitucional, no existe órgano jurisdiccional alguno, a menos que la Constitución o la ley así lo señale, y que aun en este último supuesto, la decisión que se contradiga con las normas constitucionales venezolanas, carece de aplicación en el país, y así se declara».

82 *V.*, en http://www.tsj.gov.ve/decisiones/scon/Octubre/1547-171011-2011-11-1130.html

2011 (caso *Leopoldo López vs. Estado de Venezuela)*, al conocer y decidir una «acción innominada de control de constitucionalidad» que no existe en el ordenamiento constitucional venezolano, y que también fue ejercida por el Procurador General de la República contra dicha sentencia de la Corte Interamericana[83]. En esta, la Corte Interamericana decidió conforme a la Convención Americana de Derechos Humanos (art. 32.2), que la restricción al derecho pasivo al sufragio (derecho a ser elegido) que se le había impuesto al Sr. Leopoldo López por la Contraloría General de la República de Venezuela mediante una decisión administrativa, no judicial, era contraria a la Convención, pues dichas restricciones a derechos políticos sólo puede establecerse mediante imposición de una condena dictada mediante sentencia judicial, con las debidas garantías del debido proceso[84].

En la sentencia dictada por la Sala Constitucional para declarar inejecutable esa decisión internacional en Venezuela, la misma consideró que la Corte Interamericana se había desviado «de la Convención Americana y sus propias competencias, «emitiendo órdenes directas a órganos del Poder Público venezolano (Asamblea Nacional y Consejo Nacional Electoral), usurpando funciones cual si fuera una potencia colonial y pretendiendo imponer a un país soberano e independiente criterios políticos e ideológicos absolutamente incompatibles con nuestro sistema constitucional»[85].

Así siguió el proceso del gobierno para desligarse de la Convención Americana sobre Derechos Humanos, y de la jurisdicción de la Corte Interamericana de Derechos Humanos, utilizando para ello a su propio Tribunal Supremo de Justicia; lo cual se ha sido expresado formalmente por el Presidente de la República como voluntad del gobierno en mayo de 2012[86].

En esta materia, la Sala Constitucional también dispuso una ilegítima mutación constitucional, reformando el artículo 23 de la Constitución en la forma cómo se pretendía en 2007 en la antes mencionada propuesta del «Consejo Presidencial para la Reforma de la Constitución», designado por el Presidente de la República, al buscar agregar al artículo 23 de la Constitución, también en forma regresiva, que «corresponde a los tribunales de la República conocer de las violaciones sobre las materias reguladas en dichos Tratados», con lo que se buscaba establecer una prohibición constitucional para que la Corte Interamericana de Derechos Humanos pu-

---

[83] *V.*, Allan R. Brewer-Carías, «El ilegítimo «control de constitucionalidad» de las sentencias de la Corte Interamericana de Derechos Humanos por parte la Sala Constitucional del Tribunal Supremo de Justicia de Venezuela: el caso *Leopoldo López vs. Venezuela, septiembre 2011*», en *Revista de Derecho Público*, N° 128, Editorial Jurídica Venezolana, Caracas 2011.

[84] *V.*, Allan R. Brewer-Carías, «El derecho político de los ciudadanos a ser electos para cargos de representación popular y el alcance de su exclusión judicial en un régimen democrático (O de cómo la Contraloría General de la República de Venezuela incurre en inconstitucionalidad e inconvencionalidad al imponer sanciones administrativas de inhabilitación política a los ciudadanos)», en *Libro homenaje a Francisco Cumplido*, Asociación Chilena de Derecho Constitucional, Santiago de Chile, 2011.

[85] *V.*, en http://www.tsj.gov.ve/decisiones/scon/Octubre/1547-171011-2011-11-1130.htmll

[86] El Presidente de la República solicitó formalmente al Consejo de Estado que dictaminara sobre el retiro de Venezuela de la Convención Interamericana de Derechos Humanos; retiro que incluso fue apoyado por la Asamblea nacional en declaración de 9 de mayo de 2012. *V.*, en http://eltiempo.com.ve/vene zuela/politica/asamblea-nacional-aprobo-acuerdo-que-respalda-retiro-de-venezuela-de-la-cidh/52223.

diera conocer de las violaciones de la Convención Americana de Derechos Humanos. Es decir, con una norma de este tipo, Venezuela hubiera quedado excluida constitucionalmente de la jurisdicción de dicha Corte internacional y del sistema interamericano de protección de los derechos humanos[87].

En esta materia, también, lo que no pudo hacer el régimen autoritario mediante una reforma constitucional, la cual al final fue rechazada por el pueblo, lo hizo la Sala Constitucional del Tribunal Supremo en su larga carrera al servicio del autoritarismo.

B. La mutación constitucional en relación con la distribución de competencias en el Estado federal

Otra mutación constitucional ilegítima realizada por el Juez Constitucional ocurrió en Venezuela en relación con las normas constitucionales relativas a la forma federal del Estado y a la distribución de las competencias territoriales, de acuerdo con lo que se pretendió en la reforma constitucional de 2007, y a pesar de que fue rechazada por el pueblo.

En efecto, Venezuela siempre ha estado organizada como un Estado Federal, para lo cual, aún cuando encubriendo a una federación centralizada[88], la Constitución establece un sistema de distribución de competencias entre los niveles territoriales (Poder Municipal, el Poder Estadal y el Poder Nacional), que en definitiva, sólo puede cambiarse sino mediante una reforma constitucional (artículos 136, 156, 164, 178 y 179)[89]. Específicamente, en materia de infraestructura para la circulación y el transporte, la Constitución la competencia «exclusiva» al Poder Nacional en materia del «sistema de vialidad y de ferrocarriles nacionales (artículo 156,27), asignado sin embargo, en forma exclusiva a los Estados, «La conservación, administración y aprovechamiento de carreteras y autopistas nacionales... en coordinación con el Poder Nacional»; competencia que deben ejercer sujetos a «la coordinación con el Poder Nacional», que éste debe regular.

Este sistema se quiso reformar en la propuesta de reforma constitucional de 2007, la cual como se ha dicho fue rechazada por el pueblo en referendo de 2 de

---

87 *V.*, sobre esta proyectada reforma constitucional Allan R. Brewer-Carías, *Hacia la consolidación de un Estado Socialista, Centralizado, Policial y Militarista. Comentarios sobre el sentido y alcance de las propuestas de reforma constitucional 2007*, Colección Textos Legislativos, N° 42, Editorial Jurídica Venezolana, Caracas 2007, p. 122.

88 *V.*, nuestros estudios sobre el tema, elaborados apenas la Constitución fue sancionada: Allan R. Brewer-Carías, *Federalismo y Municipalismo en la Constitución de 1999 (Alcance de una reforma insuficiente y regresiva)*, Editorial Jurídica Venezolana, Caracas-San Cristóbal 2001; «El Estado federal descentralizado y la centralización de la federación en Venezuela. Situación y perspectiva de una contradicción constitucional» en Diego Valadés y José María Serna de la Garza (Coordinadores), *Federalismo y regionalismo*, Universidad Nacional Autónoma de México, Tribunal Superior de Justicia del Estado de Puebla, Instituto de Investigaciones Jurídicas, Serie Doctrina Jurídica N° 229, México 2005, pp. 717-750.

89 *V.*, Allan R. Brewer-Carías, «Consideraciones sobre el régimen de distribución de competencias del Poder Público en la Constitución de 1999» en Fernando Parra Aranguren y Armando Rodríguez García Editores, *Estudios de Derecho Administrativo. Libro Homenaje a la Universidad Central de Venezuela, Facultad de Ciencias Jurídicas y Políticas, con ocasión del Vigésimo Aniversario del Curso de Especialización en Derecho Administrativo*, T. I, Tribunal Supremo de Justicia, Colección Libros Homenaje N° 2, Caracas 2001, pp. 107-136.

diciembre de 2007, con la que se buscaba modificar el mencionado sistema, centralizando aún más al Estado, y terminando de centralizar materialmente todas las competencias del Poder Público en el nivel nacional[90]. En particular con la reforma se buscaba «nacionalizar», la referida competencia que el artículo 164,10 de la Constitución de 1999 atribuye a los Estados en materia de la conservación, administración y aprovechamiento de autopistas y carreteras nacionales»[91].

Sin embargo, la Sala Constitucional, en sentencia N° 565 de 15 de abril de 2008[92], dictada con motivo de decidir un recurso autónomo de interpretación de dicho artículo formulado por el Poder Ejecutivo nacional, pura y simplemente modificó el contenido de dicha norma constitucional y dispuso, como interpretación vinculante de la misma, que esa «competencia exclusiva» *no es tal competencia exclusiva*, sino una competencia concurrente y que, incluso, el Poder Nacional puede revertirla a su favor eliminando toda competencia de los Estados. La Sala Constitucional, en efecto, decidió que la Administración Nacional «en ejercicio de la potestad de coordinación pueda asumir directamente la conservación, administración y el aprovechamiento de las carreteras y autopistas nacionales, así como los puertos y aeropuertos de uso comercial», y que «corresponde al Ejecutivo Nacional por órgano del Presidente de la República en Consejo de Ministros, decretar la intervención para asumir la prestación de servicios y bienes de las carreteras y autopistas nacionales, así como los puertos y aeropuertos de uso comercial», en aquellos casos que la prestación del servicio «por parte de los Estados es deficiente o inexistente».

Con esta interpretación, lo que el Juez Constitucional hizo fue mutar el texto constitucional usurpando la soberanía popular a la cual está reservado el poder constituyente, cambiado la forma federal del Estado al trastocar el sistema de distribución territorial de competencias entre el Poder Nacional y los Estados, y en particular «nacionalizando», contra lo que expresamente dispone la Constitución, competencias atribuidas en forma exclusiva a los Estados[93]. La Sala Constitucional, así, olvidándose de que se trata de una competencia exclusiva de los Estados que había sido descentralizada desde 1989 mediante la Ley de Orgánica de Descentralización, dispuso que como las carreteras y puentes nacionales son bienes de la República, lo que es obvio, «en caso de haber sido transferidos a los Estados *pueden ser cogestionados por éstos a través de convenios, pero también reasumidos por el Poder Público Nacional mediante un procedimiento de reversión, ya que la titularidad originaria de los mismos le corresponde a la República*». Entonces, sin base constitucional o legal alguna, la Sala Constitucional dispuso que «corresponde al Ejecutivo Nacional por órgano

90 *V.*, Allan R. Brewer-Carías, *Hacia la Consolidación de un Estado Socialista, Centralizado, Policial y Militarista. Comentarios sobre el sentido y alcance de las propuestas de reforma constitucional 2007*, Colección Textos Legislativos, N° 42, Editorial Jurídica Venezolana, Caracas 2007, pp. 41 y ss.

91 *V.*, Allan R. Brewer-Carías, *La Reforma Constitucional de 2007 (Comentarios al Proyecto Inconstitucionalmente sancionado por la Asamblea Nacional el 2 de Noviembre de 2007)*, Colección Textos Legislativos, N° 43, Editorial Jurídica Venezolana, Caracas 2007, pp. 72 y ss.

92 *Cfr.* Sentencia de la Sala Constitucional, N° 565, caso *Procuradora General de la República*, recurso de interpretación del artículo 164.10 de la Constitución de 1999 de fecha 15 de Abril de 2008, en http://www.tsj.gov.ve/decisiones/scon/Abril/565-150408-07-1108.htm

93 *V.*, Allan R. Brewer-Carías, «La Sala Constitucional como poder constituyente: la modificación de la forma federal del estado y del sistema constitucional de división territorial del poder público, en *Revista de Derecho Público*, N° 114, (abril-junio 2008), Editorial Jurídica Venezolana, Caracas 2008, pp. 247-262.

del Presidente de la República en Consejo de Ministros, decretar la intervención para asumir la prestación de servicios y bienes de las carreteras y autopistas nacionales, así como los puertos y aeropuertos de uso comercial, en aquellos casos que a pesar de haber sido transferidas esas competencias, la prestación del servicio o bien por parte de los Estados es deficiente o inexistente, sobre la base de los artículos 236 y 164.10 de la Constitución».

Después de una ilegítima «modificación constitucional» de esta naturaleza, realizada mediante interpretación vinculante, que trastocó el orden jurídico o, como lo dijo la propia Sala, la misma «genera una necesaria revisión y modificación de gran alcance y magnitud del sistema legal vigente», exhortando a la Asamblea Nacional a que procediera «a la revisión y correspondiente modificación de la normativa legal vinculada con la interpretación vinculante establecida en la presente decisión[94], en orden a establecer una regulación legal congruente con los principios constitucionales y derivada de la interpretación efectuada por esta Sala en ejercicio de sus competencias». En cumplimiento de esta exhortación, la Asamblea Nacional muy diligentemente reformó en marzo de 2009, la Ley Orgánica de Descentralización, Delimitación y Transferencia de Competencias del Poder Público[95], a los efectos de eliminar las competencias exclusivas de los Estrados establecidas en los ordinales 3 y 5 del artículo 11 de dicha Ley, agregando dos nuevas normas autorizando al Ejecutivo Nacional para revertir la transferencia de las competencias concedidas a los estados, y para decretar la intervención de bienes y prestaciones de servicios públicos transferidos. Con ello se completó el fraude constitucional dispuesto por la Sala Constitucional, trastocándose el régimen federal.

C. La mutación constitucional en relación con el financiamiento de los partidos políticos

El artículo 67 de la Constitución de 1999 expresamente prohibió «el financiamiento de las asociaciones con fines políticos con fondos provenientes del Estado», al establecer enfáticamente que el mismo «no se permitirá»[96], cambiando así, radicalmente, el régimen de financiamiento público a los partidos políticos que se había previsto en el artículo 230 de la Ley Orgánica del Sufragio y Participación Política de 1998. En dicha Ley se había buscado establecer un mayor equilibrio y equidad para la participación de los partidos en la vida democrática y en especial en las campañas electorales, tratando de mitigar los desequilibrios y perversiones que podían producirse con el solo financiamiento privado a los partidos, y el eventual financiamiento público indirecto, irregular y corrupto, sólo para los partidos de gobierno[97]. Con la

---

94 De ello resulta según la sentencia: «la necesaria revisión general de la Ley Orgánica de Descentralización, Delimitación y Transferencia de Competencias del Poder Público, Ley General de Puertos y la Ley de Aeronáutica Civil, sin perjuicio de la necesaria consideración de otros textos legales para adecuar su contenido a la vigente interpretación».

95 *Gaceta Oficial* N° 39 140 del 17 de marzo de 2009.

96 *V.*, sobre la versión inicial de esta norma y sobre nuestra propuesta para su redacción en Allan R. Brewer-Carías, *Debate Constituyente (Aportes a la Asamblea Nacional Constituyente)*, T. II (9 septiembre-17 octubre 1999). Fundación de Derecho Público - Editorial Jurídica Venezolana, Caracas, 1999, p. 129.

97 *V.*, en general sobre el tema, Allan R. Brewer-Carías, «Consideraciones sobre el financiamiento de los partidos políticos en Venezuela» en *Financiamiento y democratización interna de partidos políticos. Memoria del IV Curso Anual Interamericano de Elecciones*, San José, Costa Rica, 1991, pp. 121 a 139.

prohibición constitucional, al derogarse este artículo de la Ley Orgánica, quedó derogado con el régimen de financiamiento público a los partidos políticos, abandonándose la tendencia inversa que predomina en el derecho comparado.

Esta prohibición constitucional expresa sobre el financiamiento público de los partidos políticos, fue uno de los temas a los que se refirió la reforma constitucional que a iniciativa del Presidente de la República[98], se pretendió aprobar durante el año 2007, con la cual expresamente se buscó modificar la mencionada prohibición constitucional del artículo 67, previéndose en la norma, al contrario, que «el Estado podrá financiar las actividades electorales», pero sin indicarse si se trata de un financiamiento a los partidos políticos en general. Como se ha dicho la antes mencionada propuesta de Reforma Constitucional de 2007, fue rechazada por voluntad popular expresada abrumadoramente contra su aprobación en el referendo del 2 de diciembre de 2007[99], con lo que el régimen de financiamiento a los partidos políticos, a su funcionamiento interno y a sus actividades electorales continuó prohibida en la Constitución.

Sin embargo, a pesar de dicha prohibición constitucional y del rechazo popular a modificarla, la Sala Constitucional del Tribunal Supremo de Justicia, actuando como Jurisdicción Constitucional, en sentencia N° 780 de 8 de mayo de 2008 (Exp. N° 06-0785), mediante una interpretación constitucional vinculante, mutó de nuevo la Constitución, sustituyéndose a la voluntad popular y al poder constituyente originario, disponiendo que «en lo que respecta al alcance de la prohibición de financiamiento público de asociaciones políticas» contenida en la mencionada norma, la misma:

> «se circunscribe a la imposibilidad de aportar fondos a los gastos corrientes e internos de las distintas formas de asociaciones políticas, pero dicha limitación, no resulta extensiva a la campaña electoral, como etapa fundamental del proceso electoral».

Es decir, la Sala Constitucional, ante una norma tan clara e igualmente tan criticable como la contenida en el artículo 67 de la Constitución, cuya reforma se había intentado hacer en 2007 pero sin lograrse por ser rechazada por la voluntad popular, en esta sentencia ni más ni menos, se erigió en poder constituyente, sustituyendo al pueblo, y dispuso la reforma de la norma, vía su interpretación, en el mismo sentido que se pretendía en la rechazada reforma constitucional, disponiendo en definitiva, que la prohibición constitucional «no limita que en el marco del proceso electoral y como gasto inherente a una fase esencial del mismo, el Estado destine fondos con el objeto de financiar el desarrollo de las campañas electorales, de los partidos y asociaciones políticas», es decir, lo contrario de lo que dispone la Constitución. Así, la Sala Constitucional, dispuso que lo que la Constitución prohíbe es sólo el financiamiento por el Estado de «los gastos corrientes e internos de las

---

[98] Véase el documento Proyecto de Exposición de Motivos para la Reforma Constitucional, Presidencia de la República, Proyecto Reforma Constitucional. Propuesta del presidente Hugo Chávez, agosto de 2007; y la publicación: Proyecto de Reforma Constitucional. Elaborado por el ciudadano Presidente de la República Bolivariana de Venezuela, Hugo Chávez Frías, Editorial Atenea, Caracas, agosto de 2007, p. 19.

[99] *V.*, Allan R. Brewer-Carías, «La proyectada reforma constitucional de 2007», rechazada por el poder constituyente originario», en *Anuario de Derecho Público 2007,* Universidad Monteavila, Caracas 2008.

distintas formas de asociaciones políticas», pero no de la «campaña electoral, como etapa fundamental del proceso electoral». Es decir, el Juez Constitucional, simplemente, dispuso que la Constitución no dice lo que dice, sino todo lo contrario; que cuando dice que no se permite «el financiamiento de las asociaciones con fines políticos con fondos provenientes del Estado», no es eso lo que establece, sino lo que prohíbe es solamente «el financiamiento de los gastos corrientes e internos de las asociaciones con fines políticos con fondos provenientes del Estado»; y que los gastos de las campañas electorales de dichas asociaciones con fines políticas, en cambio, si pueden ser financiadas con fondos provenientes del Estado. La Sala, finalmente, precisó que una cosa es que el Estado financie «los gastos corrientes e internos» de los partidos políticos y otra cosa es que financie «sus campañas electorales», deduciendo sin fundamento alguno que lo que la Constitución prohíbe es lo primero y no lo segundo.

Pudo ser muy loable la intención del Juez Constitucional de permitir el financiamiento de las campañas electorales de los partidos políticos con fondos provenientes del Estado, pero habiendo sido ello prohibido expresamente por la Constitución[100], sólo reformándola es que se podría lograr lo contrario, como se pretendió con la propuesta de reforma de 2007, rechazada por el pueblo. Y ello fue lo que en este caso hizo el Juez Constitucional en Venezuela: reformar la Constitución, usurpando el poder constituyente originario que es del pueblo e, incluso contra su propia voluntad expresada cinco meses antes al rechazar precisamente esa reforma constitucional en igual sentido, estableció la posibilidad de financiar las campañas electorales de los partidos políticos.

2. Una enseñanza del caso nicaragüense: el juez constitucional mutando ilegítimamente la Constitución en materia de reelección presidencial

La Constitución de Nicaragua establece en su artículo 147, primer aparte a), que «No podrá ser candidato a Presidente ni Vicepresidente de la República: a) El que ejerciere o hubiere ejercido en propiedad la Presidencia de la República en cualquier tiempo del período en que se efectúa la elección para el período siguiente, ni el que la hubiere ejercido por dos períodos presidenciales».

Se trata, por tanto, de una prohibición constitucional clara y diáfana prohibiendo la reelección presidencial. La norma, sin embargo, fue «reformada» o mutada por la Sala Constitucional de Nicaragua, mediante sentencia N° 504 de 19 de octubre de 2009, al decidir, no una acción directa de inconstitucionalidad, sino una acción de amparo constitucional que se había intentado contra una decisión del Consejo Supremo Electoral, en la cual dicho Consejo había rechazado la petición que se le había formulado el 15 de octubre por diversos candidatos a reelección, solicitando se les aplicara el principio de igualdad a todos los funcionarios públicos en materia electoral. En el caso del Consejo Supremo Electoral consistió en el rechazo de la petición debido a la ausencia de competencia del Consejo para decidir sobre tales materias.

En Nicaragua, de acuerdo con el artículo 52.5 de la Ley de Amparo, la acción de amparo no procede en materia electoral, y por tanto, no procedía contra las

---

[100] Por ello fue, incluso, que entre otros aspectos salvamos nuestro voto en relación con dicha norma. *V.*, Allan R. Brewer-Carías, *Debate Constituyente (Aportes a la Asamblea Nacional Constituyente)*, T. III (18 octubre-30 noviembre 1999). Fundación de Derecho Público - Editorial Jurídica Venezolana, Caracas, 1999. pp. 239, 259.

decisiones del Consejo Supremo Electoral. Sin embargo, a pesar de esta restricción legal, habiendo la Sala Constitucional entrado a conocer de la misma, en su sentencia, en una forma incomprensible declaró que el artículo 147 de la Constitución era «inaplicable», mutando así ilegítimamente la Constitución, al eliminar del texto la rígida prohibición constitucional a la reelección presidencial[101]. Posteriormente, esta decisión de la sala Constitucional fue ratificada por la Corte Plena de la Corte Suprema de Justicia, en sentencia del 30 de septiembre, 2010, con el objeto de establecer su aplicabilidad *erga omnes.*

En esta forma, como consecuencia de la sentencia de la Sala Constitucional del 19 de octubre, 2009 dictada sólo cuatro días después de que se presentó la solicitud inicial ante el Consejo Supremo Electoral, se permitió en Nicaragua la reelección presidencial del Presidente Ortega, para lo cual la Sala consideró que la norma del artículo 147 de la Constitución violaba el derecho a la igualdad, el derecho al sufragio y el derecho a la personalidad consagrados en los Arts. 27, 47, 48, 50 y 51 de la Constitución, entre otros, declarando en consecuencia que la norma era inconstitucional en la parte antes mencionada[102]. La sentencia consideró en efecto, que el derecho a la igualdad era podía considerarse violado porque el Art. 147 contenía una «interdicción electoral solo para el Presidente» lo cual consideró la Sala que «representa un trato desigual, cuando como queda claro hay igualdad de condiciones...». Afirmó además la Sala Constitucional «que los principios constitucionales que informan nuestra Constitución Política en su Preámbulo y Parte Dogmática, prevalecen sobre el resto de Disposiciones Constitucionales que conforman nuestra Constitución Política...». De seguidas, la Sala Constitucional además de referirse a los «principios constitucionales» que informan los derechos fundamentales hace mención a «la Soberanía, al igual que la Igualdad, la Unidad Centroamericana, la Independencia, la Autodeterminación, la Paz Social, el Bien común, la Libertad, la Justicia, el respeto a la dignidad de la persona humana, el pluralismo político, social y étnico, la cooperación internacional, el respeto a la libre autodeterminación de los pueblos», para concluir afirmando sin mucha ilación, que los miembros del Consejo Supremo Electoral no podían «negarse a cumplir con la voluntad del Pueblo Soberano, de elegir y ser elegido de manera directa como sus representantes a los ciudadanos que crean conveniente, aplicando de manera inescrutable [*sic*] los Principios Fundamentales de Igualdad, Libertad y Soberanía, de no ser así ocurriría una muerte política para los recurrentes, violando también el Derecho al reconoci-

---

101 *V.*, Sergio J. Cuarezma Terán and Francisco Enríquez Cabistán, *Nicaragua National Report*, p. 43; Allan R. Brewer-Carías, *Constitutional Courts as Positive Legislators*, Cambridge University Press, New York 2011, p. 101.

102 Véase el comentario a la sentencia, el Dr. Iván Escobar Fornos, Magistrado de la Corte Suprema de Justicia de Nicaragua, quien indicó que: «Se ha considerado que ésta no es una interpretación [de la Constitución] como se pretende sino más bien una derogación de la prohibición de la reelección antes señalada». *Ensayo presentado por el autor ante la Mesa Redonda Jurídica Internacional organizada por la Fundación Alexandre Gusman y el Instituto de Pesquisa de Relaciones Internacionales* (del ITAMARATI, Brasil), Septiembre, 2010, p. 33; citado en el documento de presentado por Renaldy J. Gutiérrez, *Estado de Derecho, Misión de la Federación Interamericana de Abogados (Las Experiencias de Nicaragua y El Salvador)*, ¿Justicia Constitucional o Activismo Judicial?, presentado en el *Seminario de derecho comparado sobre separación de poderes del Estado y la «Political Questions Doctrine» en los Estados Unidos de América*, organizado por Sala Constitucional de la Corte Suprema de Justicia en cooperación con Duquesne University (Pittsburh), San José, Costa Rica, 28 y 29 de marzo de 2012.

miento de la personalidad y capacidad jurídica... y el reconocimiento de los derechos inherentes a la persona humana consignados en las Declaraciones Universales de Derechos Humanos...» De ello, la Sala concluyo afirmando que la decisión accionada en amparo del Consejo Supremo Electoral del 16 de octubre de 2009, transgredía «los ya referidos principios constitucionales de los ciudadanos nicaragüenses, por lo cual resulta falta de motivación y congruencia, violando el derecho de petición y a obtener una resolución fundada en derecho; en consecuencia debe ampararse a los recurrentes...» de ello, resultó la decisión de «declarar la inaplicabilidad... del Art. 147 CN, únicamente en la parte que transcribimos al inicio de esta Sección, por existir «una Antinomia constitucional con respecto a» los principios constitucionales antes referidos». Es decir, la Sala Constitucional declaró la inconstitucionalidad de una norma constitucional, con lo cual mutó la Constitución, permitiendo así la reelección presidencial en Nicaragua lo que se materializó en las elecciones generales de noviembre de 2011.

***

EL JUEZ CONSTITUCIONAL COMO GUARDIÁN DE LA CONSTITUCIÓN, Y EL PROBLEMA DEL CONTROL DEL GUARDIÁN

De todo lo anteriormente expuesto resulta que más que las competencias que le son atribuidas, lo importante en un juez o tribunal constitucional es su autonomía e independencia frente al poder, pues el mismo, como guardián de la Constitución, en definitiva, no tiene quien lo controle. Y ese es el problema que ha existido y aún existe en muchos de nuestros países, y que aqueja la justicia constitucional en Venezuela en los comienzos del siglo XXI, donde lamentablemente la Sala Constitucional del Tribunal Supremo de Justicia, particularmente después de la reforma de la Ley del Tribunal Supremo de Justicia de 2004[103] y con la forma como desde 1999 se ha realizado la integración del mismo, no es la garantía del Estado de derecho que debería esperarse.

Lamentablemente, la integración del Tribunal Supremo se hizo con magistrados controlados por el poder político y lo que es peor, dependientes del mismo, ya que pueden ser removidos por una Asamblea Nacional totalmente controlada políticamente por el Ejecutivo, incluso sin voto calificado. Todo ello, lamentablemente, se ha hecho en el marco de proceso de demolición progresiva y sistemática del Poder Judicial que en los últimos años se ha desarrollado en el país[104], en el cual, incluso, ha participado la propia Sala Constitucional con decisiones que han resquebrajado el Estado de derecho[105]. Por ello, no podemos dejar de advertir que el

---

103 *V.*, Allan R. Brewer-Carías, *Ley Orgánica del Tribunal Supremo de Justicia*, Caracas 2004.

104 *V.*, Allan Brewer-Carías, «La progresiva y sistemática demolición institucional de la autonomía e independencia del Poder Judicial en Venezuela 1999-2004», en *XXX Jornadas J.M Domínguez Escovar, Estado de derecho, Administración de justicia y derechos humanos*, Instituto de Estudios Jurídicos del Estado Lara, Barquisimeto Venezuela 2005, pp. 33-174.

105 *V.*, por ejemplo, lo que hemos expuesto en Allan Brewer-Carías, *La Sala Constitucional Versus El Estado Democrático de Derecho. El secuestro del poder electoral y de la Sala Electoral del Tribunal Supremo y la confiscación del derecho a la participación política*, Los Libros de El Nacional, Colección Ares, Caracas 2004; y en «El secuestro de la Sala Electoral por la Sala Constitucional del Tribunal Supremo de Justicia, en *La Guerra de las Salas del TSJ frente al Referendum Revocatorio*. Editorial Aequitas. Caracas 2004, pp. 13-58; «El secuestro del poder electoral y la conficación del derecho a la participación política mediante el referendo revocatorio presidencial: Venezuela 2000-2004», Studi Urbinati, *Rivista trimestrale di Scienze Giuridiche, Politiche ed Economiche*, Año LXXI - 2003/04 Nuova Serie A - N° 55,3.

magnífico sistema de justicia constitucional que en Venezuela se construyó, pieza a pieza, durante décadas para afianzar el Estado de derecho en democracia, lamentablemente, dado el resquebrajamiento de la democracia que se ha producido en estos primeros años del Siglo XXI, corre el riesgo de ser demolido, como ha ocurrido con tantas otras instituciones del Estado de derecho.

El caso de Venezuela, lamentablemente, como ha sucedido también en otros países, por el régimen político desarrollado o por la condición de los integrantes de los tribunales constitucionales, estos importantes instrumentos diseñados para garantizar la supremacía de la Constitución, para asegurar la protección y el respeto de los derechos fundamentales y asegurar el funcionamiento del sistema democrático, algunas veces se han convertido en un instrumento del autoritarismo, legitimando las acciones de las otras ramas del poder público contrarias a la Constitución, y en algunos casos, por propia iniciativa, en fieles servidores de quienes detentan el poder, configurándose lo que podría denominarse la «patología» de la justicia constitucional. La afección que la origina ocurre precisamente cuando los tribunales constitucionales asumen las funciones del legislador, o proceden a mutar[106] la Constitución en forma ilegítima y fraudulenta, configurando un completo cuadro de «in» justicia constitucional[107]. En una situación como esa, sin duda, todas las ventajas de la justicia constitucional como garantía de la supremacía de la Constitución se desvanecen, y la justicia constitucional pasa a convertirse en el instrumento político más letal para la violación impune de la Constitución, la destrucción del Estado de derecho y el desmantelamiento de la democracia[108].

Como lo reconoció la propia Sala Constitucional del Tribunal Supremo de Justicia de Venezuela en su sentencia N° 1309/2001, en la cual consideró que «el derecho es una teoría normativa puesta al servicio de la política que subyace tras el proyecto axiológico de la Constitución», de manera que la interpretación constitucional debe comprometerse «con la mejor teoría política que subyace tras el sistema que se interpreta o se integra y con la moralidad institucional que le sirve de base axiológica (*interpretatio favor Constitutione*)».

Urbino, Italia 2003. Università degli studi di Urbino. pp. 379-436; «La ilegítima despersonalización de las sociedades, la ilegal distorsión del régimen de la responsabilidad societaria y la violación del debido proceso en la jurisprudencia de la Sala Constitucional de Venezuela», en Alfredo Morles e Irene Valera (Coordinadores), *Derecho de Grupos de Sociedades*. Academia de Ciencias Políticas y Sociales, Centro de Investigaciones Jurídicas, Serie Eventos, N° 19, Caracas 2005, pp. 91-129.

106 *V.*, por ejemplo sobre el caso de Venezuela, Allan R. Brewer-Carías, «El juez constitucional al servicio del autoritarismo y la ilegítima mutación de la Constitución: el caso de la Sala Constitucional del Tribunal Supremo de Justicia de Venezuela (1999-2009)», en *Revista de Administración Pública*, N° 180, Centro de Estudios Políticos y Constitucionales, Madrid 2009, pp. 383-418.

107 *V.*, por ejemplo el caso en Venezuela durante la primera década del siglo XXI, en Allan R. Brewer-Carías, *Crónica de la «In» Justicia Constitucional. La Sala Constitucional y el autoritarismo en Venezuela*, Editorial Jurídica Venezolana, Caracas 2007.

108 *V.*, por ejemplo, también sobre el caso de Venezuela, Allan R. Brewer-Carías, «La demolición del Estado de derecho y la destrucción de la democracia en Venezuela (1999-2009)», en José Reynoso Núñez y Herminio Sánchez de la Barquera y Arroyo (Coordinadores), *La democracia en su contexto. Estudios en homenaje a Dieter Nohlen en su septuagésimo aniversario*, Instituto de Investigaciones Jurídicas, Universidad Nacional Autónoma de México, México 2009, pp. 477-517.

Por supuesto, dicha «política que subyace tras el proyecto axiológico de la Constitución» o la «teoría política que subyace» tras el sistema que le sirve de «base axiológica», a la que se refiere el Juez Constitucional venezolano, no es la que resulta de la Constitución propia del «Estado democrático social de derecho y de justicia», que está montado sobre un sistema político de separación de poderes, democracia representativa y libertad económica; sino el que ha venido definiendo el gobierno autoritario contra la Constitución y que ha encontrado eco en las decisiones de la propia Sala Constitucional, como propia de un Estado centralizado, que niega la representatividad, montado sobre una supuesta democracia participativa controlada y de carácter socialista[109], declarando la Sala que los estándares que se adopten para tal interpretación constitucional «deben ser compatibles con el proyecto político de la Constitución» precisando que:

> «no deben afectar la vigencia de dicho proyecto con elecciones interpretativas ideológicas que privilegien los derechos individuales a ultranza o que acojan la primacía del orden jurídico internacional sobre el derecho nacional en detrimento de la soberanía del Estado». (Subrayados de la Sala)

Concluyó así, la Sala Constitucional afirmando que «no puede ponerse un sistema de principios supuestamente absoluto y suprahistórico por encima de la Constitución», siendo inaceptables las teorías que pretenden limitar «so pretexto de valideces universales, la soberanía y la autodeterminación nacional». Por ello, en otra sentencia N° 1265/2008 la misma Sala estableció que en caso de evidenciarse una contradicción entre la Constitución y una convención o tratado internacional, «deben prevalecer las normas constitucionales que privilegien el interés general y el bien común, debiendo aplicarse las disposiciones que privilegien los intereses colectivos [...] sobre los intereses particulares...»[110].

La verdad es que ante estas expresiones del Juez Constitucional venezolano, pocas palabras pueden agregarse para evidenciar los enormes retos que tiene la justicia constitucional en América latina, precisamente para hacer prevalecer frente a gobiernos autoritarios, los valores democráticos universales que privilegian al individuo frente al Estado.

New York, mayo 2012

---

109 La Sala Constitucional, incluso, ha construido la tesis de que la Constitución de 1999 ahora «privilegia los intereses colectivos sobre los particulares o individuales», habiendo supuestamente cambiado «el modelo de Estado liberal por un Estado social de derecho y de justicia» (sentencia de 5 de agosto de 2008, N° 1265/2008, http://www.tsj.gov.ve:80/decisiones/scon/Agosto/1265-050808-05-1853.htm) cuando ello no es cierto, pues el Estado social de derecho ya estaba en la Constitución de 1961.

110 *V.*, en http://www.tsj.gov.ve/decisiones/scon/Diciembre/1939-181208-2008-08-1572.html

La Edición de Editorial OLEJNIK de este Libro: JUSTICIA CONSTITUCIONAL. ESTUDIOS, por ALLAN R. BREWER-CARÍAS, se imprimió en la República Argentina en marzo de 2021.

www.ingramcontent.com/pod-product-compliance
Lightning Source LLC
LaVergne TN
LVHW040424051026
849517LV00002B/458
* 9 7 8 9 5 6 3 9 2 9 3 8 6 *